高职高专物流管理专业系列教材

机械工业出版社精品教材

仓储与配送管理

第 4 版

李永生　刘卫华　主　编

机　械　工　业　出　版　社

本书遵循应用性的原则，系统地阐述了仓储与配送管理的理论知识和实践操作。介绍了仓库、仓储、配送的基本知识，仓储在物流管理中的作用，仓储经营的方法和仓储商务，存货管理；紧密结合仓储管理的实践，描述了仓储作业的过程和具体操作，仓库安全和质量管理；叙述了现代仓储管理的技术及其发展；介绍了仓储业务的拓展，较详细地论述了配送业务及配送操作，配送中心的运作，配送组织管理。

本书可作为物流管理、交通运输管理、市场营销、仓储管理各专业“仓储与配送管理”“仓储管理”等课程的教学用书，可作为仓库、港口、场站、物流中心、企事业单位仓库管理员职业培训用书，也可作为物流管理、生产管理、营销管理人员的业务培训用书。

图书在版编目（CIP）数据

仓储与配送管理/李永生，刘卫华主编．—4版．—北京：机械工业出版社，2019.9（2025.5重印）

高职高专物流管理专业系列教材

ISBN 978-7-111-63865-0

Ⅰ．①仓…　Ⅱ．①李…②刘…　Ⅲ．①仓库管理—高等职业教育—教材②物流管理—物资配送—高等职业教育—教材　Ⅳ．①F253②F252.14

中国版本图书馆CIP数据核字（2019）第213225号

机械工业出版社（北京市百万庄大街22号　邮政编码100037）

策划编辑：孔文梅　　责任编辑：孔文梅　张美杰

责任校对：王　欣　　封面设计：鞠　杨

责任印制：单爱军

北京盛通印刷股份有限公司印刷

2025年5月第4版第9次印刷

184mm×260mm · 18印张 · 409千字

标准书号：ISBN 978-7-111-63865-0

定价：49.80元

电话服务

客服电话：010-88361066

010-88379833

010-68326294

网络服务

机　工　官　网：www.cmpbook.com

机　工　官　博：weibo.com/cmp1952

金　　书　　网：www.golden-book.com

机工教育服务网：www.cmpedu.com

前　　言

仓储是一项古老的物资管理行为，也是现代商品经济中基本的经济活动。在现代物流运作中，仓储已成为现代物流的最重要的组成部分，是开展物流管理的核心环节。当然，在现代物流领域中，仓储的地位、功能都发生了深刻的变化，仓储已远远突破了传统的储藏物资的单一功能，从物资管理的手段向控制经济活动转变，仓库向物流中心、配送中心、交易中心的功能方向发展，形成多元化和系列化的仓储服务和控制全程物流。而在仓储管理上也以实现加速流通、减少耗损、降低保管成本、节约仓库投资、提高仓库利用率、充分利用经济资源为目标开展管理，提高仓储经营的经济和社会效益。

近年来，我国国内经济已成为世界经济大市场的重要组成部分，成为世界生产基地和最有发展力的市场，物质生产和商品流通达到了巨大的规模。仓储作为经济发展的重要环节获得更大的发展空间，仓储管理理论也有新的发展。在我国社会主义市场经济的建设中，我们需要把更多先进的科学技术、更先进的管理思想以及更细致的管理方法引入仓储管理之中，推动仓储的科学化、精细化管理，满足社会主义市场经济的发展对仓储的需要，创建节约型的社会。

本书第 4 版的修订，继承了传统仓储保管的成熟理论和实践经验，同时，在对广州港集团、招商局物流集团广州物流有限公司、宝供物流企业集团有限公司广州分公司等较大规模企业进行调研的基础上，吸收行业的实践新成果，引入国家最新标准和相关技术规范、管理规范，根据仓储理论的新发展和仓储实践的创新，以及现代仓储管理和技术的新发展，对有关理论和实践进行了更加深入的总结和归纳，以现代物流管理的理念对仓储活动进行重新整理和拓展，期望能更好地为广大读者提供全面实用的学习和训练，促进我国仓储业的发展。

本书在全面介绍仓储技术与管理的基础上，还较为详细地介绍了配送业务的组织和操作。全书共有 13 章，其中第一章到第十章介绍仓储管理，第十一章到第十三章介绍配送业务。在内容编排上，以仓储管理的工作过程为导向，从常规工作过程到特殊管理活动，由整体到具体，由认识到操作，由浅入深，符合仓储管理岗位的知识和能力掌握的客观规律。在阐述方式上，采取理论结合实践的方式，注重实践性、应用性，理论简明适用，实际操作细致明白，并适当使用具体案例说明问题，使用的资料和工作文件具有代表性和实践操作性，能适合操作性教学的需要。

本书第 4 版的编写人员是：广州航海学院李永生（负责第一、三、四、五、六、八、九、十、十一章）；广州市冼剑雄联合建筑设计事务所李恺婷（负责第二章）；广州航海学院刘卫华（负责第七、十二、十三章）。编者借此向对本书的编写工作给予热心支持和关心的同志表示衷心的感谢。希望本书会给广大读者带来更大的收获。

本书在编写中参考了大量的文献资料，引用了一些专家学者的研究成果和企业案例，借此对这些文献作者和提供者表示诚挚的敬意和感谢，对被调研企业热心的支持表示衷心的感谢。由于仓储管理特别是仓储经营管理在我国正处在快速的变革发展中，一些理论和实践操作还正在探索之中，加上时间紧迫、编者认识存在局限、研究有待进一步深入，本书难免存在一些不足之处，我们衷心希望读者予以指正，以利我们提高科研水平并共同促进仓储管理研究的发展。敬请将宝贵意见反馈至出版社。

本书可作为物流管理、交通运输管理、市场营销、仓储管理各专业“仓储管理”课程的教学用书，可作为仓库、港口、场站、物流中心、企事业单位仓库管理员职业培训用书，也可作为物流管理、生产管理、营销管理人员的业务培训用书。

本书配有电子课件、视频、案例、教学文件等教师用配套教学资源，凡使用本书的教师均可登录机械工业出版社教育服务网 www.cmpedu.com 下载。咨询可致电：010-88379375，服务 QQ：945379158。同时，本书还配有“示范教学包”，可在超星学习通上实现“一键建课”，方便混合式教学。

编　者

目　录

第一章 1

仓储和仓储管理概述

学习目的

了解仓储概念；掌握仓储的地位、作用，以及仓储在物流中的地位；了解仓储的功能；理解仓储管理的原则。

第一节 仓储和仓储业

一、仓储的概念

“仓”也称为仓库（Warehouse），为存放、保管、储存物品的建筑物和场地的总称，可以是房屋建筑、大型容器、洞穴或者特定的场地等，具有存放和保护物品的功能；“储”也称为储存（Storing），表示将储存对象收存以备使用，具有收存、保护、管理、贮藏物品、交付使用的意思。“仓储”则为利用仓库存放、储存未即时使用的物品的行为。

仓储是产品出现剩余之后人们对剩余物品的处理方式。当产品不能被即时消耗掉，需要专门的场所存放时，就产生了静态的仓储。将物品存入仓库并对存放在仓库里的物品进行保管、控制加工、配送等管理便形成了动态仓储。可以说，仓储是对有形物品提供存放场所和对存放物品的保管、控制的过程，是人们的一种有意识的行为。仓储活动发生在有管理可控制的特定场所，如仓库等；仓储的对象是具有价值的物品，既可以是生产资料，也可以是生活资料，但必须是实物，且必须是动产。

二、仓储的功能

1. 仓储是社会生产顺利进行的必要过程

现代社会生产的一个重要的特征就是专业化和规模化生产，劳动生产率极高，产量巨大。绝大多数产品都不能被即时消费，需要经过仓储的过程。这样一方面能避免生产过程被堵塞，保证生产过程能够继续进行；另一方面，生产所使用的原料、材料等需要有合理的储备，才能保证及时供应，满足生产的需要。

仓储本身是由生产率的提高促成的，但同时仓储的发展又促进了生产效率的提高。良好的仓储条件确保生产规模的进一步扩大，并促进专业化水平和劳动生产率的进一步提高。

也可以说仓储是物质产品生产的一个过程，一种静态的生产环节，也在创造着产品的价值。

2. 仓储能调整生产和消费的时间差别，维持市场稳定

人们对物质的需求所具有的持续性与物质产品季节性、批量性生产的集中供给之间存在供需时差的矛盾。通过仓储将集中大量生产出的产品进行储存，持续地向消费者提供，才能不断保证满足消费需求。

另外，集中生产的产品如果即时推向市场销售，必然造成市场短时期内产品供给远远大于需求，造成产品价格大幅降低，甚至无法消费而被废弃；相反，非供应季节，市场供应量少价高。通过将产品仓储，均衡地向市场供给，才能稳定市场，有利于再生产的持续进行。

3. 仓储能起到劳动产品价值保存的作用

生产出的产品在消费之前必须保持其使用价值，否则将会被废弃。这项任务就需要由仓储来承担，在仓储过程中对产品进行保护、养护、管理，甚至处理、加工，防止其损坏而丧失使用价值。

同时，仓储是产品到消费的最后一道作业环节，可以根据市场对产品消费的偏好，对产品进行最后加工改造和流通加工，提高产品的附加值和适应性，以促进产品的销售，甚至增加收益。

4. 仓储是流通过程的衔接

产品从生产到消费，不断经过分散、集中、分散的过程，还可能需要经过不同运输工具的转换运输，为了有效率地利用各种运输工具，降低运输过程中的作业难度，实现经济运输，物品需要通过仓储进行候装、配载、包装、成组、分劈、疏散等。为了满足销售的需要，商品在仓储中进行整合、分类、拆除包装、配送等处理和存放。

5. 仓储是市场信息的传感器

任何产品的生产都必须满足社会的需要，生产者都需要把握市场需求的动向。社会仓储产品的变化是了解市场需求的极为重要的途径。仓储量减少、周转量加大，表明社会需求旺盛；反之，仓储量增加而周转减少则为需求不足，厂家存货增加，表明该产品需求减少或者竞争力降低，或者生产规模不合适。仓储环节所获得的市场信息虽然比销售信息滞后，但更为准确和集中，信息反应快捷，且信息成本极低。现代企业生产特别重视仓储环节的信息反馈，将仓储量的变化作为是否决定继续生产的依据。现代物流管理特别重视仓储信息的收集和反应。

6. 仓储是开展物流管理的重要环节

仓储是物流的重要环节，物品在物流过程中相当一部分时间处在仓储之中，在仓储中进行运输整合，在仓储中进行配送准备，在仓储中进行流通加工，也在仓储中进行市场供给调节。仓储的成本是物流成本最重要的组成部分。开展物流管理必须特别重视对仓储的管理，有效的仓储管理才能实现物流管理降低成本和保持供给的目的。

7．仓储仓库是现货交易的场所

存货人要转让已在仓库存放的商品时，购买人可以到仓库查验商品，取样化验，确定货物的存在和货物的品质与数量，双方可以在仓库进行转让交割。同样仓储具有商品陈列的功能。国内众多的批发交易市场，既是有商品存储功能的交易场所，又是有商品交易功能的仓储场所。仓储式商店，就是仓储交易功能高度发展、仓储与商业密切结合的结果。众多具有便利交易条件的仓储都提供交易活动服务，甚至部分形成有影响的交易市场。对于符合仓储货物标准的仓储仓单可以直接进行交易。

8．仓储能提供信用保证

储存在仓库中的货物是存货人拥有的财产，存货人可以以该财产作为进行各项经济活动的信用担保。因而由仓库保管人出具的货物仓单就可作为融资工具，可以直接使用仓单进行质押或其他担保。

三、仓储的种类

虽然说仓储的本质都为物品的储藏和保管，但经营主体的不同、仓储对象的不同、经营方式的不同、仓储功能的不同，使得不同的仓储活动具有不同的特性。

（一）按仓储经营主体划分

1．企业自营仓储

企业自营仓储包括生产企业和流通企业的自营仓储。生产企业自营仓储是指生产企业使用自有的仓库设施对生产使用的原材料、生产的中间产品、最终产品实施储存保管的行为，其储存的对象较为单一，以满足生产为原则。流通企业自营仓储则为流通企业以其拥有的仓储设施对其经营的商品进行仓储保管的行为，仓储对象种类较多，其目的为支持销售。

企业自营的仓储行为不具有商务独立性，仅仅是为企业的产品生产或商品经营活动服务；相对来说规模小，数量众多，专用性强，而仓储专业化程度低、设施简单。企业自营仓储为自用仓储，不开展商业性仓储经营。

2．营业仓储

营业仓储是仓储经营人以其拥有的仓储设施，向社会提供商业性仓储服务的仓储行为，也称为社会仓储。仓储经营人与存货人通过订立仓储合同的方式建立仓储关系，并且依据合同约定提供服务和收取仓储费。商业营业仓储的目的是为了在仓储活动中获得经济回报，实现经营利润最大化。经营的方式包括提供货物仓储服务和提供仓储场地服务。

3．公共仓储

公共仓储是指利用公用事业的配套服务设施（分为市场配套型、物流流通型和公共储存型等）为商店、交易市场、车站、码头、公共物流服务提供仓储配套服务。其运作的主要目的是为了保证车站、码头的货物作业和运输，具有内部服务的性质，处于从属地位。但对于存货人而言，公共仓储也适用营业仓储的关系，只是不独立订立仓储合同，而是将仓储关系列在商场租赁、作业合同、运输合同之中。

4. 战略储备仓储

战略储备仓储是国家根据国防安全、社会稳定的需要，对战略物资实行储备而产生的仓储。战略储备由国家政府进行控制，通过立法、行政命令、政府采购的方式进行，由执行物资储备的政府部门或机构进行运作，也可以委托商业性的营业仓储进行。战略储备特别重视储备品的安全性，且储备时间较长。战略储备物资主要有粮食、油料、能源、有色金属、淡水等。

（二）按仓储对象划分

1. 普通物品仓储

普通物品仓储是指不需要特殊保管条件的物品仓储。一般的生产物资、普通生活用品、普通工具等杂货类物品，不需要针对货物设置特殊的保管条件，使用无特殊装备的通用仓库或货场存放货物，符合仓储法规的一般规定。

2. 特殊物品仓储

特殊物品仓储是指在保管中有特殊要求和需要满足特殊条件的物品仓储，如危险物品仓储、冷库仓储、粮食仓储、化学品仓储等。特殊物品仓储采用专用仓库，即按照物品的物理、化学、生物特性以及法规规定进行专门建设和实施管理的仓库，特殊物品仓储受到较多的监管。

（三）按仓储功能划分

1. 储存仓储

储存仓储为物资较长时期存放的仓储。由于物资存放时间长，储存费用低廉就很有必要，储存仓储一般在较为偏远的地区进行。储存仓储的物资较为单一，品种少，但存量较大。由于物资存期长，储存仓储特别注重对物资的质量保管和维护。战略储备仓储是最典型的储存仓储。

2. 物流中心仓储

物流中心仓储是以物流管理为目的的仓储活动，是为了实现有效的物流管理对物流的过程、数量、方向进行控制的环节，是实现物流的时间价值的环节。一般在一定经济地区的中心、交通极为便利、储存成本较低处进行。物流中心仓储品种较少、较大批量进库、一定批量分批出库，整体上吞吐能力强，运输衔接能力要求高。

3. 配送仓储

配送仓储也称为配送中心仓储，是货物在配送交付消费者之前所进行的短期仓储，是商品在销售或者货物供生产使用前的最后储存，并在该环节进行销售或使用的前期处理。配送仓储一般在商品的消费经济区间内进行，以便商品能迅速地送达消费和销售。配送仓储物品品种繁多、批量少，需要一定量进货、分批少量出库操作，往往需要进行拆包、分拣、组配等作业，主要目的是为了支持销售，注重对物品存量的控制。

4. 运输转换仓储

运输转换仓储是衔接不同运输方式的仓储，在不同运输方式的相接处进行，如港口、车站等场所进行的仓储。目的是为了保证不同运输方式的高效衔接，减少运输工具的装卸和停留时间。运输转换仓储具有大进大出的特性，货物存期短，注重货物的周转作业效率和周转率，着重于动态管理。

5. 保税仓储

保税仓储是指使用海关核准的保税仓库存放保税货物的仓储行为。保税货物主要是暂时进境后还需要复运出境的货物，或者海关批准暂缓纳税的进口货物。保税仓储受到海关的直接监控，虽然说货物也是由存货人委托保税仓保管，但保管人要对海关负责，入库或者出库单据均需要由海关签署。保税仓储一般在进出境口岸的港口、机场、车站或其附近进行，也可在海关认可的其他地方进行。

（四）按仓储物的处理方式划分

1. 保管式仓储

保管式仓储是以保管物原样保持不变的方式所进行的仓储。保管式仓储也称为纯仓储，存货人将特定的物品交由保管人进行保管，到期保管人原物交还存货人。保管物除了所发生的自然损耗和自然减量外，数量、质量、件数不发生变化。保管式仓储又分为仓储物独立保管仓储和将同类仓储物混合在一起的混藏式仓储。独立保管仓储是将同一存货人相同性质的存货集中在一起存放，不同存货人的存货严格分堆。混藏式仓储是将不同存货人的相同的货物集中存放。

2. 加工式仓储

加工式仓储是保管人在仓储期间根据存货人的要求对保管物进行一定加工的仓储方式。保管物在保管期间，保管人根据存货委托人的要求对保管物的外观、形状、成分构成、尺度等进行加工，使仓储物发生存货委托人所希望的变化。当然，这种加工一般是不需要复杂加工设备的简单加工。

3. 消费式仓储

消费式仓储是指保管人在接受保管物时，同时接受保管物的所有权，保管人在仓储期间有权对仓储物行使所有权；在仓储期满，保管人将相同种类、品种和数量的替代物交还给委托人所进行的仓储。消费式仓储特别适合于保管期较短的产品如农产品、市场供应（价格）变化较大的商品的长期存放。消费式仓储具有一定的商品保值和增值功能，是仓储经营人利用仓储物开展经营的增值活动，成为仓储经营的重要发展方向。

四、仓储业状况

仓储业是指从事仓储活动的经营企业的总称，包括独立经营仓储业务的仓储企业和配套经营仓储业务的其他企业。仓储业是一个古老的行业，随着社会经济的不断发展，规模和能力不断得以发展，已成为社会经济发展的重要部分，在国民经济体系中占有重要的地位。目前我国的仓储业已有了较大的规模，且形成了各种专业化的门类齐全的仓储分工，在数量上已基本能满足我国经济发展的需要，但是在服务质量和自身经营效益上还存在着不足。我国的仓储业具有以下特点：

1．仓储企业数量多

当前，我国仓储业发展的基本格局是产业门槛低，投资进入较容易。随着物流业整体快速发展，仓储企业规模不断扩大，专业的仓储企业数量得到极大的发展，仓库面积飞速扩大。在专业仓储企业中，国有大型企业仍是仓储业的主体，虽然企业数量不是最多，但资产规模占大部分；民营企业虽然占多数，但资产规模不大；外资企业数量和资产规模都较小。由于仓储业投资回报率相对较低，企业不容易做得很大。

另外，附属于其他产业的非独立的仓储也广泛存在，如电商、零售、快递等企业投资的仓储设施数量巨大。

2．行业仓库设施不断完善

国内仓库以通用仓库为主，平房和楼房仓库面积占到总仓库面积的大部分，而立体仓库只占到 1/4。由于仓储需求的大幅增长，仓储空间日趋饱和，仓储企业不断对仓库设施进行投资，在库内功能完善、信息化、智慧化（云仓储、大数据、物联网）等方面加强建设，使得仓库设施设备质量与功能不断提升，各种大型机械、自动化设备、智能化设备、信息系统被广泛应用。自动化立体库增长极快。

仓储专业化程度不断提升，近年来低温仓储、电商仓储、医药仓储等专业仓储发展极快。

3．仓储经营管理水平不断升级

随着我国整体市场经营管理水平的提升，仓储经营方式与商业模式创新成为大趋势，传统意义上的仓储、单一功能的仓储逐步转型升级，仓储活动全面融入供应链、融入互联网，仓储经营向着库存的控制与调度、存货融资与供应链金融、支撑全渠道流通发展。

制造业、商贸流通业仓储外包需求不断增长，促使仓储管理水平不断提高。仓储增值服务不断在创新之中得到发展。

五、仓储业发展的方向

面对全社会物流管理水平的提高，我国的仓储业要加快现代企业改造提升，提高服务质量和效率，以不断满足人们追求高水平生产生活需求。通过科学管理和合理经营，提高仓储业务的经济效益，实现仓储业的健康发展。

1. 不断创新，加强仓储企业内涵建设

习近平总书记在中国共产党十八届五中全会上提出的“创新、协调、绿色、开放、共享”五大发展理念，把创新提到首要位置，指明了我国发展的方向和要求，代表了当今世界发展潮流，也指明了仓储业发展的手段。创新是立足传统、突破传统，依托现实、推动变革，通过结构调整、技术升级、资源重组、服务提升等创新形成发展的动力。创新是引领发展的第一动力，任何企业唯有创新才有生命力。我国仓储业面临着日新月异的科技发展、服务要求不断提高的社会需求，唯有不断创新才能取得发展，才会创造更大的价值。

仓储企业还需要进一步加强企业内涵建设，健全企业法人治理结构，完善现代企业制度，规范内部权责利，采用高效的组织机构，完善市场化经营机制，全面提升企业运行效率和市场化、现代化经营水平。以健全激励约束机制为动力源泉，实行规章化的岗位责任制，建立促进生产率提高的动态奖励分配制度，实施有效和系统的职工教育培训制度，采取科学化的管理方法，培养积极向上的优秀企业文化，充分调动企业员工的积极性、主动性和创造性。

仓储企业除了要在经营上做好仓储管理外，应充分利用仓储货物开展延伸服务。仓配一体化是仓储业发展的一个重要方向，仓储企业将配送作为仓储的延伸服务、增值服务，通过仓配一体化增强其核心竞争力。

2. 仓储标准化与信息化

仓储业为物资流通提供服务，是物流和商流的具体操作环节。仓储与物流和商流其他环节的无缝配合，是提高整体物流和商流效率的重要措施，其中整体物流标准化是实现无缝衔接的重要手段。物流标准化离不开仓储标准化。仓储标准化不仅是为了实现仓储环节与其他环节的快速衔接，同时也是仓储内部提高作业效率、充分利用仓储设施和设备的有效手段，是开展信息化、机械化、自动化仓储的前提条件。

仓储标准化主要有：包装标准化、标志标准化、托盘成组标准化、容器标准化、计量标准化、信息码的采用标准化、作业工具标准化、仓储信息标准化等技术标准化，以及服务标准、单证报表、合同格式、仓单等标准化。

标准化是指采用法律法规规定的标准或者社会普遍采用的习惯。主要有：国际标准化组织（ISO）的推荐标准，国家质量技术监督局发布的“中华人民共和国国家标准（GB）”，行业主管部门或者行业协会发布的行业标准，企业制订的企业标准等。

3. 仓储机械化、自动化、智能化

随着生产技术的发展，生产机械化已是社会生产的基本要求。机械具有承重能力强、工作时间久、效率高、损害低等众多的优势。仓储作业大都是负荷重、作业量大、时间紧、作业环境恶劣，存在着众多系统性的安全隐患，因而仓储机械化是仓储生产的必然，通过机械化实现最少使用人力作业，加大作业集成度，减少人身伤害和货物损害，同时提高作业效率。另外，随着货物运输包装的大型化、托盘化的发展，仓储也必然需要机械化作业。

仓储自动化是指由计算机管理和控制的仓库仓储。在自动化仓库中，货物仓储管理、

作业控制、环境管理等仓储工作通过信息管理、条码、扫描、射频通信、数据处理等技术指挥仓库堆垛机、传送带、自动导引车、自动分拣机、机器人等自动设备完成仓储作业，自动控制空调、制冷设备、监控设备进行环境管理，向运输设备下达运输指令安排运输等，并同时完成报表单证的制作和传送。对于危险品仓储、冷库暖库、粮食等特殊仓储，采取自动化仓储很有必要。智能化则是在智能系统的控制下，利用各种识别技术、自控技术、网络技术等全自动地对仓库、储存物进行管理、操作、信息处理与反馈。

自动化和智能化仓库的资金投入巨大，建设和改造成自动化仓库需要进行细致的论证和评估，保证有巨量的仓储周转量才能分摊投资成本，否则会产生资源的严重浪费，也造成后期的经营困难。

第二节　仓储的任务

仓储的物资储藏的基本功能决定了仓储的基本任务是存储保管、存期控制、数量管理、质量维护。同时，利用在仓库存放的物资开发和开展多种服务，是提高仓储附加值、促进物资流通、提高社会资源效益的有效手段，因而也是仓储的重要任务。

一、存储保管

物资存储是指在特定的场所，将物品收存并进行妥善的保管，确保被存储的物品不受损害。物资存储是仓储的最基本任务，存储的对象必须是有价值的产品，存储要在特定的场地进行，存储必须将存储物移到存储地进行；存储的目的是确保存储物的价值不受损害，保管人有绝对的义务妥善保管好存储物；存储物始终属于存货人所有，存货人有权控制存储物。

物资的存储有可能是长期的存储，也可能只是短时间的周转存储。进行物资存储既是仓储活动的表征，也是仓储最基本的任务。

二、存期控制

物资仓储既可以长期进行也可以短期开展，对存期的控制自然就形成了对流通的控制；流通的需要，决定了商品是存储还是流通。当交易不利时，将商品储存，等待有利的交易机会。这也就是仓储的“蓄水池”功能。流通控制的任务就是对物资是仓储还是流通做出安排，确定储存时机、计划存放时间，当然还包括储存地点的选择。

三、数量管理

仓储的数量管理任务包括两个方面：一方面，存货人交付保管的仓储物的数量和提取仓储物的数量必须一致；另一方面，保管人可以按照存货人的要求分批收货和分批出货，对储存的货物进行数量控制，以配合物流管理的有效实施，同时向存货人提供存货数量及数量变动的信息服务，以便客户控制存货。

四、质量维护

按收货时仓储物的质量交还仓储物是保管人的基本义务。为了保证仓储物的质量不发生变化，保管人需要采用先进的技术、合理的保管措施，妥善和勤勉地保管仓储物，有针对性地采用储存容器装存、包装、修补加固、清洁、擦拭、除锈、防霉、保持水分或干燥等保管养护措施。仓储物发生危险时，保管人不仅要及时通知存货人，还需要及时采取有效的措施以减少损失。

五、交易中介

仓储经营人利用大量存放在仓库的有形资产，利用与物资使用部门广泛的业务联系，作为现货交易中介开展业务较为便利，同时也有利于加速仓储物的周转和吸引仓储。仓储经营人利用仓储物开展物资交易不仅会给仓储经营人带来收益，还能充分利用社会资源，加快社会资金周转，减少资金沉淀。交易中介是仓储经营的重要经营项目。

六、流通加工

加工本是生产的环节，但是为了适应消费多样化、个性化、变化快的社会生产的发展特点，又为了严格控制物流成本，生产企业将产品的定型、分装、组装、装潢等工序留到最接近销售的仓储环节进行，使得仓储成为流通加工的重要环节。

七、配送

设置在生产和消费集中地区附近的原材料、零部件或商品仓库，对生产车间和销售点的配送成为其基本的业务。仓库根据生产的进度和销售的需要不间断地、小批量地将仓储物送到生产线、零售商店或收货人手上。仓储配送业务的发展，有利于生产企业降低存货、减少固定资金投入、实现准时制生产；商店减少存货、减少流动资金使用量，且能保证销售。

八、配载

大多数运输转换仓库都有配载的任务。货物在仓库集中集货，按照运输的不同方向和运输工具进行分类仓储，当运输工具到达时出库装运。配送中心就是在不断地对运输车辆进行配载，确保配送的及时进行和运输工具的充分利用。

第三节　仓储管理

一、仓储管理的概念

仓储管理简单来说，就是对仓库及仓库内的物资所进行的管理，是仓储机构为了充分利用所具有的仓储资源，提供高效的仓储服务所进行的计划、组织、控制和协调过程。具体来说，仓储管理包括仓储资源的获得、仓库管理、经营决策、商务管理、作业管理、仓储保管、安全管理、劳动人事管理、财务管理等一系列管理工作。

二、仓储管理的任务

1．利用市场经济的手段获得最大效益的仓储资源的配置

市场经济最主要的功能是通过市场的价格杠杆和供求关系调节经济资源的配置。市场配置资源以实现资源最大效益为原则，这也是企业经营的目的。配置仓储资源也应以所配置的资源能获得最大效益为原则。仓储管理就需要营造本仓储机构的局部效益空间，吸引资源的投入。具体任务包括：根据市场供求关系确定仓储的建设；依据竞争优势选择仓储地址；以生产差别产品决定仓储专业化分工和确定仓储功能；以所确定的功能决定仓储布局；根据设备利用率决定设备配置等。

2．以高效率为原则组织管理机构

仓储管理机构是开展有效仓储管理的基本条件，是一切管理活动的保证和依托。生产要素尤其是人的要素只有通过良好的组织才能发挥作用，实现整体的力量。仓储组织机构的确定需围绕着仓储经营的目标，以实现仓储经营的最终目标为原则，依据管理幅度、因事设岗、责权对等的原则，建立结构简单、分工明确、互相合作和促进的管理机构和管理队伍。

仓储管理机构因仓储机构的属性不同而有所不同，分为独立仓储企业的管理组织和附属仓储机构的管理组织。一般都设有：内部行政管理机构、商务、库场管理、机械设备管理、安全保卫、财务以及其他必要的机构。仓储内部大都实行直线职能管理制或者事业部制的管理组织结构。随着计算机网络的应用普及，管理机构趋向扁平化发展。

3．以不断满足社会需要为原则开展商务活动

商务活动是仓储对外的经济联系，包括市场定位、市场营销、交易和合同关系管理、客户关系管理、争议处理等。仓储商务是仓储经营生存和发展的关键工作，是经营收入和仓储资源充分利用的保证。从功能来说，商务管理是为了实现收益最大化，但是作为社会主义的仓储管理，必须遵循不断满足社会生产和人民美好生活需要的生产原则，最大限度地提供仓储产品，满足市场需要。满足市场需要包括数量上满足和质量上满足两个方面，仓储管理者还要不断掌握市场的变化发展，不断开展创新，提供适合经济发展的仓储产品。

4．以高效率、低成本为原则组织仓储生产

仓储生产包括货物入仓、堆存、保管、出仓的作业，仓储物验收、理货交接，在仓储期间的保管照料、质量维护、安全防护等。仓储生产的组织遵循高效、低耗的原则，充分利用机械设备、先进的保管技术、有效的管理手段，实现仓储的快进、快出，提高仓储利用率，降低成本，不发生差、损、错事故，保持连续、稳定的生产。生产管理的核心在于充分使用先进的生产技术和手段，建立科学的生产作业制度和操作规程，实行严格的监督管理，采取有效的员工激励机制。特别是非独立经营的部门仓储管理的中心工作就是开展高效率、低成本的仓储生产管理，充分配合企业的生产和经营。

5．以优质服务、诚信建立企业形象

企业形象是指企业展现在社会公众面前的各种感性印象和总体评价的整合，包括企业及产品的知名度、美誉度、社会的认可程度、客户对企业的忠诚度等方面。企业形象是企业的无形财富，良好的形象可以促进产品的销售，也为企业的发展提供了良好的社会环境。仓储业服务的对象主要是生产、流通经营者，其企业形象的建立主要通过服务质量、产品质量、诚信和友好合作获得，并通过一定的宣传手段在潜在客户中推广。在现代物流管理中，对服务质量的高度要求、对合作伙伴的充分信任使仓储的企业形象建立极为必要，具有良好形象的仓储经营者才能在物流体系中占一席之地，适应现代物流的发展。

6．通过制度化、科学化的手段不断提高管理水平

任何企业的管理都不可能一成不变，需要随着形势的发展不断发展，适应新的变化，仓储管理也要根据仓储企业的经营目的的改变、社会需求的变化而改变。管理也不可能一步到位，不可能一开始就设计出一整套完善的管理制度并实施于企业中，因为那样不仅教条，而且不可执行，仓储管理也要从简单管理到复杂管理、从直观管理到系统管理，在管理实践中不断补充、修正、完善，不断提高，实行动态的仓储管理。

仓储管理的动态化和管理变革，可以促进管理水平的提高，提高仓储效益，但也可能因为脱离实际、不同于人们的惯性思维，而使管理的变革失败，甚至趋于倒退，不利于仓储的发展。因而仓储管理的变革需要有制度性的变革管理，通过科学的论证，广泛吸取先进的管理经验，针对本企业的客观实际开展管理。

7．从技术到精神领域提高员工素质

没有高素质的员工队伍，就没有优秀的企业。企业的一切行为都是人的行为，是每一个员工履行职责的行为表现。员工的精神面貌表现了企业的形象和企业文化。仓储管理的一项重要工作就是不断提高员工的素质和加强对员工的约束和激励。

员工的素质包括员工每个人的技术素质和精神素质。通过不断、系统的培训，严格的考核，保证每个员工熟练掌握其所从事的劳动岗位应知、应会的知识与技能，而且要求精益求精，能跟上技术和知识的发展与更新；明白岗位的工作制度、操作规程；明确岗位所承担的责任。

良好的精神面貌来自企业和谐的氛围、有效的激励、对劳动成果的肯定以及针对性开展的精神文明教育。在仓储管理中应重视员工的地位，而不能将员工仅仅看作是生产工具、一种等价交换的生产要素。要在信赖中约束、在激励中规范，使员工感受到人尽其才、劳有所得、人格被尊重，形成热爱企业、自觉奉献、积极向上的精神面貌。企业生产所必需的人力资本来自员工，如何让员工的人力资本发挥效用，是仓储管理的重要课题。

三、仓储管理的基本原则

1．满足社会需要

仓储本身并不是社会生产的最终目的，物质仓储是为物质生产、流通和最终消费服

务的。物质生产、流通和最终消费服务对仓储的需要决定了仓储的供给。仓储经营管理的基本出发点就在于社会对仓储的需要，以社会需要决定仓储的结构、仓储的规模、仓储经营方法、仓储建设等，以社会需要为依据开展仓储管理。

2．效率原则

效率是指在一定劳动要素投入量时的产品产出量。较小的劳动要素投入量和较高的产品产出量才能实现高效率。高效率就意味着劳动产出大，劳动要素利用率高，高效率是现代生产的基本要求。仓储的效率表现为仓容利用率、货物周转率、进出库时间、装卸车时间等指标。高效率仓储的表现就是“快进、快出、多存储、保管好”。

仓储的生产管理的核心就是效率管理，实现最少的劳动量的投入，获得最大的产品产出。劳动量的投入包括生产工具、劳动力和数量以及他们的作业时间和使用时间。效率是仓储其他管理的基础，没有生产的效率，就不会有经营的效益，就无法开展优质的服务。

高效率的实现是管理艺术的体现，通过准确核算、科学组织、妥善安排场所和空间、机械设备与人员合理配合，部门与部门、人员与人员、设备与设备、人员与设备之间默契配合，使生产作业过程有条不紊地进行。

高效率还需要有效管理过程的保证，包括现场的组织、督促，标准化、制度化的操作管理，严格的质量责任制的约束。反之，现场作业混乱、操作随意、作业质量差，甚至出现作业事故显然不可能有效率。

3．经济效益的原则

厂商生产经营的目的是为了追求获得最大化利润，这是经济学的基本假设条件，也是社会现实的反映。利润是经济效益的表现。

利润=经营收入–经营成本–税金

实现利润最大化则需要做到经营收入最大化和经营成本最小化。

社会主义的企业经营也不能排除为了追求利润最大化的动机，作为参与市场经济活动主体的仓储业，也应围绕着获得最大经济效益的目的进行组织和经营。同时也需要承担企业的社会责任，重视绿色发展，履行环境保护责任，维护社会安定，满足社会不断增长的需要，提高生产经营的社会效应。

4．服务的原则

仓储活动本身就是向社会提供服务产品。服务是贯穿在仓储中的一条主线，从仓储的定位、仓储具体操作，到对储存货物的控制，都围绕着服务进行。仓储管理就需要围绕着服务定位，如提供服务、改善服务、提高服务质量，包括直接的服务管理和以服务为原则的生产管理。

仓储的服务水平与仓储经营成本有着密切的相关性，两者互相对立。服务好，成本高，收费则高。仓储服务管理就是在降低成本和提高（保持）服务水平之间保持平衡。仓储企业进行服务定位的策略如下：

（1）进入或者引起竞争时期　高服务水平、低价格且不惜增加仓储成本。

（2）积极竞争时期　用一定的成本实现较高水平的仓储服务。

（3）稳定竞争时期 提高服务水平，争取成本不断降低。

（4）已占有足够的市场份额处于垄断竞争阶段 服务水平不变，尽力降低成本。

（5）退出阶段或完全垄断阶段 大幅降低成本，但也降低服务水平。

四、仓储管理人员的基本要求

（一）仓储经营管理人的基本素质要求

1）具有丰富的商品知识，对于所经营的商品要充分熟悉，掌握其理化性质和保管要求，能有针对性地采取管理措施。

2）掌握现代仓储管理的技术，并能熟练运用，特别是现代信息技术的使用。

3）熟悉仓储设备，能合理和高效地安排使用仓储设备。

4）具有良好的管理素质，包括预测能力、组织协调能力、评估能力、策划能力、控制能力。

5）自觉履行职责，具有较强的执行力，办事能力强，能按照轻重缓急、有条有理地处理事务。

6）具有一定的财务管理能力，能查阅财务报表，进行经济核算、成本分析，正确掌握仓储经济信息，进行成本管理，进行价格管理和决策。

7）具有现代物流管理的知识和较强的物流运作管理能力。

（二）仓库保管员的职责

1）认真贯彻仓库保管工作的方针、政策、法律法规和制度，具有高度的责任感，忠于职守，廉洁奉公，热爱仓库工作，具有敬业精神；树立为客户服务、为生产服务的观念，具有合作精神；树立讲效率、讲效益的思想，关心企业的经营。

2）严格遵守仓库管理的规章制度和工作规范，严格履行岗位职责，及时做好物资的入库验收、保管保养和出库发运工作；严密各项手续制度，做到收有据、发有凭，及时准确登记销账，手续完备，账物相符，把好收、发、管三关。

3）熟悉仓库的结构、布局、技术定额，熟悉仓库规划；熟悉堆码、苫垫技术，掌握堆垛作业要求；在库容使用上做到：妥善地安排货位，合理高效地利用仓容，堆垛整齐、稳固、间距合理，方便作业、清数、保管、检查、收发。

4）熟悉仓储物资的特性、保管要求，能有针对性地进行保管，防止货物损坏，提高仓储质量；熟练地填写表账、制作单证，妥善处理各种单证业务；了解仓储合同的义务约定，完整地履行义务；妥善处理风雨雪、潮湿、酷暑与严寒等自然灾害对仓储物资的影响，防止和减少损失。

5）重视仓储成本管理，不断降低仓储成本。妥善保管好剩料、废旧包装，收集和处理好地脚货，做好回收工作。用具、苫垫、货板等要妥善保管，细心使用，延长使用寿命。重视研究物资仓储技术，提高仓储利用率，降低仓储物耗损率，提高仓储的经济效益。

6）加强业务学习和训练，做到熟能生巧。掌握计量、衡量、测试用具和仪器的使用；掌握所分管的物资的货物特性、质量标准、保管知识、作业要求和工艺流程；及时掌握仓库管理的新技术、新工艺，适应仓储自动化、现代化、信息化的发展，不断提高仓储的管理水平；了解仓库设备和设施的性能和管理要求，督促设备维护和维修。

7）严格执行仓库安全管理的规章制度，时刻保持警惕，做好防火、防盗、防破坏、防虫鼠害等安全保卫工作，防止各种灾害和人身伤亡事故，确保人身、物资、设备的安全。

第四节　仓储在物流管理中的地位

现代物流是从原材料的采购、产品生产到产品销售过程的实物流的统一管理，有助于促进产品销售和降低物流成本。物流过程需要经过众多的环节，其中仓储过程是最为重要的环节，也是必不可少的环节。仓储从传统的物资存储、流通中心发展成物流的节点，作为物流管理的核心环节而存在，并发挥着整体物流协调的作用，亦成为产品制造环节的延伸。

一、仓储在物流操作中的作用

1．运输整合和配载

基于运输的费用率随着运量的增大而减少的规模经济现象，尽可能大批量运输是节省运费的有效手段。将连续不断生产出的产品集中成大批量提交运输，或者将众多供货商所提供的产品整合成一票运输的运输整合就需要通过仓储来进行。通过整合不仅实现大批量运输，还可以通过比重整合、轻重搭配，实现运输工具空间和载重能力的充分利用。整合服务还可以由多个厂商合并使用，以减少仓储和运输成本。在运输整合中还可以对商品进行成组、托盘化等作业，使运输作业效率提高。

运输服务商也通过在仓储中整合众多小批量的托运货物，开展集拼运输，进行运输配载，以便充分利用运输工具，降低物流成本。

2．分拣和产品组合

对于运达消费地的产品，需要在仓库里根据流出去向、流出时间的不同进行分拣分类，分别配载到不同的运输工具，配送到不同的目的地或消费者。

仓储的整合作用还适用于在不同产地生产的系列产品，在仓库整合成系列体系，向销售商供货。对于众多的零配件，生产商要把分散的供应商的供应品送到指定的仓库，由仓库进行虚拟配装组合，再送到生产线上进行装配。仓储的整合还包括将众多小批量的货物组合成大的运输单元，实现运输成本的降低。

3．流通加工

流通加工是将产品加工工序从生产环节转移到物流环节中进行的作业安排。由于仓储中物资处于停滞状态，适合于在仓储中进行流通加工，既不影响商品的流通速度，同时又能实现产品及时满足市场消费变化的需要和不同客户的需要。流通加工包括产品包装、装潢包装、贴标签、改型、上色、定量、组装、成型等。

虽然流通加工往往比在生产地加工成本更高，但能够及时满足销售，促进销售，还能降低整体物流成本。

4．平衡生产和保证供货

众多的产品具有季节性销售的特性，在销售高峰前才组织大批生产显然不仅不经济而且不可能。只有通过一定时间的持续经济生产，将产品通过仓储的方式储存，才能在销售旺季集中向市场供货，并通过仓储点的妥善分布实现及时向所有市场供货。同样也有部分集中生产而常年销售的产品，也需要通过仓储的方式稳定、持续地向市场供货。仓储可以说是物流的时间控制开关，通过仓储的时间调整，使物品按市场需求的节奏进行流动，满足生产与销售的平衡需要。

对于一般商品、生产原材料适量进行安全储备，是保证生产稳定进行和促进销售的重要手段，也是对抗偶发事件对物流产生破坏的重要应急手段，如交通堵塞、不可抗力、意外事故等。

5．存货控制

除了在现场装配的大型设备、建筑外，绝大多数通用产品的现代生产很难做到完全无存货，但存货就意味着资金运转停滞、资金成本增加、保管费用增加，并会产生耗损、浪费等风险，对于存货进行控制以至降低成本是物流管理的重要内容之一。存货控制就是对仓储中的商品存量进行控制的工作，并且是整个供应链的仓储存量控制。仓储存货控制包括存量控制、仓储点的安排、补充控制、出货安排等工作。

二、仓储在物流成本管理中的作用

虽然说物流管理是为了系统地降低物流成本，以降低产品的最终成本。但物流成本同样表现在具体的操作过程之中，分为仓储成本、运输成本、作业成本、风险成本等。

仓储环节不仅是物流成本的组成部分，也是整体上对物流成本实施管理的控制环节。仓储成本的控制和降低直接实现物流成本的降低。产品在仓储中的组合、妥善配载和流通包装、成组等流通加工就是为了提高装卸效率，充分利用运输工具，从而降低运输成本的支出。合理和准确的仓储会减少商品的换装、流动，减少作业次数，采取机械化和自动化的仓储作业，这些都有利于降低作业成本。优良的仓储管理，对商品实施有效的保管和养护以及准确的数量控制，会大大减少风险成本。

三、仓储是物流增值服务功能的实现环节

高水平的物流管理不仅要满足促进产品销售、降低产品成本的需要，更应该进行增值服务，提高产品销售的收益。增加的收益主要来自产品质量的提高、功能的扩展、及时性的时间价值、削峰平谷的市场价值、个性化服务的增值等。

众多的物流增值服务在仓储环节进行，流通加工在仓储环节物资流动停顿时开展，通过加工提高产品的质量、改变功能、实现产品个性化；通过仓储的时间控制，使生产节奏与消费节奏同步，实现物流管理的时间效用的价值；通过仓储的商品整合，开展消费个性化的服务等。

虽然通过良好的物流管理，能保证对销售的支持，保证按时将商品交到消费者手中，但绝大多数采购人具有看样购货的习惯，在仓储中的现货会使客户产生信任感，有利于交易的达成。近距离的仓储存货，对客户的服务更快、更及时，能获得更多的利益。产品准时到达和合适的仓储，充分表现了企业的管理水平，形成了企业效率高、管理先进的企业形象。

复习思考题

1. 仓储有什么功能？有何类别？
2. 如何看待仓储业的发展方向？
3. 仓储有什么基本任务？
4. 什么是仓储管理？有什么任务？
5. 如何理解仓储管理所要遵循的基本原则？
6. 仓储在物流管理中起什么作用？
7. 仓储从业人员需要具有什么样的知识、能力和素质？

第二章 2

仓库和仓库设备

学习目的

了解库区、仓库及其组成；掌握仓库的布局和仓储规划；了解仓库的基本设施及用途和使用原则；了解自动化仓库的基本知识。

第一节 仓库的作用和仓库分类

一、仓库的概念

仓库，指用于储存货物及进行相应作业的建筑物[中华人民共和国国家标准《通用仓库及库区规划设计参数》（GB/T 28581—2012）]。可以理解为仓库是用来存放货物包括商品、生产资料、工具或其他财产，并对其数量和状态进行保管和处理的场所或建筑物等设施，以及货物出入仓库作业的土地或水面。仓库还应包括设置在仓库内，为仓储和作业服务的设备和设施，如地坪、货架、衬垫、苫盖物、固定式提升设备、移动设备、通风照明设备等。

库区则是由一栋或若干栋仓库、货场及配套设施组成的开展仓储生产活动的区域。

二、仓库的功能

仓库的一个最基本的功能就是存储物资，并对存储的物资实施保管和控制。但随着人们对仓库概念的深入理解，仓库也担负着物资处理、流通加工、物流管理和信息服务等功能，其含义远远超出了单一的存储功能。

一般来讲，仓库具有以下功能。

1．储存和保管的功能

储存和保管是仓库最基本的传统功能。仓库具有一定的场所和空间，用于存放物品，在仓库里能对保管物进行简单维护和处理。根据物品的特性，仓库配有相应的设备，以保护储存物品的完好，如储存精密仪器的仓库，需要防潮、防尘、恒温等，应设置空调、恒温等控制设备。在仓库作业时，为防止搬运和堆放时碰坏、压坏物品，从而要求不断改进和完善搬运机具和操作方法，提高储存和保管能力。仓库建筑和场地、货架的分割和封闭，能避免货物混合，防止遗落、流失等。

2．货物维护和加工的功能

仓库在仓储货物的同时，无论从管理责任，还是经济利益考虑，都需要保证仓储物不发生不正常的变化，这就需要仓库对仓储物进行维护、养护，确保仓储物的品质不变。由于流通加工的发展，货物在仓储阶段处于停滞状态，是开展加工的最佳时机，不影响仓储物流通的速度。仓库不仅具备储存、保管货物的设备，而且还增加了装袋、配套、捆装、流通加工、移动等设施。这样，既扩大了仓库的经营范围，提高了物资的综合利用率，又方便了消费者，提高了服务质量。

3．运输工具装卸和装拆集装箱功能

货物通过运输工具运入仓库，必须经过将货物从运输工具上卸下、入库存储以及出库装车（船）的过程。在仓库范围内所进行的装卸过程自然是仓库的基本职能。随着集装箱门到门运输的普及，集装箱装箱和拆箱工作已经绝大多数落实到仓库中进行。

4．信息处理和传递功能

仓库是物流的节点，货物入仓和出仓都需要经过仔细检查和核对，并需要完整地记录，因而仓库信息是货物最为准确的信息，也是动态物流中最为准确的信息。存货人对仓储物的数量管理有赖于仓库的统计和盘点，并由仓库提供。仓库是物流信息最重要的组成环节。

目前，在仓库的信息传递方面，越来越多地依赖于计算机和互联网，例如，通过使用互联网和货物识别技术、物联网等技术，可以提高仓库物品信息传递速度的准确性，能够及时了解仓库的使用情况和物资的存储情况。

三、仓库的分类

仓库是物流系统的基础设施，按其营运形态、保管形态、建筑形态、功能等可划分为不同的类型。

（一）根据营运形态划分

1．自用仓库

自用仓库是指生产或流通企业为了本企业物流业务的需要而修建的附属仓库。这类仓库只储存本企业的原材料、燃料、产品或商品，不向外提供经营服务。一般工厂、企业、商店的仓库以及军队的后勤仓库，多属于这一类。

2．营业仓库

营业仓库是指专门为了经营仓储业务而修建的面向社会提供仓储服务的仓库，或兼营仓储服务的仓库。营业仓库须取得仓储经营资格，由仓库所有人独立经营或者由分管的仓库管理部门独立核算经营，往往通过订立协议的方式提供仓储服务。

3. 公共仓库

公共仓库属于公共服务的配套设施，它为社会物流服务。如铁路车站的货场仓库、港口的码头仓库、公路货场的货栈仓库等。

（二）根据保管形态划分

1. 通用仓库

通用仓库是指用于存放一般性物资的仓库，用于储存对于仓库没有特殊的要求，只要求一般通用的库房和堆场的普通货物，如一般的金属材料仓库、机电产品仓库等。仓库设施较为简单，但储藏的物资种类繁杂，作业过程和保管方法、要求均不同。

2. 保温仓库

保温仓库是指对湿度、温度等有特殊要求的仓库，包括恒温、恒湿及冷藏库等。这类仓库用于粮食、水果、肉类等的储存。这类仓库在建筑上要有隔热、防寒、密封等功能，并配备专门的设备，如空调、制冷机等。

3. 特种仓库

特种仓库指用来储存单一特殊的货物的仓库，包括危险品仓库，如石油库、化学危险品库等，以及用于专门储藏粮食的粮仓等。其特点是储藏物单一、保管方法一致，但需要特殊的保管条件。

4. 水上仓库

水上仓库是指漂浮在水面的用于储藏货物的趸船、浮驳及其他水上建筑，或者是在划定水面保管物资的特定水域，或者是沉浸在水下保管物资的水域。近年来由于国际运输油轮的超大型化，许多港口因水深限制，大型船舶不能直接进港卸油，往往采用在深水区设立大型水面油库（超大型油轮）作为仓库转驳运油。

（三）根据建筑形态划分

1）按建筑程度可分为室内仓库、露天堆场、货棚、集装箱仓库等。

2）按建筑构造不同可分为堆场、平房仓库、多层仓库、高层仓库、地下仓库等。

3）按建筑材料不同可分为钢筋混凝土仓库、混凝土预制板建筑仓库、钢骨架建筑仓库、竹木制建筑仓库、金属容器仓库、地下洞穴等。

第二节　仓库的结构与布局

一、仓库的结构

一般的仓库由存货区、作业区、辅助作业区、装卸作业区、站台登车桥等功能区构成。

存货区是用于储存货物的场所。

作业区是库区内进行货物储存、装卸、搬运、加工等作业的区域。

辅助作业区是库区内进行作业设备充电、保养、维修及安装相关设备的区域。

装卸作业区是用于停靠车辆并进行货物装卸的作业区域。

站台登车桥则是当货车底板平面与装卸货站台平面有高度差时，可使手推车、叉车无障碍地进入车厢内的装置。

仓库的结构对于实现仓库的功能起着很重要的作用。因此，仓库的结构设计应做如下考虑。

1. 平房建筑和多层建筑

从出入库作业的合理化方面看，仓库尽可能采用平房建筑，储存产品就不必上下移动，不会因为利用电梯将储存产品从一个楼层搬到另一个楼层而费时费力，而且电梯往往也是一个瓶颈地带，影响仓库作业效率。即使采用倾斜输送机，流量也是有限的。但是在城市里，尤其是在工商业中心地区，那里的土地有限或昂贵，为了充分利用土地，采用多层建筑成为最佳经济选择。在采用多层仓库时，要特别重视对货物上下楼的通道建设。如果是周转量大的流通仓库，则采用两层立交斜路方式，车辆可直接行驶到二层仓库，两层都可同时进行收货、验货、保管。一层作为笨重货物保管和配货、大型车辆装卸的场所。二层作为轻便货物作业和储存的场所。

库内净高应综合考虑仓库容积率、储存货物类别、货架类型、作业机械等因素来确定，单层或底层净高宜为 9m。楼上层高则按照货架和机械高度来设计。

单体仓库的面积应根据库区整体规划，储存货物种类与数量及其作业流程等因素确定，宜不小于 10 000m^2。

2. 库房出入口和通道

根据国家标准《通用仓库及库区规划设计参数》(GB/T 28581—2012)，仓库出入口、库门、通道应该达到以下要求：

库门类型：应从仓库面积、存储货物类别、货物进出库频率、作业流程与作业方式、防火要求、综合经济等因素考虑，可选择手电动两用工业提升门、卷帘门或推拉门，不宜采用平开门。

库门数量：每万平方米库门宜不少于 6 扇，应根据未来仓库发展需要，预留库门位置，便于日后改造。

库门宽度与高度：应根据仓库平台类型、作业机具和货物的类别确定，门宽不小于 2.75m，高度不小于 3.5m。

此外，作为载货汽车、铲车的库房出入口，要求宽度和高度的最低限度必须达到 4m。作为叉车的出入口，则宽度必须达到 3m，高度达到 4m。

通道：库房内的通道是保证库内作业畅顺基本条件，通道应延伸至每一个货位，使每一个货位都可以直接进行作业。通道需要路面平整和平直，没有颠簸，减少转弯和交叉。作为大型卡车和重型叉车入库作业的通道应大于 3m，小型叉车作业通道应达到 2m。危险品仓库则要按照相应规范设定。出入口和通道的设置还要考虑仓储的性质，作为储存式仓储的仓库一般保持单行通道；而流通性强的仓储，则要保持双向主通道为宜。

在设计通道时，首先满足仓库内作业的需要，然后考虑通道的占地面积最小。采用中间贯穿式通道“直线形”流动最为理想，如图 2-1 所示。如果不能贯穿，需要在仓库内回旋时，则以内层环形为宜，采取“U”形流动或者“T”形流动方式，环形通道需要有足够的回旋区。如采用进出式，则需要有掉头区，掉头区宽度须满足入库设备的掉头之用，如叉车掉头所需宽度应有 4m。

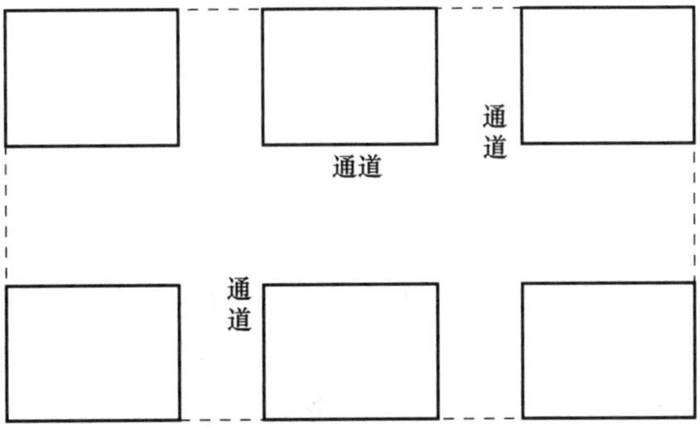

图 2-1 仓库通道的布局

3. 仓库跨度与柱距

库房内的立柱，是出入库作业的障碍，会导致保管效率低下，减少存货空间，因而立柱应尽可能减少。应根据仓库功能、货架布局、作业流程等进行设计，考虑经济性和安全性的需要，跨度宜为 20～30m，柱距宜为 9～12m，柱间支撑及斜拉支撑不应对货架安装及库内作业造成障碍。钢骨架建筑的仓库可不要立柱。

具体尺寸一般以汽车或托盘的尺寸为一个基准，加上车辆或者托盘的间距和货柱间距进行确定。如采用 1.1m×1.1m 标准托盘存货或作业的，加上托盘间距 0.1m，以 1.2m 的倍数，加上托盘与柱子的间隔 0.8m×2 来确定间隔。

4. 天花板的高度

由于实现了仓库的机械化、自动化，因此现在对仓库天花板的高度也提出了很高的要求，应综合考虑仓库容积率、储存货物类别、货架类型、作业机械等因素来确定库内净高。叉车的标准提升高度是 3m，而使用多段式高门架叉车的时候，要达到 6m 的高度。另外，从托盘装载货物的高度看，包括托盘的厚度在内，密度大且不稳定的货物，通常以 1.2m 为标准，密度小而稳定的货物，通常以 1.6m 为准。以其倍数（层数）来看，1.2m×4 层=4.8m，1.6m×3 层=4.8m，因此，仓库的天花板高度最低应为 5～6m。如采用货架，则根据货架高度确定仓库高度（顶横梁下方高度）。《通用仓库及库区规划设计参数》（GB/T 28581—2012）建议库内净高宜为 9m。

另外，有的仓库内部设置夹层楼板，也叫临时架，是在地板与楼板之间加另一半层楼，能成倍利用保管的空间，并能够有效地利用仓库梁下的空间。

5. 地面

库内地面承重应根据存储货物类别、货架类型、装卸机械等因素进行设计，最好不小于 $3t/m^2$。流通仓库的地面承载力，则必须保证重型叉车作业的足够受力。

地面应根据储存货物对防尘、防潮、防静电的要求及提高并延长作业的使用效能进行设计。基本要求：地面平整、耐磨、耐冲击、不起砂；在进行库内地面处理时，应采用无毒、环保材料。

当仓库净高在 9m 以上，采用多层货架时，应对仓库地面进行超平处理。

6．仓库平台

平台是设在仓库门口，供货物装卸车辆、货物出入库的作业空间。若采用穿墙式出入口，平台就设在仓库内，车辆停靠在墙外作业。

运输周转型仓库一般采用运输（搬运）车辆直接入库作业，不设置平台，采用大型吊装设备、重型叉车进行装卸作业。

保管型、配送型、铁路运输换装的仓库都设置平台。应根据库区规划、气候条件、作业流程、装卸设备等确定类型，库外作业平台分为一字形、锯齿形。仓库平台高度应根据运输车辆底板高度确定，宜为 1～1.4m。通常，大型载货车（5t 以上）为 1.2～1.3m，小型载货汽车（3.5t 以下）为 0.5～1.0m，铁路货车站台面高出轨道面 1.1m 以上。

库外作业平台宽度应根据作业机械类型、回转半径及储存和配送作业特点等进行设计，宜不小于 4.5m；当站台登车桥不设在库门时，宜不小于 5m。

采用下沉式平台时，应考虑库区地面与市政排水管道的高差，以有效解决排水问题；地面坡度应保证装卸作业安全，北方地区还应考虑下雪防滑。

在有铁路线的仓库，应注意设计仓库外墙建筑轴线至站台边缘的距离，一般情况下，当使用叉车时，铁路一侧不应小于 4m，场地一侧不应小于 3.5m；当使用人工搬运时，铁路一侧不得小于 3.5m，场地一侧不得小于 2.5m。

平台设有供装卸车辆作业的站台登车桥。站台登车桥的数量应根据服务定位、存储货物进出库作业频率及作业量确定，宜与库门数量、位置相对应。应根据未来发展需要，预留站台登车桥安装位置。登车桥可以采用嵌入装卸平台中的嵌入式登车桥、直接安装于装卸货平台前端边沿位置的台边式登车桥，或者移动式登车桥。

7．防雨棚

库门或仓库平台应设立防雨棚，防雨棚的高度及宽度应满足雨雪天气作业需求。防雨棚的有效宽度（库门或仓库平台外沿至防雨棚外沿）应不小于 2.5m，距离地面净高宜不小于 5m。

8．屋面系统

单层仓库应根据当地气候条件、存储货物、作业采光和防火要求等因素确定屋面系统，应采用防水性能好、有利于排水的材料或构件。屋面坡度宜不小于 3%。屋面防水宜采用自防水屋面系统。应采用有组织排水，宜采用外天沟、外落水管排水。屋面采光板应避免与消防喷淋头处于同一位置，宜设置在库内通道正上方，采光板占屋面面积比例宜不小于 2%。

9．仓库设施防护

应对库门、落水管、消防设施、立柱等加装防撞设施，并外涂警示色带。应在平台边缘设置保护角钢，在角钢上焊接锚筋（锚固在混凝土内），并加装防撞垫。

10．仓库的照明、安全、通风设施

仓库照明应满足作业需求，分区、分路控制，应符合相关规范要求。

消防、监控设备应按国家有关消防设计规范要求设计。其中，严寒和寒冷地区灭火系统应采取防冻措施。库区应根据相关规范设置防雷设施。

库区安全监控设备应根据企业及客户需要设置。

应根据当地气候条件、仓库结构、存储货物、作业方式确定仓库通风系统，优先选择自然通风。

二、堆场结构

（一）集装箱堆场

1．集装箱及其优越性

集装箱等集装运输设备的出现，给储存带来了新观念。可将货物装入集装箱，锁门封箱，以整箱的方式进行运输和转运、存放。集装箱在露天堆场堆放，减少仓库建设。可以使用大型机械装卸、搬运集装箱，便利地从一种运输工具直接换装到另一种运输工具，能从发货方的仓库经由海运、陆运等不同运输方式，无须开箱换装，也无须接触或移动箱内货物，直接运到收货人的仓库，省去了入库、验收、清点、堆垛、保管、出库等一系列储存作业。这样不仅装卸快、效率高，而且尽量减少在仓储与装卸搬运过程中对各种商品的损伤，一定程度上还可以减少包装费用。因而，集装箱对改变传统储存作业有很重要的意义，是储运合理化的一种有效方式。集装箱最常见的形式是普通集装箱，其他形式有笼式集装箱、罐式集装箱、台架式集装箱、平台集装箱、折叠式集装箱等。集装箱的尺寸固定，使得货物的规格尺寸趋于统一，有利于标准化的实施。

集装箱具有以下优点：

1）促使装卸合理化。与单个物品的逐一装卸处理相比较，其优点主要表现在：①缩短装卸时间，这是由于多次装卸转为一次装卸而带来的效果。②使装卸作业劳动强度降低。过去，中、小件大数量散杂货装卸，工人劳动强度极大，且由于强度大，工作时极易出现差错和货损。使用集装箱后完全采用机械作业，不但减轻了装卸劳动强度，而且集装箱的保护作用，可以更有效地防止装卸时的碰撞损坏及散落丢失。

2）使包装合理化。由于集装箱本身有较强的强度和保护能力，采用集装箱后，物品的单体包装及小包装要求可降低，甚至可以去掉运输包装，从而节约包装材料。集装箱的固定尺寸，使得货物的规格尺寸趋于统一，有利于标准化的实施。

3）便于管理。采用集装箱进行运输和保管，方便了运输及保管作业，便于管理，可以有效利用运输工具和保管场地的空间，改善环境。

4）有效整合各环节。以集装箱为核心所形成的集装系统，可以将原来分离的物流各环节有效地联合为一个整体，使整个物流系统实现合理化。物流的现代化是离不开集装的，可以说集装箱是物流现代化的重要标志。

5）提高场地利用率。由于集装箱本身具有保护和隔离作用，即使性质相忌的货物，也可以装在不同的箱内，堆放在同一个场地，提高场地的利用率。

2．集装箱堆场布局结构

集装箱堆场是堆存和保管集装箱的场所。根据集装箱堆存量的大小，堆场可分为混合型和专用型两种形式。混合型堆场根据货源的需要堆放集装箱或其他货物。专用型堆场是专门用于集装箱堆放的专用堆场，分别设置重箱堆场、空箱堆场、维修与修缮箱堆场。设置堆场时应满足发送箱、到达箱、中转箱、周转箱和维修箱等的作业操作工艺和不同的功能要求，并尽可能缩短运送距离，避免交叉作业，便于准确、便捷地取放所需集装箱，利于管理。

（1）集装箱堆场布局原则　合理的集装箱堆场布局应符合下列原则：

1）中转箱区应布置在集装箱能顺利地由一辆车直接换装到另一辆车的交通方便处。

2）维修箱区应布置在作业区外围，靠近维修车间一侧，以便于取送和维修，减少对正常作业的干扰。

3）合理布置箱位。既要充分利用堆场面积，又要留足运输通道和装卸机械作业区及箱与箱之间的距离，做到安全方便。

4）合理利用与选择装卸机械和起重运输设备。除保证机械进出场区畅通和足够的作业半径外，应尽量减少机械设备的行走距离，提高设备利用率。

5）场区内要有足够的排水设施，以利于排水。

6）堆场场地必须耐用，应根据堆场层数进行设计与处理。

（2）集装箱堆场的设计目标　在设计集装箱堆场时，除了应该考虑上述三要素，还应该尽量在以下三个方面做好：

1）服务的精确性。集装箱存放货物无须拆箱，箱内货物的质量和数量信息可从货物文件以及其他相关单据获得，同时在分类堆存时，也完全依据文件及其单据进行分类，所以应尽量做到在集装箱堆场的存放与管理过程中认真细致，力求达到服务的精确性。

2）单位堆存和流转速度。操作要求尽可能快，与堆存区所要求的服务水平相适应。由于要尽量减少堆场的占地面积，所以在设计集装箱堆场的过程中，在选取存放堆垛方式的过程中，要尽量增大单位堆存，同时尽量缩短保管时间，加快集装箱的流转速度，尽可能充分地发挥集装箱的优越性。

3）旺季存储能力。这与前面的因素有关。有这么一条经验，系统设计者应该满足一定时期内95%的库存需求。依服务类型确定，这个一定时期可以是一个月、一年。最后的 5%通常要花费巨大的代价才能满足。在集装箱码头中，泊位利用率是服务的一个重要因素，所以，及时抓住储运旺季，充分发挥集装箱堆场的优势，最大限度地达到集装箱堆场的储存能力是非常重要的。

（3）集装箱堆场的箱位　在一个宽阔的平面上，随意堆放集装箱显然是不可行的，需要对场地进行划分和标注，以便有规律地使用和保证操作顺利。下面以港口集装箱堆场的箱位编排方式说明问题。

1）分场。按照存箱的性质将堆场划分为空（吉）箱场、重箱场、装拆箱作业场、修箱场、检测场、冷藏箱场等。

2）分区。对于大型的场地，如重箱场、空箱场，根据作业工艺和作业流程、箱主或集装箱的性质进行分区。如：1 区、2 区等。

3）分段。从集装箱堆放的原则出发，考虑到堆取作业的便捷性，利用通道将某个区划分为若干段。其宽度可以并排堆放两个以上集装箱，根据作业设备能力确定，如使用龙门吊时，可保持 4～6 个箱宽。长度则根据场地情况确定，但不能超出分区。

4）行号。在一个段内会并行多个集装箱，需要对行进行编号，一般采用阿拉伯数字编号，如：1、2、3，并标注在地面。

5）间号。在同一行会列放多个集装箱，以 20ft 箱为单位分间，每一个间位每层可以堆放一个 20ft 集装箱。间的编号用数字单数依顺序编排，为 01、03、05、07 等。由于集装箱可能是 20ft 或者 40ft 集装箱，每一个单数表示一个 20ft 集装箱的间位，并标注在地面。当存放 40ft 集装箱时，需要占用两个间位，则用双数表示，如放在 01、03 间位的 40ft 集装箱为 02 位。

6）层号。在集装箱堆场，为了充分使用场地，集装箱均采用多层堆放方式。层数根据作业设备的能力确定，如重箱堆 4 层、空箱堆 6 层。层数自下而上编排，1、2、3 层。由于集装箱必须叠放，堆箱时层数按实际堆量确定，而取箱时需要指明层数。在一般情况下，由于层数较少且直观，可以不表达层数。

（4）箱位号　为了表明一个集装箱的位置，采用一组数据表示，比如“2A040503”表示该箱在 2 区 A 段第 4 行 05 间的第 3 层，为一个 20ft 集装箱。空箱场一般依箱主分别分堆，没有差别，因而也无须确定行、间、层号。

集装箱堆场示意图如图 2-2 所示。

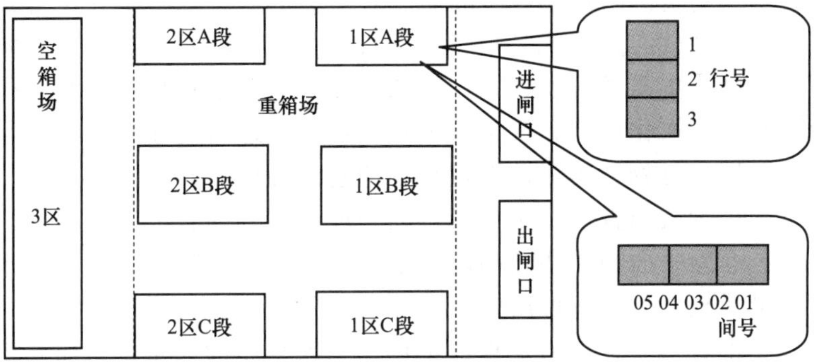

图 2-2　集装箱堆场示意图

（二）杂货堆场

1．杂货

杂货是指直接以货物包装形式进行运输的货物，货物的包装有袋装、箱装、桶装、箩装、捆装、裸装等，也包括采用托盘、集装袋、绳网成组方式运输的货物。杂货中的相当一部分可以直接在堆场露天存放，如粗钢、油桶、日用陶瓷器等。在堆场存放要考虑需要苫盖、垫垛，以便防水、防晒、防尘，排水除湿。有包装的多数杂货需要在仓库室内存放。杂货的多种类规格使得其装卸、堆垛作业效率极低，而且需要较大的作业空间，同时杂货容易混淆，需要严格区分。

2. 杂货堆场按照货类分区存放

大多数杂货物的货位布置形式均采用分类分区布置，即对存储货物在“三一致”（性能一致、养护措施一致、消防方法一致）的前提下，对堆场划分为若干保管区域；根据货物大类和性能等划分为若干类别，以便分类集中堆存。

杂货堆场分区分类存放货物的作用包括：①可以缩短货物收、发作业时间。②可以合理利用有限的堆场占地面积。③可以使堆场管理人员掌握货物进出场活动规律，熟悉货物性能，提高管理水平。④可以合理配置和使用机械设施，提高机械化操作程度。

3. 堆场分区分类的方法

（1）按照货物种类、性质和所属进行分区分类　这是大多数堆场采用的分类分区方法，就是按货主、货物的类别来分类。把性能互不影响、互不抵触的货物，在同一堆场内划定的同一货区里集中储存。

（2）按照货物发往地区进行分区分类　这种方法主要适用于储存期限不长，而进出数量较大的中转性质的堆场。具体做法是，货物按照交通工具划分为公路、铁路、水路，再按达到站、港的线路划分。这种分区分类方法，虽然不分货物种类，但是对于危险品、性能互相抵触的货物，也应该分别存放。

4. 杂货堆场货区布置形式

根据货物的不同性质，对各种堆存的货物进行合理的分类之后即可按照堆场的货区进行分类堆存。堆场的货区布置形式主要有三种：横列式、纵列式和混合式。

（1）横列式　横列式布置形式是指货位的长度与堆场的长度方向互相垂直。这种布置方式的主要优点是：主要通道长且宽，副通道短，有利于货物的取存、检查；通风和采光条件好；有利于机械化作业。其主要缺点是：主通道占用面积多，堆场面积的利用率会受到影响。适用于货物种类多，批量较小的仓库使用。

（2）纵列式　纵列式布置形式是指货位的长度与堆场的长度方向平行。这种布置方式的优点主要是：仓库平面利用率较高。其缺点是：存取货物不方便，对于通风采光不利。适用于货物批量较大的仓库使用。

（3）混合式　混合式布置形式是指在堆场横列式和纵列式布置兼而有之，是两种方式的结合，兼有上述两种方式的特点。

在布置货位时，要留出适当垛距。垛距是为了区分不同品种规格或不同批次的货物而划定的分界道，又作为货物进出、检查的通道。隔离垛距要大于0.5m。

（三）散货堆场

散货是指未包装、无标志的小颗粒货物，直接以散装方式进行运输、装卸、仓储保管和使用。在仓储中不受风雨影响的散货一般直接堆放在散货堆场上，如沙、石、煤、矿等。

散货堆场根据所堆存散货的种类不同，地面的结构不完全相同，可以是沙土地面、混凝土地面等，由于存量巨大，要求地面有较高的强度。由于散货都具有大批量的特性，散货货场往往面积较大。为了便于疏通，采取明沟的方式排水，并且通过明沟划分较大面积的货位。散装堆场都采用铲车或者输送带进行作业，所堆的垛型较为巨大。

三、库区布局的原则与功能要求

库区布局是指对仓库的数量、规模、地理位置和仓库设施道路等各要素进行科学规划和整体设计。根据库址的地理形状、气候条件和客户类别、仓库使用功能、存储特性、拣选模式以及作业流程、防火要求等因素，合理规划库区内的存货作业区（仓库、堆场等）、装卸作业区、辅助作业区、办公区、停车场、库区出入口与通道、排水系统的位置与设计参数，做到布局合理、安全、高效，并能充分提高土地利用率。库区的布局应满足以下原则与功能要求：

（一）库区布局的原则

1）尽可能采用单层设备，这样做造价低，资产的平均利用率也高。

2）使货物在出入库时单向和直线运动，避免逆向操作和大幅度变向的低效率运作。

3）采用高效的物料搬运设备及操作流程。

4）采用有效的存储计划。

5）在物料搬运设备大小、类型、转弯半径的限制下，尽量减少通道所占用的空间。

6）尽量利用仓库的高度，也就是说，有效地利用仓库的容积。

（二）功能要求

1）仓库位置应便于货物的入库、装卸和提取，库内区域划分明确、布局合理。

2）集装箱货物仓库与零担货物仓库分开设置，库内货物应按发送、中转、到达货物分区存放，并画线设置货位。要尽量减少货物在库内的搬运距离，避免任何迂回运输，并要最大限度地利用空间。

3）要有利于提高装卸机械的装卸效率，满足先进的装卸工艺和设备的作业要求。

4）库区及仓库应配置必要的安全、消防设施，以保证安全生产。

5）仓库货门的设置，既要考虑集装和货车集中到达时的同时装卸作业要求，又要考虑由于增设货门而造成堆存面积的损失。

四、库区功能区域构成及布局图

将库区的各个组成部分，如库房、货棚、货场、辅助建筑物、铁路专运线、库内道路、附属固定设备等，在规定的范围内，进行平面和立体的全面合理的安排，即库区总平面布置。

（一）库区的功能区域构成

一个库区通常由生产作业区、辅助生产区和行政生活区三大部分组成。

1. 生产作业区

它是库区的主体部分，是商品储运活动的场所，主要包括储货区、铁路专运线、道路、装卸站台等。

储货区是储存保管的场所，具体分为仓库库房、货棚、货场。货场不仅可存放商品，同时还起着货位的周转和调剂、作业作用。铁路专运线、道路是库内外商品的运输通道，商品的进出库，库内商品的搬运，都通过这些运输线路。专运线应与库内其他道路相通，保证畅通。装卸站台是供火车或汽车装卸商品的平台，有单独站台和库边站台两种，其高度和宽度应根据运输工具和作业方式而定。

2. 辅助生产区

辅助生产区是为商品储运保管工作服务的辅助车间或服务站，包括车库、变电室、油库、维修车间等。

3. 行政生活区

行政生活区是行政管理机构和员工休憩生活的区域。一般设在库区入口附近，便于业务接洽和管理，行政生活区与生产作业区应分开，并保持一定距离，以保证安全及行政办公和居民生活的安静。

（二）库区总平面布置的要求

1. 要适应仓储企业生产流程，有利于仓储企业生产正常进行

1）单一的物流方向。库区内货物的卸车、验收、存放地点之间的安排，必须适应仓储生产流程，按一个方向流动。

2）最短的运距。应尽量减少迂回运输，并根据作业方式、仓储货物品种、地理条件等，合理安排库房、专用线与主干道的相对位置。主干道应布置在库区中部，铁路专用线偏向车流量较少的区域。

3）最少的装卸环节。减少在库货物的装卸搬运次数和环节，货物的卸车、验收、堆码作业最好一次完成。

4）最大限度地利用空间。尽可能采用立体设计，应有利于商品的合理储存和充分利用库容。

2. 有利于提高仓储经济效益

1）要因地制宜，充分考虑地形、地质条件，满足货物运输和存放上的要求，并能保证仓容充分利用。

2）平面布置应与竖向布置相适应。所谓竖向布置，是指建设场地平面布局中每个因素，如库房、货场、专运线、道路、排水、供电、站台等，在地面标高线上的相互位置。

3）总平面布置应能充分、合理地利用我国目前普遍使用的门式、桥式起重机等固定设备，合理配置这类设备的数量和位置，并注意与其他设备的配套，便于开展机械化作业。

3．有利于保证安全生产和文明生产

1）库内各区域间、各建筑物间，应根据《建筑设计防火规范》（GB 50016—2014）的有关规定，留有一定的防护间距，并有防火、防盗等安全设施，经过消防部门和其他管理部门验收。

2）总平面布置应符合卫生和环境要求，既要满足库房的通风、日照等，又要考虑环境绿化、文明生产，有利于增进职工的身体健康。

（三）库区总体布局图

布局定型后，大多将布局绘制成仓库总平面图，如图 2-3 所示。

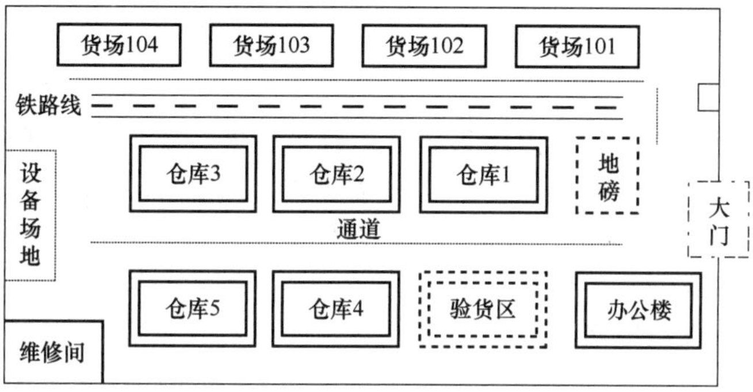

图 2-3　仓库总体布局示意图

五、绿色仓库的一般要求

国家标准《通用仓库及库区规划设计参数》（GB/T 28581—2012）中规定，绿色仓库是在仓库的全寿命周期内，能最大限度地节约资源（节能、节地、节水、节材）、保护环境和减少污染，提供高效、适用、安全的存储空间，与自然和谐共生的仓库。

1．绿色仓库基本要素

（1）仓库的设计应统筹考虑仓库全寿命周期内，节能、节地、节水、节材、保护环境、满足仓库功能之间的辩证关系。

（2）仓库的设计应依据因地制宜的原则，结合所在地域的气候、资源、自然环境、经济、文化等特点，符合国家的法律法规和相关的标准，体现经济效益、社会效益和环境效益的统一。

2．库区选址与规划

（1）库区选址应依据当地城市规划和用地政策，优先选择距交通干线或客户较近的场地。避免选择农用耕地、洪水泛滥区域、湿地或者濒临绝种的动物栖息地等，并尽量减少对周围环境的影响。

（2）库区可优先选用废弃场地进行建设。对已被污染的废弃地，应进行处理并达到有关标准。

（3）新建、改建仓库应根据企业发展规划和现代物流运作的要求对库区进行整体规划，设计应适度超前，避免因企业发展造成的重复改建。

（4）库区规划应充分利用库区地形条件，以减少施工量和材料使用。

（5）库区应规划可回收材料集中收集、分类和回收的区域，设立分类回收装置。

3．材料选用

（1）库区建设时，通道及平台填土应就近取材，尽量采用库内回填土或使用废弃建筑垃圾、废弃混凝土等。

（2）库区建设材料应尽量选择当地开采和制造的建筑材料、产品，减少由运输引起的环境影响。在施工中尽量使用低挥发性材料。

（3）库区建设应尽量使用可再利用材料或可再循环使用材料；仓库应优先选用轻钢结构。

4．节能

（1）库区应采用节能高效的照明系统。对灯具位置、类型及光通曲线进行合理的设计和选择。慎重设计靠近场地边界的灯具（远离边界或遮蔽），防止光线泄露和夜空污染，保证总流明向上照射的量不超过 5%，以减少不必要的向天空的光照。严格控制地界外由场地内照明设备造成的照度值。

（2）仓库应具有保温隔热系统，以降低建筑物的能量消耗。

（3）仓库屋面板应采用涂层技术，至少保证 75%的屋面面积太阳能反射指数为 78 以上（不包括设备、太阳能热水器、光电板及天窗）。

（4）库区内应采用以太阳能集热器产生的热水为主热源、电磁锅炉提供的高温热水为辅热源的系统制备热水。

（5）有条件的地区，应合理采用太阳能、风能等可再生能源。

（6）有条件的地区，空调系统应采用高效机组（如地源热泵系统等），并且在过渡季节采用全新风系统等。

5．节水

（1）应利用建筑物屋面系统，配合天沟、落水管，实现有组织收集屋面雨水。

（2）应采取有效措施增加库区透水地面的面积。

（3）应使用高效节水设备和无水装置，如堆肥洁具和无水小便器。考虑利用雨水和中水满足非饮用水需求，如厕所冲洗用水和仓库的一般保洁等。

（4）库区内应尽量选择耐旱植物，减少灌溉量，并对植被进行优化布置，考虑收集雨水进行灌溉。

6．库区环境

（1）仓库施工期间实施室内空气质量管理计划，保护通风、采暖和空调系统，控制污染源，阻断污染物通路。连续进行材料安装，防止吸收层材料，如保温层、地毯、吊顶板和石膏墙板被污染。

（2）合理设计通风系统，优先选择自然通风，减少能源消耗。
（3）对于改建仓库应充分考虑环境控制因素。
（4）有条件的库区宜垂直绿化。

六、仓库使用规划

（一）仓库使用规划的意义

为了有效利用仓库，提高仓库的存货能力和周转货物的速度，使仓库的作业有条不紊地进行，必须对仓库进行合理使用规划，进行分区分类、专业化分工，对储存和作业区段进行划分，提高仓库的效率和能力，促进仓储效率的提高。

仓库规划就是为了方便作业，提高库场利用率和作业效率，提高货物保管质量，依据专业化、规范化、效率化的原则对仓库内的空间进行用途分配，合理安排货位、作业线路布局，合理地使用仓库，实现仓库的高效率，促使效益提高。

现代仓库的使用规划建立在效率的基础之上，要充分利用每一个空间和可利用的搬运设备。在规划过程中要考虑三个因素，即设施、储藏利用空间以及作业流程。

（二）仓库使用规划的原则

1. 仓库专业化

分工和专业化是现代社会大生产的标志，分工和专业化促进了生产力的发展，提高了社会劳动生产率，为社会创造了巨大的财富。仓库生产作业的分工和专业化是必不可少的。

分工和专业化的意义在于：使得货物在适合它的环境中储存；可以有针对性地进行设备、场地建设，为实现机械化、自动化创造条件，会大大提高作业效率和改善作业条件；促使管理和作业人员熟练地掌握专业和特定的技术和知识，提高效率和工作质量；有利于建立准确的定额、指标等管理体系，便于考查、评判优劣、鼓励先进、鞭策落后，便于明确责任；有利于降低仓储成本，减少耗损，提高经济效益和企业竞争力。

仓库的专业化分工是依据库场存放和作业的货物的种类、流向、数量，以及库场的结构、位置来确定的。对于只储存单一货种的专业仓库，其库场必然是单一货种的专业化存储和作业。而对于综合性仓库，为了开展专业化分工，将库场进行专业化分区段，不同的区段只承担某类货物和一种流向货物的存储和作业，实现局部的专业化分工。

2. 效率化

除了通过专业化的分工提高仓库管理的质量外，仓库规划的重要目的是实现高效率的仓库管理和使仓库作业能高效率地进行，实现货物周转速度的提高，减少压仓压库现象，特别是中转型仓库，高效率的周转是仓库的生命。对任何仓库来说，快捷的货物进出、方便的作业、高效率的作业速度都是得到送货人、提货人的欢迎的。稳定的仓库规划，使仓位的使用固化，方便员工熟悉情况和实现快速的货物查询。

3. 充分利用仓容

仓库使用规划是在现有仓库的基础上所进行的规划，要根据现有仓库的场地特性、设备条件，针对仓储的货物种类，合理地进行规划，使仓库的每一个空间都可以得到充分的利用。作业便捷的货位用于周转量大的货物仓储，而不便操作的货位用于保管长期存放的物资。作业线路的合理规划，不仅要实现作业的快捷，还要使作业线路最少地占用仓库面积，提高存货空间。分散或者集中作业都能满足仓储作业的需要，但不同的仓储物、不同的作业方式，对空间使用会有极大的差别，应根据仓储作业的需要规划作业区。

向高处发展是提高仓库使用空间的有效手段，在仓储使用规划时应尽可能地利用高度。

4. 从企业管理的原则进行规划

企业在生产单位和机构的设定上要遵循以任务为目标、专业分工、管理幅度与管理层次合理的原则。将此原则运用到库场管理之中，则以专业分区（如按货种）进行规划，库场分段、分区、分片，并设立相应的库场管理机构。对不同的生产过程进行专业分工和业务分类，由不同的生产单位承担是库场规划的一种重要方法。

通过合适的管理幅度的划分，使得人员管理到位、责任明确，员工激励和监督能有效进行，保证仓库管理有条不紊，员工的劳动业绩得以准确反映，便于考核。要避免作业交叉、管理重叠或出现真空地带。随着信息技术的广泛使用，管理信息和管理手段的改进，管理幅度会增大，管理趋向于集中。

（三）仓库使用规划过程中应考虑的因素

1）仓库的现状条件和未来的发展。

2）仓库的经营方式和仓储对象。

3）仓库的机械化程度和未来的发展。

4）仓库管理的方法和能力，员工的素质。

5）仓库所面临的外部物流条件。

6）仓储安全和消防管理的需要。

（四）仓库使用规划的内容

（1）仓库的总体合理布局　根据仓库生产和管理的需要，对整个仓库的所有设施进行用途规划，确定基本生产、辅助生产、行政办公等场所，确定仓储、作业、道路、门卫等分布情况，并对各类设施和建筑进行区别，如仓库货场编号、道路命名、行政办公区识别等。通过总体布局规划形成仓库的总体布局图（如图 2-3 所示）。

（2）仓库的专业化分工　对所用仓库的用途和功能依据专业化的原则进行确定，一般按照仓储物种类进行专业分类分区，对于专业化的仓库可以按照不同的作业方式进行划分。通过专业化分区使得仓库形成如食品区、日用品区、机电区、物资区或者保管区、验货区、包装区等分区。

（3）仓库员工的分工和管理范围　按照仓库员工的管理幅度需要确定班组、管理范围。确定仓库工作岗位和岗位职责。

（4）仓库货位的安排和用途，作业道路和仓库的作业流程　为了实现安全保管和快捷作业，将仓库、货场划分为一定的货位，并对货位进行编号。确定仓库、货场内的作业通道，保证每一个货位都能与通道相通。制定每一仓库和货场的作业流程、进出口和运送方向。

（5）仓库的未来发展　包括仓库的发展战略和规模（仓库的扩建、改造任务，仓库吞吐、储存能力的增长等）以及仓库机械化发展水平和技术改造方向，如仓库的机械化、自动化水平等。

（6）仓库的主要经济指标　如仓库主要设备利用率、劳动生产率、仓库吞吐储存能力、物资周转率、储存能力利用率、储运质量指标等。

因此，仓库规划是在仓库合理布局和正确选择库址的基础上，对库区的总体设计和对仓库建设规模以及仓库储存保管技术水平的确定，以形成仓库相对稳定的布局和管理体系。

七、仓库图

通过仓库使用规划，形成了仓库的总体布局、分区、管理工班等的布置和区分，用图示的方式进行明确和固定，方便使用和查阅。

1．库区总体布局图

库区总体布局图是整个库区仓库的分布和各种设施与场地用途的图示（如图 2-3 所示），主要是提供给外来人员查阅，方便业务联系和送接货作业。

库区总体布局时的仓库和堆场编号，需要遵从一定的规律，以便查阅和记忆。仓库编号可以采用数字编号，也可以采用字母加数字的方式，如“EC2”表示“东 2 号仓”。堆场采用字母加三位数字的编号法，字母表示堆场，首位数字表示堆场的区位，后两位数字为序号，如“D105”表示“1 区 5 号堆场”。

2．仓库货位图

仓库货位图用于对仓库内存放货物的货位和通道进行布置和确定。货位通过货位编号进行命名（如图 2-4 所示）。货位编号按顺序进行，需完整地将仓位和货位合并表示。在采用货架的仓库内，一般采用四组数字表示，如“3-10-3-06”表示“第 3 号仓库、第 10 货架、第 3 层的第 6 个货位”。货位确定后，应在相应的货位制作醒目的标记。

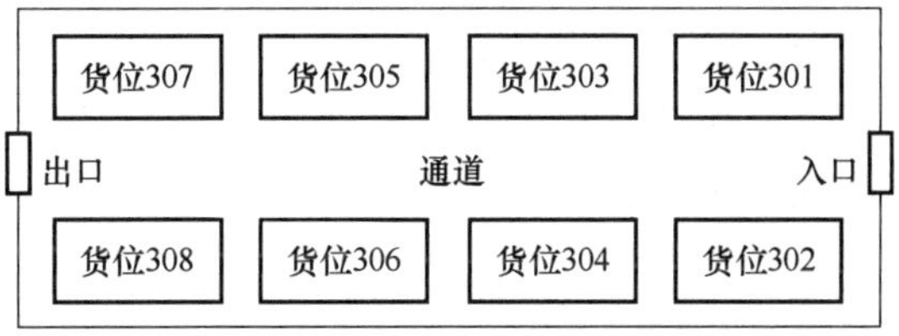

图 2-4　仓库 3 的货位示意图

第三节　仓 库 设 备

一、仓库设备配置的原则

仓库是物流的重要组成部分。仓库的设备种类很多，为使其发挥最佳效用，必须进行合理的配置和管理，应选择和配置最经济、合理、实用、先进的技术设备。除此之外，要求每一类设备工作可靠，无论在什么作业条件下，都要具有良好的运行稳定性。

二、仓库主要设备及其作用

随着科学化、现代化仓库的建立，仓库设备也在日益更新，朝着经济、适用、安全可靠、合理、稳定等方面发展。仓库设备在完成仓库功能中起着非常重要的作用，下面仅介绍几种常用的仓库设备的结构、特点及用途。

（一）货架

随着仓库机械化和自动化程度的不断提高，仓库设施特别是货架技术也在不断发展。仓库广泛使用着传统的货架，如抽屉式货架、橱柜式货架、U 形架、悬臂式货架、棚架、鞍架、轮胎专运架，除此之外，还出现了重力式货架、移动式货架、层格式货架、阁楼式货架、装卸式货架、托盘式货架、立体化自动仓库货架等现代化的新型货架。

这里主要介绍几种通用性强和比较新型的货架。

1．层格式货架

（1）结构类型　层格式货架（简称层架）由立柱、横梁、层板构成，层间用于存放货物，如图 2-5 所示。

层格式货架的应用非常广泛，如果按存放货物的重量分类，层格式货架可以分为中型、重型和轻型。按结构分类，层格式货架有层格式、抽屉式等类型。

一般轻型层格式货架主要适合人工存取作业，其规格尺寸及承载能力都与人工搬运能力相适应，高度通常在 2.4m 以下，厚度在 0.5m 以下；而中型和重型的货架尺寸则较大，高度可达 4.5m，厚度达 1.2m，宽 3m 以上。一些层格式货架具有特殊的保管功能，如加密锁、冷藏、恒温等。

（2）特点及用途　层格式货架结构简单，适用性强，有利于提高空间利用率，方便作业的存取，是人工作业仓库的主要存储设备。

层格式货架主要用于存放规格复杂多样，必须互相隔开的物品。有一定密封的抽屉式层架，主要用于存放比较贵重或怕尘土、怕湿的小件物品。

2．托盘式货架

（1）结构　托盘式货架专门用于存放堆码在托盘上的货物，其基本形态与层格式货架类似，但承载能力和每层空间适于存放整托盘货物。

目前多采用钢架组合，不仅拆迁容易，层间距还可依码货高度调整。通常总高度在6m以下，架底撑脚需要装叉车防撞装置。如图2-6所示。

（2）特点及用途　托盘式货架结构简单，可调整组合，安装简易，费用经济；出入库不受先后顺序的限制；储物形态为托盘装载货物。配合升降式叉车或者升降机存取托盘货物。

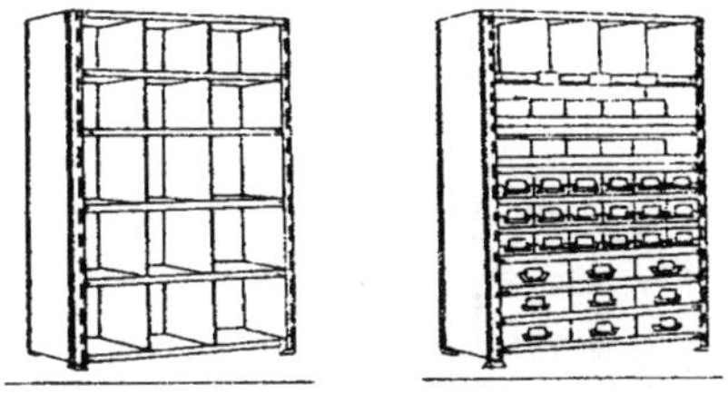

图2-5　层格式货架

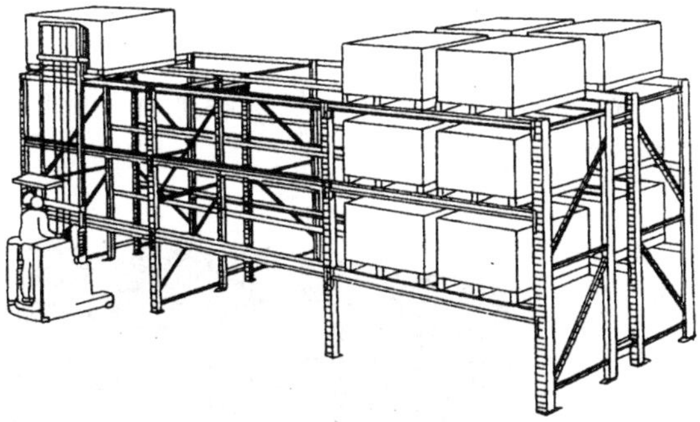

图2-6　托盘式货架

3. 阁楼式货架

（1）结构　阁楼式货架是将储存空间做上、下两层规划，利用钢架和楼板将空间间隙隔为两层，下层货架结构支撑上层楼板，如图2-7所示。

（2）特点及用途　阁楼式货架可以有效增加空间使用率，通常下层适用于存放重货，上层存放轻货，物品搬运需配垂直输送设备。

4. 悬臂式货架

（1）结构　悬臂式货架是在立柱上装设杆臂构成的，悬臂常用金属材料制造，其尺寸一般根据所存放物料尺寸的大小确定。为防止物料损伤，常在悬臂上加垫木质衬垫或橡胶带以起保护作用，如图2-8所示。

（2）特点及用途　悬臂式货架一般具有较大的长度，可以多架连贯，纵向无阻挡，高度一般在6m以下，货架前面需要有较大的空间。适用于存放长物料。

图2-7　阁楼式货架

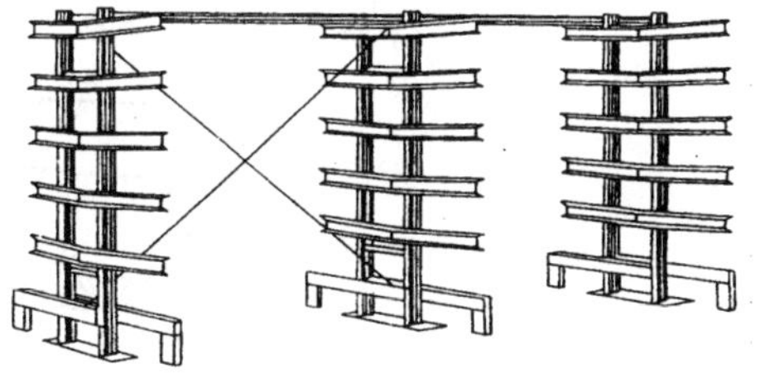

图2-8　悬臂式货架

5. 移动式货架

（1）结构　移动式货架底部装有滚轮，通过开启控制装置，滚轮可沿道轨滑动。货架结构可以设计成普通层架，也可以设计成托盘货架。控制装置附加有变频控制功能，用来控制驱动、停止时的速度，以维持货架上的货物稳定；还设有确定位置的光电感测器及刹车电机，以提高启动或停止时的稳定度和精确度，如图 2-9 所示。

（2）特点及用途　移动式货架平时密集相接排列，存取货物时通过手动或电力驱动装置使货架沿轨道水平移动，形成通道，可以大幅度减少通道面积，地面使用率可达 80%。而且可直接存放每一箱货物，不受先进先出的限制。但相对来说机电装置较多，建造成本较高，维护也比较困难。

随着智能仓库的发展，与智能拣货匹配的可自由移动的拣货货架在配送仓库中应用得越来越多。

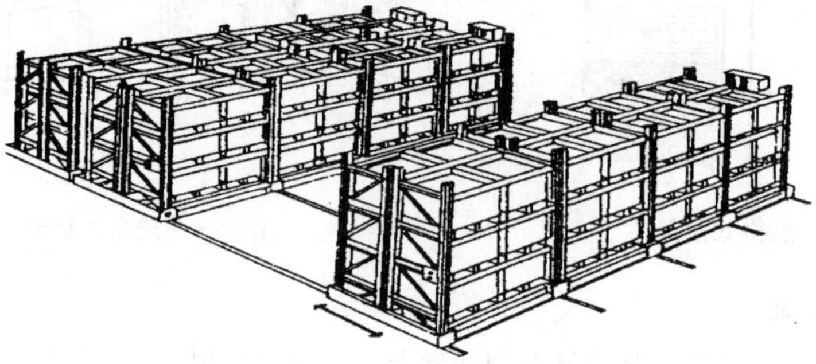

图 2-9　移动式货架

6. 重力式货架

（1）结构　重力式货架的层面由滚轮输送装置组成，并且与水平面成一定的倾斜角度，低端作为出货端，而高端作为入货端。这样托盘或箱装货物便会在重力作用下自动向低端滑移。还可以在滚轮下埋设气压或者液压设备控制倾斜角度，以调整货物滑移的速度，如图 2-10 所示。

（2）特点及用途　重力式货架通常采取密集型配置，能够大规模密集存放货物，减少了通道数量，可节约仓库面积。重力式货架能保证先进先出，并且方便拣货，因此作为分拣式货架普遍应用于配送中心作业。重力式货架其拣货端与入货端分离，能提高作业效率和作业的安全性。重力式货架还可以根据需要设计成适合托盘、物料箱、纸箱、单件货物等的储存方式。

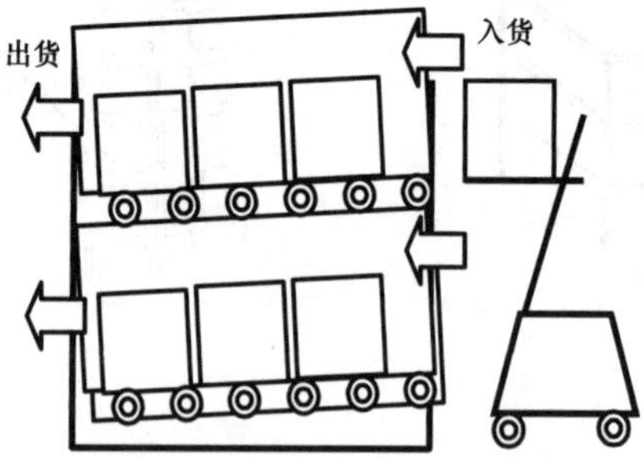

图 2-10　重力式货架

（二）叉式装卸车

1. 结构

叉式装卸车又称为叉车，是仓库装卸搬运机械中应用最广泛的一种，它由自行的轮胎底盘和能垂直升降、前后倾斜的货叉和门架等组成。叉式装卸车主要用于仓库内货物的装载搬运，是一种既可做短距离水平运输，又可堆拆垛和装卸卡车、铁路平板车的机械，在配备其他取物装置以后，还能用于散货和各种规格品种货物的装卸作业。

2. 特点及用途

叉车与其他搬运机械一样，能够减轻装卸工人繁重的体力劳动。除了能提高装卸效率，缩短车辆停留时间，降低装卸成本以外，它还有以下特点和用途：

1）机械化程度高。使用各种自动的取物装置或在货叉与货板配合使用的情况下，可以实现装卸工作的完全机械化，不需要工人的辅助体力劳动。

2）机动灵活性好。叉车外形尺寸小，重量轻，能在作业区域内任意调动，适应货物数量及货流方向的改变，可机动地与其他起重运输机械配合工作，提高机械的使用率。

3）可以“一机多用”。在配备和使用各种取货装置如货叉、铲斗、臂架、吊杆、货夹、抓取器等的条件下，可以适应各种品种、形状和大小货物的装卸作业。

4）能提高仓库容积的利用率。堆码高度一般可达 3m，采用高门架叉车可达到 6m。

5）有利于开展托盘成组运输和集装箱运输。

6）成本低、投资少，能获得较好的经济效益。

（三）起重机

起重机适用于装卸大件笨重货物，借助于各种吊索具也可用于装卸其他货物，同时，起重机也是唯一以悬吊方式装卸搬运货物的设备。其吊运能力较大，一般为 3～30t。最常用的起重机有龙门起重机、桥式起重机和汽车起重机等多种。

（四）堆垛机

堆垛机是专门用来堆码货垛或提升货物的机械。普通仓库使用的堆垛机（又称上架机）是一种构造简单、用于辅助人工堆垛、可移动的小型货物垂直提升设备。这种机械的特点是：构造轻巧，人力推移方便，能在很窄的走道内操作，减轻堆垛工人的劳动强度，且堆码或提升高度较高，仓库的库容利用率较高，作业灵活，所以在中小型仓库内广泛使用。它有桥式堆垛机、巷道式堆垛机、皮带堆垛机等类型。

三、仓库设备使用管理

（一）设备管理的方式

设备的管理方式根据仓库规模的大小、设备数量的多少以及设备的集中与分散、固定与流动等使用情况而定。除少数固定的设备统一使用外，其余的都是分散使用。因此设备的管理方式，通常在统一管理的基础上，实行分级管理，专人负责、专门管理部门负责的方式，以确保设备完好率，保证仓储业务的正常进行。

（二）设备的技术管理

对于仓库中的设备必须建立管理、使用、维修、保养制度。这是仓储管理工作中的一个重要环节。尤其是一些大型仓库机械设备较多，更应加强管理。装卸搬运机械管理工作有以下几个要点：

（1）制定必要的规章制度、操作规程，并认真贯彻执行。

（2）加强对操作、维修人员的安全教育和技术培训，实行使用、维修相结合的方法，不断提高技术水平。

（3）加强技术资料的管理工作，建立设备技术档案。

（4）及时总结推广先进经验，努力节约原材料、燃料，降低装卸搬运成本。

第四节　自动化仓库

自动化仓库（Automatic Warehouse）是指通过计算机、人工智能、传感器、相应的自动控制设备和仓库管理系统对仓库的作业和仓储管理进行自动控制和管理的现代化仓库。

一、自动化仓库的功能

自动化仓库的功能一般包括收货、存货、取货、发货和信息处理等。

1．收货

收货时运输车辆将货物卸到站台或场地，通过人工或者智能设备检查货物的品质和数量，识别货物，将信息输入计算机，生成管理信息，将货物导入自动化输送系统。自动化传输系统一般采用输送带或者自动搬运车等。

2．存货

自动化输送系统将货物存放到规定的位置，一般是放在高层货架上。系统智能确定存货的位置，一般采取分区固定存放的原则，即按货物的种类、大小和包装形式来实行分区存放。随着智能化提高、移动货架和自动识别技术的发展，可以采用方便货位存放，这既能提高仓库的利用率，又可以节约存取时间。

3．取货

自动化系统根据指令从库房货架上取出所需货物。取货可以有不同的取货原则，通常采用的是先进先出的原则，即在出库时，先存入的货物先被取出。

4．发货

自动化系统将取出的货物按照指令要求做好发货单、在发货区集货，装入配送箱或者进行托盘打码，粘贴标识。发货时需要多种货物配货的，要对货物进行配套，然后输送到装货区等待发往用户。

5．信息处理

在自动化仓库中可以随时查询库存信息、作业信息以及其他相关的信息，这种查询可以在仓库范围内进行，有的也可以在线实时查询。信息系统还能够进行各种数据汇总分析，进行经济核算，提供经营决策等功能。

二、自动化仓库的基本设施

自动化仓库一般建设成立体仓库，自动化立体仓库的主体由高层货架、巷道式堆垛起重机、出入库工作台和自动运送及操作控制系统组成，如图 2-11 所示。

1．仓库建筑与高层货架

自动化立体仓库的主体和货架为钢结构或钢筋混凝土结构，在货架内是标准尺寸的货位空间，巷道堆垛起重机穿行于货架之间的巷道中完成存、取货的工作。

自动化立体仓库按照结构特点分为整体式结构和分立式结构两类。

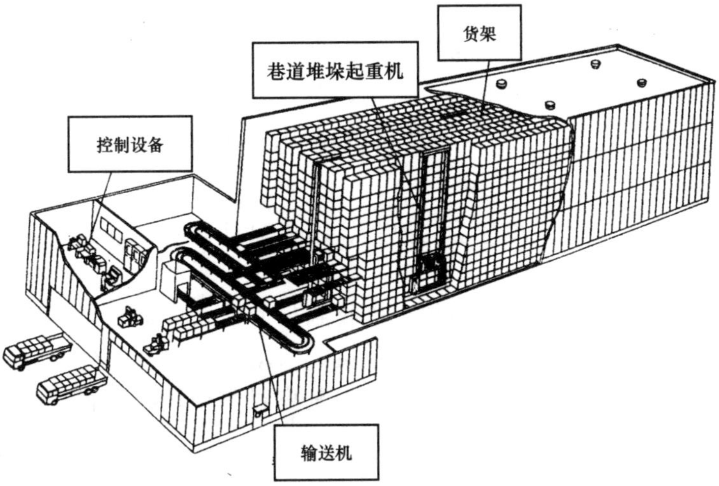

图 2-11　自动化仓库示意图

整体式结构的高层货架不仅作为货架储存商品，而且还作为仓库的支柱和屋架结构，即货架与仓库建筑结构成为一个建筑整体。分立式结构的自动化立体仓库的仓库建筑与高层货架分别建造，在结构上分开独立，结构整体性较差，精度比较低，但设计与施工比较容易，建设周期短，投资费用较低。分立式结构是自动化主体仓库的发展趋势。

常用立体仓库高度在 7～25m 之间，最高的立体仓库可达 40 多米。库内高层货架每两排合成一组，每两组货架中间设有一条巷道，供巷道堆垛起重机或者叉车行驶作业，每排货架分为若干纵列和横排，构成货格或存货位，用于存放托盘或货箱。巷道堆垛起重机自动对准货位存取货物，配合周围出入库搬运系统完成自动存取作业。

自动化仓库一般采用贯穿式货架，通过移动存取货设备作业；还可以根据需要设计成旋转式货架、移动货架，通过固定式存取货设备存取货物。

2. 巷道堆垛起重机

巷道堆垛起重机沿仓库轨道水平方向移动，载货平台沿堆垛机支架上下移动，起重机货叉可借助伸缩机构向平台的左右方向移动存取货物。它由机架、运行机构、升降机构、货叉伸缩机构、电气控制设备组成。

（1）机架　机架由上下横梁及立柱构成，高度可达 30m，起重量在 1～2t 之间。上横梁装有导轨并与架空导轨相接触，下横梁装有起重机的行走轮并与地面轨道相接触。

（2）运行机构　运行机构包括电动机、减速器和制动器。电动机有主电动机和微速电动机两台，供起重机高速运行和低速对准料位时使用。

（3）升降机构　升降机构包括货台和卷扬机。货台沿立柱上下滑行，由卷扬机牵引升降。

（4）货叉伸缩机构　该机构安装在货台上，由双速电动机、链条、链轮和货叉等组成，用于在货架上存取托盘。

（5）电气控制设备　电气控制设备包括逻辑装置、认址器等，以保证起重机对准货位。

3. 周边搬运系统

周边搬运系统包括搬运机、自动导向车、叉车、台车、移动机器人（AGV）等，其作用是配合巷道堆垛机完成货物输送、搬运、分拣等作业，还可以临时取代其他主要搬运系统，使自动存取系统维持工作，完成货物出入库作业。

4. 控制系统

自动化立体仓库的控制形式有手动控制、随机自动控制、远距离自动控制和计算机自动控制、人工智能管理。

存取系统的计算机中心或中央控制室接收到出库或入库信息后，通过对输入信息的处理，由计算机发出出库或入库指令，巷道机、自动分拣机及其他周边搬运设备按指令启动，协调完成自动存取作业，管理人员在控制室对整个过程进行监控和管理。

案例

阿里巴巴的智能仓库

阿里巴巴作为国内电商的龙头，平均每天要配送 2 700 万件的包裹，如此庞大的数据，靠人工去完成不仅效率低，而且运营成本太大。阿里巴经启动了“菜鸟网络”工程，志在提升物流的效率。菜鸟联盟首个全自动化仓库 2016 年在广州开始运营。这个自动化仓库位于菜鸟网络增城物流园区，占地面积超过 10 万平方米，由心怡科技负责运营，承接了天猫超市全品类商品的存储和分拣。该仓库通过一整套自动化系统，每天可高效处理超百万件商品，从而保障华南地区的消费者享受网购当日达和次日达服务。

该仓库是一个顶级的智能仓储，由下列系统构成：

OMS 订单系统：一个条码包含完整订单信息。消费者在电商平台下单后，仓内即时获得订单信息，并形成一个条码。该条码被贴在快递箱上，箱子就开始进入自动化轨道，无须人工走动拣货。该号码一直使用到服务结束。

拣货系统：自动识别货品位置，自动货架，S 形拣货路线。轨道沿线设有扫描装置，通过扫描箱子上的条码，识别需要拣选的货品位置，来引导箱子的运行轨迹。快递箱到达指定货架时，会从动力传送带上弹出，拣货员扫取条码，其身后货架的电子屏就会亮灯，并显示需拣货品的数量。装上货品后，箱子回到传送带。这样，箱子一路运行下来，到达出口时，订单所需的货品就都在里面了。

WMS 仓储系统：百亿数据处理。自动进行品种、数量管理；确定货位，自动配齐订单货品。仓库管理系统是通过入库业务、出库业务、仓库调拨、库存调拨和虚仓管理等功能，进行批次管理、物料对应、库存盘点、质检管理、虚仓管理和即时库存管理等功能综合运用的管理系统，有效控制仓库业务的物流和成本管理全过程，实现完善的企业仓储信息管理。该系统可以独立执行库存操作，与其他系统的单据和凭证等结合使用，可提供更为完整全面的企业业务流程和财务管理信息。

仓内复杂拣货机器人矩阵：仓储小车机器人会举重、会排队、会避让。每一个货架的底部会贴有二维码，再在地面上每隔一米贴有二维码，用于机器人识别实时位置以及导航路径。拣货员只需在拣货区的工作站范围内进行作业，当他需要物料的时候，通过操作后台系统唤来相应的货架。每一台机器人能顶起的重量可达到 500kg，同时还能灵活旋转，将货架的四面均调配到拣货员的跟前，方便拣货员工作。由于机器人可以转动，相当于一个货架的四面都能存储商品，仓库储量被提升了一倍还多。

视觉识别系统：确保订单准确，包装完整安全。在条码+大量传感器的方案上还有视觉识别系统。视觉识别系统具有卓越的元件检验、识别和引导功能。这些独立的工业级视觉系统包含有高级视觉工具库，具有高速图像采集和处理功能。未来还会采用更加廉价的标记物，包装盒将自带 ID，基于深度学习的图像识别技术可用来降低成本。

TMS/DSS 运输系统：从战略布局优化、业务流程优化到日常操作管理，基于供应链网络设计，通过订单全生命周期管理、节点监控，覆盖运输管理各环节，建立标准化、精细化、专业化的运输管理规范，达到业务全程可视化，有效提升物流运营中的信息流、产品流和资金流的高效运作，提高对业务风险的管控力，有效改善企业整体运营效益，获取利润最大化。

自动化就像给快递箱装上了眼睛和双脚，能指引它们自己去拣选货品。这样一来，人工仅需在条码复核、分拣机监护等环节投入，货品的运输、仓储、装卸、搬运等七个环节可一体化集成，效率至少提升 30%，拣货准确率几乎可达 100%。

自动化立体仓库很大程度上解决了人工仓储所面临的低效率和高成本等问题，在土地成本及后期运营维护上具有较好的经济性。截至 2016 年，我国自动化立体库的建成数已经达 3 600 座。（根据企业宣传资料编整。）

案例思考题：

1. 拥有仓储设施具有哪些战略意义？
2. 发展智能仓储有什么意义？还会有哪些技术可以在仓储中应用？

复习思考题

1. 什么叫仓库？仓库具备哪些功能？
2. 仓库有哪些类型？
3. 仓库由哪些部分组成？
4. 仓库布局时应考虑的因素及功能要求有哪些？
5. 仓库设备配置有哪些原则？
6. 集装箱堆场的箱位如何表示？
7. 仓库的主要设备有哪些？
8. 自动化仓库的功能有哪些？
9. 试论述自动化仓库建设的条件以及未来的发展。
10. 绿色仓库有哪些要求？
11. 现有一仓库面积为50m×20m，仓库拟使用设备最大宽度为2m，回转半径需5m，可以开4道门，请设计仓库开门和通道布局，并计算通道面积占用比例。

第三章

3

仓储经营管理

学习目的

培养仓储经营的理念；掌握基本仓储经营方法；了解仓储可开发的经营项目。

第一节　仓储经营组织

仓储经营管理可以理解为：在仓库管理活动中，运用现代的管理思想、先进的管理理论和科学的方法，以及市场经济的经营理念，对仓储经营活动进行计划、组织、指挥、协调、控制和监督，充分利用仓储资源，降低仓储经营管理成本，实现最佳的协调与配合，提高仓储经营效益。

一、仓储经营的意义

对仓储经营主体而言，仓储经营管理，是改变传统的仓储经营观念，开发新的仓储经营，为社会提供更加高效、经济的仓储服务，同时带来更多经济回报的过程，也是进行技术创新、组织创新、管理创新和制度创新的过程。

（1）搞好仓储经营活动是社会再生产顺利进行的必要条件。

仓储的意义在于调节生产与消费在空间、时间以及品种、数量等方面存在的矛盾。仓储经营就是仓储企业向社会提供仓储产品的生产活动过程。通过仓储经营活动，发挥仓储连接生产与消费的纽带和桥梁作用，借以克服众多的相互分离又相互联系的生产者之间、生产者与消费者之间在商品生产与消费地理上的分离，衔接商品生产与消费时间上的不一致，以及调节商品生产与消费在方式上的差异，保证社会再生产的顺利进行。

（2）搞好仓储经营活动是保持物资原有使用价值和合理地使用物资的重要手段。

任何一种物资，在生产至消费之前，由于其本身的性质，所处的条件以及自然的、社会的、经济的、技术等因素，都可能出现数量减少、质量降低现象，如果不创建必要的保护条件，物资损害就不可避免。因此，进行科学的管理，充分开发市场，搞好仓储经营活动，一方面加强对物资的养护，利用好处于暂时停滞状态的物资的使用价值；另一方面，努力做到流向合理，分配合理，供料合理，以加快物资流转速度，不断提高工作效率，实现物尽其用，满足市场需求，促进节约型社会的建设。

（3）搞好仓储经营活动，是提高仓储能力、加快资金周转、节约费用、降低成本、提高经济效益的有效途径。

要搞好仓储经营活动，必须要充分利用仓储设施和资源，提高仓储服务能力，提升仓储经营的层次，提高仓储服务的附加值，提高仓储企业的收益。通过仓储经营减少物资资产在仓储过程中的沉淀，盘活资金，增加收益，减少物质耗损和劳动消耗，从而可以加速物资和资金的周转，节省费用支出，降低物流成本，开发“第三利润源泉”，提高社会和企业的经济效益。

（4）仓储经营是物流发展的需要，可将仓储设施向社会开放，开展多样化经营，提高效益。

在物流高速发展的今天，物流对仓储的技术要求越来越高。因此为满足要求，必须将现有的仓储经营设施向社会开放，开展多样化经营，具体内容有：①设施开放；②商品种类开放；③地区开放，行业开放；④服务对象开放；⑤经营项目开放；⑥服务时间放开等。

（5）开展仓储经营可以加强企业基础工作，提高管理水平。

经营管理是仓库管理的最高阶层，经营管理需要良好的生产管理、财务管理、人事管理等的支持，同时良好的经营管理又能促进各项管理的水平提高。仓储管理的基础工作是仓储管理工作的基石，为适应仓储管理功能的变化，必须加强各项基础工作，如标准化工作、计量工作和经济核算等，要以提高仓储经济效益为目标，健全仓储管理体系，为提高仓储经营管理水平创造良好条件。

仓储作为物流活动的一个重要环节，在物流活动中，已不是传统意义上的仓储概念了，它在内容、范围上有了更广泛的延伸。

二、仓储经营组织的要求

仓储经营组织按照规定的经营目标、仓储活动的各项要求和仓储管理上的需要，把与仓储经营有直接关系的部门、环节、人、仓储作业手段尽可能合理地组织起来，协调有效地进行工作，完成仓储作业过程各环节的职责，加速商品在仓库中的周转，合理地使用人力、物力，以取得最大的经济效益，实现仓储经营的高效益。

具体讲，仓储经营的目标是实现仓储经营活动的“快进、快出、多储存、多经营、保管好、费用省”。

“快进”是物资运抵到港口、车站或仓库专用线时，要以最快的速度完成物资的接运、验收和入库作业活动。

“快出”是物资出库时，要及时迅速高效地完成备料、复核、出库和交货清理作业活动。

“多储存”是在库容合理规划的基础上，最大限度地利用有效的储存面积和空间，提高单位面积的储存量和面积利用率。

“多经营”是指仓储采用多种经营方式提高企业的收益，如商品交易中介、运输中介、配送与配载等。

“保管好”是按照物资性质要求和储存条件，合理安排储存场所，采取科学的保管方法，使其在保管期内质量完好，数量准确。

“费用省”是指在物资输入、输出以及保管的整个过程，都要努力节省人力、物力和财力消耗，以最低的仓储成本取得最好的经济效益。

在实现仓储经营目标的过程中，仓储经营组织应综合考虑各方面的因素，并注意以下几个方面：一是保证仓储作业过程的连接性，充分利用仓储资源；二是实现仓储作业过程的比例性，保持生产作业的均衡进行；三是采取仓储经营方法的适合性，满足社会需要；四是充分调动仓库人员的积极性，提高劳动效率；五是具有有利于人才培养的机制，提高管理水平；六是具有良好的风险防范机制，减低乃至消除企业风险。

三、仓储经营计划的依据

仓储经营管理工作的重要环节是制订仓储经营计划，即根据市场的需求和企业仓储能力确定经营目标，有计划地组织、指挥、调节、控制企业各部门和各环节的活动，完成仓储经营任务，实现和提高仓储作业的经济效益。

仓储经营计划是仓储企业经营活动的总体安排，因此要在实现国家调控政策，市场调查、预测的基础上，结合企业的实际情况（如仓储结构、品种数量、仓储能力、组织结构等综合平衡）来制订仓储经营计划。

制订仓储经营计划需要具有适度超前、创新的思想。仓储企业在了解社会发展规律的基础上，合理预测社会对仓储产品消费需求的变化，根据消费者的需求及时提供适应的产品。创新是企业生产得以高速发展的重要手段，是在市场竞争中取得优势的有力武器，仓储经营只有通过不断创新、不断满足和合理引导社会需要，才能使仓储企业得以蓬勃发展。

第二节 仓储经营方法

随着社会经济活动连续不断地进行，商品的仓储数量和仓储结构也在不断变化，为了保证商品的仓储趋向合理化，必须采用一些科学的方法，对商品的仓储及仓储经营进行有效的动态控制。如何确定科学的、先进的、有效的仓储经营方法是仓储企业搞好经营管理的关键。仓储企业经营管理的目的是为了使企业的仓储资源得以充分利用，在仓储产品交换中实现最大收益和最少的成本投入，实现经营的利润最大化。仓储经营方法根据仓储的目的不同可分为：保管仓储、混藏仓储、消费仓储、仓库租赁经营、流通加工等。

一、保管仓储

1．保管仓储的经营方法

保管仓储是指保管人储存存货人交付的仓储物，保管到期归还原物品，存货人支付仓储费的一种仓储经营方法。在保管仓储中，仓储经营人以仓储保管费收入最大化为经营目标，仓储保管费等于仓储物的数量、仓储时间和仓储费率的乘积。

$$TR=Q\ T\ p$$

式中 TR——总收入；

Q——仓储物的数量；

T——仓储时间；

p——仓储费率。

或者

在商品种类多、费率不同时，公式可表达为

$$TR=\sum Q_i T_i p_i \quad (i=1,2,3,\cdots,n)$$

在整体上：

总收入=总库容量×仓容利用率×平均费率

在保管仓储经营中，仓储经营人需要尽可能地吸引客户，获得大量的仓储委托，采取合适的价格决策，并在仓储保管中降低保管成本和支出，才能获得较高的利润。

2．保管仓储的经营特点

1）保管仓储的目的在于保持保管物原状。寄存人交付保管物于保管人，其主要目的在于保管。也就是说，存货人将货物存入仓库，仓储企业必须对仓储物实施必要的保管，进而达到最终维持保管物原状的目的，一定要确保原物形状。在仓储过程中，仓储物的所有权不转移到仓储过程中，仓储企业没有处分仓储物的权力。

2）仓储管理的物品一般都是数量大、总体积大、质量高的大宗货物、物资。例如：粮食、工业制品、水产品等，它与一般的保管不同的是“仓储物只能是动产，不动产不可能是仓储物”。

3）保管仓储活动是有偿的。保管人为存货人提供仓储服务，存货人必须支付仓储费。仓储费是保管人提供仓储服务的价值表现形式，也是仓储企业盈利的来源。

4）保管仓储的整个仓储过程均由保管人进行操作，仓储经营人需要承担仓库设备、生产工具、物料及各种消耗的投入。此外，还应承担全部劳动力的投入。

3．保管仓储经营的任务

保管仓储经营的任务主要是根据商品的性能和特点，提供适宜的保管环境和保管条件，保证仓储商品的数量正确，质量完好，并利用现有的仓储设施，为经济合理地组织物资供应打下良好的基础。

（1）制定仓储规划　商品仓储规划是在现有各类仓储设施条件下，根据仓储任务，对仓库设施设备和使用和不同种类商品的储存作业进行全面规划，如保管场所的选择、布置、保管方式与保管过程，以及物资的堆码苫垫等。

（2）提供适宜的保管环境　不同种类的商品要适用不同的保管环境与保管条件，保管保养的任务之一就是采取相应的、行之有效的措施和方法，为商品提供适宜的保管环境和条件，并防止各种有害因素的影响。例如，仓库湿度控制、金属防锈、防虫、防霉等。

（3）提供仓储物资的信息　仓储管理的任务或功能之一是要提供物资信息。各类物资库存量情况和质量情况，是通过物资的保管取得的。物资保管员在负责货物保管的同时，还负责管理各类信息，包括填写、整理、使用、保存、分析与运用、提供料账、料卡、各种单据报表和技术证件等。

（4）进行广泛的市场宣传和市场开发　促使仓储服务被用户广泛接受，塑造企业的良好形象。有效开展市场调查和市场营销，合理地制定服务标准，提供具有针对性的服务。

4. 保管仓储经营的管理

要使仓储物品质量保持完好，需要加强仓储的管理工作。首先要加强仓储技术的科学研究，不断提高仓库机械化、自动化水平，组织好物资的收、发、保管保养工作，掌握监督库存动态，保持物资的合理储备，建立和健全仓储管理制度，加强市场调节和预测，与客户保持联系，不断提高仓储工作人员的思想政治水平和业务水平，培养一支业务水平高、技术水平高、管理水平高的仓储工作队伍，使保管仓储发挥其应有的作用。

二、混藏仓储

1. 混藏仓储的经营方法

混藏仓储是保管仓储的经营方式在一定条件下的发展。它是指存货人将一定品质数量的种类物交付保管人储藏，保管人将相同的保管品集中混合储存，而在储存保管期限届满时，保管人只需以相同种类、相同品质、相同数量的替代物返还的一种仓储经营方法。

例如：农民将小麦交给粮库保管，约定粮库可以混藏小麦，粮库将所有收存的小麦混合储存于相同品种的小麦仓库，形成一种保管物集中混合储存的状态。小麦的所有权并未交给粮库，各存货人对该混合保管物按交付保管时的份额而各自享有所有权。在农民需要时，粮库从小麦仓库取出存货的数量交还该农民。

2. 混藏仓储的特点

1）混藏仓储的对象是种类物。混藏仓储的目的并不完全在于原物的保管，有时寄存人仅仅需要实现物的价值的保管即可，保管人以相同种类、相同品质、相同数量的替代物返还，并不需要原物返还。因此，当寄存人基于物之价值保管的目的而免去保管人对原物的返还义务时，保管人减轻了义务负担，也扩大了保管物的范围，种类物成为保管合同中的保管物。保管人以种类物为保管物，在保存方式上失去各保管物特定化的必要，所以将所有同种类、同品质的保管物混合仓储保存。

2）混藏仓储的保管物并不随交付而转移所有权。混藏保管人只需为寄存人提供保管服务，而保管物的转移只是物的占有权转移，与所有权的转移毫无关系，保管人无权处理存货的所有权。

3）混藏仓储能发挥特殊的仓储作用。混藏仓储在物流活动中发挥着重要的作用。在提倡物尽其用、发展高效物流的今天，混藏仓储被赋予更新的功能，配合以先进先出的运作方式，使得仓储物资的流通加快，有利于减少耗损和过期变质等风险。

混藏仓储可以降低仓储成本，通过混藏的方式，使仓储设备投入最少，仓储空间利用率最高。混藏仓储主要适用于大宗、对品质无差别、可以准确计量的商品。

混藏仓储经营人的收入依然来自仓储保管费，存量越多、存期越长，收益越大。混藏仓储是成本最低的仓储方式，但若存货品种增加，则会使仓储成本增加。在混藏仓储经营中，应尽可能开展少品种、大批量的混藏经营。

4）混藏仓储具有特殊的风险。混藏仓储提高了仓储设施的利用率，但也带来了一定的风险。首先是精确计量的风险，货物进出库都需要精确计量，确保进出数量完全一致，否则计量误差的损失将由仓库经营人承担。其次是货物自然减量的风险，货物自然减量使得仓储物减少，这种减少一般以约定减少比例的方式转移到存货人身上，但超出约定比例的减量则要由仓库经营人承担，自然减量是由含水量、杂质含量、气候和天气等因素决定的，要准确测定自然减量是极为困难的。另外，最主要的风险还是仓储物变质的风险，由于仓储物变质，无法按照同品质交货，仓库经营人至少要承担品质差异的损失，甚至整体损失。

三、消费仓储

1．消费仓储的概念

消费仓储是指存货人不仅将一定数量品质的种类物交付仓储管理人储存保管，而且与保管人相互约定，将储存物的所有权也转移给保管人，在保管期间，保管人可以使用仓储物。在合同期届满时，保管人以相同种类、相同品质、相同数量的替代品返还给存货人的一种仓储方法。

2．消费仓储的特点

1）消费仓储是仓储的一种特殊形式。消费仓储是建立在仓储基础上的业务发展，具有与保管仓储相同的基本性质，依然是存货—提货的模式，但是保管过程发生了变化，保管人可以使用仓储物，到期还需要以同类替代品归还存货人。两者之间关系的基础依然是仓储保管关系。

2）消费仓储以种类物作为保管对象。在消费仓储中，存货人将保管物寄存于保管人处，保管人在接收保管物之时，便取得了保管物的所有权，保管人以所有人的身份自由处理保管物。在保管期限届满返还保管物时，显然不能原物归还，只需以相同种类、相同数量、约定品质的物品代替原物返还即可。

3）消费仓储以物的价值保管为目的。在消费仓储中，不仅转移保管物的所有权，而且必须允许保管人使用、收益、处分保管物。即将保管物的所有权转移于保管人，保管人无须返还原物，而仅以相同种类、相同品质、相同数量的物品返还即可。保管人通过经营仓储物获得经济利益。或者通过在高价时消费仓储物，低价时购回；或者通过仓储物市场价格的波动进行高卖低买，获得差价受益。当然，最终需要买回同类物品归还存货人。甚至于如果到期提供的归还物品质不如存储物，还要向存货人补偿价值差额。

3．消费仓储的经营

消费仓储经营有两种主要模式：其一，仓储保管人直接使用仓储物进行生产、加工。如建筑仓储经营人直接将委托仓储的水泥用于建筑生产，在保管到期前从市场购回相同的水泥归还存货人。其二，仓储经营人在仓储物的价格处于高位时将仓储物出售，在价格处于低位时购回同类物。

消费仓储经营人的收益主要来自对仓储物的消费，当消费收入大于返还仓储物时的购买价格时，仓储经营人获得了经营利润。反之，如果消费收入小于返还仓储物时的购买价格，就不必对仓储物进行消费，而应原物返还。在消费仓储中，仓储费收入是次要收入，有时仓储经营人甚至提供免费仓储。

可见，消费仓储是仓储经营人利用仓储物停滞在仓库期间的价值进行经营，追求利用仓储财产经营的收益。消费仓储的开展使得仓储财产的价值得以充分利用，提高了社会资源的利用率。理论上，消费仓储可以在任何仓储物中开展，但对于仓储经营人的经营水平有极高的要求，现今在期货仓储中广泛开展。

四、仓库租赁经营

仓库租赁经营是通过出租仓库、堆场、仓库设备，由存货人自行保管货物的仓库经营方式。进行仓库租赁经营时，最主要的是签订一份全面的仓库租赁合同，在合同条款的约束下进行租赁经营，取得经营收入。

出租人采取出租仓库的方式经营，其原因是开展仓储保管的收益低于出租的收益，其核心是仓库经营人的保管成本无法降低；或者是仓库经营人不具有特殊商品的保管能力和服务水平；或者是存货人有特别的要求。

对于租用仓库者而言，因其具有特殊的保管能力、作业能力，或者为了内部化的需要而租用仓库，自行进行仓储保管。

仓库租赁经营中，租赁双方一个是出租人，另一个是租用人，两者之间的关系通过双方所签订的租赁合同确定。

租用人对租用的仓库及仓库设备享有使用权（不是所有权），并负有保护设备，在约定的范围内使用仓库，按约定支付租金的义务。

出租人对出租的仓库及设备拥有所有权，并享有收回租金的权利。同时必须承认租用人对租用仓库及仓库设备按约定所享有的使用权，并保证仓库及仓库设备的性能完好，承担仓库环境管理、固定设施设备维护等义务。

仓库出租经营既可以整体性出租，也可以采用部分出租、货位出租等分散方式。在分散出租形式下，仓库所有人需要承担更多的仓库管理工作。如卫生管理、安全管理等。

目前，箱柜租赁在许多地方发展较快。箱柜租赁保管业务是仓库经营者以一般城市居民和企业为服务对象，向他们出租体积较小的箱柜来保管非交易物品的一种仓库业务。箱柜租赁保管业务的服务对象包括：一般居民和家庭的贵重物品，如金银首饰、高级衣料、高级皮毛制品、古董、艺术品等；企业因法律或规章制度规定必须保存一定时间的文书资料、电子记录资料等物品。箱柜租赁保管业务强调安全性和保密性，它为居住面积较小的城市居民和办公面积较窄的企业提供了一种便利的保管服务。

箱柜租赁保管业务的仓库一般有三个特点：一是注重保管物品的保密性。因为保管的企业资料涉及企业的商业秘密，所以仓库有责任保护企业秘密，防止被保管的企业资料流失。二是注重保管物品的安全性。防止保管物品损坏变质。因为企业的这些资料如账目发票、交易合同、会议记录、产品设计资料、个人档案等需要保管比较长的时间，必须防止保管物品损坏变质。三是注重快速服务反应。当企业需要调用或查询保管资料时，仓库经营人能迅速、准确地调出所要资料及时地送达企业。

五、流通加工

1. 流通加工的概念

流通加工是指货物从生产地到使用地的过程中，根据需要施加包袋、分割、计量、分拣、刷标志、拴标签、组装等简单作业的总称。流通加工是仓储企业的一项经营业务，会给仓储企业带来极好的经济和社会效益。

2. 流通加工产生的原因

流通加工是物流服务业与现代化生产发展相结合的产物，现代企业生产都采用同规格、大批量生产的方式，其产品规格少、款式单一，很难满足不同用户的个性化需要。有的需要较为复杂，需要经过专业的加工厂二次加工才能满足；而有的需要经过较为简单的加工就可以实现。为了提高物流效率、降低物流成本，可以在流通过程中通过流通加工来满足客户的不同需求。

流通加工弥补了企业大批量生产加工不能满足消费者不同需求的不足。这种加工工作最适合在仓储阶段进行。

3. 流通加工的作用

1）有利于产品生产者提高生产率，提高产品质量和经济效益。流通加工可使生产集中于现代化生产模式，以流通加工这一方式来弥补大批量生产的不足。

2）可以提高物流效率与服务质量，使产品满足用户个性化、多样化需求，使物流功能得以完善和提高。

3）可提高仓储业加工设备的利用率和劳动生产率。将加工对象集中起来进行流通加工，可达到低成本、高质量的加工效果，满足客户的特殊需求。

4）可以提高各种运输手段的运用效率。流通加工能使运输工具、装卸设备充分发挥作用，从而提高货物的运输效率，降低运输费用。

5）可以完善商品功能，提高经济效益。流通加工可以改变一些商品的功能，使其有更广的适应面，从而促进销售，提高商品的销售量和销售额，满足市场的需要。

4. 仓储开展流通加工的经济效益

（1）直接经济效益

1）流通加工的劳动生产率高。流通加工也是集中加工，其加工效率比分散到每个用户自行加工要高得多。

2）可提高原材料的利用率。集中下料，合理套裁，有明显的提高原材料利用率的效果，减少材料浪费。

3）可提高加工设备的利用率。流通领域的加工是面向社会的，其加工对象较为稳定，加工数量较多，能够提高设备的利用率，促进加工设备升级。

4）可使商品增值。

5）可获得加工委托人对加工劳动支付的费用。

6）流通加工可使商品物流成本降低，仓储经营人可参与利益分享。

（2）间接经济效益

1）能为许多生产厂家缩短生产时间，使厂家可以腾出更多的时间来进行创造性生产。

2）能为多个生产或消费部门服务。

3）在生产的分工和专业化过程中起中介作用。

4）可以在加工活动中更为集中、有效地使用人力和物力，会比生产企业加工更能提高加工的经济效益。

5）吸引更多的仓储货源。

6）提高仓储服务的回报。

总之，流通加工是一项具有广阔前景的物流活动。流通加工的重要性不仅在于为物流合理化提供了条件，更重要的是，它为提高社会经济效益开辟了一条途径。但仓储企业流通加工业务的开展或多或少都要有一定的资源投入或者成本投入，因而仓储企业需要选择自己有能力开展的业务和有成本优势的业务进行流通加工，才能使得流通加工经营获得收益。

流通加工的总收益≥流通加工成本投入

5．典型的流通加工方法

（1）钢材流通加工　采用集中剪板、集中下料方式，可避免单独剪板下料的一些弱点，提高材料利用率。

（2）木材流通加工　可依据木材种类、地点等进行加工。如在木材产区可对原木进行流通加工，使之成为容易装载、易于运输的形状，以供以后进一步加工。这样既可提高运输效率，也可提高出材率。

（3）平板玻璃流通加工　主要方式是集中套裁，开片供应。这种加工方法可提高平板玻璃的利用率，简化玻璃生产厂家的规格，实现大批量生产，提高生产效率。

（4）食品流通加工　食品流通加工的项目很多，如冷冻加工、分选加工、分装加工、精致加工等。

（5）煤炭流通加工　煤炭流通加工有多种形式，如矸加工、煤炭加工等。矸加工可提高煤炭运输效益，减少运输能力浪费。煤炭加工可采用管道运输方式运输煤炭，减少煤炭消耗，提高煤炭利用率。

（6）水泥流通加工　此类加工的方法很多，集中搅拌混凝土是其中的一种主要加工方法。

（7）组装产品的流通加工　有些产品在生产过程中完全组装好，不但包装成本高，且运输及装卸效率都会下降，所以对于一些组装技术要求不高的产品，如自行车、家具等，可在流通加工中完成组装。

（8）生产延续的流通加工　一些产品因本身特殊性的要求，需要较宽阔的仓储场地或设施，而在生产场地建设这些设施又不经济，那么就可将部分生产领域中的作业延伸到仓储环节完成。如对时装的检验、分类等。

第三节　仓储多种经营

物流服务是保证企业能有效提供优质服务的基础，面对日益激烈的竞争和消费者价值取向多重化，仓储经营者已发现加强仓储的多种经营，改进服务方式是创造持久的竞争优势的有效手段。

一、仓储多种经营的条件

物流的发展为仓储的多种经营创造了有利的条件。

（1）能适应瞬息万变的物流市场　消费者需求受市场环境多种不可控因素影响，环境因素在不断变化，市场需求也在不断变化。这时企业采用仓储多种经营方式，就能适应市场需求的变化。

（2）能更好地减少风险　任何一个企业的经营活动都存在着风险，问题在于如何去减少风险、分散风险和增强抗风险的能力。实施仓储经营多样化，可使仓储的经营范围更广。把经营资金分散，可减少风险，确保企业的正常运营。

（3）是实现仓储企业经营目标的需要　采用多种经营方式，如运输中介、商品交易、配送与配载、仓储增值服务等，能够为实现经营目标提供可靠的保证。

具备条件的仓储企业可以在仓储业务的基础上开展增值服务，也可为物流业务提供运输中介服务，或提供配送与配载的延伸服务。仓储经营者还可以向物流活动的其他领域扩展业务，成为物流经营者。

二、仓储增值服务

仓储在物流体系中的有利条件包括：联系面广、货物处于静态之中、货物集散节点、具有较大的空间、仓库接近市场或者城镇。仓储企业应充分利用这些有利条件，为客户提供时间和空间上的效用，向多功能的物流服务中心方向发展，扩大自己的业务范围，提供更多的增值服务项目，开展加工、配送、包装、贴标签等多项增值服务，从而提高自身在市场经济中的竞争能力，增加仓储利润来源，提高经济效益。仓储可提供的增值服务项目有：

（1）托盘化　这是指将产品转化成一个独立托盘的作业过程。

（2）包装　产品的包装环节由仓储企业或仓储部门来完成，并且把仓储的规划与相关的包装业务结合起来综合考虑，有利于整个物流效益的提高。

（3）贴标签　在仓储过程中完成在商品上或商品包装上贴标签的工序。

（4）产品配套、组装　当某产品需要由一些组件或配件组装配套而成时，就有可能通过仓储企业或仓储部门的配套组装增值服务来提高整个供应链过程的效率。在仓储过程中，这些配件不出仓库就直接由装配工人完成配装，提高了物流的效率，节约了供应链成本，不但使得仓储企业的竞争力增强、效率提高，同时也使得生产部门和企业的压力减轻。

（5）涂油漆　把对商品的涂油漆过程放到仓储环节来进行，同样可以达到缩短物流流程、节约物流成本、提高仓储企业效率的目的。

（6）简单的加工生产　一些简单的加工生产业务，本来是在生产过程中作为一道单独的工序来完成的。把这些简单加工过程放到仓储环节来进行，可以从整体上节约物流流程，降低加工成本，并使生产企业能够专心于主要的生产经营业务活动。

（7）退货和调换服务　当产品出现质量问题或出现纠纷，需要实施退货或货物调换业务时，由仓储企业来帮助办理有关事项。

（8）订货决策支持　仓储企业或仓储部门在仓储过程中掌握了每种货物的消耗过程和库存变化情况，这就有可能对每种货物的需求情况做出统计分析，从而为客户提供订货及库存控制的决策支持，甚至帮助客户做出相关的决策。

三、运输中介服务

运输中介即运输服务中间商，他们通常不拥有运输设备，但向货主提供运输服务。典型的中间商开始从各种托运人手中汇集一定数量的货源，然后以较低的费率从承运人处购买运输，或者代理专业运输商提供运输服务。中间商的利润是向托运人收取的费率和向承运人购买的运输服务成本的差额，或者依据服务的不同性质获得代理费、佣金回报。运输服务中间商对整个物流活动来说相当于润滑油，能使托运人和承运人有机结合起来，简化承运人的作业行为，可以免除承运人过于分散进行收取货物和交付货物的服务，还可以避免物流浪费。

运输服务中间商主要有货运代理人和经纪人。

1. 货运代理人

货运代理人以营利为目的提供运输中介服务。他们把来自各种顾客手中的小批量装运整合成大批量装载，然后利用专业承运人进行运输。在目的地，货运代理人把大批量装载拆成原来的小批量，向收货人交付。货运代理人的主要优势在于大批量的装运可以获得较低的费率，而且在很多时候可以使小批量装运的速度快于个别托运人直接交付专业承运人托运的速度。出于对利润的追求，货运代理人会以最经济、最合理的方式将承接的货物运出，通过合理安排运输方式，节约费用。

货运代理人是社会分工的产物，它有以下优点：第一，使专业承运人的规模经济效益提高，货运代理人使小批量货物可以集中到发运地，便于整合运输。第二，缩短专业承运人发出货物的时间，减少货物在专业承运人处的储存时间，提高作业效率。第三，使托运人的发货时间缩短，货运代理人收集的大量货物可以让专业承运人快速发货而不必等待集货发运。许多时候，托运人自己的小批量货物因暂时没有同样目的地的货物无法发货，只能等达到一定数量后才可发运。第四，货代收集的大量货物可以集中一次发运到目的地，不用中途重新装运，减少工作量，减少货物二次装运的破损率。第五，货运代理人具有熟练的运输专业技能，充分掌握运输市场的信息，且与众多的实际承运人保持着密切的关系，具有简单而有效的业务流程。

2. 经纪人

经纪人是为委托人进行市场搜寻和交易磋商，使委托人和交易对象发生运输交易，以收取服务佣金为目的的中间商人。

货运经纪人对运输市场高度熟悉，客户关系广泛，掌握较为充分的市场信息，能够快速、高效地撮合交易，是运输经营人重要的中介服务商，也是货主企业获得市场信息的重要渠道。

四、配送与配载

（一）配送

1．配送的含义及特点

配送是指在经济合理区域范围内，根据用户的要求，对物品进行拣选、加工、包装、分割、组配等作业，并按时送达指定地点的物流活动，主要是物流终端的服务活动。

配送的特点主要表现在以下几个方面：

1）配送是物流链终端从配送中心至用户送货的一种特殊方式。它不单是送货，在活动内容中还有“分拣”“配货”“配装”“组配”等工作，即满足用户的各种需求。

2）配送不是简单的运输或输送，还包括运输种类、数量、时机、收交货手续、容器回收等其他活动。

3）配送是供应者送货到户式的服务性供应。从服务方式来讲，配送是一种“到手”的服务，可以将商品从仓库一直送到用户的仓库、营业所、车间或生产线的起点。

4）配送是以用户要求为出发点，并以最合理的方式，在现代化的装备和管理水平保证下的一种高水平的送货方式。

2．仓储经营人的配送经营

仓储经营人利用商品大量储藏在仓库内等待向消费者送货的条件，向存货人提供分批、分时的送货业务，并进行商品组合、分类等处理，具有极其便利的条件。影响仓储开展配送业务的因素只能是仓储经营人进行配送的收益能否超过开展配送的成本。仓储开展配送的收益有：

（1）配送中的直接收益　接受配送的委托人因配送业务支付的费用，通常该费用比较低廉。仓储经营人如果只获得该收入，往往无法维持配送业务。

（2）配送组合、加工的收益　该收益是仓储开展配送的另一项劳务收益，能够充分利用仓储中的劳动力和场地、设备的已有投入，有利于有效利用仓储资源。

（3）提高仓储的服务水平　高水平的服务可以获得较高的回报，分享服务的增值。

（4）吸引更多的仓储　因业务的扩张，提供的仓储产品多样化，能满足更多客户的需要，使客户市场扩展。

（二）配载

配载是指充分利用运输工具的载重量和容积并考虑运输路线的合理性，将货物运输任务安排到运输线路和运输工具的运输业务。交通运输工具的大型化和运输线路的细分是现代运输业的特征。大型化的运输工具需要大量的货载支持，需要经仓储集货。大量聚集在仓储中的货物需要高效的配载安排，保证运输工具的满载和要运输货物的及时出运。在对商品进行分拣和配货之后，要进行车辆的配载。由于配送的每种商品数量都不大，而总数量较大，常常需要安排许多车辆才能满足对用户的配送。

配载问题也是配送的一个重要内容，合理的配载可充分利用运输工具，把所送的商品以最合理的方式安排在运输车辆上，以最少的运力来满足配送的需要，并且充分利用车辆的容积和载重量，做到满载满装，以降低运输成本。

在进行车辆配载时，要坚持方便装卸，充分利用运输工具，保证商品安全，满足用户需求的原则。

简单的配载一般通过经验和手工计算来完成。在装载商品种类较多，车辆种类也较多的情况下，可采用计算机进行管理。设计相应的运输组织软件系统，并将经常运送的商品数据和车辆数据输入系统，以后每次只需输入需要运送的各种商品量及运送地点，即可制订最佳的配载方案。

五、物流经营者

物流经营者的类型主要有以下几种：

1）物流经营者本身为产品生产者和物流组织者。他们根据买卖合同进行产品生产、物流组织与物流管理，运用所拥有或租赁的专门设施、设备，包括船舶、仓库等，以及各项物流技术，开展物流的各项功能作业。企业设有物流组织和管理的职能部门。如在日本，许多厂矿企业、制成品企业都设置有类似物流管理的部门。

2）物流经营者本身为经销商、批发商或采购商，同时又是物流组织者和货物配送者。他们依据市场需求和供应状况，进行产品、初级产品或未制产品的采购，并通过拟订的物流方案统筹组织与管理，直至完成产品推销。

3）物流经营者是参与物流某项功能的服务者。比如，仓储公司利用仓储与保管的基本功能之便利，向客户推销物流产品，提供物流功能服务；运输公司利用货物国际贸易运输之便利，向客户提供运输延伸业务服务等。

4）专业物流基本功能的服务者。他们拥有一定的物流设施、设备和专业人员，或属无设施与设备但拥有专业人员的经营者。他们通过市场寻找客户，接受委托，提供物流基本功能服务。这类经营者一般面向社会，向各类客户提供需求服务。

5）综合物流经营者。一般是跨国或跨地区的产品生产者或商品经销者，包括从事远洋运输和具有综合运输实力和能力的经营公司。他们利用差异优势和运输优势以及开展综合物流的条件和能力，充当综合物流经营人的角色，与客户签订综合物流协议，进行综合物流设计、组织和过程监管，提供物流信息，以优良的综合服务，满足客户对物流的要求。

6）虚拟物流。这类物流经营者可能没有物流功能性作业的设施与设备，不能展开物流的操作，但是，他们可以借助先进的技术和专业人员为客户提供综合物流的设计、项目开发、运作安排，协调物流过程中的各种相关关系，为企业物流和物流产品提供咨询、论证和决策服务。这类企业一般拥有稳定可靠的关系网络、高效的信息管理系统和信息处理能力，对市场具有敏感性和响应能力，同时建立有自己的质量保证体系，形成自己的品牌。这类企业一般规模不大，有的在经营活动中确定目标市场后，采用多样化的经营战略扩展市场。

物流管理是现代流通的发展，仓储企业应利用本身就是准物流经营者身份的优势，掌握现代物流管理技术，积极介入整体物流领域，提升仓储服务的层次，争取获得更高的收益。

案例 3-1

中国储运集团的仓储物流运作模式

现代物流的主体功能是运输和仓储，其他功能如加工、配送、装卸、包装、信息服务、货运代理等是在这个主体功能上发展深化的。因此，储运业有着向现代物流发展的先天条件和业务继承性。发达国家的许多现代物流企业是在原有仓储运输企业的基础上，经过功能扩张而成长起来的。如果拥有便利的交通条件、较大的占地面积、库房、货场、水电气设施、铁路专用线及运输装卸装备等，与新建物流企业相比，将获得较大的成本竞争优势。

中国储运集团（简称中储）早在几年前就借鉴国外发达国家的经验，提出了从传统储运企业向现代物流企业转变的发展战略。这是因为中储具有发展现代物流的综合优势。

1．硬件优势

（1）规模收益　中储占地面积约 1 000 万 m^2，露天堆场 300 万 m^2，库房约 300 万 m^2，仓储面积总量居全国同类企业之首。与新建物流企业相比，中储的成本极其低廉，具有大批量中转和多批次、小批量配送的先天优势，具备将仓库转变成大型物流中心的条件，便于各类企业物流业务的集中管理，形成规模效益，降低成本。

（2）经济便利的铁路专用线　中储的客户中心共有铁路专用线 129 条，总长 114km，与全国各铁路车站可对发货物，存放在中储仓库。无论是从产地出货，还是在消费地进货，客户都能获得铁路运输直接入库的经济、安全和便利。这是形成中储全国物流与区域配送相结合的服务特色的重要基础。

（3）机械化作业程度高　中储的库房、货场都有龙门吊和行车覆盖，大大提高了作业效率和安全系数，降低了人工成本。

2．全国的网络优势

中储在推行现代企业制度的过程中，建立了以资产为纽带的母子公司体制，理顺了产权关系，形成了集团公司的框架。中储所属 64 个仓库分布在全国各大经济圈中心和港口，形成了覆盖全国、紧密相连的庞大网络。中储利用这一网络，不仅提供仓储运输等物流服务，还有效地整合商流资源，成为金属材料、纸制品、化肥等生产企业的代理经销商。物流重在网络，没有网络，就没有统一的服务标准、单证和结算体系，就不能真正做到“门到门”服务。中储有一个天然网络，这是跻身市场、建立现代物流配送中心的基础。

3．较强的增值服务功能

在现代市场竞争中，传统的储运功能和硬件设施优势逐渐被市场物流资源的整合力和增值服务能力所取代。增值服务主要包括：简化客户手续，带来便利性的服务；通过物流中间加工，创造价值的服务；合理组织，降低物流总成本的服务等。中储目前的增值服务主要包括：

（1）现货交易及市场行情即时发布　中储的 20 个仓库根据区域经济的需要，发展成为前店后库式的商品交易市场，包括金属材料、汽车、建材、木材、塑料、机电产品、纸制品、农副产品、蔬菜水果、日用百货等市场，并在中储网站上发布全国各大生产资料市场的实时行情。

（2）物流的中间加工　中储的各大金属材料配送中心都配有剪切加工设备，如天津与上海宝钢、日本三菱商社合资兴建的天津宝钢储运物资配送有限公司，总投资 1.3 亿元人民币，从日本引进具有国际先进水平的钢材横剪、纵剪生产线，年加工能力 10 万～12 万 t。

（3）全过程物流组织　中储凭借多年的储运经验和专业的物流管理队伍，运用现代信息技术，为用户设计经济、合理的物流方案，整合内外部资源，包括不同运输方式的整合、仓储资源和运输资源的整合、跨地区资源整合等，组织全过程代理和“门到门”服务，实现全过程物流的总成本最低。

（4）形式多样的配送服务

1）生产配送　作为生产企业的产成品配送基地，为生产企业提供产前、产中、产后的原材料及产成品配送到生产线及全国市场的配送服务。如中储的天津唐家口仓库、陕西咸阳仓库等为周边的彩电生产厂提供配送服务。

2）销售配送　生产企业将产品销往全国市场，在这个过程中，中储担当其地区配送中心的角色。生产企业将产品大批量运至中储各地的物流中心，由中储提供保管及众多销售网点的配送服务。如海尔、澳柯玛、长虹等产品已通过中储各地的物流中心销往全国市场。

3）连锁店配送　为超级市场和连锁商店提供上千种商品的分拣、配送服务。如上海沪南公司为正大集团易初莲花超市提供随叫随到的配送服务。

4）加工配送　中储的许多物流中心为用户提供交易、仓储、加工、配送及信息服务的一条龙服务。

4．中储的客户

中储紧贴市场，根据不同客户对物流的需求，适时调整经营策略，大力发展全程物流代理、现货交易市场及行情实时发布、国际货运代理、配送等业务，取得了可喜的成果。

中储现有的客户主要有四大类：

第一类客户是生产资料的生产和经销企业。中储的客户包括金属材料、建筑材料、汽车、木材、机电产品、塑料、纸制品、化肥等生产商及批发商，其中以金属材料为主。由于生产资料流通体制的改革和买方市场的形成，从 20 世纪 90 年代初开始，许多仓库变为前店后库式的生产资料交易市场，其中有大中型金属材料市场近 10 个。中储的客户包括宝钢、首钢、武钢、邯钢、包钢、攀钢、浦项制铁、晨鸣纸业、一汽、二汽、天津汽车厂等，它为这些客户提供交易、仓储、加工、配送、信息等一条龙服务。

第二类客户主要是国家大型重点工程项目。中储已承接黄河小浪底水利枢纽、北京首都机场改扩建、来宾电厂等数十个国家重点工程大型设备的国际货运代理业务。服务内容包括：揽货、订舱、报关、报检、保险、解送，集装箱拼、装、拆箱，分拨、仓储及配送服务。对部分建设工程项目，实施生产资料配套采购及配送服务。

第三类客户主要是生活资料生产企业。最典型的是家电生产企业，如海尔、长虹、康佳、厦华、澳柯玛、LG、美的等。此外还有爱立信、百威、青岛啤酒等。这得益于中国市场经济的飞速发展。中储主要为这些客户提供生产和销售配送服务。如中储南京仓库成为长虹在江苏地区的配送中心，海尔将天津南一仓库和石家庄东三教仓库作为其华北地区的配送中心。目前这类业务发展得很快。为提高服务质量，中储为客户及时提供在库及在途信息。

第四类客户是商业批发和零售企业。中储为其提供仓储、分拣及配送服务。

5．运用现代物流技术，实现从传统储运向现代物流业跨越

面对新经济给传统产业带来的严峻挑战和物流市场发展的巨大潜力，传统储运业务将退居从属地位，具备现代物流组织管理水平和实现内部信息化管理的新兴物流企业将成为行业的首脑。中储的目标是充分发挥中储股份的龙头作用，利用国内外两个资源及中储的内部资源，采取收购、兼并等手段，实现全国合理布局，建成一批与现代物流需求相适应的物流中心，进而推动中储整体向现代物流企业转变的步伐，与国际接轨，再造中储，建成服务一流的现代物流企业。为此，中储总公司加快了系统信息化建设，投资成立“中储物流在线有限公司”，目的是将虚拟的电子网络和有形的物流网络有机结合，整合国内外资源，提升传统业务。在实施过程中，中储充分发挥自身的优势，首先完成系统内部物流网建设，包括数据源、单证和业务流程的标准化，再造业务流程，通过对传统企业的电子化改造，使之成为能够满足现代物流需求的数码仓库，实现以电子化配送中心、仓库、运输网络为基础，以数码仓库完备的现代物流组织为纽带，以中储电子商务物流平台为核心，横向联合运输网络系统，纵向连接行业分销系统，建立布局合理、运转高效的现代物流配送和分销电子商务网络体系。

案例思考题：

中储在仓储业的经营和发展给了你哪些启发？你认为仓储经营的发展需要什么措施？

案例 3-2

青岛啤酒集团的仓储管理

青啤集团的仓储物流改革是首先成立了仓储调度中心，对全国市场区域的仓储活动进行重新规划，对产品的仓储、转库实行统一管理和控制。从提供单一的仓储服务，到对产成品的市场区域分布、流通时间等进行全面的调整、平衡和控制，仓储调度成为销售过程中降低成本、增加效益的重要一环。以原运输公司为基础，青啤集团注册成立具有独立法人资格的物流有限公司，引进现代物流理念和技术，并完全按照市场机制运作。作为提供运输服务的“卖方”，物流公司能够确保按规定要求，以最短的时间、最少的投入和最经济的运送方式，将产品送至目的地。同时，青啤集团应用建立在互联网信息传输基础上的 ERP 系统，筹建了青岛啤酒集团技术中心，将物流、信息流、资金流全面统一在计算机网络的智能化管理之下，建立起各分公司与总公司之间的快速信息通道，及时掌握各地最新的市场库存、货物和资金流动情况，为制定市场策略提供准确的依据，并且简化了业务运行程序，提高了销售系统工作效率，增强了企业的应变能力。

同时青啤集团还对运输仓储过程中的各个环节进行了重新整合、优化，以减少运输周转次数，压缩库存，缩短产品仓储和周转时间等。具体做法如：根据客户订单，产品从生产厂直接运往港、站，省内定货从生产厂直接运到客户仓库。仅此一项，每箱的成本就下降了 0.5 元。同时对仓储的存量做了科学的界定，并规定了上限和下限，上限为 1.2 万 t。低于下限发出要货指令，高于上限再安排生产，这样使仓储成为生产调度的“平衡器”，从根本上改变了淡季库存积压，旺季市场断档的尴尬局面，满足了市场对新鲜度的需求。

目前，青啤集团仓库面积由 7 万多平方米下降到 29 260m^2，产成品库存量平均降到 6 000t。

这个产品物流体系实现了环环相扣，销售部门根据各地销售网络的要货计划和市场预测制订销售计划，仓储部门根据销售计划和库存及时向生产企业传递要货信息；生产厂有针对性地组织生产，物流公司则及时地调度运力，确保交货质量和交货期。同时销售代理商在有了稳定的货源供应后，可以从人、财、物等方面进一步降低销售成本，增加效益。青岛啤酒物流网已取得了良好的成果。首先是市场销售的产品新鲜度提高，青岛及山东市场的消费者可以喝上当天酒、当周生产的酒，省外市场如东北、广东及沿海城市的消费者，可以喝上当周酒、当月生产的酒。其次是产成品周转速度加快，库存下降使资金占用减少了 3 500 多万元，仓储费用下降 187 万元。

实践证明，现代物流管理体系的建立，使青啤集团的整体营销水平和市场竞争能力大大提高。1999 年，青岛啤酒集团产销量达到 107 万 t，再登国内榜首。

案例思考题：根据青岛啤酒的仓储改革案例，你认为仓储业应往哪些方向发展？在物流管理不断提升的今天，仓储业应如何适应？

案例 3–3

铁航渣华物流的发展策略

铁航渣华发展物流的策略是以第三方物流服务为主导，不走投资建造仓库、建立庞大的集卡车队等发展物流的道路，而是通过合作“借势”做强。最近，该公司正与欧洲一家化学品企业洽商提供半危险品的物流服务项目，不是投资上硬件，而是拟与危险品专业企业合作联手，利用已有硬件设施，建立北亚物流中心，提供物流服务。

案例思考题：仓储业发展物流时，对于物流设施建设可以采取哪些策略？

复习思考题

1. 仓储经营管理的概念是什么？
2. 联系社会实际，谈谈开展仓储经营有什么意义。
3. 仓储经营的方法有哪些？
4. 仓储可提供的增值服务有哪些？
5. 配送与配载的特点是什么？
6. 物流经营者的类型有几种？

第四章 4

仓储商务管理

学习目的

了解仓储商务的内容，明确仓储商务工作的重要性；掌握仓储的合同业务和合同撰写，了解当事人的权利与义务；掌握仓单的功能、内容及仓单业务。

第一节　仓储商务管理概述

一、仓储商务与仓储商务管理

仓储商务是指仓储经营人利用所具有的仓储保管能力向社会提供仓储保管产品并获得经济收益的商业行为。仓储商务是仓储企业对外的基于仓储经营而进行的经济交换活动，是一种商业性的行为，因而，仓储商务发生在营业仓储和公共仓储之中，企业自营仓储则不发生仓储商务。仓储商务活动的内容主要有：仓储商情调查和发现商业机会；进行市场分析和选择商业机会；进行商务磋商和签订商业合同；开展合同履行的协调；进行争议处理和风险控制；企业形象塑造；制订竞争战略和发展市场；保持企业可持续发展。

仓储商务管理则是仓储经营人对仓储商务所进行的计划、组织、指挥和控制的过程，是独立经营的仓储企业对外商务行为的内部管理，属于企业管理的一个方面。仓储商务管理涉及企业的经营目标、经营收益，因而更为重视管理的经济性、效益性。相对于其他企业项目管理，商务管理具有外向性，围绕着仓储企业与外部发生的经济活动进行管理；商务管理又具有整体性，商务工作不仅是商务职能部门的工作，涉及仓储企业整体的经营和效益，也是其他部门能否获得充足工作量的保证。因而仓储商务管理是仓储企业高层管理者的核心工作，也是需要企业其他各部门关心和支持的工作。

仓储商务管理的目的是为了仓储企业充分利用仓储资源，最大限度地获得经济收入和提高经济效益。具体表现在以下几个方面：

1．最充分地利用企业资源

商务管理的目的是为了获得尽可能多的产品交易，使得仓储生产的产量最大。在良好的仓储管理之下，仓储企业能够获得大量的商业机会，也承担了按时完整提供产品的义务，这就需要仓储企业充分利用企业的一切资源，包括仓储能力和作业能力、生产资金和人力资源，完成生产任务。

2．满足社会需要

仓储企业的商务管理就是为了使仓储企业能尽可能多地进行产品交换，向社会提供尽可能多的仓储产品，满足社会对仓储产品的需要。仓储商务管理的任务就是有效地开发市场，根据市场的需要改变产品结构，提高服务水平，降低产品价格，提高产品竞争力；通过市场开发、挖掘商业机会、促进交易，使产品被更广泛的市场和客户接受。

3．降低成本

生产成本、交易成本的高低是决定产品能否被社会接受的基本条件。仓储商务管理不仅要尽可能地提高交易回报，在市场竞争之下，更重要的是控制成本，提高产品竞争力。仓储商务管理要将先进的经济管理理论、现代化的技术和传统的有效经营手法相结合，控制和减少交易成本；还要通过将限定的产品价格分解到每个生产环节，促使仓储生产的每一个环节有针对性地进行成本管理，实现整体生产成本控制的目标。

4．减少风险

企业的经营风险绝大部分来自商务风险，高水平的商务管理就在于避免发生商务风险，防止责任事故和规避经营风险。建立和规范风险防范机制，及时发现风险隐患，妥善地处理协议纠纷，建立仓储商务质量管理体系是仓储商务管理的重要任务。

5．塑造企业形象

商务人员对外交往，代表着企业的形象。依据以人为本、任人唯贤、职责明确的原则建立的商务队伍，在对外商业交往中往往表现得业务熟练，提倡合作和服务的精神，再加上企业守合同、讲信用的商务管理理念，形成仓储企业可信赖、高水平的企业形象。商务管理的每一项工作都会对企业形象产生直接的影响。

6．提高经营收益

一方面，通过充分利用仓储企业的有效资源，提供满足社会需要的产品，使产品被市场广泛接受，促进产量的提高；另一方面，严格的成本管理、最少的风险承担使得成本降低，实现仓储企业的经济收益提高。良好的企业形象能促进企业的社会效益的提高。提高整体收益、实现仓储企业可持续发展是仓储商务管理的最终目的。

二、仓储商务管理的内容

仓储商务管理是仓储企业管理的一个组成部分，包括对商务工作的人财物的组织和管理，涉及企业资源的使用、制度建设、激励机制以及商务队伍的教育培养和发展提高等各方面。具体包括以下十个方面：

1）仓储商务机构的设定和商务人员的选用和配备，商务工作制度、商务管理制度的设立。

2）有效地组织市场搜寻，广泛收集并高质量地分析市场信息，捕捉有利的商业机会，科学地制订竞争策略。

3）根据市场的需要和发展，科学地规划并设计产品营销策略，督促产品推销。

4）科学合理地组织仓储商务管理，充分利用先进的技术和传统的有效方法降低交易成本。

5）准确地进行成本核算，掌握市场价格行情，采取合适的定价方法，确定合适的价格，提高仓储服务产品的竞争力。

6）细致地进行成本分解，促进企业整体成本管理的效果，进一步降低成本。

7）以优质的服务满足用户的需要，实现企业的经济效益和社会效益。

8）加强交易磋商管理和合同管理，严格依合同办事，讲信用、保证信誉。

9）建立风险防范机制，妥善处理商务纠纷和冲突，防范和减少商务风险。

10）加强商务人员管理，以人为本，充分发挥全体商务人员的积极性和聪明才智。重视商务人员的培养和提高，确保商务工作人员能跟上时代发展的要求并保持发展后劲。

三、仓储商务管理所遵循的原则

1．满足社会需要

社会主义生产的目的就是为了满足社会不断增长的需要。仓储生产同样也是为了满足社会对仓储的需要。仓储商务管理就是保持仓储产品社会交换的不断进行，使仓储资源能被最大限度地利用，服务于社会，为社会创造更大的财富。在仓储商务管理中以社会的需要来组织产品的供应，当产品供不应求时，充分挖掘仓储潜力，发展仓储能力，使需要仓储的物资都能获得必要的仓储；当供过于求时，通过组织增值服务，开展多元服务，进一步提高服务质量，使仓储总供给量与市场需求平衡。要避免垄断经营、歧视经营、囤积仓储能力等不满足社会需要的经营方式。随着社会需求的不断发展和不断变化，仓储商务也应不断求新、求变，不断创新，跟上社会需要的发展。

2．适应市场竞争

市场经济的基本特征就是广泛的市场竞争，没有竞争就没有市场。低进入门槛的仓储业，供给的增长极快，也就必然成为竞争激烈的行业。仓储商务工作面临的就是竞争激烈的局面，商务管理就要敢于竞争、善于竞争，既要敢于开展积极的竞争，也要勇于面对竞争的挑战。仓储业需要制订完整的市场竞争策略，建立成本优势、价格优势、服务优势、技术优势，充分利用资本经营手段，规模化发展，实现规模效应，形成网络服务，形成竞争优势，在市场竞争中求生存、求发展。

3．守法、依法开展商务活动

市场经济是法制的经济，需要通过法律规范市场，防止恶性竞争和不正当竞争，防止侵害合法权益，维护合法行为和利益。商务工作需要严格遵守法律法规的强制规定，法律有规定的严格按照法律的规定行事，法律没有规定的按照法律的精神开展商务行为。在商务工作中严格遵守民法、合同法、消防法、环境保护法等法律法规，守法商务、依法商务。

商务工作涉及与企业外的经济利益关系，商务管理部门特别要重视利用法制的手段保护企业自身的利益，防止合法利益受到侵犯，维护自身的合法权益。

4．追求效益最大化

追求利润最大化是市场经济主体的生产经营目的。作为商业活动，仓储经营显然也是为了在向社会提供仓储产品中获得最大的经济效益。获得收益最大化也就是仓储商务管理的基本原则。在仓储商务管理中需要通过合理地利用企业资源、有效的营销手段和竞争策略、广泛的市场开发、准确的产品定位、优质的服务、以人为本的激励措施促进产品的销售，使仓储资源能被充分、高效率地利用。另一方面通过不断降低交易成本，控制生产成本，防止责任风险的发生，使得企业成本降低，实现仓储经营的利润最大化，使企业能保持正常经营和进一步发展。

四、仓储商务的内容

1．仓储经营决策

仓储企业根据社会对仓储产品的需要，以及仓储企业所具有的能力和实力，仓储市场的供给水平，遵循充分运用企业资源，满足社会需要和获得最大利润的原则，合理制订实现企业经营发展目标的方法和经营决策。根据需要和能力，仓储企业可以选择租赁经营、公共仓储、物流中心或者配送中心方式经营，采用单项专业经营或者综合经营方式，实行独立经营或者联合经营的经营定位。根据企业所选择的经营方式，合理组织商务队伍，制定仓储商务管理和作业规章制度，形成科学、合理的管理体系。

2．市场调查和市场宣传

市场调查不仅是企业经营决策的依据，也是仓储企业经营的日常工作。商务部门需要不断进行市场调查和发现商业机会，搜寻商机，以便建立商业关系。商务市场调查主要针对市场的供求关系、消费者对产品需求的变化，以及将来的发展进行准确调查和科学预测，以便企业进行经营决策、产品设计和商务宣传。

市场宣传是企业建立企业形象的一种手段，也是企业获得商业机会的手段之一。商务部门应合理、充分利用企业的有限资源，采取有针对性的有效措施，对潜在客户和竞争对手的客户进行有效宣传和推广，促进业务关系的建立。市场宣传可以采用广告宣传、企业联系、宣传推广、人员促销等方法进行。

3．积极营销和妥善选择商机

营销也称为市场营销，是从市场需要出发，构思、设计、定价、促销和分销的规划和实施过程。其核心是交换，实现双方互利的交换。仓储企业按照市场对产品的需求，设计仓储方案并向社会推广，实现交易，达到仓储营销管理的目的。积极营销就是要细致地开展市场、分析产品，准确地选择目标市场和产品定位，合理地确定营销组合，严格管理营销的活动过程。

仓储推销可以采用人员推销和非人员推销的方式，人员推销是选择合适的员工采取上门推销、柜台推销、会议推销等方式进行面对面的推销；非人员推销则是采用广告、营业推广、公共宣传等方式使产品被社会接受。

在获得商机之后，仓储企业应根据企业的经营目标和客户的资信选择合适的对象开展交易。

4．订立仓储合同

合同是市场经济主体之间期望发生民事关系的手段。通过订立合同，两个独立的经济主体发生了债权债务关系。需要仓储服务的存货人与经营仓储的保管人通过订立仓储合同发生了货物保管和被保管的经济关系，并通过仓储合同调整双方关于仓储的权利和义务。仓储合同经过双方要约和承诺的过程，当双方意见一致时合同成立。

由于物资仓储往往需要较长的时间，还可能需要对仓储物进行加工处理、分拆等作业，进行流通管理，为了保证保管人严格按照存货人的要求进行处理，避免时间久远而出现争议，以及涉及仓单持有人的第三方关系，需要订立较为完备的合同，需要合同条款细致，内容充分。由于仓储保管是双务的行为，需要较为完整的合同订立程序和完整的合同形式，明确地表示合同成立。

5．存货人向仓库存货

存货人应按合同的约定向保管人交付仓储物。存货人交付仓储物是存货人履行合同的行为。存货人交付仓储物时必须对仓储物进行妥善处理，保证仓储物适合仓储；对危险品或者易变质物品，应提供有关资料，说明仓储物的性质和处理方式；对仓储物的状态、质量程度提供相应的证明。存货人须按合同的约定将仓储物准备好，在合同约定的地点或者仓储地点，为仓库卸货提供方便；将货物交付给仓库时与仓库工作人员共同理货、查验货物。

合同约定预付仓储费的，存货人在存货时应向保管人支付约定的保管费。

6．保管人接收货物和保管货物

保管人应按照合同约定在接收仓储物之前准备好仓储场地，使场地适合存放和保管仓储物。保管人在接收仓储物之前必须验收仓储物，对仓储物进行理货检验，确认仓储物的状态和质量，明确仓储物的准确数量。

合同约定由保管人负责仓储物装卸、堆放的，保管人应安排并妥善进行卸载、堆放。仓储物接收完毕，保管人应根据约定向存货人签发仓单。约定由存货人卸货存放的，存货人按照仓库的安排，将货物运至指定的地点，卸货并按仓库的要求进行堆码摆放。

在仓储物入仓后，保管人应按照合理的方法、有效的措施对仓储物进行妥善的管理和相应的作业。在存放期间，若仓储物遭到损坏或发生变化，应及时通知存货人处理，并采取必要的处理措施，以减少损失。保管人应同意存货人或者仓单持有人检查仓储物或提取样品。

7．存货人（仓单持有人）提货

仓储期届满，存货人或者仓单持有人凭仓单向保管人提取仓储物，交付仓储费用和保管人垫付的费用、因仓储物的性质给保管人造成的损失、超期存货费和超期加收费等费用。提货人在提货时要对仓储物进行检验，确认仓储物的状态和数量。

提货人提货完毕，在仓单上签署后，将仓单交回保管人。

如果合同未约定存储期限，存货人或者仓单持有人可以随时要求提取仓储物，但应有合理的通知期。

提货人对仓储中产生的残损货物、地脚货、货物残余物等应一并提取。

仓储物在存放期间产生的孳息，没有约定由保管人享受的，保管人应交给仓单持有人。

第二节 仓储合同

一、仓储合同的定义和种类

（一）合同与仓储合同

《中华人民共和国合同法》（以下简称《合同法》）中所称合同是指平等主体的自然人、法人、其他组织之间设立、变更、终止民事权利义务关系的协议。

仓储合同也称为仓储保管合同，是指仓储保管人接受存货人交付的仓储物，并进行妥善保管，在仓储期满将仓储物完好地交还，保管人收取保管费的协议。《合同法》第三百八十一条将仓储合同规定为："仓储合同是保管人储存存货人交付的仓储物，存货人支付仓储费的合同。"仓储合同是我国合同法分则的有名合同。同时《合同法》第三百九十五条规定："仓储合同分则未规定的事项，适用保管合同分则的有关规定。"

（二）仓储合同的种类

1. 仓储保管合同

仓储保管合同是指仓库经营人提供完善的仓储条件，接受存货人的仓储物进行保管，在保管期届满，将原先收保的仓储物原样交还给存货人而订立的合同。该仓储合同的仓储物为确定物，保管人需原样返还。仓储保管合同特别重视对仓储物的特定化，且保管人严格承担归还原物的责任，包括仓储物在仓储期间自然产生的孳息。

2. 混藏式仓储合同

混藏式仓储合同是针对混藏式仓储所签署的合同。混藏式仓储合同的标的物为确定种类物，保管人严格按照约定的数量、质量承担责任，且没有合理耗损的权利。混藏式仓储合同具有保管仓储物价值的功能。

混藏式仓储合同对于仓储物的品质、数量需要有极为明确的认定，并在合同中完整地描述。当保管人向提货人交还仓储物时不能按合同描述的，需补偿提货人的损失。

3. 消费式仓储合同

消费式仓储合同是针对消费式仓储所签署的合同。消费式仓储合同的不同之处是涉及仓储物所有权转移到保管人，自然地，保管人需要承担所有人的权利和义务。消费式仓储经营人的收益，除了约定的仓储费（一般较低）外，更重要的是消费仓储物与到期购回仓储物所带来的差价收益。

4. 仓库租赁合同

仓库租赁是指仓库所有人将所拥有的仓库以出租的方式开展仓储经营，由存货人自行保管商品的仓储经营方式。仓储人只提供基本的仓储条件、进行一般的仓储管理，如环境管理、安全管理等，并不直接对所存放的商品进行管理。仓库租赁合同严格意义上来说不是仓储合同，只是财产租赁合同。但是由于仓库出租方具有部分仓储保管的责任，所以具有仓储合同的一些特性。

二、仓储合同当事人

仓储合同的双方当事人分别为存货人和保管人。

存货人是指将仓储物交付仓储的一方。存货人必须是具有将仓储物交付仓储的处分权的人，可以是仓储物的所有人，也可以是只有仓储权利的占有人，如承运人；或者是受让仓储物但未实际占有仓储物的准所有人；或者是有权处分人，如法院、行政机关等；可以是法人、非法人单位、民营企业、事业单位、个体经营户、国家机关、群众组织、公民等。

保管人为货物仓储保管的一方。根据《合同法》规定，保管人必须具有仓储设备和专门从事仓储保管业务的资格。也就是说，保管人必须拥有仓储保管设备和设施，具有仓库、场地、货架、装卸搬运设施、安全、消防等基本条件，取得相应的公安、消防部门的许可。从事特殊保管的，还要有特殊保管的条件要求。设备和设施无论是保管人自有的还是租赁的，保管人必须具有有效的经营使用权。同时从事仓储经营必须具有经营资格，进行工商登记，获得工商营业执照。保管人可以是独立的企业法人、企业的分支机构或者个体工商户、合伙、其他组织等，可以是专门从事仓储业务的仓储经营者，也可以是贸易货栈、车站、码头的兼营机构，或者从事配送经营的配送中心。

三、仓储合同的标的和标的物

合同标的是指合同关系指向的对象，也就是当事人权利和义务指向的对象。仓储合同虽然说约定的是仓储物的保管事项，但合同的标的却是仓储保管行为，包括仓储空间、仓储时间和保管要求，存货人要为此支付仓储费。因此，仓储合同是一种行为合同，是当事人双方都需要行为的双务合同。

标的物是标的的载体和表现，仓储合同的标的物就是存货人交存的仓储物。仓储物可以是生产资料，如生产原料、配件、组件、生产工具、运输工具等；也可以是生活资料，如一般商品，包括特定物或者种类物。但是仓储物必须是动产，能够移动到仓储地进行仓储保管，且是有形的实物动产，有具体的物理形状。不动产不能成为仓储物，货币、知识产权、数据、文化等无形资产和精神产品不能作为仓储物，如图书可以作为仓储物，但图书的著作权、书内的专利权不能成为仓储物。

四、仓储合同的订立

1. 要约与承诺

仓储合同的订立经过要约和承诺的过程。一方向另一方提出要约，另一方予以承诺，仓储合同成立。作为一项有效的要约，必须具有明确的订立合同的愿望和完整的交易条件，这些条件可以是在要约中明示的，也可以为受要约人通过合理判断确定的默示条件。要约人在要约送达受要约人后，承担遵守要约的责任。承诺是对要约无条件地接受，任何对要约实质性的变动都不是承诺，是要约人的反要约。承诺必须是明确的、有确切表现的承诺。承诺到达要约人即生效，承诺人即受承诺的约束。

一方向另一方发出不明确的交易愿望的行为为要约引诱，要约引诱不具有约束力。如广告、推销宣传等。但是如果广告等具有明确交易条件和交易愿望，则成为要约。

当一方（主要是存货人）向另一方发出愿意订立仓储合同的要约，但没有明确合同的主要事项，这种要约构成了双方订立预约合同的要件。保管人的承诺表明双方成立了预约合同。预约合同并不是仓储合同本身，仅仅是双方达成了将要订立仓储合同的协议。生效的预约仓储合同也是有效的合同，双方承担将要订立仓储主合同的义务，否则需承担违反预约合同的责任。

2．订立仓储合同的原则

（1）平等的原则　当事人双方法律地位平等是合同制度的基础，是任何合同行为都需要遵循的原则。订立仓储合同的双方应本着平等的法律地位的心态，进行平等协商，订立公平的合同。任何一方采取恃强凌弱或者以大欺小、行政命令的方式订立的合同都会成为无效合同。平等的原则还包括订立合同机会平等的原则，不能采取歧视的方式选择订立合同的对象。

（2）等价有偿的原则　仓储合同是双务合同，合同双方都要承担相应的合同义务，享受相应的合同利益。保管人的利益体现在收取仓储费和劳务费之上，保管人在仓储过程中劳动和资源投入的多少，决定了所能获得报酬的多少。等价有偿的原则也体现在当事人双方合同权利和义务对等上。

（3）自愿与协商一致的原则　当事人订立合同时完全根据自身的需要和条件，利用各自的知识和能力，通过广泛的协商，在整体上接受合同的约定，这是合同生效的条件。任何采取胁迫、欺诈的手段订立的合同都将是无效的合同。未经协商一致的合同，将来在合同履行中会发生严重的争议，会造成合同无法履行。

（4）合法和不损害社会公共利益　当事人在订立合同时要严格遵守法律法规，不得进行任何法律法规强制规定的经济主体、公民不能从事的行为，包括不能发生超越经营权、侵害所有权、侵犯国家主权、危害环境等违法行为。不损害社会公共利益的原则要求合同主体在合同行为中不进行有损社会安定、扰乱社会经济秩序、妨碍人民生活等不良行为。要尊重社会公德，维护国家形象，有利于精神文明的建设。不损害社会公共利益从内容上说属于道德规范，但合同法对其进行了规范，损害社会公共利益已成为违法行为。

3．仓储合同的形式

根据《合同法》的规定，合同可以采用书面形式、口头形式或其他形式。电报、电传、传真、电子数据、电子邮件也可以作为书面形式。因而仓储合同可以采用书面形式、口头形式或者其他形式。订立仓储合同的要约、承诺也可以采用书面形式、口头形式或其他形式。

由于仓储的货量较大、存期较长，还可能进行配送、加工等作业，还会涉及作为仓单持有人的第三人，仓储合同使用完整的书面合同较为合适。完整的书面合同有利于合同的保存、履行和发生争议时的处理。

合同的其他形式包括，通过行为订立合同和签发格式合同等。在未订立合同之前，存货人将货物交给仓储保管人，保管人接收货物，则表明事实上合同已成立。在周转极为频繁的公共仓储中，保管人可以采用预先已设定好条件的格式合同。在格式合同中，存货人只有签署或者不签署合同的权利，而没有商定格式合同条款的权利。

五、仓储合同的条款

仓储合同为不要式合同，没有严格的条款规定，当事人根据需要商定合同事项，且由双方协议采用合同的形式。仓储合同的条款有当事人条款、仓储物条款、仓储条款、价款、当事人的权利和义务、违约责任和争议处理条款。具体有：

（1）存货人、保管人的名称和地址　合同当事人是履行合同的主体，需要承担合同责任，需要采用完整的企业注册名称和登记地址，或者主办单位地址。主体为个人的须明示个人的姓名和户籍地或常住地（临时户籍地）。有必要时可在合同中增加通知人，但通知人不是合同当事人，仅仅履行通知当事人的义务。

（2）仓储物的品种、数量、质量、包装、件数和标记　仓储物必须是动产，需存放到仓储地进行保管并进行交接，因而需要明确地将仓储物特定化或者特定种类化。仓储物的品种需采用完整的商品名称或种类名称表达；仓储物的数量以法定计量单位计算，可以最小的独立封装单元作为件数，如包装箱的数量，或者以最小的组成单位作为件数，如成捆的管材，以具体管材根数作为件数；商品的质量应使用国家或者有关部门规定的质量标准标明，必要时可以商品的质量检验报告为准；标记应采用外包装上的标记，或者以拴挂的标签标记为准。

（3）交接时间和地点、验收方法　交接时间显然确定了仓储物入库时间，保管人须在此时准备好货位并确保能够进行交接。交接地点表明了运送货物入库的责任承担人，但还需要明确卸车搬运的责任人。合同中还需要明确交接理货方法，验收的内容、标准、时间和方式。验收内容与质量标准具有较强的相关性，往往就是针对质量标准进行验收。约定了验收标准的，保管人仅对验收事项负责。如约定仅对仓储物的外包装进行验收，返还仓储物时对于外包装的损坏保管人承担责任，而对内容不承担责任，除非是可证明为保管不当造成损害的。

（4）仓储物的损耗标准　仓储物在经过长期存放和多次作业后，由于挥发、散失、扬尘、氧化、计量方法不同等原因造成的耗损减量，不应由保管人承担责任，因而采用协议免责的方法处理，也就是在合同中订立合理耗损条款，双方约定不追究对方责任的数量减少的标准，包括重量或者件数的减量。商品损耗标准可以采用国家标准或者行业标准，也可以由双方合理约定。有约定标准的则适用约定的标准。

（5）储存场所　双方约定的仓储物存放的仓库或货场及其地理位置。根据仓储物的特性，储存场所可以约定得较为笼统或者极为具体明确。对于特殊商品，必要时要明确保管条件和保管方法。储存场所不仅表达了保管人的保管条件和存货人的保管要求，还确定了运输便利程度和出入库的运输成本。

(6) 储存期间　双方约定的仓储物的储存时间，有三种表示方式。①用期限表示，如储存 3 个月，自货物入库起算；②以日期的方式表示，如 9 月 10 日至 12 月 10 日；③不约定具体的存放期间，但约定到期方式，如提前一个月通知等。保管人根据储存期间计收仓储费，安排库容使用计划，并承担责任，对不能遵守储存期间条款的存货人，保管人有权要求其承担违约责任。

(7) 仓储费　此项条款用于确定仓储费的费率、仓储费的计算方法、支付方法和支付时间。仓储费有预付、定期支付等支付方式。《合同法》规定，当事人没有约定支付时间的，在交付仓储物时支付。当事人未约定仓储费的，保管人仍可向存货人要求支付报酬。

(8) 仓储物的保险约定　仓储物必须进行保险。若存货人已对仓储物进行了保险，必须告知保管人所投保的保险人、保险金额、保险期间。未保险的可以委托保管人进行投保，但仍然由存货人承担保险费。

(9) 违约责任　合同约定存货人未交付货物、未在约定时间交付仓储物的违约责任；保管人不能接受仓储物或者不能在约定的时间接受仓储物的违约责任。存货人未在约定时间提取仓储物的超期费用；仓储物在仓储期间造成保管人或者其他损害的赔偿；违约金的标准；补救措施等出现违约时的处理方法。违约金是违约责任的主要承担方式，但必须在合同中明确，包括各种违约项目及违约金数额标准或者计算方法、支付方式等。

(10) 合同变更解除的条件　合同的订立和履行是合同双方期望发生的结果。但因为客观原因发生重大变化或者双方利益的需要，原合同的继续履行可能对双方都不利，可以采用合同变更或解除的方法防止不利局面的发生。处理方法就是约定合同变更和解除条款。

(11) 争议处理　这一条款是对有关合同争议的诉讼或者仲裁的约定，内容包括仲裁地点、仲裁机构，或者合同中选择的诉讼地点。

(12) 合同签署　合同签署是合同当事人对合同协商一致的表示，是合同成立的表征。合同一经签署，就意味着开始生效。合同由企业法人代表、代表人签名，注明签署时间，法人或者组织还需要加盖合同专用章。个人签订合同时只需签署个人完整姓名。

六、仓储合同的生效和无效

仓储合同为诺成性合同，在合同成立时就生效。具体表现为：双方签署合同书；合同确认书送达对方；受要约方的承诺送达对方；公共保管人签发格式合同或仓单；存货人将仓储物交付保管人，保管人接收仓储物。

无论仓储物是否交付存储，仓储合同自成立时生效。在仓储合同生效后，发生的存货人未交付仓储物、保管人不能接收仓储物都是仓储合同的未履行，由责任人承担违约责任。

无效合同是指已订立的合同由于违反了法律规定，而被认定为无效。合同无效由人民法院或者仲裁机构、工商行政机关认定，可以认定为合同整体无效或者部分无效，可以采取变更或者撤销的方式处理；合同无效可以在合同订立之后、履行之前，履行之中或者履行之后认定。

产生无效合同的形式包括以下几种：一方以欺诈、胁迫手段订立的损害国家利益的仓储合同；恶意串通，损害国家、集体或者第三人利益的仓储合同；以合法形式掩盖非法目的的仓储合同；损害社会公共利益的仓储合同；违反法律、行政法规强制性规定的仓储合同；无效代理的合同。对于因重大误解订立的合同，在订立合同中显失公平的合同一方当事人有权请求人民法院或者仲裁机构给予变更或者撤销。

无论无效合同在什么时候被认定，都是自始无效，也就是说，因无效合同所产生的民事关系无效，依法采取返还财产、折价赔偿等方式使因无效合同所产生的利益消亡，并通过违法一方退回所得财产，或没收未违法一方所得，或者没收双方违法所得，对造成合同无效的违法方给予处罚。

七、仓储合同格式

仓储合同可以分为单次仓储合同、长期仓储合同、仓库租赁合同、综合仓储合同等。仓储合同是不要式合同，当事人可以协议采用任何合同格式。仓储合同的格式主要包括以下几种：

1. 合同书

合同书是仓储合同的最常用格式（本章第四节所示）。合同书由合同名称、合同编号、合同条款、当事人签署等部分构成，合同书具有形式完整、内容全面、程序完备的特性，便于合同的订立、履行、留存及合同争议的处理。

2. 确认书

在采取口头（电话）、传真、电子电文等形式商定合同时，为了明确合同条款和表达合同订立，常常采用一方向另一方签发确认书的方式确定合同，确认书就是合同格式的主要部分。由于确认书仅有发出确认书的一方签署，与完整合同书有所不同，但其功能相同。确认书有两种形式，一种仅列明合同的主要事项，合同的其他条款在其他文件中表达，如传真：本公司接受贵公司 9 月 20 日提出的仓储 200t 钢管的函的要求，请按时送货。另一种是将完整合同事项列在确认书上，形式相当于合同书。

3. 计划表

在长期仓储合同关系中，对具体仓储的安排较多采用计划表的形式，由存货人定期制订仓储计划交保管人执行。计划表就是长期仓储合同的补充合同或执行合同。

4. 格式合同

对于仓储周转量极大、每单位仓储物量较小，也就是次数多、批量少的公共仓储，如车站仓储等，保管人可以采用格式合同。格式合同是由一方事先拟定，并在工商管理部门备案的单方确定合同。在订立合同时只是由保管人填写仓储物、存期、费用等变动事项后直接签发并让存货人签认，不进行条款协商。

八、仓储合同的变更和解除

在合同生效后，当事人应按照约定全面履行自己的义务，任何一方不得擅自变更和解除合同，这是《合同法》所确定的合同履行原则。仓储经营具有极大的变动性和复杂性，会因为主客观情况的变化而变化，为了避免当事人双方的利益受到更大的损害，变更或者解除已生效的不利合同是更有利的选择。

（一）仓储合同变更

仓储合同的变更是指对已生效的仓储合同的内容进行修改或者补充，不改变原合同的关系和本质事项。

仓储合同当事人一方因为利益需要，向另一方提出变更合同的要求，并要求另一方在限期内答复，另一方在期限内答复同意变更。如另一方在期限内未做答复，合同也发生变更，双方按照变更后的条件履行。如果另一方在期限内明确拒绝变更，则合同不能变更。合同变更后按变更后的合同履行，对变更前已履行的部分没有追溯力，但因为不完全履行而发生的利益损害，作为受害一方可向对方请求赔偿，或者变更合同的条件。

（二）仓储合同的解除

仓储合同的解除则是指仓储合同订立后，在合同未履行或尚未全部履行时，一方当事人提前终止合同，从而使原合同设定的双方当事人的权利义务归于消灭。

1．仓储合同解除的方式

（1）存货人与保管人协议解除合同　协议解除合同和协议订立合同一样，是双方意见一致的结果，具有至高的效力。解除合同协议可以在合同生效后、履行完毕之前由双方协商达成；也可以在订立合同时订立解除合同的条款，当约定的解除合同的条件出现时，一方通知另一方解除合同。

（2）出现法律规定的仓储合同解除条件而解除合同　这是当事人一方行使法律规定的解除权而使合同效力归于消灭。《合同法》规定，因不可抗力致使合同的目的不能实现，任何一方可通知对方解除合同；一方当事人将发生预期违约，另一方可以行使合同解除权；仓储合同的一方当事人迟延履行合同义务，经催告后在合理期限内仍未履行，另一方可以解除合同；仓储合同一方当事人迟延履行义务或者有其他违约行为，致使合同目的不能实现，另一方可以解除合同。一方依法选择解除合同的，只要书面向对方发出解除合同的通知，当通知到达对方时，合同解除。有权解除合同一方也可以要求人民法院或仲裁机构确定解除合同。

2．仓储合同解除后的后果

合同解除后，因为仓储合同所产生的存货人和保管人的权利义务关系消灭，对于未履行的合同当然终止履行。合同解除并不影响合同的清算条款的效力，双方仍需要按照清算条款的约定承担责任和赔偿损失，需承担违约责任的一方仍要依据合同约定承担违约责任、采取补救措施和赔偿损失。如违约的存货人需要对仓库空置给予补偿，造成合同解除的保管人要对运输费、转仓费、仓储费差额等给予赔偿。

第三节　仓储合同当事人的权利和义务

仓储合同当事人的权利与义务是合同当事人在履行合同过程中有权要求对方采取的行为和自身需要进行的行为或不行为。当事人的权利和义务来自合同的约定和法律的规定。合同中对权利和义务的规定包括合同明示条款和合同的默示条款，明示条款具有绝对的效力，当事人应尽可能采用明示条款明确双方的权利和义务；默示条款则是在合同中没有写出的，但是根据订立合同的环境和合同的性质，依据一般的专业知识可以合理地推定得出的当事人在合同履行中所能享受的权利与要承担的义务。

一、存货人的权利与义务

1. 告知义务

存货人的告知义务包括两个方面：对仓储物的完整明确的告知和瑕疵告知。

完整告知是在订立合同时存货人要完整细致地告知保管人仓储物的准确名称、数量、包装方式、性质、作业保管要求等涉及验收、作业、仓储保管、交付的资料，特别是危险货物，存货人还要提供详细的说明资料。存货人未明确告知的仓储物属于夹带品，保管人可以拒绝接受。

瑕疵包括仓储物及其包装的不良状态、潜在缺陷、不稳定状态等已存在的缺陷或将会发生损害的缺陷。保管人了解仓储物所具有的瑕疵可以采取针对性的操作和管理，以避免发生损害和危害。

因存货人未告知仓储物的性质、状态造成的保管人验收错误、作业损害、保管损坏由存货人承担赔偿责任。

2. 妥善处理和交存货物

存货人应对仓储物进行妥善处理，根据性质进行分类、分储，根据合同约定妥善包装，使仓储物适合仓储作业和保管。

存货人应在合同约定的时间向保管人交存仓储物并提供验收单证。交存仓储物不是仓储合同生效的条件，而是存货人履行合同的义务。存货人未按照约定交存仓储物构成违约。

3. 支付仓储费和偿付必要费用

仓储费是保管人订立仓储合同的目的，是对仓储物进行保管所获得的报酬，是保管人的合同权利。存货人应根据合同约定按时、按量地支付仓储费，否则构成违约。如果存货人提前提取仓储物，保管人不减收仓储费。如果存货人逾期提取，保管人应加收仓储费。由于未支付仓储费，保管人有对仓储物行使留置权的权利，即有权拒绝将仓储物交还存货人或应付款人，并可通过拍卖留置的仓储物等方式获得款项。

仓储物在仓储期间发生的应由存货人承担责任的费用支出或垫费，如保险费、货物自然特性的损害处理费用、有关货损处理费、运输搬运费、转仓费等，存货人应及时支付。

4. 查验、取样

在仓储保管期间，存货人有对仓储物进行查验、取样查验的权利，即可提取合理数量的样品进行查验。查验会影响保管人的工作，取样还会造成仓储物的减量，但存货人合理进行的查验和取样，保管人不得拒绝。

5. 及时提货

存货人应按照合同的约定，按时将仓储物提离。保管人根据合同的约定安排仓库的使用计划，如果存货人未将仓储物提离，会使得保管人已签订的下一个仓储合同无法履行。存货人未在约定的时间提离仓储物，保管人可以向提存机关要求提存该仓储物。提存是一种民事义务的履行方式，由义务人向国家提存机关履行民事义务，或者义务人要求国家提存机关证明其已履行义务。

二、仓储保管人的权利和义务

1. 提供合适的仓储条件

仓储保管人经营仓储保管业务的先决条件就是具有合适的仓储保管条件，有适合拟保管的货物的保管设施和设备，包括适合的场地、容器、仓库、货架、作业搬运设备、计量设备、保管设备、安全保卫设施等条件。同时，还应配备一定数量的保管人员、商品养护人员，制定有效的管理制度和操作规程等。此外，保管人所具有的仓储保管条件还要符合所要保管的仓储物的相对仓储保管要求，如保存粮食的粮仓、保存冷藏货物的冷库等。保管人若不具有仓储保管条件，则构成根本违约。

2. 验收货物

验收货物不仅是保管人的义务，也是其合同权利。保管人应该在接受仓储物时对货物进行理货、计数、查验，在合同约定的期限内检验货物质量，并签发验货单证。验收货物按照合同约定的标准和方法，或者按照习惯的、合理的方法进行。保管人未验收货物推定为存货人所交存的货物完好，保管人也要返还完好无损的货物。保管人在验收中发现货物溢短，对溢出部分可以拒收，对于短少的部分有权向存货人主张违约责任。对于货物存在的不良状况，有权要求存货人更换、修理或拒绝接受，否则需如实编制记录，以明确责任。

3. 签发仓单

保管人在接收货物后，应根据合同的约定或者存货人的要求，及时向存货人签发仓单。在存期届满，保管人根据仓单的记载向仓单持有人交付货物，并承担仓单所明确的责任。保管人根据实际收取的货物情况签发仓单，并根据合同条款确定仓单的责任事项，避免将来向仓单持有人承担超出仓储合同所约定的责任。

4. 合理化仓储

保管人应在合同约定的仓储地点存放仓储物，并充分使用先进的技术、科学的方法、严格的制度，高质量地做好仓储管理。保管人应使用适合于仓储物保管的仓储设施和设备，如容器、货架、货仓等，从谨慎操作、妥善处理、科学保管和合理维护等各方面做到合理化仓储。保管人对于仓储物的保管承担严格责任，因其保管不善使仓储物在仓储期间发生损害、灭失，除非保管人能证明损害是由于货物性质、包装不当、超期及其他免责原因造成的，否则保管人要承担赔偿责任。

5. 返还仓储物

保管人应在约定的时间和地点向存货人或仓单持有人交还约定的仓储物。仓储合同没有明确存期和交还地点的，存货人或仓单持有人可以随时要求提取，保管人应在合理的时间内交还存储物。同样，保管人也可以随时要求存货人提取仓储物。保管期满保管人在催告存货人提货期满后，可以提存仓储物。

作为一般仓储合同，保管人在交返仓储物时，应将原物及其孳息、残余物一同交还。

6. 危险通知义务

当仓储物出现危险时，保管人应及时通知存货人或者仓单持有人，包括在货物验收时发现不良情况、发生不可抗力的损害、仓储物变质、仓储事故导致的损坏等，以及其他涉及仓储物所有权的情况。存货人掌握仓储物的状态是存货人具有所有权的权利体现，存货人及时掌握仓储物的危险情况和可能造成的进一步损害，并采取措施处理，有利于减少损失。

当然，在发生或发现危险时，保管人有义务采取紧急措施处置，以防止危害扩大。

7. 行使留置权

《中华人民共和国物权法》（以下简称《物权法》）第二百三十条规定，债务人不能履行到期债务，债权人可以留置已经合法占有的债务人的动产，并有权就该动产优先受偿。在仓储经营活动中，提货人未支付仓储费、加工处理费或其他应向保管人支付的费用，仓储保管人可以留置处于保管人占有的仓储物为担保，如果提货人在合理期限内仍未偿还债务，保管人可以处分仓储物以保障其债权的实现。除了鲜活易腐等不易保管物外，该合理期限为 2 个月以上。处分的方式为将留置财产按市场价格折价或者拍卖、变卖所得，以及保管人收取的留置物的孳息优先受偿。如果所得价款超过债权时，剩余部分归还提货人，不足的继续向提货人追偿。

拟留置的财产属于债务人所有，也就是留置权只能针对债务人的财产。在仓储关系中只能是对提货人的债务行使留置权，主要就是提货人要支付的仓储费、处理费和提货人承担的其他费用等。

根据《物权法》第二百三十一条规定：“债权人留置的动产，应当与债权处于同一法律关系，但企业之间留置的除外。”也就是说，在企业之间，所留置的财产与债权之间可以没有关联性，可以因为提货人的其他债务对仓储物行使留置权。

仓储保管人只有在占有仓储物时，才能行使留置权。仓储物为可分物时，留置仓储物的价值与债务金额相当。

如果在仓储合同中有约定不得留置仓储物的，仓储保管人不能行使留置权。当提货人对债务提供担保时，也不能再行使留置权。

三、违约责任和免责

（一）仓储合同当事人违约责任的承担方式

违约是指存货人或者保管人不能履行合同约定的义务或者履行合同义务不符合合同的约定的不为或行为。为了限制违约行为，以及为了避免一方的违约造成另一方的损失，由违约方承担违约责任不仅是合同法律制度的规范，也是当事人协议合同的必要事项。

通过法定的和合同约定的违约责任的承担，增加违约成本，弥补被违约方的损失，减少违约的发生，有利于市场的稳定和秩序。

违约责任往往以弥补对方的损失为原则，违约方需对对方的损失，包括直接造成的损失和合理预见的利益损失给予弥补。违约责任的承担方式有支付违约金、赔偿损失、继续履行合同、恢复原状等。

1. 违约金

违约金是指合同约定的当一方违反合同约定时需向另一方支付的金额。违约金本身是一种对违约的惩罚。违约金产生的前提是合同约定和违约行为的发生，包括发生预期违约，而无论是否发生损失。我国《合同法》规定，当事人可以约定一方违约时应当根据违约情况向对方支付一定数额的违约金，也可以约定因违约产生的损失赔偿额的计算方法。同时，《合同法》规定，当违约金过高或者过低时，可以要求法院或仲裁机构予以调整。因而违约金又是一种赔偿处理的方法，具有赔偿性。合同违约金可以按照违约的现象进行约定，如未履行合同的违约金、不完全履行的违约金、迟延违约金等，也可以确定一种违约金的计算方法，当发生违约时通过计算确定具体违约金。

违约金以约定支付的方式进行。对于合同履行中因责任造成对方损失的赔偿，也可以采取违约金支付的方式，这样有利于简化索赔过程。

2. 赔偿损失

当事人一方由于违反仓储合同的约定，不履行合同义务或者履行合同义务不符合约定使合同另一方当事人发生损失的，应该承担对方损失的赔偿责任。赔偿损失的条件为违约和使对方产生损失。这种损失包括违约所造成的直接损失和违约方在订立合同使所能预见的履行合同后对方可以获得的利益。

违约的赔偿责任既是法定的责任也是约定的责任，是因为约定的合同的义务未得到履行，出现了损失，才导致赔偿的法律责任。

合同中约定违约金时，一方的违约造成的损失超过所支付的违约金时，另一方仍有权要求违约方赔偿超额的损失。

赔偿损失可以采用支付赔偿金的方式，也可以采取其他方式进行，如实物补偿等。

3. 继续履行

合同的继续履行是指发生违约行为后，被违约方要求对方或请求法院强制对方继续履行合同的义务的违约责任承担制度。继续履行合同是一种违约责任的承担方式，而无论违约方是否支付了违约金和承担了对方的损失赔偿。其条件为合同还可以继续履行和违约方还具有履行合同的能力。但继续履行合同不违背原合同的性质和法律关系。也就是说，还是原来的合同标的、仓储标的物、仓储地点和仓储条件等。若法律上或者事实上不能履行、继续履行费用过高、被违约方未在合理期限内提出继续履行，违约方可免除继续履行。

4. 采取补救措施

发生违约后，被违约方有权要求违约方采取合理的补救措施，弥补违约的损失，并减少进一步损失的发生。如对损坏的仓储物进行修理、将仓储物转移到良好的仓库存放、修复仓储设备，或者支付保养费、维修费、运杂费。

5．定金惩罚

定金是《中华人民共和国担保法》规范的一种担保方式。在订立合同时，当事人可以约定采用定金来担保合同的履行。在履约前，由一方向另一方先行支付定金，在合同履行完毕，收取定金一方退还定金或者抵作价款。当合同未履行时，支付定金一方违约的，定金不退还；收取定金一方违约的，双倍退还定金。

定金不得超过合同总金额的20%。同时有定金和违约金约定的，当事人只能选择其中一种履行。

（二）仓储合同当事人的免责

免责又称为免除民事责任，指不履行合同或法律规定的义务，致使他人财产受到损失，由于有不可归责于违约方的事由，违约方可以不承担民事责任。免责原因有法律规定的免责事项和合同约定的免责事项。但是造成对方人身伤害，因故意或者重大过失造成对方财产损失的不能免责。

1．不可抗力

不可抗力是指当事人不能预见、不能避免并且不能克服的客观情况，包括自然灾害和某些社会现象。如火山爆发、地震、台风、冰雹、洪涝等自然灾害，战争、罢工、国家行为等社会现象。

不可抗力的免责前提必须是实际发生的不可抗力，且仅包括以下情形：直接由于不可抗力造成的损失和不可抗力致使当事人不能履行合同或者不能完全履行合同的损失赔偿责任和违约责任。

不可抗力免责的范围仅限于不可抗力的直接影响，当事人未采取有效措施防范、救急所造成的损失扩大部分不能免责。对于延迟履行合同中所遇到的不可抗力不能免责。在发生不可抗力事件后所订立的合同不得引用不可抗力免责。

2．仓储物自然特性

因仓储物的性质、超过有效储存期造成仓储物变质、损坏的损失，保管人不承担赔偿责任。

3．存货人的过失

由于存货人的原因造成仓储物的损害，如包装不符合约定、未提供准确的验收资料、隐瞒和夹带、存货人的错误指示和说明等，保管人不承担赔偿责任。

4．合同约定的免责

基于当事人的利益，双方在合同中约定免责事项，对免责事项造成的损失，不承担互相赔偿责任。如约定货物入库时不验收重量，则保管人不承担重量短少的赔偿责任；约定不检验货物内容质量的，保管人不承担非作业保管不当的内容变质损坏责任。

第四节　仓储合同范例

仓储合同（范例）

合同编号：

存货人（甲方）：__________ 地址：__________ 联系人及电话：__________

保管人（乙方）：__________ 地址：__________ 联系人及电话：__________

合同签订地：______________________________

存货人和保管人根据《中华人民共和国合同法》，经双方协商一致，签订本合同。双方同意本着友好合作的原则共同信守。

第一条　储存货物的名称、规格、包装、数量、质量

编号	包装	货物名称	品种规格	数量	质量	备注

第二条　货物包装

（1）存货方负责货物的包装，包装标准按国家标准或行业标准规定执行。没有以上标准的，在保证运输和储存安全的前提下，由合同当事人议定。

（2）包装不符合国家或合同规定，造成货物损坏、变质的，由存货方负责。

第三条　货物保管地

保管方法：根据__________规定进行保管，或者__________（双方协商方式进行保管）。

第四条　保管期限：从____年____月____日至____年____月____日。

第五条　验收项目和验收方法

（1）存货方应当向保管方提供必要的货物验收资料，如未提供必要的货物验收资料或提供的资料不齐全、不及时，所造成的验收差错及贻误索赔期或者发生货物品种、数量、质量不符合合同规定时，保管方不承担赔偿责任。

（2）保管方应按照合同规定的包装外观、货物品种、数量和质量、________，对入库物进行验收，如果发现入库货物与合同规定不符，应及时通知存货方。保管方未按规定的项目、方法和期限验收，或验收不准确而造成的实际经济损失，由保管方负责。

（3）验收期限：国内货物不超过______天，国外到货不超过______天。超过验收期限所造成的损失由保管方负责。货物验收期限，是指货物和验收资料全部送达保管方之日起，至验收报告送出之日止。日期均以运输或邮电部门的戳记或直接送达的签收日期为准。

第六条　入库和出库的手续：按照有关入库、出库的规定办理，如无规定，按双方协议办理。入库和出库时，双方代表或经办人都应在场，检验后的记录要由双方代表或经办人签字。该记录视为合同的有效组成部分，双方当事人各保存一份。

第七条　损耗标准和损耗处理：按照有关损耗标准和损耗处理的规定办理，如无规

定，按双方协议办理。

第八条　保管费率为__________元/（t·天），不足 12 小时的按半天计算；总保管费为______元。费用在货物交存保管的______天内交付给保管人/保管到期前交付。结算办法：_______。

第九条　违约责任

一、保管方的责任

（1）由于保管方的责任，造成退仓或不能入库时，应按合同规定赔偿存货方运费和支付违约金_______元。

（2）对危险物品和易腐货物，不按规程操作或妥善保管，造成毁损的，负责赔偿损失。

（3）货物在储存期间，由于保管不善而发生货物灭失、短少、变质、污染、损坏的，负责赔偿损失。如属包装不符合合同规定或超过有效储存期而造成货物损坏、变质的，不负赔偿责任。

（4）由保管方负责发运的货物，不能按期发货，赔偿存货逾期交货的损失；错发到货地点除按合同规定无偿运到规定的到货地点外，并赔偿存货方因此而造成的实际损失。

二、存货方的责任

（1）易燃、易爆、有毒等危险物品和易腐物品，必须在合同中注明，并提供必要的资料，否则造成货物毁损或人身伤亡，由存货方承担赔偿责任直至由司法机关追究刑事责任。

（2）存货方不能按期存货，应偿付保管方的损失。向保管方支付违约金_______元。

（3）超议定储存量储存或逾期不提时，除交纳保管费外，还应偿付违约金_______元/（t·天）。

三、违约金和赔偿方法

（1）违反货物入库和货物出库的规定时，当事人必须向对方交付违约金。违约金的数额，为违约所涉及的那一部分货物的______个月保管费（或租金）或_______倍的劳务费。

（2）因违约使对方遭受经济损失时，如违约金不足以抵偿实际损失，还应以赔偿金的形式补偿其差额部分。

（3）前述违约行为，给对方造成损失的，一律赔偿实际损失。

（4）赔偿货物的损失，一律按照进货价或国家批准调整后的价格计算；有残值的，应扣除其残值部分或残件归赔偿方，不负责赔偿实物。

第十条　不可抗力

由于不能预见并且对其发生和后果不能防止或避免的不可抗力事故，直接影响合同的履行时，遇有不可抗力事故的一方，应立即将事故情况电报通知对方，并应在______天内，提供事故详情及合同不能履行，或者部分不能履行，或需要延期履行的有效证明文件，此项证明文件应由事故发生地区的公证机构出具。按照事故对履行合同影响的程度，由双方协商决定是否解除合同，或者部分免除履行合同的责任，或者延期履行合同。

第十一条　争议处理

本合同所发生的争议，双方应本着友好协商的方式协商解决，不能协商解决的双方同意在_______仲裁委员会仲裁。

第十二条　其他：

保管方：______（盖章）	存货方：______（盖章）
法定代表人：______	法定代表人：______
地址：____________________	地址：____________________
银行账户：________________	银行账户：________________
签订日期：____年____月____日	

第五节　仓　　单

一、仓单概述

（一）仓单的概念和作用

仓单是保管人在接收仓储物后签发的表明一定数量的保管物已经交付仓储保管的法律文书。保管人签发仓单，表明已接收仓储物，并已承担对仓储物的保管责任以及保证将向仓单持有人交付仓储物。签发仓单是仓储保管人的法律义务，《合同法》规定：“存货人交付仓储物时，保管人应当给付仓单”。

仓单的作用表现在：签发仓单表明保管人已接收了仓单上所记载的仓储物；仓单是仓储保管人凭以返还保管物的凭证；仓单是确定保管人和仓单持有人、提货人责任和义务的依据；同时仓单还是仓储合同的证明。

（二）仓单的法律特性

（1）仓单是提货凭证　仓储保管人保证向仓单持有人交付仓储物。在提取仓储物时，提货人必须向保管人出示仓单，并在提货后将仓单交回保管人注销。没有仓单不能直接提取仓储物。

（2）仓单是所有权的法律文书　保管人在查验并接收仓储物后向存货人签发的仓单，表明仓储物的所有权并没有转移给保管人，只是将仓储物的保管责任转交给保管人，通过保管人签发的仓单作为仓储物的所有权文书，并由存货人或其他持有人持有。

（3）仓单是有价证券　仓单是仓储物的文件表示，仓储保管人依据仓单返还仓储物，占有仓单表示占有仓储物，也就意味着占有了被仓储的财产和该财产所包含的价值。受让仓单就需要支付与该价值对等的资产或价款，因而仓单是表明仓储物价值的有价证券。只不过由于仓单所表示的是实物资产的价值，其价格受实物市场的供求关系的影响，需要根据实物的市场价格确定仓单的具体价值。

（4）仓单是仓储合同的证明　仓单本身并不是仓储合同，当双方没有订立仓储合同时，仓单作为仓储合同的书面证明，证明合同关系的存在，存货人和保管人按照仓单的记载承担合同责任。

（三）仓单的功能

1. 保管人承担责任的证明

仓单的签发意味着仓储保管人接管仓储物，对仓储物承担保管责任，保证在仓储期满向仓单持有人交还仓单上所记载的仓储物，并对仓储物在仓储期间发生的损害或灭失承担赔偿责任。

2. 物权证明

仓单作为提货的凭证就意味着合法获得仓单的仓单持有人具有该仓单上所记载的仓储物的所有权，但这种所有权是一种确定的物权，只表示占有该仓单上所描述的具体“物”，并不意味着固定的价值。这种物权会因为不可抗力、自然损耗等保管人免责的原因造成灭失，还会因为保管到期产生超期费，面临保管人进行提存的风险，以及由于仓储物的原因造成保管人财产损失的赔偿风险。

仓单持有人因持有仓单所获得的仓储物所有权，仅仅是仓单所明示的物权，并不当然获得存货人与保管人所订立仓储合同中的权利，只有这些权利在仓单中列明时才由仓单持有人享受。相应地，保管人也不能用未在仓单上明示的仓储合同的约定条款对抗仓单持有人，除非仓单持有人与存货人为同一人。

3. 物权交易

仓储物交给仓储保管人保管后，保管人占有仓储物，但是仓储物的所有权仍然属于存货人，存货人有权依法对仓储物进行处理，可以转让仓储物，这是存货人行使所有权的权利。但在保管人签发仓单的情形下，存货人和保管人达成了凭仓单提货的契约，保管人可以拒绝仓单持有人之外的其他人行使提货权。因而存货人要进行存储物转让就必须将仓单转让。存货人在获得仓单后，需要转让仓储物时，通过取出仓储物进行实物交割显然既烦琐，又不经济。为了便利和节省交易费用，存货人通过直接转让仓单的方式转让仓储物，由受让人凭仓单提货。通过仓单转让既可以实现仓储物所有权的转让交易，又不涉及仓储物的保管和交接，是一种简便和经济的方法。仓单转让机制的基础在于仓储保管人对于仓储物的理货验收、对仓储物的完整性承担责任及对所签发仓单的提货保证。

（1）仓单的背书转让　由于仓单大多为记名证券，仓单的转让必须采用背书转让的方式进行。由出让人进行背书，并注明受让人的名称，保持仓单的记名性质。

（2）仓单转让需经保管人签署　仓单通过背书转让，仓储物的所有权发生了转移，被背书人成为仓单持有人。这也就意味着原先同保管人订立仓储合同的存货人将凭仓单提取货物的合同权利转让给了其他人。保管人将向第三人履行仓储合同义务。《合同法》第八十条规定，“债权人转让权利的，应当通知债权人。”同时《合同法》还规定，债务人转让义务的，应当经债权人同意。因为仓单的转让可能仅涉及存货人债权的转让，也可能存在受让人支付仓储费等债务的转让，所以仓单转让需要保管人的认可，经保管人签字或者盖章，仓单受让人才能获得提取仓储物的权利。

4．融资和担保工具

仓单具有物权功能，代表着仓储物的价值，属于有价证券，可以作为质押、财产保证的融资工具和其他的信用保证。在期货交易市场上，仓单转让和交割是交易的核心部分。

仓单质押是指仓单持有人将仓单作为债务担保，出质给他人占有。仓单持有人到期不能偿还债务时，接受出质的他人有权就仓单的价值优先受偿。仓单持有人为出质人，是所担保债务的债务人；接受仓单的一方为质权人，是所担保债务的债权人。《物权法》将仓单质押归为权利质押，出质人要拥有对仓单权利的处分权，出质人与质权人要签订书面合同，质权自仓单交付质权人时成立。仓单质押是以仓单的权利质押，在质押合同中不能预定仓储物属于债权人。当质押人到期不能偿还债务时，质权的实现可以通过仓单折现，也可以通过拍卖、变卖仓储物所得价款优先受偿。

仓单质押的债务期限应与仓单的提货期限相匹配。《物权法》规定，仓单的提货日期先于担保债权到期的，质权人可以提货，并与出质人协议将提取的货物提前偿还债务，或者采用提存方式处理。

二、仓单的形式与内容

仓单由保管人提供。仓储经营人准备好仓单簿，仓单簿为一式两联，第一联为仓单，在签发后交给存货人；第二联为存根，由保管人保存，以便核对仓单。

《合同法》规定仓单的内容包括下列事项：①存货人的名称或者姓名、住所；②仓储物的品名、数量、质量、包装、件数和标记；③仓储物的耗损标准；④储存场所；⑤储存期间；⑥仓储费；⑦仓储物的保险金额、期间以及保险人的名称；⑧签署人、签署地和签署日期。

1．存货人的名称或者姓名、住所

存货人是初始仓储物的所有人或者占有人，有权对货物进行仓储处理。存货人是仓单法律关系的一方，承担着仓单所确定的存货义务和责任。存货人名称记录的完整性，也是判定仓单背书转让连续性的依据。

存货人的名称为存货人法人的完整名称，与法人证书的登记名称完全一致。当存货人为个人时，采用该人的完整姓名。住所为存货企业的所在地、主营业地所在地、发生仓储业务关系的分营业部所在地、个人的居住地或者常住地。住所地址要求采用完整的街牌号或者乡村名称。住所地址是仓单发生司法争议时司法管辖权的确定因素之一，同时也是仓储业务中保管人与存货人联系的途径，因而一般还会注明联系电话等便利的联系方法。

2．仓储物的品名、数量、质量、包装、件数和标记

仓储物是仓单的标的物，仓储物的品名、数量、质量、包装、件数和标记是保管人对所接收的仓储物的准确描述，构成了仓储物的特定化，是存储期满后，保管人向仓单持有人交还物品的标准。保管人不能交还仓单所描述的仓储物，就需要给予赔偿。仓储物的品名、数量、质量、包装、件数和标记是保管人在接收仓储物时查验和理货所获得的准确结果，必要时可以通过商品检验获得。仓储物的品名应是标准名称；质量可以采用公认的等级质量标准或者标明具体的质量水平，或者标明检验结论；包装必须是在存储期间存续的包装方式，一般来说为保管人所认可的包装方式。

3．仓储物的耗损标准

仓储物因为长期保存和仓储作业会发生耗损和减量。仓储物自身特性（如干燥、分化、挥发等）的自然减量和公认的合理耗损（如计量误差、黏结、破损、氧化生锈、陈旧、粘尘等）由保管人承担显然不合理，或者不经济。仓储物的耗损标准就是，在交还仓储物时仓储物数量短少在仓单所约定的仓储物耗损标准之内，保管人不予赔偿。

仓储物的耗损标准有国家标准或者行业标准规定的按规定执行，无标准的由双方约定耗损标准。制定耗损标准后，保管人在归还仓储物时，对仓储物在耗损标准内的减量、质量变化等不予以赔偿。

4．储存场所

储存场所应具备对仓储物的保管条件、保管标准、操作方法。这可以确定仓储期间仓储物风险的大小，存入和提出仓储物的经济成本和便利条件，也可以使仓单持有人了解仓储物存放的位置。储存场所也是发生仓储争议时的合同履行地、财产所在地司法管辖权的判断依据。

储存场所一般在仓储合同中约定，也可以由保管人安排，在仓单中记载的储存场所为仓储物的实际存放地点。储存场所包括储存的仓库的名称和地点，往往还明确注明仓储物的仓库号、堆场、货位号等存货的具体位置。

5．储存期间

仓储合同是一种有时限的合同，保管人在约定的时期内对仓储物承担保管责任。为了使仓单持有人明确掌握储存期限，需要将储存期间特别是储存到期时间明确地记录在仓单之上。储存时间的表示可以采用开始期加期限的方式，如存储期 3 个月，从仓单签发日起算，到期日若为节假日，顺延到假日后的第一个工作日；也可以采用明确到期日的方式表达，如×年×月×日。

储存期间是保管人承担仓储保管责任的期间，也是计算仓储费的依据，是确定和计算超期费、空置费的依据，是保管人提存保管物的时间条件。

6．仓储费

仓储费是保管人开展仓储服务的回报，是其合同行为的目的。仓储费由保管人和存货人约定，包括仓储费计费标准、支付方式、支付时间、支付地点等。提货人支付仓储费或者在提货结算时，必须在仓单上准确记录，以便约束仓单持有人。仓储费也可以在仓单转让时，让受让人知道其所要承担的支付义务和支付额。

仓储费率是超期保管费计算的基础。如超期保管费加倍计算。

7．仓储物的保险金额、期间以及保险人的名称

为了降低承担的风险，通常要对仓储物进行投保，其成本原则上应该由仓储物所有人承担。如果保管未保险的仓储物，保管人为了降低风险可购买保险，但其保险的成本必然通过仓储费等方式转移给仓储物的所有人。仓储物是否购买保险，对仓单受让人具有直接的利益关系，仓单的转让只是转让了入库时仓储物的物权，入库后仓储物状态的变化是受让人要承担的风险。仓单受让人可通过保险的方式获得仓储物的状态和价值保证，需要掌握保险金额、期间和保险公司。

在仓单上记载保险资料，有利于发生事故时的保险处理，如通知保险公司和保险索赔等。

8. 签署人、签署地和签署日期

签署人处填写仓储经营人的企业名称（公章）或者法定代表人的姓名，个人签署时填写个人姓名和身份证号。有签署人签署表明仓单发生效力。签署地和签署日期不仅表示仓单发生效力的时间和地点，也是属地管辖的依据和时效起算时间的依据。

一份有效的仓单可以包含以上所有内容或者其他保管人认为必要的内容，但是也可以缺省一些内容。只要仓单的内容能够充分表达出仓储物的物权、保管人的责任承担程度、持有人提取仓储物的权利等仓单功能的事项，保管人签发的仓单就应该有效。缺乏保管人、存货人、仓储物、存货地点、保管人签署等条件事项的仓单显然是无效的。

三、仓单业务

1. 仓单的签发

仓单由保管人向存货人签发。存货人要求保管人签发仓单时，保管人必须签发仓单。当存货人将仓储物交给保管人时，保管人对仓储物进行查验和理数，确认仓储物的状态，在全部仓储物收妥后，填制并签发仓单。保管人在填制仓单时必须将所接收的仓储物的实际情况如实记录在仓单上，特别是对仓储物的不良状况更是要准确描述，以便到期时能按仓单的记载交付仓储物。经保管人签署的仓单才能生效。

保管人对仓储物不良状态的批注必须实事求是，且准确、明确。当存货人不同意批注时，如果仓储物的瑕疵不影响仓储物的价值或质量等级，保管人可以接受存货人的担保而不批注，否则就必须批注，或者拒绝签发仓单。

2. 仓单份数

《合同法》规定，仓储保管人只签发一式两份仓单，一份为正式仓单交给存货人，另一份为存底单，由保管人保管。仓单副本则根据业务需要复制相应份数，但需注明为“副本”。

3. 仓单的分割

存货人将一批仓储物交给保管人时，因为转让的需要，要求保管人签发分为几份的仓单，或者仓单持有人要求保管人将原先的一份仓单分拆成多份仓单以便向不同人转让，这就遇到仓单的分割业务。仓单的分割不仅只是单证的处理，还意味着保管人需要对仓

储物进行分劈，应该说是仓储保管人提供额外的服务。仓单分割的条件是仓储物必须能够被分劈，且达成对残损、地脚货的分配协议并对分割后的仓单持有人有约束力，分割后仓单的仓储物总和数与仓储物总数相同。保管人对已签发的仓单进行分割后，必须将原仓单收回。

4. 仓单转让

仓单持有人需要转让仓储物时，可以通过背书转让的方式进行仓储物转让。仓单转让生效的条件为：①背书过程完整；②经保管人签署。

（1）背书转让方法　作为记名单证，仓单的转让采取背书转让的方式进行。背书转让的出让人为背书人，受让人为被背书人。背书格式为：

兹将本仓单转让给×××（被背书人的完整名称）

×××（背书人的完整名称）

背书经办人签名、日期

仓单可以进行多次背书转让，第一次背书的存货人为第一背书人。在第二次转让时，第一次被背书人就成为第二背书人。因而背书过程是衔接的完整过程，所有参与该仓单转让的人都记载在仓单的背书过程中。

（2）保管人签署　存货人将仓单转让，意味着保管人需要对其他人履行仓储义务，保管人与存货人订立仓储合同的意境和氛围都因仓单的转让发生了改变，保管人对仓单受让人履行仓单义务需要了解义务对象的变化，对仓单受让人行使仓单权利也需要对受让人有足够的信任，因而需要对仓单的转让给予认可。所以仓单的转让需要保管人签署，受让人方可凭单提取仓储物。

5. 凭仓单提货

在保管期满或者经保管人同意的提货时间，仓单持有人向保管人提交仓单并出示身份证明，经保管人核对无误后，保管人给予办理提货手续。

（1）核对仓单　保管人核对提货人所提交的仓单和存底仓单，确定仓单的真实性；查对仓单背书的完整性，过程衔接是否清楚；核对仓单上的存货人或者被背书人与其所出示的身份证明是否一致。

（2）提货人缴纳费用　仓单记载由提货人缴纳仓储费用的，提货人按约定支付仓储费；根据仓储合同约定并记载在仓单上的仓储物在仓储期间发生的仓储人的垫费、为仓储物所有人利益的支出、对仓储人或其他人所造成的损害赔偿等费用核算准确并由提货人偿付。

（3）保管人签发提货单证并安排提货　保管人收取费用、收回仓单后，签发提货单证，安排货物出库。

（4）提货人验收仓储物　提货人根据仓单的记载与保管人共同查验仓储物，签收提货单证，收取仓储物。如果查验时发现仓储物状态不良，应现场编制记录，并要求保管人签署，必要时申请商品检验，以备事后索赔。

6. 仓单灭失的提货

仓单因故损毁或灭失，将会出现无单提货的现象。原则上提货人不能提交仓单，保管人不能交付货物，无论对方是合同订立人还是其他人。因为保管人签发出仓单，就意味着承认只能对仓单持有人承担交货的责任。仓单灭失的提货方法为：

（1）通过人民法院的公示催告使仓单失效　根据《中华人民共和国民事诉讼法》，原仓单持有人或者仓储合同人可以申请人民法院对仓单进行公示催告。当60天公示期满无异议，人民法院可以宣告仓单无效，申请人可以向保管人要求提取仓储物。在公示期内有异议的，则由法院审理判决，确定有权提货人，并凭法院判决书提货。

（2）提供担保提货　提货人向保管人提供仓储标的物的担保后提货，由保管人掌握担保财产，将来另有人出示仓单而不能交货需要赔偿时，保管人使用担保财产进行赔偿。该担保在可能存在的仓单失效后，方可解除。

7. 不记名仓单

如果保管人和存货人达成协议，由保管人签发不记名仓单，则所签发的仓单的存货人项就可以为空白。不记名仓单在转让时无须背书，存期届满由持有人签署，并提示同样的身份证明就能提货。不记名仓单不能提前提货。使用不记名仓单的存货人和保管人双方都存在一定的风险，仓储保管人不能控制仓单的转让，也不知道将来要向谁交货，仓单持有人遗失仓单就等于遗失仓储物。

在存货人项不填写真正的存货人或所有人，而只填写通知人或者经手人等非实际仓储物的所有人的仓单，也属于不记名仓单。

案例 4–1

仓储合同与合同违约

某汽车装配厂从国外进口一批汽车零件，准备在国内组装、销售。2019年3月5日，该汽车装配厂与某仓储公司签订了一份仓储合同。合同约定，仓储公司提供仓库保管汽车配件，期限共为10个月，从2019年4月15日起到2020年2月15日止，保管仓储费为5万元。双方对储存物品的数量，种类，验收方式，入库、出库的时间和具体方式、手续等做了约定。还约定若任何一方有违约行为，要承担违约责任，违约金为总金额的20%。

合同签订后，仓储公司开始为履行合同做准备，清理了合同约定的仓库，并且从此拒绝了其他人的仓储要求。2019年3月27日，仓储公司通知装配厂已经清理好仓库，可以开始送货入库。但配装厂表示已找到更便宜的仓库，如果仓储公司能降低仓储费的话，就送货仓储。仓储公司不同意，配装厂明确表示不需要对方的仓库。4月2日仓储公司再次要求配装厂履行合同，配装厂再次拒绝。

4月5日，仓储公司向法院起诉，要求汽车配装厂承担违约责任，支付违约金，并且支付仓储费。

汽车装配厂答辩合同未履行，因而不存在违约的问题。

案例思考题：该仓储合同是否生效，仓储公司的要求是否合理，能否在4月5日起诉，法院能否受理，可能会有怎样的判决？

案例 4–2

如何获得物流合同

潜在的客户开始正式营业了，物流企业的代表带上公司的宣传册去拜访，并送上小小的纪念品，比如印有公司标志的圆珠笔。第一次见面未必提业务。过一段时间，再去拜访或者请对方来公司，了解客户的业务并告诉客户你能提供什么服务，价格是多少。如果对方愿意接受，客户关系就建立起来了。物流企业会定期拜访客户，并且都会定期举办一些活动。这是德国的物流企业获得物流合同的一种方法。

案例思考题：仓储营销和客户联系的方法有哪些？

复习思考题

1. 仓储商务有何基本内容？仓储商务管理要遵循哪些原则？
2. 什么是仓储商务管理？有何任务？
3. 仓储合同有哪些种类？合同标的是什么？
4. 订立仓储合同要遵循哪些原则？合同何时生效？
5. 仓储合同有什么条款？根据实例编制合同。
6. 仓储合同如何变更与解除？会产生什么后果？
7. 存货人和保管人分别有什么合同权利和义务？
8. 违约责任有何承担方式？
9. 仓储保管人具有哪些免责事项？
10. 仓单有什么功能？如何利用这些功能？
11. 仓单如何签发？怎样凭仓单提货？仓单灭失时如何提货？

第五章

仓库保管作业

学习目的

熟练掌握仓库保管的入库、理货、堆存、保管、出库、装卸搬运等整个作业过程、操作方法、作业要求、管理方式和要求，以及所需办理的相关手续，了解仓库保管作业所需要的单据。

仓库保管作业过程是从仓库接受仓储任务开始，在仓库准备、接收货物、堆存、保管、交付的整个过程中，仓库所要处理的事务、承办的工作和承担的责任。仓库保管作业过程既有装卸、搬运、堆垛等劳动作业过程，也有货位安排、理货检验、保管、货物记账、统计报表等管理过程，还有收货交接、交货交接、残损处理等商务作业，如图 5-1 所示。

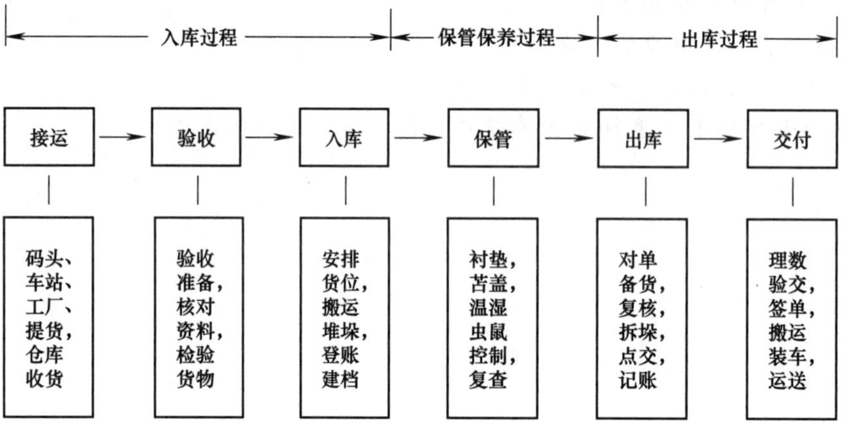

图 5-1　仓库保管作业流程

第一节　入库作业

一、货物入库准备

仓库应根据仓储合同或者入库单、入库计划，及时地进行库场准备，以便货物能按时入库，保证入库过程顺利进行。仓库的入库准备需要由仓库的业务部门、仓库管理部门、设备作业部门分工合作，共同做好以下工作。

（1）熟悉入库货物　仓库业务、管理人员应认真查阅入库货物资料，必要时向存货人询问，掌握入库货物的品种、规格、数量、包装状态、单件体积、到库确切时间、货物存期、货物的理化特性、保管的要求等，据此进行精确和妥善的库场安排、准备。

（2）掌握仓库库场情况　了解货物入库期间、保管期间仓库的库容、设备、人员的变动情况，以便安排工作。必要时对仓库进行清查，清理归位，以便腾出仓容。如有必须使用重型设备操作的货物，一定要确保该货位可使用设备。

（3）制订仓储计划　仓库业务部门根据货物情况、仓库情况、设备情况，制订仓储计划，并将任务下达到各相应的作业单位、管理部门。

（4）仓库妥善安排货位　仓库部门根据入库货物的性能、数量、类别，结合仓库分区分类保管的要求，核算货位大小，根据货位使用原则，妥善安排货位、验收场地，确定堆垛方法、苫垫方案。

（5）做好货位准备　仓库员要及时进行货位准备，彻底清洁货位，清除残留物，清理排水管道（沟），必要时安排消毒除虫、铺地。详细检查照明、通风等设备，发现损坏及时报修。

（6）准备苫垫材料、作业用具　在货物入库前，根据所确定的苫垫方案，准备相应的材料，并组织衬垫铺设作业。对作业所需的用具要准备妥当，以便能及时使用。

（7）验收准备　仓库理货人员根据货物情况和仓库管理制度，确定验收方法。准备验收所需的点数、称量、测试、开箱、装箱、丈量、移动照明等工具、用具。

（8）装卸搬运工艺设定　根据货物、货位、设备条件、人员等情况，合理科学地制定卸车搬运工艺和流程，保证作业效率。

（9）文件单证准备　仓库员对货物入库所需的各种报表、单证、记录簿等，如入库记录、理货检验单、料卡、残损单等预填妥善，以备使用。

由于不同仓库、不同货物的性质不同，入库准备工作会有所差别，需要根据具体情况和仓库制度做好充分准备。

二、确定货位的原则

仓库货位是仓库内具体存放货物的位置。库场除了通道、机动作业场地，就剩下存货的货位。为了使仓库管理有序、操作规范，存货位置能准确表示，人们根据仓库的结构、功能，按照一定的要求将仓库存货位置进行分块分位，形成货位。每一个货位都用一个编号表示，以便区别。货位确定并进行标识后，一般不随意改变。货位可大可小，有大至几千平方米的散货货位，有小至仅有零点几平方米的橱架货位，根据具体所存货物的情况确定。货位分为场地货位、货架货位，有的相邻货位可以串通合并使用，有的预先已安装地坪，无须垫垛。

1. 货位使用方式

仓库货位的使用有三种方式。

（1）固定货物的货位　货位只用于存放确定的货物，使用时要严格区分，绝不能混用、串用。长期货源的计划库存、配送中心等大都采用固定方式。固定货位便于拣选、查找货物，但是仓容利用率较低。由于货物固定，可以对货位进行有针对性的装备，有利于提高货物保管质量。

（2）不固定货物的货位　货物任意存放在有空的货位，不加分类。不固定货位有利于提高仓容利用率，但是仓库内显得混乱，不便于查找和管理。对于周转极快的专业流通仓库，货物保管时间极短，大都采用不固定方式。不固定货物的货位储藏，在计算机配合管理下，能够充分利用仓容，方便查找。采用不固定货位的方式，仍然要遵循仓储的分类安全原则。

（3）分类固定货物的货位　对货位进行分区、分片，同一区内只存放一类货物，但在同一区内的货位则采用不固定使用的方式。这种方式有利于货物保管，也较方便查找货物，仓容利用率可以提高。大多数储存仓库都使用这种方式。

2．选择货位的原则

（1）根据货物的尺寸、数量、特性、保管要求选择货位　货位的通风、光照、温度、排水等条件要满足货物保管的需要；货位尺寸与货物尺寸匹配，特别是大件、长件货物要能存入所选货位；货位的容量与数量接近；选择货位时要考虑相近货物的情况，防止与相近货物相忌而互相影响。对需要经常检查的货物，存放在方便经常检查的货位。

（2）保证先进先出、缓不围急　“先进先出”是仓储保管的重要原则，能避免货物超期变质。在货位安排时要避免后进货物围堵先进货物。存期较长的货物不能围堵存期短的货物。

（3）出入库频率高的货物选择方便作业的货位　对于持续入库或者持续出库的货物，应安排在靠近出口的货位，方便出入。流动性差的货物，可以离出入口较远。同样地，存期短的货物安排在出入口附近。

（4）小票集中、大不围小、重近轻远　多种小批量货物，应合用一个货位或者集中在一个货位区，避免夹存在大批量货物的货位中，以便查找。重货应离装卸作业区最近，以减少搬运作业量或者可以直接用装卸设备进行堆垛作业。使用货架时，重货放在货架下层，需要人力搬运的重货，存放在腰部高度的货位。

（5）方便操作　所安排的货位能保证搬运、堆垛、上架的作业方便，有足够的机动作业场地，能使用机械进行直达作业。

（6）作业分布均匀　尽可能避免仓库内或者同条作业线路上多项作业同时进行，以免相互妨碍。

三、存货量的确定

1．货位存货量计算

（1）确定库场货物单位面积定额，即单位仓容定额 p　单位仓容定额 p 通过库场单位面积技术定额 $p_{库}$ 和货物单位面积堆存定额 $p_{货}$ 两项指标来确定。

库场单位面积技术定额 $p_{库}$ 是指库场地面设计和建造所达到的强度，用 t/m^2 表示，如某仓库标注 $3t/m^2$。该指标确定了该货位的最大允许存放货物数量。一般仓库的地面单位

面积定额为 $2.5\sim3t/m^2$，楼层增高则相应减小。加强型地面为 $5\sim10t/m^2$。

货物单位面积堆存定额 $p_{货}$ 则是货物本身的包装及其本身强度所确定的堆高限定。如某电冰箱注明限高 4 层，每箱底面积为 0.8m×0.8m，每箱重 80kg，则该电冰箱的单位面积堆存定额为

$$p_{货}=\frac{80\times4}{0.8\times0.8\times1\,000}t/m^2=0.5t/m^2$$

库场货物单位面积定额则是由以上两者所确定，使用较小的数值，这样才能同时保证库场地面不会损坏、货物本身不会被压坏。

即：如果 $p_{库}<p_{货}$，则 $p=p_{库}$；若 $p_{库}>p_{货}$，则 $p=p_{货}$。

如上例中 $p_{库}>p_{货}$，因而库场货物单位面积定额就为 $0.5t/m^2$。

（2）计算货位存货数量　货位存货量是计算所选用的货位，能堆存拟安排货物的总数量。

$$q=ps$$

式中　q——某货位的储存能力（t）；

p——某类货物的仓容定额（t/m^2）；

s——该类货物所存放货位的有效占用面积（m^2）。

2．仓库储存能力计算

场库存放能力包括某一仓库或整个库区的对特定货物的存放能力。

$$Q=\sum qs$$

式中　Q——某仓库的储存能力（t）；

q——某类物质的仓容定额（t/m^2）；

s——该类货物有效占用面积（m^2）。

3．散货堆重量计算

散货一般在堆场上堆放，由于堆场地面的强度限制，货物堆放到一定高度后就不能继续堆高，或者因为堆高机的高度限制，随着堆量增加，只能向后移动堆货，货堆保持平顶状态，因而散货堆一般呈立体梯形（如图 5-2 所示）。垛边由于自然流落，与地面成自然倾斜角度，该角度也称休止角。散落角的大小显然是由货物的颗粒大小、湿度、杂质含量和颗粒面的光滑程度所确定的，不同的货物具有不同的散落角，且不一定是一个常数（见表 5-1），具体某种货物的休止角可以经过实际测量而确定。

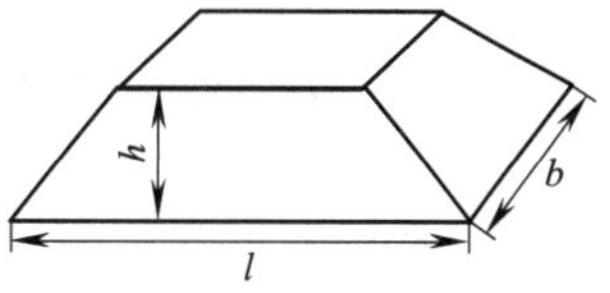

图 5-2　散货堆立体梯形图

表 5-1　几类货物的休止角

货物	休止角 α	货物	休止角 α
小麦	$23^1/_4°$	滑石块	20°～40°
玉米	$26^1/_2°$～$28^1/_4°$	煤	30°～65°
豆类	$27^1/_2°$	精选矿	30°～60°

货堆体积计算

根据台体体积计算公式，可以计算立体梯形的体积为

$$V=(S_{顶}+S_{底}+\sqrt{S_{顶}+S_{底}})h/3$$

式中 h—— 货堆高度（m）；

S—— 面积（m^2）；

V—— 货物的总体积（m^3）。

底面面积为

$$S_{底}=lb$$

顶面面积的计算

如果可以丈量顶面边长 l'、宽 b'，则

$$S_{顶}=l'b'$$

如果不可以丈量顶面边长宽，则可以通过休止角进行计算：

顶面边长为

$$l'=l-2h\cot\alpha$$

顶面边宽为

$$b'=b-2h\cot\alpha$$

顶面面积为

$$S_{顶}=(l-2h\cot\alpha)(b-2h\cot\alpha)$$

该货堆的货量则为：该货物的总体积乘货物的单位重量。

$$D=V\gamma$$

式中 γ—— 货物的单位重量（t/m^3）；

D—— 货物的货量（t）；

V—— 货物的总体积（m^3）。

四、货物入库检验

入库货物的检验分为数量检验和质量检验。质量检验是对货物外表、内容的质量进行判定，包括外观质量查验和内在质量检验，数量检验包括毛重、净重的确定，件数理算，体积丈量等。在一般情况下，或者合同没有约定检验事项时，仓库仅对货物的品种、规格、数量、外包状况，以及无须开箱、拆捆，可以直观可见可辨的质量情况进行检验；对于内容的检验则根据合同约定、作业特性确定。但在需要进行分拣、配装作业的仓库里，就需要检验所有货物的品质和状态。

1．检验方法和标准

货物质量检验的方法根据仓储合同约定，合同没有约定的，按照货物的特性和仓库的习惯确定。由于新产品不断出现，不同货物具有不同的质量标准，仓库应认真研究各种检验方法，必要时要求客户、货主提供检验方法和标准，或者要求收货人共同参与检

验。仓库成立专职检验队伍是提高检验水平的有效方法。货物检验方法主要有以下几种。

（1）视觉检验 在充足的光线下，观察货物的状态、颜色、结构等表面状况，检查有无变形、破损、脱落、变色、结块等损害情况，以判定质量。

（2）听觉检验 通过摇动、搬运操作、轻度敲击，听取声音，判定质量。

（3）触觉检验 利用手感鉴定货物的细度、光滑度、黏度、柔软程度等，以此判定质量。

（4）嗅觉、味觉检验 通过测定货物所特有的气味、滋味或串味损害程度，来判定质量。

（5）测试仪器检验 利用各种专用测试仪器进行货物性质测定。如含水量、容重、黏度、成分、光谱等测试。

（6）运行检验 对货物进行运行操作，如电器、车辆等，检查操作功能是否正常。

2．外观质量检验

（1）包装检验 包装检验是对货物的外包装，也称为运输包装、工业包装的检验。检验包装有无被撬开、开缝、挖洞、污染、破损、水渍和沾湿等不良情况。撬开、开缝、挖洞有可能是被盗的痕迹；污染可能是配装、堆存不当所造成的；破损有可能是装卸、搬运作业不当、装载不当造成的；水渍和沾湿是由于雨淋、渗透、落水，或内容渗漏、潮解造成的。包装的含水量是影响货物保管质量的重要指标，一些包装物含水量高表明货物已经受损，需要进一步检验。几种包装物安全含水量见表 5-2。

表 5-2 几种包装物安全含水量表

包装材料	含水量（%）	说明
木箱（外包装）	18～20	内装易霉、易锈物资
	18～23	内装一般物资
纸箱	12～14	五层瓦楞纸的外包装及纸板衬垫
	10～12	三层瓦楞纸的外包装及纸板衬垫
胶合板箱	15～16	
布包	9～10	

（2）货物外观检验 对无包装的货物，直接察看货物的表面，检查是否有生锈、破裂、脱落、撞击、刮痕等损害。

（3）重量、尺寸检验 对入库物质的单件重量、货物尺寸进行衡量和测量，确定货物的质量。

（4）标签、标志检验 货物的标签和标志是否具备、完整、清晰等。标签、标志与货物内容是否一致。

（5）气味、颜色、手感检验 通过货物的气味、颜色判定是否新鲜，有无变质。用手触摸、捏试，判定有无结块、干涸、融化、含水量太高等情况。

（6）打开外包装检验 若外包装检验中判定内容有受损的可能，或者检验标准要求开包检验、点算包内细数时，应该打开包装进行检验。开包检验必须有两人以上在现场，检验后在箱件上印贴已验收的标志。需要封装的及时进行封装，包装已破损的应更换新包装。

3．内在质量检验

内在质量检验是对货物的内容进行检验，包括对物理结构、化学成分、使用功能等进行鉴定。内在质量检验由专业技术检验单位进行，经检验后出具检验报告说明货物质量。专业性极强的仓库也可以组织力量、建立实验室开展一些项目的质量检验业务。

4．入库货物检验的程度

入库货物检验程度是指对入库货物实施数量和质量检验的数量。检验程度分为全查和抽查，原则上应采用全查的方式，对于大批量、同包装、同规格、较难损坏、质量较高、可信赖的货物可以采用抽查的方式检验。但是在抽查中发现不符合要求较多时，应扩大抽查范围，甚至全查。

（1）数量检验的范围

1）不带包装的（散装）货物的检斤率（称重）为 100%，不清点件数；有包装的毛检斤率为 100%，回皮率为 5%～10%，清点件数为 100%。

2）定尺钢材检尺率（丈量）为 10%～20%；非定尺钢材检尺率为 100%。

3）贵重金属材料 100%过净重。

4）有标量或者标准定量的化工产品，按标量计算，核定总重量。

5）同一包装、规格整齐、大批量的货物，包装严密、符合国家标准且有合格证的货物采取抽查的方式验量。抽查率为 10%～20%。

（2）质量检验的范围

1）带包装的金属材料，抽验 5%～10%；无包装的金属材料全部目测查验。

2）入库量 10 台以内的机电设备，验收率为 100%；100 台以内，验收不少于 10%；运输、起重设备 100%查验。

3）仪器仪表外观质量缺陷查验率为 100%。

4）易于发霉、变质、受潮、变色、污染、虫蛀、机械性损伤的货物，抽验率为 5%～10%。

5）外包装质量缺陷检验率为 100%。

6）对于供货稳定，信誉、质量较好的厂家产品，特大批量货物可以采用抽查的方式检验质量。

7）进口货物原则上 100%逐件检验。

5．入库检验时间

对货物的数量、外表状况应在入库时进行检验；对货物的内容，在合同的约定时间之内进行检验，或者按照仓储习惯在入库的 10 天之内（国外到货 30 天之内）进行检验。

五、货物入库交接和登记

入库货物经过点数、查验之后，可以安排卸货、入库堆码，表示仓库接收货物。卸货、搬运、堆垛作业完毕，与送货人办理交接手续，并建立仓库台账。

1. 交接手续

交接手续是指仓库对收到的货物向送货人进行的确认，表示已接收货物。办理完交接手续，意味着划清了运输、送货部门和仓库的责任。完整的交接手续包括：

（1）接收货物 仓库以送货单（见表 5-3）为依据，通过理货、查验货物，将不良货物剔除、退回或者编制残损单证等明确责任，确定收到货物的确切数量、货物表面状态良好。

（2）接收文件 接收送货人送交的货物资料、货运记录、普通记录等，以及随货的在运输单证上注明的相应文件，如图纸、准运证等。

（3）签署单证 仓库与送货人或承运人共同在送货人交来的送货单（见表 5-3）、交接清单（见表 5-4）上签署和批注，并留存相应单证。提供相应的入库、查验、理货、残损单证、事故报告，由送货人或承运人签署。

表 5-3 送货单 NO.__________

单位： 日期： 年 月 日

品名	规格	单位	数量	单价	金额	备注

收货单位：（盖章） 制单： 送货单位：（盖章） 经手人：

表 5-4 交接清单

收货人	发站	发货人	物资名称	标志标记	单位	件数	重量	货物存放处	车号	运单号	提料单号
备注：											

提货人： 经办人： 接收人：

2. 登账

货物查验中，仓库根据查验情况制作入库单（见表 5-5），详细记录入库货物的实际情况，对短少、破损等在备注栏说明。

表 5-5 入库单 NO.__________

送货单位： 入库日期： 年 月 日 入货仓库：

物资编号	品名	规格	单位	数量	检验	实收数量	备注

会计： 仓库收货人： 制单：

本单一式三联，第一联：送货人联；第二联：财务联；第三联：仓库存查货物入库，仓库应建立详细反映物资仓储的明细账，登记货物进库、出库、结存的详细情况，用以记录库存货物的动态和出入库过程。

登账的主要内容有：物资名称、规格、数量、累计数或结存数、存货人或提货人、批次、金额，注明货位号或运输工具、接（发）货经办人。

3．立卡

货物入库或上架后，将货物名称、规格、数量或出入状态等内容填在料卡上，称为立卡。料卡又称为货卡、货牌、进销存卡（见表5-6）。该卡插放在货物下方的货架支架上或摆放在货垛正面的明显位置。

表5-6 进销存卡

物资名称：　　　　　　规格：　　　　　　单位：　　　　　　单价：

年		送货（提货）单位	入库	出库	库存	经手人
月	日					

4．建档

仓库应对所接收的货物或者委托人建立存货档案或者客户档案，以便于货物管理和与客户保持联系，也为将来可能发生的争议保留凭据。同时有助于总结和积累仓库保管经验，研究仓储管理规律。

存货档案应一货一档设置，将该货物入库、保管、交付的相应单证、报表、记录、作业安排、资料等的原件或者附件、复印件存档。存货档案应统一编号、妥善保管，长期保存。

存货档案的内容包括：

1）货物的各种技术资料、合格证、装箱单、质量标准、送货单、发货清单等。

2）货物运输单据、普通记录、货运记录、残损记录、装载图等。

3）入库通知单、验收记录、磅码单、技术检验报告。

4）保管期间的检查、保养作业、通风除湿、翻仓、事故等直接操作记录；存货期间的温度、湿度、特殊天气的记录等。

5）出库凭证、交接签单、送出货单、检查报告等。

6）回收的仓单、货垛牌、仓储合同、存货计划、收费存根等。

7）其他有关该货物仓储保管的特别文件和报告记录。

第二节　理　货

一、理货的作用

仓库理货是指仓库在接收入库货物时，根据入仓单、运输单据、仓储合同和仓储规章制度，对货物进行清点数量、检查外表质量、分类分拣、接收的交接工作。理货的作用如下：

（1）仓库履行仓储合同的行为　仓库理货工作是仓库确认收存货物实物的作业过程，经过理货意味着接收货物，因而是仓库履行仓储合同的保管人义务的行为。仓库理货对货物数量和表面质量进行检查，确认货物是仓储合同所约定的货物。发现货物与合同的约定不同，包括数量不同、品种不同、状态不符合约定时，仓库可以拒绝接收并追究存货人的违约责任。如果事先未订立合同，仓库对货物进行理货确认，也表明仓库接收货物的仓储，成为一种通过行为订立合同的方式。

（2）仓库保管质量的第一道关口　理货是货物入库的第一次检查，通过对货物的全面检查，可及时发现货物的不良情况，对已残损、玷污、变质的货物可以拒绝接收；对已存在质量隐患的货物，予以认定和区别，并采取针对性妥善处理措施，或者采用特别的保管手段，防止损害扩大，有利于提高保管质量。

（3）划分责任　通过理货确定货物的数量、质量状况，若发现货物短少、残损，由存货人对其承担责任；若未发现，原残就会成为仓储期间的损耗，要由仓库承担责任。对货物质量隐患的认定，减轻了仓库对货物保管质量的负责程度。另外，理货工作也是从时间上划分了仓库负责的期间，在理货之后的期间发生的残损，原则上由仓库负责。

（4）仓储作业的过程　理货过程同时也是仓库管理员安排仓储、指挥装卸搬运作业的过程，是仓库承担对货物分类、分拣的作业过程。若采用外来作业，也是仓库监督作业质量的过程。采用内部作业的，理货人员就是内部作业质量管理的监控人。

（5）交接工作　货物经理货确认，由理货人员与送货部门或者承运人办理货物交接手续，签署送货单或交接清单，签署现场单证，接收送货文件。

二、理货的内容

仓库理货是仓库管理人员在货物入库现场的管理工作，其工作内容不只是狭义的理货工作，还包括货物入库的一系列现场管理工作。

1. 清点货物件数

对于件装货物，包括有包装的货物、裸装货物、捆扎货物，根据合同约定的计数方法，点算完整货物的件数。如合同没有约定，则仅限于点算运输包装件数（又称大数点收）。合同约定计件方法为细数以及需要在仓库拆除包装的货物，则需要点算最小独立（装潢包装）的件数，包括捆内细数、箱内小件数等；对于要同时确定件数和单重的货物，一般只点算运输包装件数。

对入库拆箱的集装箱则要在理货时开箱点数。

2. 查验货物单重、尺寸

货物单重是指每一运输包装的货物的重量。单重确定了包装内货物的含量，分为净重和毛重。对于需要拆除包装的需要核定净重。货物单重一般通过称重的方式核定。按照数量检验方法确定称重程度。

对于以长度或者面积、体积进行交易的商品，入库时必然要对货物的尺寸进行丈量，以确定入库货物数量。丈量的项目（长、宽、高、厚等）根据约定或者根据货物的特性确定，通过使用合法的标准量器，如卡尺、直尺、卷尺等进行丈量。同时货物丈量还是区分大多数货物规格的方法，如管材、木材的直径，钢材的厚度等。

3. 查验货物重量

查验货物重量是指对入库货物的整体重量进行查验。对于计重货物（如散装货物）、件重并计（如包装的散货、液体）的货物，需要衡定货物重量。货物的重量分为净重和毛重，毛重减净重为皮重。根据约定或具体情况确定毛重或净重。衡重方法可以采用：

衡量单件重量，则：总重等于所有单件重量之和。

分批衡量重量，则：总重等于每批重量之和。

入库车辆衡重，则：总重=总重车重量-总空车重量。

抽样衡量重量，则：总重=（抽样总重/抽样样品件数）×整批总件数。

抽样重量核定，误差在1%以内，则：总重=货物单件标重×整批总件数。

此外，设有连续法定计量工具的仓库，可以直接用该设备进行自动衡重。连续计量设备主要有：轨道衡、皮带衡、定量灌包器、流量计等。连续计量设备必须经国家计量行政管理部门检验发证（审证）方可有效使用，否则只能作为内部使用或协议使用。

此外，还可以通过对容器或运输工具的液体货物体积量算（容器、货舱体积）和液体的比重测定来计算重量，此法称为液量计算。船舶的排水体积乘水的比重减空船、储备、油水重量，称为船舶水尺计量，不是很准确计算货物重量的方法，当然其计量成本较低。

4. 检验货物表面状态

理货时应对每一件货物的外表进行感官检验，查验货物外表状态，以接收货物外表状态良好的货物。外表检验是仓库的基本质量检验要求。确定货物有无包装破损、内容外泄、变质、油污、散落、标志不当、结块、变形等不良质量状况。

5. 剔除残损

在理货时发现货物外表状况不良，或者怀疑内容损坏等，应将不良货物剔除，单独存放，避免又与其他正常货物混淆。待理货工作结束后进行质量确定，确定内容有无受损以及受损程度。对不良货物可以采取退货、修理、重新包装等措施处理，或者制作残损报告，以便明确划分责任。

6. 货物分拣

仓库原则上采取分货种、分规格、分批次的方式储存货物，以保证仓储质量。对于同时入库的多品种、多规格货物，仓库有义务进行分拣分类分储。理货工作就是要进行货物确认和分拣作业。对于仓储委托的特殊的分拣作业，如对外表的分颜色、分尺码等，也应在理货时进行，以便分存。当然，若需要开包进行内容分拣，则需要进行独立作业。

7. 安排货位，指挥作业

由理货人员进行卸车、搬运、垛码作业指挥。根据货物质量检验的需要，指定检验货位，无须进一步检验的货物，直接确定存放位置。要求作业人员按照预定的堆垛方案堆码货或者上架。对货垛需要的垫垛，堆垛完毕的苫盖的铺设，指挥作业人员按要求进行。作业完毕，作业人员应清扫运输、搬运工具，收集地脚货。

8. 处理现场事故

对于在理货中发现的货物残损，不能退回的，仓库只能接收，但要制作残损记录，并由送货人、承运人签署确认。对作业中发生的工损事故，也应制作事故报告，由事故责任人签署。

9. 办理交接

由理货人员与送货人、承运人办理货物交接手续，接收随货单证、文件，填制收费单据，代表仓库签署单证，提供单证由对方签署等。

三、理货的方法

1. 在运输工具现场进行理货

仓库理货必须在送货入库的运输工具现场进行理货。一般在车旁与卸货同时进行；或者在车上点数，卸车时查验外表状态。除非在特殊情况下或者对特殊货物，经送货人、存货人同意，可以在其他地方理货。例如，在双方同意的情况下可以在货垛点数等。

2. 与送货人共同理货

理货又称为理货交接，是货物交接的一个环节，因而理货必须有交接双方在场共同理货，以免将来发生争议。如果送货人或存货人拒绝参与理货，表明其放弃理货权利，只能接受仓库单方的理货结论。

3. 按送货单或者仓储合同理货

仓库管理员在理货时，按照仓储合同的约定或者送货单的货物记载、质量要求进行理货，只要货物符合单据、合同所描述的状态和质量标准，符合送货人提供的验收标准，就可以验收，无须要求货物的绝对质量合格。如运单记载货物使用旧包装，则并不要求包装物表面无污迹。没有约定质量标准的，按照国家标准、行业标准或者能保证储存保管质量不发生变化的要求进行验收，验收货物的品种、规格、数量、外表状态、包装状态等。

4. 在现场进行记录和及时签署单证

对在理货中查验的事项、发现的问题，理货员应在现场进行记录和编写单证，并要求送货人给予签署证明，不能等待事后补编补签。

四、理货单据

1. 计数单

理货点数时不能仅依靠记忆进行计数，这样容易出现差错。应采用统一格式的计数单进行记数。对每一单元的点数进行记载，同时记载发现的残损等不良现象的货号、残损量、存位等，以便统计数量和查找残损。计数单是理货时在现场使用的记录簿。

2. 入库单

入库单是仓库统一设置的入库单证。一般由仓库管理部门预填入库货物信息后交付到仓库，作为向仓库下达的仓库作业命令。在查验货物后，理货人员将实收货物数、存放货位位置填写在单上，把货物不良情况批注在备注中，最后由送货人签署。入库单（见表 5-5）一式多联，其中一联交送货人，一联由仓库留存，一联交记账，其他则根据需要由相应部门留存。

3．送货单、交接清单

送货单（见表 5-3）或者交接清单（见表 5-4）是送货人随货提交来的单证，仓库根据来单理货验收。验收完毕，理货人员签署该单据，将验收情况，特别是短少和残损记录在单据上，并收留其中一联。

4．现场记录

现场记录是理货员对作业现场所发生的事故、不当作业、气候突变，或者其他影响到货物质量、作业安全的事件所进行的记录。现场记录既是为了明确责任，也是仓库严格管理的需要。

第三节　堆　　存

一、货物存放的基本原则

1．分类存放

分类存放是仓库保管的基本要求，是保证货物质量的重要手段。不同类别的货物分类存放，甚至需要分库存放；不同规格、不同批次的货物也要分位、分堆存放；残损货物要与原货分开，放在原货堆边上；对于需要分拣的货物，在分拣之后，应分位存放，以免又混合；不同流向货物、不同经营方式的货物也要分类分存。

2．适当的搬运活性，摆放整齐

为了减少作业时间、次数，提高仓库周转速度，根据货物作业的要求，合理选择货物的搬运活性。对搬运活性高的，也就是需要经常被搬运的货物，也应注意摆放整齐，以免堵塞通道，浪费仓容。

3．尽可能码高，货垛稳固

为了充分利用仓容，存放的货物要尽可能码高，使货物最少占用地面面积。尽可能码高包括采用码垛码高和使用货架在高处存放，充分利用空间。货物堆垛必须稳固，避免倒垛、散垛，要求叠垛整齐、放位准确，必要时采用稳固方法，如垛边、垛头采用纵横交叉叠垛，使用固定物料加固等。同时只有在货垛稳固的情况下才能码高。

4．面向通道，不围不堵

面向通道包括两方面意思，一是垛码、存放的货物的正面，尽可能面向通道，以便察看。货物的正面是指标注主标志的一面。二是所有货物的货垛、货位都有一面与通道相连，处在通道旁，以便能对货物进行直接作业。只有在所有货位都与通道相通时，才能保证不围不堵。

二、货物存放的基本方法

仓库应根据货物的特性、包装方式和形状、保管的需要，以及仓库的条件确定存放方式。确定存放方式的原则是：确保货物质量、方便作业和充分利用仓容。仓库货物存放的方式有：地面平放式、托盘平放式、直接码垛式、托盘堆码式、货架存放式。货物储存的码垛方法有：

1. 散堆法

散堆法适用于露天存放的没有包装的大宗货物，如煤炭、矿石、黄沙等；也适用于库内少量存放的谷物、碎料等散装货物。散堆法是直接用堆场机或者铲车在确定的货位后端起，直接将货物堆高，在达到预定的货垛高度时，逐步后退堆货，后端先形成立体梯形，最后成垛，整个垛形呈立体梯形状。由于散货具有的流动、散落性，堆货时不能堆到太靠近垛位四边，以免散落使货物超出预定的货位。散垛法决不能采用先堆高后平垛的方法堆垛，以免堆超高时压坏场地地面。

2. 货架存放法

货架存放法适用于小件、品种规格复杂且数量较少，包装简易或脆弱、易损害、不便堆垛，特别是价值较高而需要经常查数的货物的仓储存放。货架存放需要使用专用的货架设备。常用的货架有：橱柜架、悬臂架、U 形架、板材架、栅格架、钢瓶架、多层平面货架、托盘货架、多层立体货架等。

3. 堆垛法

对于有包装（如箱、桶、袋、箩筐、捆、扎等包装）的货物，包括裸装的计件货物，采取堆垛的方式储存。堆垛法能充分利用仓容，做到仓库内整齐，方便作业和保管。

（1）重叠式　重叠式也称直堆法，是逐件、逐层向上重叠堆码，一件压一件的堆码方式。为了保证货垛稳定，在一定层数后（如 10 层）改变方向继续向上，或者长宽各减少一件继续向上堆放（俗称四面收半件）。该方法方便作业、计数，但稳定性较差，适用于袋装、箱装、箩筐装货物，以及平板、片式货物等。

（2）纵横交错式　每层货物都改变方向向上堆放。适用于管材、捆装、长箱装货物。该方法较为稳定，但操作不便。

（3）仰俯相间式　对上下两面有大小差别或凹凸的货物，如槽钢、钢轨、箩筐等，将货物仰放一层，再反一面俯放一层，仰俯相间相扣。该垛极为稳定，但操作不便。

（4）压缝式　将底层并排摆放，上层放在下层的两件货物之间。如果每层货物都不改变方向，则形成梯形形状；如果每层都改变方向，则类似于纵横交错式。因上下层件数的关系分为“2 顶 1”“3 顶 2”“4 顶 1 ”“5 顶 3”等（如图 5-3 所示）。

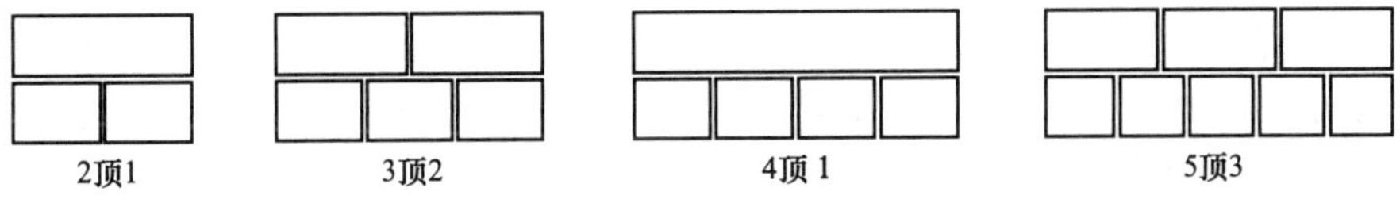

图 5-3　压缝式垛码示意图

（5）通风式　货物在堆码时，每件相邻的货物之间都留有空隙，以便通风。层与层之间采用压缝式或者纵横交错式。此法适用于需要通风量较大的货物堆垛。

（6）栽柱式　码放货物前在货垛两侧栽上木桩或者钢棒，形如U形货架，然后将货物平码在桩柱之间，几层后用铁丝将相对两边的柱拴联，再往上摆放货物，形如“H”货架。此法适用于棒材、管材等长条状货物，操作较为方便。

（7）衬垫式　码垛时，隔层或隔几层铺放衬垫物，衬垫物平整牢靠后，再往上码。适用于不规则且较重的货物，如无包装电机、水泵等。

（8）直立式　货物保持垂直方向码放的方法。适用于不能侧压的货物，如玻璃、油毡、油桶、塑料桶等。

三、垛形与码垛

1．垛形

垛形是指货物在库场码放的形状。垛形的确定根据货物的特性，保管的需要，能方便、迅速实现作业，并充分利用仓容的原则。仓库常见的垛形有如下几种：

（1）平台垛　平台垛是先在底层以同一个方向平铺摆放一层货物，然后垂直继续向上堆积，每层货物的件数、方向相同，垛顶呈平面，垛形呈长方体（如图5-4所示）。当然，在实际堆垛时并不是采用层层加码的方式，往往从一端开始，逐步后移。平台垛适用于包装规格单一的大批量货物，包装规则、能够垂直叠放的方形箱装货物，大袋货物，规则的软袋成组货物，托盘成组货物。平台垛只适用在仓库内和无须遮盖的堆场堆放的货物码垛。

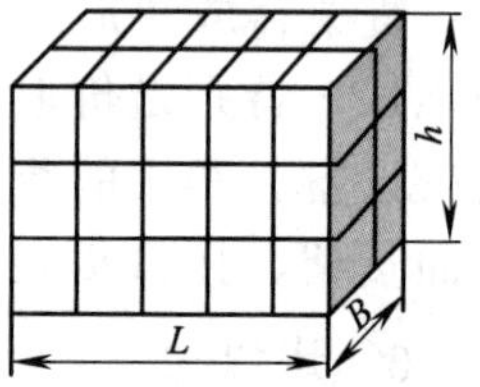

图5-4　平台垛示意图

平台垛具有整齐、便于清点、占地面积小、堆垛作业方便的优点。但该垛形的稳定性较差，特别是小包装、硬包装的货物有货垛端头倒塌的危险，所以在必要时（如太高、长期堆存、端头位于主要通道等）要在两端采取稳定的加固措施。对于堆放很高的轻质货物，往往在堆码到一定高度后，向内收半件货物后再向上堆码，以保证货垛稳固。

标准平台垛的货物件数为

$$A=LBh$$

式中　A——总件数；

L——长度方向件数；

B——宽度方向件数；

h——层数。

（2）起脊垛　先按平台垛的方法码垛到一定的高度，以卡缝的方式逐层收小，将顶部收尖成屋脊形。起脊垛是堆场场地堆货的主要垛形，货垛表面的防雨遮盖从中间起向下倾斜，便于雨水排泄，防止水浸湿货物。有些仓库由于陈旧或建筑简陋有漏水现象，仓内的怕水货物也应采用起脊垛堆垛并加以遮盖。

起脊垛是平台垛为了遮盖、排水需要的变形，具有平台垛操作方便、占地面积小的优点，适用于平台垛的货物都可以采用起脊垛堆垛。但是起脊垛由于顶部压缝收小，形状不规则，无法在垛堆上清点货物，顶部货物的清点需要在堆垛前以其他方式进行。另外，由于起脊的高度使货垛中间的压力大于两边，因而采用起脊垛时库场使用定额要以脊顶的高度来确定，以免中间底层货物或库场被压损坏。

起脊垛的货物件数为

$$A=LBh+起脊件数$$

式中　A——总件数；

L——长度方向件数；

B——宽度方向件数；

h——未起脊层数。

（3）立体梯形垛　立体梯形垛是在最底层以同一方向排放货物的基础上，向上逐层同方向减数压缝堆码，垛顶呈平面，整个货垛呈下大上小的立体梯形形状（如图 5-5 所示）。立体梯形垛用于包装松软的袋装货物和上层面非平面而无法垂直叠码的货物的堆码，如横放的桶装、卷形、捆包货物。立体梯形垛极为稳固，可以堆放得较高，仓容利用率较高。对于在露天堆放的货物采用立体梯形垛，为了排水需要也可以在顶部起脊。

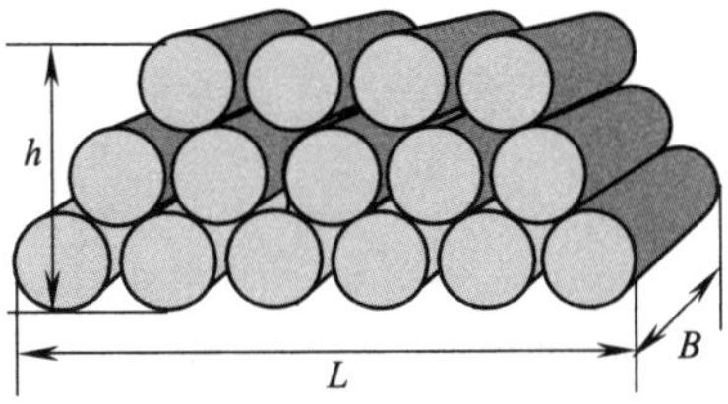

图 5-5　立体梯形垛示意图

为了增加立体梯形垛的空间利用率，在堆放可以立直的筐装、矮桶装货物时，底部数层可以采用平台垛的方式堆放，在一定高度后才用立体梯形垛。

每层两侧面（长度方向）收半件（压缝）的立体梯形垛件数为

$$A=\frac{(2L-h+1)\ hB}{2}$$

式中　A——总件数；

L——长度方向件数；

B——宽度方向件数；

h——层数。

（4）行列垛　行列垛是将每票货物按件排成行或列排放，每行或列一层或数层高。垛形呈长条形（如图 5-6 所示）。行列垛用于存放批量较小的货物，如零担货物。为了避免混货，每批独立开堆存放。长条形的货垛使每个货垛的端头都延伸到通道边，可以直接作业而不受其他货物阻挡。但每垛货量较少，垛与垛之间都需留空，垛基小而不能堆高，使得行列垛占用库场面积大，库场利用率较低。

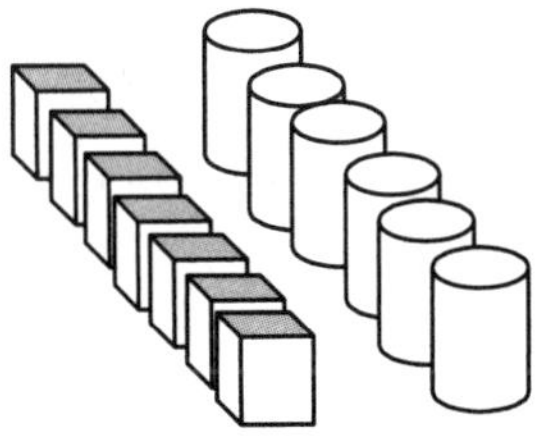

图 5-6　行列垛示意图

（5）井形垛　井形垛用于长形的钢材、钢管及木方的堆码。它是在以一个方向铺放一层货物后，再以垂直的方向铺放第二层货物，货物横竖隔层交错逐层堆放。垛顶呈平面（如图 5-7 所示）。井形垛垛形稳固，但层边货物容易滚落，需要捆绑或者收进。井形垛的作业较为不便，需要不断改变作业方向。

（6）梅花形垛　对于需要立直存放的大桶装货物，将第一排（列）货物排成单排（列），第二排（列）的每件靠在第一排（列）的两件之间卡位，第三排（列）同第一排（列）一样，尔后每排（列）依次卡缝排放，形成梅花形垛（如图 5-8 所示）。梅花形垛货物摆放紧凑，充分利用了货件之间的空隙，节约库场面积的使用。

对于能够多层堆码的桶装货物，在堆放第二层以上时，将每件货物压放在下层的三件货物之间，四边各收半件，形成立体梅花形垛。

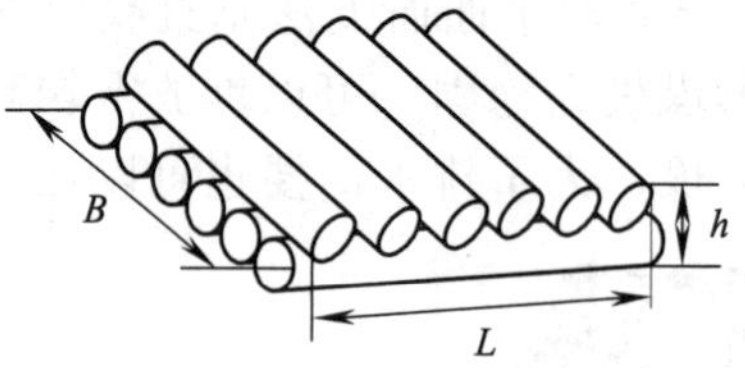

图 5-7　井形垛示意图

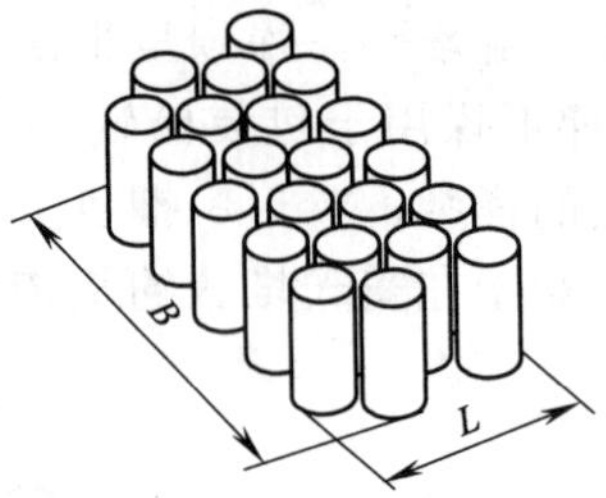

图 5-8　梅花形垛示意图

2．码垛的基本要求

（1）合理　要求不同性质、品种、规格、等级、批次和不同客户的货物分开堆放。货垛形式应适应货物的性质，有利于货物的保管，能充分利用仓容和空间；货垛间距符合作业的要求以及安全防火的要求；大不压小，重不压轻，缓不压急，不会围堵货物，特别是后进货物不堵先进货物，确保“先进先出”。

（2）牢固　堆放稳定结实，货垛稳定牢固，不偏不斜，必要时采用衬垫物料固定，不压坏底层货物或外包装，不超过库场地坪承载能力。货垛较高时，上部适当向内收小。易滚动的货物，使用木楔或三角木固定，必要时使用绳索、绳网对货垛进行绑扎固定。

（3）定量　每一货垛的货物数量保持一致，采用固定的长度和宽度，且为整数，如 50 袋成行，每层货量相同或成固定比例递减，能做到过目知数。每垛的数字标记清楚，货垛牌或料卡填写完整，排放在明显位置。

（4）整齐　货垛堆放整齐，垛形、垛高、垛距标准化和统一化，货垛上每件货物都排放整齐，垛边横竖成列，垛不压线；货物外包装的标记和标志一律朝垛外。

（5）节约　尽可能堆高，避免少量货物占用一个货位，节约仓容，提高仓库利用率；妥善组织安排，做到一次作业到位，避免重复搬动，节约劳动消耗；合理使用苫垫材料，避免浪费。

（6）方便　选用的垛形、尺寸及堆垛方法，应便于堆垛作业、搬运装卸作业，提高作业效率；垛形便于理数、查验货物，便于通风、苫盖等保管作业。

四、垫垛

垫垛是指在货物码垛前，在预定的货位地面位置，使用衬垫材料进行铺垫。常见的衬垫物有：枕木、废钢轨、货板架、木板、帆布、芦席、钢板等。

垫垛的目的：使地面平整；堆垛货物与地面隔离，防止地面潮气和积水浸湿货物，并形成垛底通风层，有利于货垛通风排湿；地面杂物、尘土与货物隔离；货物的泄漏物留存在衬垫之内，不会流动扩散，便于收集和处理；通过强度较大的衬垫物使重物的压力分散，避免损害地坪。

垫垛的基本要求：所使用的衬垫物与拟存货物不会发生不良影响，具有足够的抗压强度；地面要平整坚实，衬垫物要摆平放正，并保持同一方向；衬垫物间距适当，直接接触货物的衬垫面积与货垛底面积相同，垫物不伸出货垛外；要有足够的高度，露天堆场要达到 0.3～0.5m，库房内 0.2m 即可。

例题 5-1：衬垫面积的确定

某仓库内要存放一台自重 30t 的设备，该设备底架为两条 2m×0.2m 的钢架。该仓库库场单位面积技术定额为 $3t/m^2$。请问需不需要垫垛？如何采用 2m×1.5m、自重 0.5t 的钢板垫垛？

货物对地面的单位面积压力为：30/（2×2×0.2）=$37.5t/m^2$。远远超过库场单位面积技术定额 $3t/m^2$，必须垫垛。

假设衬垫钢板为 n 块，根据：

重量（含衬垫重量）=面积×库场单位面积技术定额

则为：

$$30+n\times0.5=n\times2\times1.5\times3$$

$$n\approx3.53$$

图 5-9　货物衬垫示意图

因此需要使用 4 块钢板衬垫。将 4 块钢板平铺展开，设备的每条支架分别均匀地压在两块钢板之上（如图 5-9 所示）。

五、苫盖

苫盖是指采用专用苫盖材料对货垛进行遮盖，以减少自然环境中的阳光、雨雪、刮风、尘土等对货物的侵蚀、损害，并使货物由于自身理化性质所造成的自然损耗尽可能减少，保护货物在储存期间的质量。常用的苫盖材料有：帆布、芦席、竹席、塑料膜、铁皮铁瓦、玻璃钢瓦、塑料瓦等。

1. 苫盖的方法

（1）就垛苫盖法　直接将大面积苫盖材料覆盖在货垛上遮盖。适用于起脊垛或大件包装货物。一般采用大面积的帆布、油布、塑料膜等。就垛苫盖法操作便利，但基本不具有通风条件。

（2）鱼鳞式苫盖法　将苫盖材料从货垛的底部开始，自下而上呈鱼鳞式逐层交叠围盖。该法一般采用面积较小的席、瓦等材料苫盖。鱼鳞式苫盖法具有较好的通风条件，但每件苫盖材料都需要固定，操作比较烦琐。

（3）活动棚苫盖法　将苫盖物料制作成一定形状的棚架，待货物堆垛完毕，将棚架移动到货垛上遮盖，或者采用即时安装活动棚架的方式苫盖。活动棚苫盖法较为快捷，具用良好的通风条件，但活动棚本身需要占用仓库位置，也需要较高的购置成本。

2．苫盖的要求

苫盖的目的是为了给货物遮阳、避雨、挡风、防尘。苫盖的要求就是实现苫盖的目的。

（1）选择合适的苫盖材料　选用符合防火要求、无害的安全苫盖材料；苫盖材料不会与货物发生不利影响；成本低廉，不易损坏，能重复使用；没有破损和霉烂。

（2）苫盖要牢固　每张苫盖材料都需要牢牢固定，必要时在苫盖物外用绳索、绳网绑扎或者采用重物压实，确保不被风掀开。

（3）苫盖接口要紧密　苫盖物的接口要有一定深度的互相叠盖，不能迎风叠口或留空隙；苫盖物必须拉挺、平整，不得有折叠和凹陷，防止积水。

（4）苫盖物的底部与垫垛平齐　苫盖物不腾空或拖地，并牢固地绑扎在垫垛外侧或地面的绳桩上，衬垫材料不露出垛外，以防雨水顺延渗入垛内。

（5）要注意材质和季节　使用旧的苫盖物或雨水丰沛季节，垛顶或者风口需要加层苫盖，确保雨淋不透。

六、货垛牌

为了在保管中及时掌握货物的资料，需要在货垛上张挂有关该垛货物的资料标签。该标签被称为货垛牌，或称货物标签、料卡等。货物码垛完毕，仓库管理人员就需要根据入库货物资料、接收货物情况制作货垛牌，并排放或拴挂在货垛正面明显的位置，或者货架上。

货垛牌的主要内容有：货位号、货物名称、规格、批号、来源、进货日期、存货人、该垛数量、接货人（制单人）等（见表 5-6）。此外，可以根据不同特点相应增减项目。

第四节　保　　管

一、保管的意义

入库货物的保管是指仓库针对货物的特性，结合仓库的具体条件，采取各种科学手段对货物进行养护，防止和延缓货物质量变化的行为。货物保管的目的在于保持库存货物的使用价值，最大限度地减少货物自然耗损，杜绝保管不善而造成的货物损害，防止造成货物损失，失去仓储保管的意义。保管人有绝对的义务对仓储物进行妥善保管，这是仓储合同要求仓储保管人所担负的责任，由于保管不善所造成的损失，保管人要承担赔偿责任。

仓库应高度重视货物保管工作，以制度、规范确定保管工作的责任；针对各种货物的特性制订保管方法和程序，充分利用现有的技术手段开展有针对性的保管、维护工作。

仓库保管遵循“以防为主、防治结合”的保管原则。要特别重视货物损害的预防，及时发现和消除事故隐患，防止损害事故的发生。特别要预防发生爆炸、火灾、水浸、污染等恶性事故和大规模损害事故。在发生、发现损害现象时，要及时采取有效措施，防止损害扩大，减少损失。

仓库货物保管的手段主要有：经常对货物进行检查测试，及时发现异常情况；合理地对货物通风；控制阳光照射；防止雨雪水浸湿货物，及时排水除湿；除虫灭鼠，消除虫鼠害；妥善进行湿度控制、温度控制；防止货垛倒塌；防霉除霉，剔除变质货物；对特殊货物采取有针对性的保管措施等。

二、通风

通风是指采取措施，加大空气流通的保管手段。利用干燥空气的大量流通，能降低货物的含水量；利用低温空气降低货物温度；通风还具有消除货物散发出的有害气体的作用，如造成货物窒息的二氧化碳、使金属生锈的二氧化硫和酸性气体等；能增加空气中氧气的含量。

当然通风也会将空气中的水分、尘埃、海边空气的盐分等带入仓库，影响货物。

仓库通风的方式有：

（1）利用库内外温度差使库内热空气上升排出的自然通风方式。

（2）利用通风机将库内空气排出的机械自然通风。

（3）利用通风机在库内将空气搅动的机械循环通风。

（4）将库内空气抽出制冷、除湿后再排入仓库的制冷通风方式。

普通仓库只采用前两种通风方式。

三、温度控制

除了冷库外，仓库的温度直接受天气温度的影响，库存货物的温度也就随天气温度同步变化。货物温度过高时，会融化、膨胀、软化，容易发生腐烂变质、挥发、老化、自燃，甚至物理爆炸等现象。温度太低时，会发生变脆、冻裂、冻结膨胀等损害货物的现象。一般来说，绝大多数货物在常温下都能保持正常的状态。

普通仓库的温度控制主要是避免阳光直接照射货物，因为经过阳光直接照射的地表温度要比气温高很多，午间甚至高一倍。仓库遮阳采用仓库建筑遮阳和苫盖遮阳，当然，不同建筑材料的遮阳效果不同，混凝土结构遮阳效果最佳。对怕热货物应存放在仓库内阳光不能直接照射到的货位。

对温度较敏感的货物，在气温高时可以洒水降温。对怕水的货物可以对苫盖物、仓库屋顶洒水降温。在日晒降低的傍晚或夜间，将堆场货物的苫盖物适当揭开通风，这也是对露天堆场货物降温保管的有效方法。

货物自热是货物升温损坏的一个重要原因，对容易自热的货物，应经常检查货物温度，当发现升温时，可以采取加大通风、洒水等方式降温，翻动货物散热降温。必要时可以采用在货垛内存放冰块、释放干冰等措施降温。

此外，仓库里的热源也会造成温度升高，应避开或者在高温季节避免使用仓库内的热源。

在严寒季节，气温极低时，可以用加温设备对货物加温防冻。对突至的寒潮，在寒潮到达前对货物进行保暖苫盖，也具有短期保暖效果。

四、湿度控制

湿度分为货物湿度、空气湿度（大气湿度）。笼统来说，湿度表示含水量的多少，但在不同场合又有不同的表示方式。货物含水量用百分比表示；空气湿度则用绝对湿度和相对湿度两种方式表示；空气中的水汽结露成水珠用露点来表示。

1．货物湿度

货物湿度指货物的含水量。货物的含水量对货物有直接影响，含水量高则容易霉变、锈蚀、溶解、发热，甚至发生化学反应等；含水量太低则容易发生干裂、干涸、挥发、燃烧等危害。控制货物的含水量是货物保管的重要工作。大多数货物要求较低的含水量，具体可根据货物资料确定合适的含水量标准（见表 5-7）。

表 5-7　几种货物的温湿度要求

种类	温度（℃）	相对湿度（%）	种类	温度（℃）	相对湿度（%）
金属及其制品	5～30	≤75	重质油、润滑油	5～35	≤75
碎末合金	0～30	≤75	轮胎	5～35	45～65
塑料制品	5～30	50～70	布电线	0～30	45～60
压层纤维塑料	0～35	45～75	工具	10～25	50～60
树脂、油漆	0～30	≤75	仪表、电器	10～30	70
汽油、煤油、轻油	≤30	≤75	轴承、钢珠、滚针	5～35	60

2．空气湿度

空气的湿度用绝对湿度和相对湿度两种方式表示。

绝对湿度是指空气中含水汽量的绝对数，用“帕（Pa）”或“g/m^3”表示，如 25℃时，空气最高绝对湿度（也称为饱和湿度）为 31.7×10^2Pa 或者 22.80g/m^3。温度越高，空气中水分子的动能越大，空气含水汽的能力就越高，空气的绝对湿度就会越高。

相对湿度则是空气中的含水汽量与相同温度空气能容纳的最大水汽量的百分比，最大时为 100%。相对湿度越大，表明空气中的水汽量距离饱和状态越接近，表示空气越潮湿；相反，相对湿度越小，表明空气越干燥。

露点是指空气未饱和时，将温度降低，使空气中的水汽达到饱和状态，并开始出现水珠时的温度。如果温度下降到露点以下，空气中的水汽就会在物体表面凝结成水滴，俗称“汗水”，会造成货物的湿损。

空气湿度可以采用“干湿球温度计（表）”测定和经过换算得出。干湿球温度计（表）由干球温度计（表）和湿球温度计（表）组成。干球温度计（表）直接测量空气温度；湿球温度计（表）下端裹缠纱布，纱布部分浸泡在水中，由于纱布的水分蒸发吸热，湿球温度计（表）的测量温度一般比干球温度计（表）低，当空气中水汽达到饱和时，两者相同。可通过查询“湿度查对表”（见表5-8），确定空气相对湿度、绝对湿度、露点等。

表5-8　湿度查对表

气温（℃）	干球温度（气温℃）-湿球温度（℃）																	
	0		1		2		3		4		5		6		7		8	
	td	r	td	r	td	r	td	r	td	r	td	r	td	r	td	r	td	r
−5	−5	100	−9	74	−14	48		23										
−4	−3	100	−8	75	−13	51	−20	27										
−3	−3	100	−6	77	−11	53	−18	31		9								
−2	−2	100	−5	78	−9	56	−16	35		14								
−1	−1	100	−4	79	−8	58	−13	38	−19	18								
0	0	100	−3	80	−7	60	−12	41	−16	22		4						
1	1	100	−2	81	−5	62	−10	44	−14	26		9						
2	2	100	−1	82	−4	64	−8	47	−12	30		13						
3	3	100	1	83	−3	66	−7	49	−10	33	−20	17						
4	4	100	2	84	−1	67	−5	51	−8	36	−16	21		6				
5	5	100	2	84	0	68	−4	54	−6	39	−14	25		10				
6	6	100	4	85	1	70	−2	56	−4	41	−11	28	−20	14				
7	7	100	5	85	2	71	−1	57	−3	44	−9	31	−16	18		5		
8	8	100	6	86	3	72	0	59	−1	46	−7	34	−13	21		9		
9	9	100	7	87	4	73	2	61	0	48	−5	35	−10	24	−18	13		
10	10	100	8	87	6	74	3	62	2	50	−3	39	−8	27	−14	16		6
11	11	100	9	88	7	75	4	64	3	52	−2	41	−6	30	−11	20		9
12	12	100	10	88	8	76	6	65	4	54	−0	43	−4	33	−9	23	−16	13
13	13	100	11	88	9	77	7	66	6	55	2	45	−2	35	−6	25	−12	16
14	14	100	12	89	10	78	8	67	7	57	3	47	0	37	−4	28	−9	19
15	15	100	13	89	11	78	9	68	8	58	4	49	1	39	−2	30	−7	21
16	16	100	14	89	12	79	10	69	9	60	6	50	3	41	0	33	−4	24
17	17	100	15	90	14	80	12	70	11	61	7	52	4	43	1	35	−2	26
18	18	100	16	90	15	80	13	71	12	62	8	53	6	45	3	37	0	29
19	19	100	17	90	16	81	14	72	13	63	10	55	7	46	5	39	2	31
20	20	100	18	91	17	81	15	73	14	64	11	56	9	48	6	40	3	33
21	21	100	19	91	18	82	16	73	15	65	12	57	10	50	8	42	5	35
22	22	100	20	91	19	82	17	74	17	66	13	58	11	51	9	43	6	36
23	23	100	22	91	20	83	18	75	18	67	15	59	13	52	10	45	8	38
24	24	100	23	91	21	83	19	75	19	68	16	60	13	53	12	46	9	40
25	25	100	24	92	22	84	20	76	20	68	17	61	15	54	13	48	11	41
26	26	100	25	92	23	84	22	76	21	69	18	62	16	55	14	49	12	42
27	27	100	26	92	24	84	23	77	22	70	19	63	18	56	16	50	14	44
28	28	100	27	92	25	84	24	77	23	71	20	64	19	57	17	51	15	45
29		100	28	92	26	85	25	77	24	71	22	65	20	58	18	52	16	46
30		100		93	27	85	26	78	25	72	23	65	21	59	19	53	16	47
31		100		93	28	86	27	79	27	72	24	66	22	60	21	54	19	48
32		100		93		86	28	79	28	73	25	67	23	61	22	55	20	49
33		100		93		87		80		73	26	67	25	61	23	56	21	50
34		100		93		87		80		74	27	68	26	62	24	57	23	51
35		100		93		87		81		75	28	68	27	63	25	57	24	52
36		100		93		87		81		75		70	28	63	26	58	25	53

注：表中*td*为露点温度（℃），*r*为相对湿度（%）。

3. 湿度控制

（1）湿度监测　仓库应经常进行湿度监测，包括空气湿度和仓内湿度监测。一般每天早、晚各监测一次，并做好记录。“仓库温湿度记录表”，见表 5-9。

表 5-9　仓库温湿度记录表

序号：　　主要物资：　　仓号：　　年　　月

检查时间			检查情况				气候	检查人
日	时	分	干表温度	湿表温度	绝对湿度	相对湿度		
1								
2								
30								
31								

月温度最高　　℃；最低　　℃；平均　　℃。

相对湿度最高　　%；最低　　%。

气候：晴天“○”，雨天“川”，阴天“●”，风天“≈”，雪天“△”。

（2）空气湿度太低时的处理措施　空气湿度太低意味着空气太干燥，应减少仓内空气流通，采取洒水、喷水雾等方式增加仓内空气湿度，或者对货物采取加湿处理，直接在货物表面洒水。

（3）空气湿度太高时的处理措施　封闭仓库或者密封货垛，避免空气流入仓库或货垛；在有条件的仓库采用干燥式通风、除湿设备除湿等；在仓库或货垛内摆放吸湿材料，如生石灰、氯化钙、木炭、硅胶等；及时擦干、排除出现的汗水；特殊货仓可采取升温措施。

五、特殊情况下的保管

为了保证保管质量，除了温度、湿度、通风控制外，仓库应根据货物的特性采取相应的保管措施。如涂刷保护涂料、除锈、加固、封包、密封，发现虫害及时杀虫，施放防霉药剂等。必要时进行转仓处理，将货物转入具有特殊保护条件的仓库，如冷藏。

第五节　出库作业

一、催提

仓库使用需要有良好的计划性，只有确定有空余货位，才能接受存货人的仓储委托。

空余货位包括已经提空的货位和将要到期提空的货位。因此对将要到期的仓储物，要做好催提工作，以免接受了新的委托，但没有仓容无法接收仓储物。

到期催提应在到期日的前一段时间进行。合同有约定的，在约定期通知，如原合同订有续期条款的，在续期日前通知。合同没有约定通知期的，仓库应在合理的提前时间内催提，以便提货人有足够的准备时间。

催提是直接向已知的提货人发出提货通知，可以用信件、传真、电话等方式。当不知道确切提货人时，可以向存货人催提。

另外，对于在仓储期间发生损害、变质的仓储物，保质期就要到期的商品，或者剩余的少量残货、地脚货，也应进行催提，以免堆积占用仓库仓容，同时减小或避免存货人的损失。

二、备货

仓库接到提货通知时，应及时进行备货工作，以保证提货人可以按时完整提取货物。备货时要认真核对货物资料，核实货物，避免出错。在部分货物出库时，应按照先进先出、易坏先出、不利保管先出的原则安排出货。已损害的货物应动员提货人先行提货，然后根据与提货人达成的协议安排出货，没有协议安排的，暂不出货。

备货工作主要有：

1. 包装整理，标志重刷

仓库应清理原货包装，清除积尘、污物。对包装已残损的，要更换包装。提货人要求重新包装或者灌包的，要及时安排包装作业。

原包装标志脱落、不清的，要进行补刷补贴；若提货人要求标注新标志，应在提货日之前进行。

2. 零星货物组装

为了作业方便，应对零星货物进行配装，使用大型容器收集零星货物或者将其堆装在托盘上，以免提货时遗漏。

3. 根据要求装托盘或成组

若提货人要求装托盘或者成组，应及时进行相应作业，保证作业质量。

4. 转到备货区备运

将要出库的货物预先搬运到备货区，以便能及时装运。

三、出库交接

在提货时，仓库业务部门根据提货人的提货凭证办理提货手续，并签发出库单，指示仓库保管部门交货。仓库保管部门应核实提货人出示的出库单（见表 5-10），确定提货人已办妥仓库提货手续。认真核对提货人身份，避免错交，并收回出库单等提货凭证。

表 5-10 出库单 NO.__________

提货单位： 出库日期： 年 月 日 出货仓库：

物资编号	品 名	规 格	单 位	计划数量	实发数量	备 注

主管审批： 提货人： 仓库：

本单一式三联，第一联：仓库联；第二联：财务联；第三联：提货人存查

提货人到库提货，仓库应会同提货人共同查验货物，逐件清点，或者查重验斤，检验货物状态。在货物装车前，要对来库车辆进行检查，确认车辆符合装车作业，并对车辆不利装运的情况进行记载或要求车主处理妥善。

由仓库负责装车的，装车前应对车厢进行清扫和必要的铺垫，督促装车人员妥善装车，装车完毕，进行合适的绑扎固定。由提货人自理装车的，对装车作业进行监督，确认作业损害。

装车完毕，会同提货人签署出库单证、运输单证，收留留存单证。交付随货单证和资料，办理货物交接。按照一车一证的方式向车辆签发出门证，以便门卫查验放行。

四、销账、存档

货物全部出库完毕，仓库应及时将货物从仓储保管账上核销，以便仓库内账货相符。将留存的提货凭证、货物单证、记录、文件等归入货物档案。将已空出的货位标注在货位图上，以便安排货物。

第六节 装卸与搬运

一、装卸搬运的合理化原则

装卸搬运是指对仓储物资在空间的垂直举放、水平移动的物理性活动。具体来说，装卸是指将物品装载到运输、搬运设备上，从运输、搬运设备上卸下，以及相应的拆码和堆码作业；搬运则是指在同一场所内，对物品进行较短距离的水平移动。装卸搬运是仓储的基本作业环节，在仓储中占最大的劳动作业量。从货物进入仓库时的查验、接收、检验、堆码，到出库时的整理、备料、清点、发运，以及涉及的流通加工无不伴随着装卸搬运作业。

装卸搬运作业不仅是繁重的工作，是仓储中劳动投入最多的项目，而且也是仓储物残损的高发环节。做好装卸和搬运作业管理，不仅有利于降低仓储成本，也能大幅度降低仓储风险。装卸搬运需要耗用较多的时间，也是影响仓储周转效率的重要因素。

装卸搬运合理化是装卸搬运的基本原则，装卸搬运合理化表现在以下各方面。

1．装卸搬运次数最少

仓库应通过良好的组织和妥善的安排，使货物被装卸和搬运的次数最少，消除无效装卸和搬运。为此，需要准确掌握仓储物品的流通动向，通过仓储协议确定物品流通计划，合理选择仓位，必要时采取分点存放，防止压堵出库货物，避免货物在仓库内倒仓。通过良好的物流组织，排除重复装卸搬运。

2．装卸搬运移动距离最短

在装卸和搬运作业中，应妥善调度车辆等运输工具，务必使装卸搬运距离最短。尽可能使运载车辆、搬运工具接近货物存放的位置，或装卸作业设备能直接进行作业的位置。尽可能消除完全采用人力的水平搬运。

3．装卸搬运作业衔接流畅

搬运和装卸是伴随进行的，如果搬运和装卸脱节，会使作业量大幅增加。比如说：搬运到装车场地的货物，先要卸下搬运设备，在地面堆放，然后再从地面装上车辆，这就意味着增加了一次落地和离地的作业。相反，将货物直接从车辆、船舶卸到搬运设备上，运到堆场堆垛，装卸搬运作业量就会减小。

4．机械化作业

装卸搬运是高强度、大负荷的作业，采用人力作业不仅效率低下，而且容易产生差损。仓库装卸搬运作业应采用机械作业，降低劳动强度、提高装卸搬运效率。此外，为了降低物流成本，货物采用集成的大包装成为主流趋势，这类货物人力无法作业，唯有使用机械作业。机械化作业不仅是复杂的机械作业，还可以使用简单机械，如人力吊机、手推车等人力机械进行作业。

5．托盘化、集成化等成组作业

托盘化作业是指将货物直接堆放在托盘上，进行必要的固定，连同托盘一起进行搬运、装卸和堆垛的仓库作业方式，一般还连同托盘一起出库运输。托盘化就是为了使用机械进行高效率的作业。此外，还可以采用其他成组器材，如绳网、货箱或其他较大容器进行成组集成。成组化作业不仅可以提高效率，还可以减少货物在作业中的耗损和散失。在成组作业时要注意使用标准化的成组设备。

6．省力化作业

仓库装卸搬运作业毕竟还不能实现完全的无人化作业，需要适当使用人工作业或协助作业。为了降低作业的劳动强度，省力化的作业设计和组织极为必要。省力化作业方法主要有：充分利用重力，如采用滑板、自上向下作业等；避免重物提升，如重货放在货架下层的齐腰高度，建造与车厢同样高度的车辆作业平台；可能的话采用滚动作业等。

7．系统化

装卸搬运作业是仓库作业不可缺少的必然过程，同时又是提高仓库效率和仓储质量的重要环节，必须把装卸搬运与仓储经营、仓库管理合并成一个完整的系统来处理，通过系统化、全局化的组织和协调，实现仓储装卸和搬运的合理化。

二、搬运活性

搬运活性是指物品便于装卸搬运的程度的分类，通常用活性指数 0、1、2、3、4 来表示。指数越高，表明搬运的方便程度越高，越易于搬运。例如：无包装在地面散放的货物要移动最不容易，其活性指数为 0；有包装或放置在一般容器内的物品，其活性指数为 1；装载在托盘上或者装入集装箱的物品，其活性指数为 2；装在无棚货车或者可移动设备或工具上的物品，其活性指数为 3；放置在输送线上的物品，其活性指数为 4。

仓储货物需要根据其在仓库内存放时间的安排，合理选择活性指数。大多数仓储物都处于待运状态，其活性指数较高。活性指数高，表示方便搬运作业，但也表示存放的不稳定或者占用作业设备资源，影响到仓容的利用率。对于长时期仓储的物品，应采用较低的搬运活性，进行稳定堆垛。

三、搬运方法

1. 人力搬运

人力搬运分为直接采用人力负重搬运和采用人力设备搬运。直接采用人力负重搬运只适用于堆码、拆码、上架、装拆箱、打码成组等作业，或者应急作业。人力负重能力小、人体容易受伤害、作业不稳定、计量不准、持续时间极短，因而效率低、容易产生差损，正常的作业安排不应依赖人力负重搬运作业。

人力设备搬运则是较为常见的方法，如手推车、人力拖车、手动提升机等。采用人力设备搬运应注意控制搬运距离，不能进行长距离搬运；每次搬运负荷控制在适当的范围，如手推车不得超过 500kg；搬运线路地面平坦，避免在坡度大的场地进行。

2. 叉车搬运

叉车搬运是仓库近距离搬运的主要方法，是指直接利用叉车的水平移动能力进行搬运。叉车搬运分为直接对大型货物搬运和利用货板、托盘打码搬运。由于叉车具有提升能力，能直接进行装卸车、搬运、堆垛、上架作业。叉车自重量小，作业较不稳定，容易发生货物滑落，尤其是在地面不平坦及转弯作业时，更不稳定。

3. 拖车搬运

利用机动拖车和平板车相结合的搬运，一般适用于距离较远、地面不平坦的场地搬运。拖车搬运量较大，可适用于任何货物，包括集装箱的搬运。但拖车搬运需要装卸车作业，只有在两端直接装卸作业时才有效率。

4. 输送带搬运

输送带搬运是指利用输送带将货物从装卸场传输到仓库的搬运方法，它可以实现不间断搬运，是效率较高的搬运方式，且搬运质量最佳。现今的散装货物库场搬运基本上都使用输送带搬运。输送带是自动化仓库的最重要的设备。由于输送带固定安装，只能在特定的场合使用。输送带的一次载货量较小，不适合重大件货物搬运。

四、装卸工艺设计与组织

装卸工艺设计是指对一次或者同一种类型的装卸作业过程中设备、人员、线路的计划安排，这种安排包括数量和操作方法的确定。装卸组织包括装卸工艺设计和工艺实施的过程。良好的工艺设计是仓库作业高效率、有秩序、充分利用生产资源的保证，同时也是降低作业成本，防止作业事故的经济管理和安全管理的条件。

工艺设计的要求包括以下几个方面：①在质量方面。及时完成作业任务，保证安全生产，保证货物质量，减轻工人劳动强度。②在数量方面。提高作业效率，节约劳动力，降低作业成本，缩短作业时间，充分利用仓储资源。③在时间方面。良好的工艺设计，使得整个仓库的作业紧凑，设备利用率高，不出现待时、待工现象，作业不间断，车辆停库时间缩短。

1．设备确定

仓库装卸工艺设计是在仓库现有的条件下合理组织生产的过程，因而只能是在现有设备的基础上精心组织，合理利用。当然，这种现有条件包括对可利用的社会资源的使用。在工艺设计前，首先要充分掌握仓库作业可使用的设备情况，包括能作业设备的数量、作业能力、工况、所处位置等，以便调度。同时还需要掌握作业对象的情况，如包装、规格、单重、作业位置等。

（1）合理使用设备　各种作业设备都具有各自的作业特性和作业能力，合理地使用设备能发挥最佳的功用，保证作业安全。作业设备间的合理配合也是设备使用的重要考虑因素，严密配合才能保证作业的顺畅和发挥每一个设备的作用。设备的选用原则包括：使用标准化的设备；设备功能与货物特性、搬运要求匹配；搬运设备的载重量最接近被搬运货物的重量；适合作业场地作业的设备。

（2）合理安排设备数量　作业时应充分利用仓库的设备，但在一个作业现场，设备太多也会相互阻碍，反而降低效率。在设备不多的仓库，同一设备同时进行多项作业（间隙作业），是一种充分利用设备、提高整体效率的较好安排。

装卸搬运设备台数确定：

$$Z=\frac{Q}{M}$$

式中　Z——所需设备台数（台）；

Q——装卸搬运作业量（t）；

M——所使用设备的生产定额（t/台）。

如果装卸搬运设备采用间隙作业，则每台设备的生产定额为

$$M=\frac{T\cdot K_1}{t}g\cdot K_2$$

式中　T——额定工作时间（装卸搬运作业的总时间）（h）；

K_1——设备的时间利用系数（设备可用于本作业的时间比例）；

t——装卸搬运作业一个循环所需的时间（h）；

g——装卸搬运设备的额定载重量（t/台）；

K_2——设备载荷利用系数（取 1/3 或者 2/3）。

2. 人员

目前，我国的大多数仓库还是采用劳动密集型的仓储作业，自动化程度还较低，需要使用人力的情况较多。人员的安排是工艺组织的重要方面。仓库作业的人力工种有：设备操作、辅助设备作业、打码作业、人力装卸搬运作业。

设备操作人员与设备相匹配，应根据设备操作的需要确定人员。当然可以采用换班的停工不停机方式运行设备，这就需要相应地配备多名操作人员。设备操作人员必须具有操作设备的资格，有明文规定需持证上岗的，还要操作人员具有相关资格证书。

辅助设备作业则是根据设备作业的需要，对设备作业进行指挥、挂钩、脱钩、扶持、定位等人力作业，人数因不同设备有不同要求，但基本稳定地与设备配套。

打码作业是为设备运作服务的人力作业，一般一个打码组由3～5名工人组成，一个作业点一个打码队。作业效率很高的龙门吊等可以安排2～3个打码组。

人力装卸搬运作业是需要较多工人的人力作业，作业效率极低，只有在特殊环境下，如偶尔作业、设备损坏时应急、轻便货物作业等，才使用这种方式，其余作业尽可能采用机械作业。

人力作业所需人数的计算公式为

$$\text{人力作业所需人数}=\frac{\text{作业总量}}{\text{每人每小时作业量}\times\text{作业所需时间}}$$

3. 作业线路

作业线路应符合以下要求：

1）应该尽可能使作业线路最短。

2）选择的作业线路应能保证搬运设备的畅顺运行、道路平坦。

3）作业线路尽可能没有大幅度、大角度转向。

4）同时进行的不同作业的作业线路不交叉，都保持同一方向运行。

5）作业线路不穿越其他正在进行的作业现场。

4. 作业时间缩短

在工艺组织中，利用各环节作业的不同速度、不同作业能力以及一些必要的等待时间，妥善组织、重叠、交错和合成，使整体作业不间断。对整个仓库的作业进行系统化安排，使整体资源充分利用，或者使整体作业时间最少。减少车辆、船舶等运输工具的停留时间。

假如，某仓库收到一批仪表，用卡车分批从车站货场运回仓库，整个入库作业分四个阶段，各阶段的时间分别为：从车站运回仓库每趟需1h，将所有仪表运回仓库需3h；仓库进行验收需4h；仓库准备货位需1h；入库码货需2h。

不将货物运回仓库则不能验收，不验收就不能堆码，各项工作具有连贯性。如果每一项作业都等到前一项作业完成后才进行，共需要时间 10h。其中货位准备在验收之前完成即可，可以同时进行，这样共需要9h。

如果将下一工序插入上一工序，由于平均验收速度小于运达速度，货物一运到就可以进行验收，即验收在接运的第二小时就开始；码货速度是验货速度的一倍，验货完成一半时可以开始码货，即在验收的最后两小时进行；准备货位穿插在接运和验收时间中进行，则可以将工期缩短到 5h 完成（如图 5-10 所示）。

接运 3h	1	1	1			
验收 4h		1	1	1	1	原 10h
备位 1h	1					
码垛 2h				1	1	
现需 5h	1	1	1	1	1	

图 5-10 作业时间组织图

例题 5-2：货垛大小确定（定脚桩）

现有罐头食品 5 000 纸箱，纸箱尺寸为 50cm×25cm×20cm，限高 10 层。拟安排在长度为 10m 的货位堆垛，采用纵横交叉式平台垛，需要开多宽的脚桩？

设底层采用纵向摆放，第二层横向交叉。则底层纵向可摆放：

$$10/0.5=20$$

$$20\times B\times 10=5\ 000$$

$$B=25（箱）$$

纵向宽度方向开桩 25 箱，占用 6.25m 宽。堆成长 10m、宽 6.25m、高 2m 的平台垛。

案例

部分钢铁产品作业标准

1．**镀锌、彩涂产品**[㊀]

（1）仓储、室内存放作业标准

1）产品按规格、车号、收货人、垛位号入库摆放整齐。

2）镀锌、彩涂卷板堆放时地面必须加垫厚度 10mm 以上的平板胶皮；卷钢两个侧面均使用三角垫木垫牢，防止卷钢滚动；有条件的仓库可使用专用钢制托架。

3）镀锌、彩涂卷板的堆垛要求：单重 10t 左右的卷钢堆垛时，单重小的或薄规格的放置在上层且要求在卷钢与卷钢间接触部分加垫平板胶皮垫；卷钢厚度小于 0.7mm 的上面严禁放置卷钢；大于 15t 的镀锌、彩涂卷严禁堆放两层。

4）钢卷下部的放置标识，其箭头必须垂直向上，左右偏差不得大于 100mm。

5）仓储期间，必须保持钢卷表面清洁，不允许有油渍、灰尘。

6）仓储库房必须安装防雨与排水设施，防止仓储期间产品遭受雨淋、水浸。

7）室内存放时，其仓储场地必须平整、干燥、清洁。

（2）装卸、搬运作业标准

1）装卸镀锌、彩涂卷板时，必须采用专用尼龙吊带、带胶皮的钢丝板带、带尼

㊀ 薄卷钢、镀锌钢带。——编者注

龙衬板的C形钩等专用工具进行装卸作业；装卸场地使用叉车搬运时，其叉车必须使用圆筒，而且圆筒外加厚胶皮或尼龙垫片，以防止钢卷内径及钢卷侧面硌伤。

2）单重大于10t的钢卷，起吊时严禁同时起吊两卷。

3）为保证搬运质量，单重大于15t的钢卷，起吊时须在吊带上面加横梁，防止钢卷侧面勒伤。

4）装卸镀锌、彩涂卷板时，必须保持轻起、轻落，同时，防止与其他物体碰撞。

5）用汽车短途倒运时，必须使用专用钢制托架，其托架与钢卷接触部位必须加胶皮垫，防止钢卷硌伤。

6）汽车倒运遇雨、雪天气时，必须将钢卷苫盖好，防止淋湿。

2．线材产品⊖

（1）仓储、存放作业标准

1）产品仓储场地必须平整、干燥、清洁。

2）产品按规格、车号、收货人、垛位号入库摆放整齐，堆垛高度不能大于三层，底层线材两侧要加木楔防止滚垛。

3）带外包装的线材必须存放在库内，线材与地面接触部位加垫软质垫料防止硌伤。

4）卸车时，如发现打包钢带断缺，应及时补全防止散捆。

5）仓储期间，必须保持线材表面清洁，不允许有油渍、灰尘、杂物。

6）场地堆存期间，必须采取防雨措施，配备苫盖和排水设施，防止仓储期间产品遭受雨淋、水浸。

（2）装卸、搬运作业标准

1）装卸线材产品时，选用尼龙吊绳进行装卸作业，一根绳只能吊一件线材，防止线材散捆、乱线、擦伤。

2）使用叉车搬运带包装线材时，叉车圆套筒必须有胶皮套，要认真作业，避免刮破外包装套造成线材擦伤。

3）产品装卸时必须保持轻起、轻落，同时，防止与其他物体碰撞。

4）用汽车短途倒运时，必须保证车板平整、清洁。

5）用汽车运输带包装线材时，必须进行防雨苫盖，防止产品运输途中遇雨生锈。

案例思考题：企业制定作业标准有什么作用？需要如何制定？

复习思考题

1. 仓库保管作业有哪些过程？
2. 货物入库需进行哪些准备工作？
3. 货位使用有何方式？选择货位要遵循哪些原则？
4. 如何确定货位存货量？
5. 货物入库检验内容有哪些？分别有什么检验方式？

⊖ 钢盘条、焊线、低碳钢盘条、合金钢盘条等，直径5mm以下的热轧圆钢和10mm以下的螺纹钢。——编者注

6. 货物的数量、质量检验要达到什么程度？
7. 交接工作有什么内容？
8. 理货有什么作用？如何进行理货并且有什么要求？
9. 货物堆存有什么原则要求？有何方式？有哪些垛形可选择？
10. 货物码垛有什么要求？如何确定货垛大小？
11. 垫垛有什么作用？如何进行垫垛？
12. 苫盖有什么作用？可采用哪些方法进行苫盖？要达到什么要求？
13. 货物保管主要有什么工作？如何进行？
14. 备货有哪些工作？
15. 如何做到搬运合理化？搬运有哪些方式？要注意什么问题？
16. 装卸搬运工艺设计要考虑哪些因素？要实现什么目的？
17. 某时仓库外测得干球温度为30℃，湿球温度为28℃，该仓库的货物要求保管在70%～80%的湿度范围内，仓库应采取怎样的保管措施？

18. 某仓库单位面积技术定额为2t/m^2，现有5m×4m仓库货位，计划堆存某五金商品一批，已知该五金商品为木箱包装，木箱尺寸：50cm×20cm×20cm，每箱重30kg。请问该货位能堆放多少箱？可采用怎样的垛形？如何开垛？

19. 2018年12月26日某仓库收到一份送货单（见表5-11），验收时发现螺栓少5件，请签单，并编制相应的入库单、进销存卡、物资库存日报表（见表5-12）和出库单。

表5-11　送货单　　NO.__________

单位：　　　　　　　　日期：2018年12月26日

品名	规格（mm）	单位	数量	单价（元）	金额（元）	备注
螺母	20	个	100	1.00	100.00	
螺栓	20	个	100	2.00	200.00	
漏电保护器	3型	盒	20	10.00	200.00	

收货单位：（盖章）　　　　制单：××　　　　送货单位：（盖章）

经手人：　　　　　　　　　　　　　　　　　经手人：李四

表5-12　物资库存日报表

日期：　　年　　月　　日

物资编号	品名	规格	昨日结存	今日入库	今日出库	今日结存	安全存量	备注

制表人：

第六章

流通加工业务

学习目的

掌握仓储所能开展流通加工的业务项目和选择原则，了解加工生产管理组织，了解商品和货物包装、托盘化、集装及集装箱装箱作业、分拣等主要的流通加工业务项目，以及各项目的一般要求和操作方法。

第一节　流通加工业务简述

一、流通加工的定义

流通加工是为了提高物流速度和物品的利用率，降低生产及物流的成本，在物品进入流通领域后，按物流的需要和客户的要求进行的加工活动，即在物品从生产者向消费者流动的过程中，为了促进销售，维护产品质量，实现物流的高效率所采取的使物品发生物理和化学变化的手段。流通加工是物品在生产后到销售前的期间，根据需要施加包装、分割、计量、分拣、组装、裁剪、标签贴印等简单的作业的总称，如图 6-1 所示。

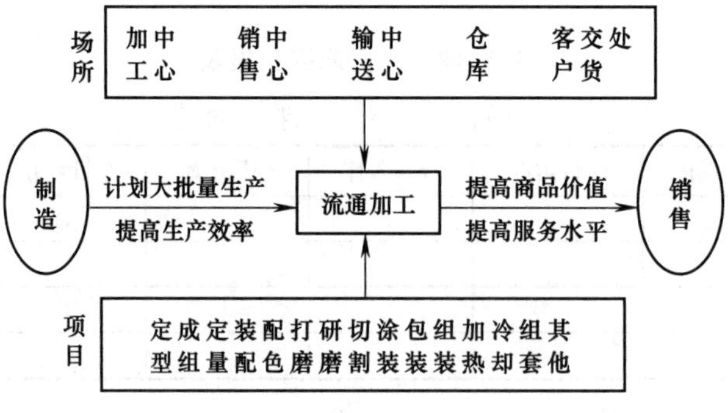

图 6-1　流通加工示意图

流通加工在流通中进行，仍然和流通一样起“桥梁和纽带”的作用。随着经济的增长，国民收入增多，消费者的需求呈现多样化的趋势，流通加工也变得更加广泛。目前，世界许多国家和地区的物流中心或仓库都开展流通加工业务，在日本、美国等物流业发达的国家这种业务更为普遍。

二、流通加工的目的

（1）适应多样化的顾客需求，促进商品的销售。

（2）在食品方面，可以通过流通加工来保持并提高其质量，保证提供给消费者时仍旧新鲜。

（3）美化商品，提高商品的附加值。

（4）可以规避风险，使商品跟得上市场需求的变化。

（5）推进物流系统化，提高物流效率，降低物流成本。

（6）开展专业化的加工，降低生产成本。

三、流通加工的类型

1. 弥补生产领域加工不足的深加工

有许多产品在生产领域只能加工到一定程度，这是由于许多因素限制了生产领域的完全终极加工。例如：钢铁厂的大规模生产只能按标准规定的规格生产，以使产品有较强的通用性，使生产能有较高的效率和效益；木材如果在产地制成木制品的话，就会造成运输的极大困难，所以原生产领域只能加工到板、方材这个程度。进一步的下料、裁切、处理等加工则由流通加工完成。这种流通加工实际是生产的延续，是生产加工的深化，可以弥补生产领域加工不足。

2. 适应多样化需要的流通加工

生产部门为了实现高效率、大批量、单一品种的生产，其产品往往不能完全满足客户的要求。为了满足客户对产品多样化的需要，同时又保证社会高效率的大生产，通常将生产出来的单调产品进行多样化的改制加工，它是流通加工中占重要地位的一种加工形式。例如：对钢材卷板的舒展、剪切加工；平板玻璃按需要的规格开片加工等。

3. 为保护产品所进行的加工

在物流过程中，直到用户投入使用前，都存在对产品的保护问题。为防止产品在运输、储存、装卸、搬运、包装等过程中遭受损失，使使用价值能顺利实现，可采取稳固、改装、冷冻、保鲜、涂油等方式。

4. 为提高物流效率、方便物流的加工

有一些产品本身的形态使之难以进行物流操作。如：鲜鱼的装卸、储存操作困难；过大的设备搬运、装卸困难；气体运输、装卸困难等。进行流通加工，可以使物流各环节易于操作，如：鲜鱼冷冻、过大设备解体、气体液化等。这种加工往往会改变“物”的物理状态，但并不改变其化学特性，并最终仍能恢复原来的物理状态。

5. 为促进销售的流通加工

流通加工可以从几个方面起到促进销售的作用。如：将过大包装或散装物（这是提

高物流效率所要求的）分装成适合一次销售的小包装的分装加工；将原以保护产品为主的运输包装改换成以促进销售为主的装潢性包装，以起到吸引消费者、指导消费的作用；将零配件组装成用具、车辆以便直接销售；将蔬菜、肉类洗净切块以满足消费者要求等。这种流通加工可能是不改变“物”的本体，只进行简单改装的加工，也有许多是组装、分块等深加工。

6. 为提高加工效率的流通加工

许多生产企业产品的部分加工工序，由于产品的数量有限，加工效率不高，难以投入先进加工技术和设备。流通加工以集中加工形式，消除了单个企业加工效率不高的弊端。以一家流通加工企业代替几个生产企业的部分加工工序，促使生产水平有所提高，加工成本得以降低。

7. 为提高原材料利用率的流通加工

流通加工利用其综合性强、用户多的特点，可以通过合理规划、合理套裁、集中下料的办法，有效提高原材料利用率，减少损失浪费。

8. 衔接不同运输方式，使物流合理化的流通加工

在干线运输及支线运输的节点，设置流通加工环节，可以有效解决大批量、低成本、长距离干线运输与多品种、少批量、多批次末端运输和集货运输之间的衔接问题，在流通加工点与大型生产企业间形成大批量、定点运输的渠道，又以流通加工中心为核心，组织对多用户的配送。也可在流通加工点将运输包装转换为销售包装，从而有效衔接不同目的的运输方式。

9. 以提高经济效益，追求企业利润为目的的流通加工

流通加工的一系列优点，可以形成一种“利润中心”的经营形态，这种类型的流通加工是经营的一环，在满足生产和消费要求的基础上取得利润，同时在市场和利润引导下使流通加工在各个领域中能有效地发展。

10. 生产-流通一体化的流通加工形式

依靠生产企业与流通企业的联合，或者生产企业涉足流通，或者流通企业涉足生产，形成的对生产与流通加工进行合理分工、合理规划、合理组织，统筹进行生产与流通加工的安排，这就是生产-流通一体化的流通加工形式，这种形式可以促成产品结构及产业结构的调整，充分发挥企业集团的经济技术优势，是目前流通加工领域的新形式。

四、流通加工的合理化

流通加工合理化的含义是实现流通加工的最优配置，使流通加工有更高的存在价值，避免各种不合理现象。流通加工合理化就是对是否设置流通加工环节，在什么地点设置，选择什么类型的加工，采用什么样的技术装备等，需要做出正确的抉择。

实现流通加工合理化主要考虑以下几个方面：

（1）加工和配送结合　这是将流通加工设置在配送点中，一方面按配送的需要进行加工，另一方面加工又是配送业务流程中分货、拣货、配货的一环，加工后的产品直接投入配货作业，这就无须单独设置一个加工的中间环节，而使流通加工与拆装配送巧妙结合在一起。同时，由于配送之前有加工，可使配送服务水平大大提高。这是合理化安排流通加工的重要形式，在煤炭、水泥等产品的流通中已表现出较大的优势。

（2）加工和配套结合　产品配套包括产品规格系列配套和产品部件、零件配套。配套产品通常由单一厂家生产，更多时候分别由不同厂家或生产基地生产。完全配套有时无法全部依靠现有的生产单位，进行适当流通加工，可以有效促成配套，大大提高流通的桥梁与纽带作用。

（3）加工和合理运输结合　上面已提到过流通加工能有效衔接干线运输与支线运输，促进两种运输形式的合理化。利用流通加工，在支线运输转干线运输或干线运输转支线运输这本来就必须停顿的环节，不进行一般的支转干或干转支，而是按干线或支线运输的合理要求进行适当加工，从而大大提高运输及运输转载水平。

（4）加工和合理商流相结合　通过加工有效促进销售，使商流合理化，也是流通加工合理化的考虑方向之一。根据市场销售的特点和消费者的偏好，根据销售季节的变化对产品进行适应性流通加工，可以促进产品的销售。

（5）加工和节约资源相结合　节约能源、节约设备、节约人力、减少耗费是实现流通加工合理化的重要考虑因素，也是目前我国设置流通加工，考虑其合理化的较普遍形式。

（6）加工与降低成本相结合　是选择生产加工，还是选择流通加工，其决策合理性不仅体现在加工成本的降低，更重要的是，通过选择实现整体成本的降低，包括加工成本、物流成本、资金成本等。

对于流通加工合理化的最终判断，是看其是否能实现社会效益和企业自身的经济效益，以及是否取得了最优效益。流通企业更应该树立社会效益第一的观念，以实现产品生产的最终利益为原则。企业只有将自己定位为生产流通过程中的补充者、完善者，才有生存的价值。如果只是追求企业的微观效益，不适当地进行加工，甚至与生产企业争利，就有违流通加工的初衷，或者其本身已不属于流通加工范畴。

五、加工生产管理

1. 加工生产管理的内容和过程

加工生产管理的内容和过程如图 6-2 所示。

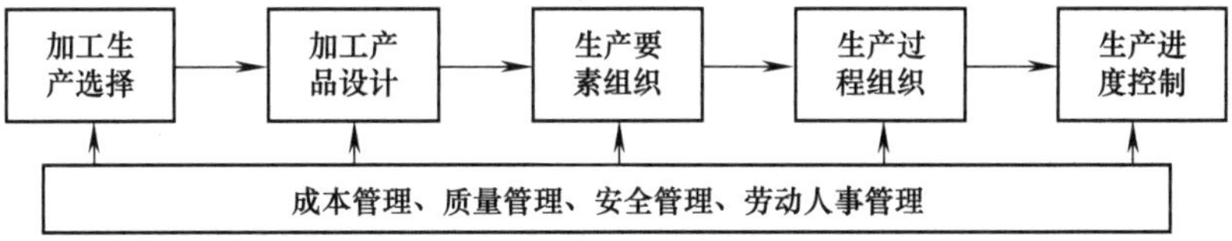

图 6-2　加工生产管理的内容和过程

2. 产品结构知识

（1）产品结构组成　产品结构组成是指产品本身物理或化学的结构，表示产品由哪些部分组成，以及各部分之间的数量比例关系。比如一支铅笔的结构和组成数量为：橡皮（1），金属皮（1），半圆木杆（2），碳芯（1），表漆（若干）。

（2）产品结构的类型　产品结构的类型一般分为四个种类，分别是：

化合型——经过化学分解、合成而形成的产品，如化工产品。

自然型——通过自然力的作用而形成的自然物质，如煤、矿、石油、农作物等。

组合型——用物理方式进行人工分解、加工、组合而形成的产品，如金属、机械等。

转换型——通过物理或化学的方法，将一种能量转换成为另一种能量的动力产品。

（3）产品的组成部分　加工产业一般将加工产品的组成分为自制件和配件。自制件是指由企业自行生产的零部件；配件则是指由外部企业生产的零部件，分为外协件和外购件。外协件是指依据计划或合同由其他企业生产，按时直接供应的成品或半成品；外购件则是指从市场采购的标准件、通用件或材料。

机电产品由多种零件、部件、配件构成。

零件（元件），是产品中最小的组成单位，制造中不需要装配工序。

部件，是产品中由若干零件装配而成的相对独立的组成部分。

配件，也是零件或部件。

食品、化工产品一般由原料、辅料、添加元素（添加剂）构成。

建筑产品则由各种材料构成。

3. 加工生产的配置

（1）生产要素　加工生产所需要的最基础的要素无外乎人、财、物、信息。具体来说，加工生产需要：基础设施（厂房、场地）、劳动者、机器设备、工具仪表、燃料动力、工艺技术等。可以将这些要素归纳成劳动力要素、资本要素、技术要素三部分。根据这三部分在生产中投入量的不同比例，将生产分为劳动密集型生产、资本密集型生产和技术密集型生产。

1)劳动密集型生产。劳动密集型生产是指在投入要素中以普通劳动投入为主的生产，劳动者仅需要具备一般熟练的技能即可从事生产。这样生产出来的产品称为劳动密集型产品。这是流通加工的主要选择对象。

2）资本密集型生产。在资本密集型生产中，其生产要素主要以资本要素为主，大量使用资金和物化资本，如大量的流动资金、昂贵的大型设备或生产系统等。流通加工要慎重选择资本密集型的生产，大量的物化资本需要巨量的产品来分摊，需要有长期、需求量极大的生产才能维持。冷冻加工、灌包等流通加工适合采用资本密集型生产。

3）技术密集型生产。技术密集型生产是指以技术投入为主的生产方式，如采用专利技术、需要投入大量人力资本的生产。技术密集型生产是流通加工生产的重要发展方向。

（2）生产单位　生产单位是参与生产的劳动力的分工组织形式，分为基本生产部门、辅助生产部门、生产服务部门、生产技术准备部门。

生产单位配置遵循的原则如下：

1)工艺原则。工艺原则是指按照生产过程各个工艺阶段的工艺特点来设置生产单位。一般将同类型的工艺设备、同工种工人、相同加工方式的生产过程合并为一道工序由一个生产单位进行。如：产品无论是前期油漆还是最终油漆，都由油漆车间进行。工艺原则的优点是工艺专业化程度高，生产持续性和通用性强；缺点为产品往返搬运次数多、中间存量大，生产进度安排复杂。

2）对象原则。对象原则是指按照产品（或零件、部件）的类型设置生产单位。每一种产品（或零件、部件）由一个生产单位生产，每一生产单位的生产中结合了多种工艺。对象原则的优点是缩短运输、减少搬运，可以同时多工艺加工，产品待时少，生产进度由单位内部调节；主要缺点为专业化程度低，不同单位会出现设备重复投资和利用率低的现象。

3）综合原则。综合原则是指结合工艺原则和对象原则的优点进行生产单位组织。可以在工艺原则的基础上结合对象原则；或者是在对象原则的基础上进行内部工艺分工。

（3）生产场所和线路配置　生产场所一般设置在专用的生产场地，便于配置生产设施、供应动力能源，应采取合适或者高效率的工艺布局，有针对性地进行安全保证。大多数的流通加工属于轻型加工，许多时候采取直接在仓储区进行的方式。在仓储区进行加工时要注意场地的安排，场地应具有较大的空间，电力供应、照明较为固定，具有良好的通风条件。应尽可能地采用机械作业或者机械辅助作业，防止不安全作业。

生产线路配置是指各生产单位之间的运输线路连接，它决定了加工品在各阶段的运输条件和时间。生产线路配置应做到以下几点：

1）保持生产工艺流程的合理性。不得因为运输线路限制而影响生产工艺流程的正常进行。

2）紧凑合理，保证运输距离最短，加工与储存结合合理。

3）取料和送料方便，人力使用合理，劳动强度较低，保持生产过程安全。

4）物资入库、储存、加工、出库过程协调。

5）严格遵守法律、法规。

4．生产过程时间组织

流通加工一般采取简单生产，生产工序较少，加工品种较为单一。因而大都采用顺延式生产方式，加工对象从一个工序顺次到下一个工序，直到完成加工任务。每一件产品的加工运动形态如图 6-3 所示。当批量进行加工时，可以采用顺序移动方式、平行移动方式和平行顺序移动方式。

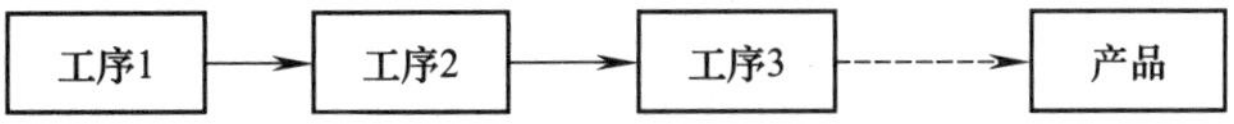

图 6-3　简单加工过程

（1）顺序移动方式　顺序移动方式是指每批产品在前一道工序全部加工完之后，整批地转移到下一道工序去加工。加工时间的安排为，前一道工序全部加工完后，后一道工序才开始加工。加工总时间即生产周期为所有各工序加工时间的总和。

$$T_{\text{顺}}=n\sum_{i=1}^{m}t_i$$

式中　$T_{\text{顺}}$—— 顺序移动方式下的生产周期；

n—— 加工批量；

t_i—— 第 i 道工序单件加工时间；

m—— 工序数。

如某产品须经过 3 道加工工序，第一道工序要 2h，第二道、第三道工序均为 1h。现生产两件该产品，按顺序移动方式的时间分布如图 6-4 所示。

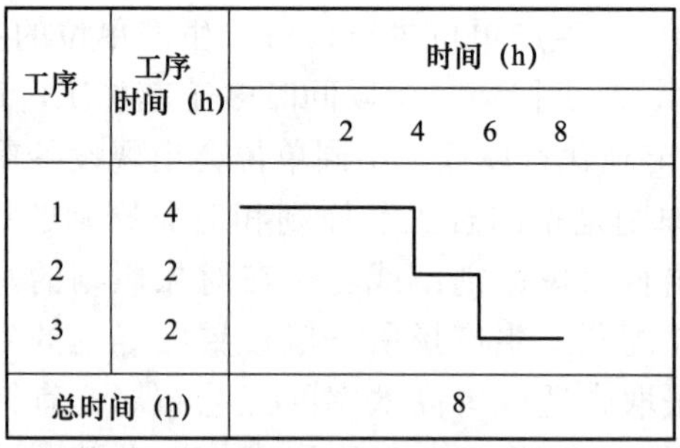

图 6-4　顺序移动方式示意图

（2）平行移动方式　平行移动方式是指每件产品在前一道工序完成后立即进入下一道工序加工，保持产品在加工过程中不停顿。在同一时间各道工序都在加工同一种产品，现今生产中大量使用的流水线生产方式就属于平行移动方式。平行移动方式的生产时间缩短，但由于各工序所用时间不同，短时间的工序会出现歇停现象，因而均匀工序组织是该生产方式的难点。上例产品加工的时间分布如图 6-5 所示。

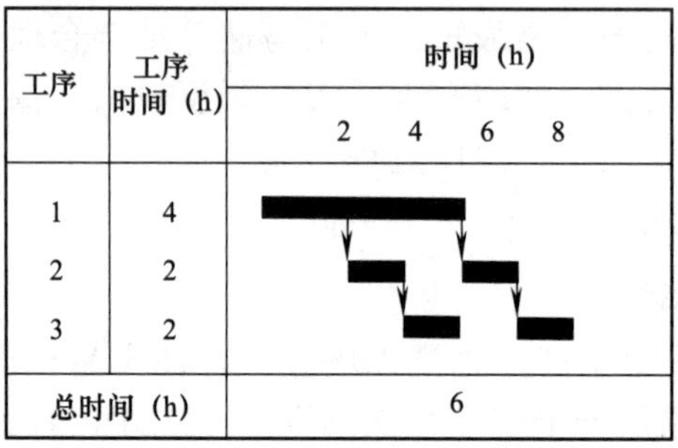

图 6-5　平行移动方式示意图

平行移动方式生产的总时间（生产周期）计算方式如下：

$$T_{平}=\sum_{i=1}^{m} t_i+(n-1)\,t_{长}$$

式中　$t_{长}$——加工需要最长时间的工序环节的加工时间。

（3）平行顺序移动方式　平行顺序移动方式是指一批产品在前道工序全部加工完毕前，在加工出下道工序可以连续加工的产量时，将已加工好的一部分先转移到下道工序加工，两道工序都保持连续的加工状态，不出现停歇。上例的时间安排如图 6-6 所示。

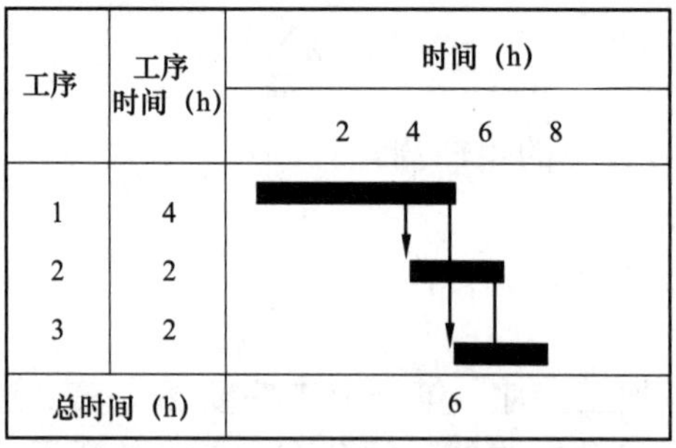

图 6-6　平行顺序移动方式示意图

（4）三种工序安排的选用　三种工序安排各有优缺点，在工序组织中，应根据加工类型、加工量、业务量、设备、人员条件进行选择。批量小、零件加工时间短、按工艺组织生产宜采用顺序移动方式；批量大、单件加工时间长、按对象组织生产可采用平行移动或平行顺序移动方式；加工生产业务品种多，可以进行穿插加工时，可采用平行移动方式；加工工艺有变化，而加工设备需要较长时间调整时应采用平行顺序移动方式。

5. 加工过程控制

（1）生产前的准备　生产前的准备主要包括技术、物料、设备、劳动力、电力能源等的准备，是使生产顺利进行的保证。技术准备包括图样、加工要求、工艺标准等的制定；设备准备是指生产员工准备、调试生产设备，使其处于可运行状态；劳动力准备是指妥善安排生产、辅助等人员；物料准备是指将加工所需的各种零部件、材料、元素等按照加工生产的需要量进行准备。生产前的准备是指整个生产部门共同进行的准备工作。准备完毕后才能进入生产阶段。

（2）投入出产进度控制　投入出产进度控制分为投入进度控制和出产进度控制。投入进度控制是指按计划要求控制产品开始投入的日期、数量和品种，是生产控制的主要手段，其要求是实现加工生产过程有节奏、均匀进行，确保整体生产不会间断，同时避免产品堆积；出产进度控制是对零部件、产品的出产时间、数量进行控制，保证生产过程衔接，按计划完成生产任务。

（3）质量控制　质量控制是指在生产中按确定的质量目标，比较、分析所发生的差异，适时进行调整，保证和提高产品质量的管理工作。质量控制主要有质量检验和调整两项工作。质量检验是指按照质量标准在加工的整个过程中对每一道工序的产品进行质量检查，及时发现不合格品。调整则是指在发现不合格品时进行原因分析，并做出改正处理，确保所有的最终产出品符合质量要求。

第二节　商品包装

一、包装的作用

包装的目的在于对商品实行保护、方便搬运、商品包装单位化、使商品具有标识。从物流配送角度来看，包装的功能一般可以概括为以下几个方面：

1. 对产品实行保护

科学地设计包装，可使内装物在物流过程中避免因外力、光热、有害气体、温度、湿度、微生物及其他生物等外界因素的影响而遭受损坏，这是物流包装最主要的作用。包装保护性主要体现在以下几个方面：

1）防止产品破损变形。产品包装必须能够承受在装卸、运输、保管等过程中冲击、振动、颠簸、压缩、摩擦等各种外力的作用，形成对内装产品的保护，具有一定抗震强度，经受得起运输作业的颠簸。

2）防止产品发生化学变化。产品在流通和消费过程中易受潮、发霉、变质、生锈。

这就需要包装能在一定程度上起到阻隔水分、潮气、光线及有害气体的作用，避免外界环境对产品造成不良影响。

3）防止有害生物对产品的影响。鼠、虫及其他有害生物对产品具有很大的破坏性，这就要求包装能够具有阻隔霉菌、虫、鼠侵入的能力，形成对内装产品的保护。

4）防止异物混入、污物污染、丢失、散失等作用。

2. 提高物流作业效率

包装构成物流的操作单位。精心设计包装，实现包装的标准化和集成化，便于采用科学合理且成本低廉的方式完成各项物流作业，有利于采用高效的物流作业设备、物流作业方式，有利于选择合理的物流链管理方法，有利于降低物流作业损耗，节约储存与运输费用。

3. 提供包装物信息

富有特色的包装可以激发顾客对商品的偏爱和购买欲望，包装信息有助于顾客了解和正确使用商品，包装标识可以使物流作业人员正确地进行商品的区别和存放，包装物上有关操作的说明可用于指导搬运作业。

4. 提高客户服务水平

在设计产品包装时，要考虑与客户使用的搬运、储存设备相适应，尽管可能会导致成本有所增加，但却有利于提高服务水平，从而吸引并留住大批客户。

二、包装的种类

包装的种类可以从形态、功能、目的等多个角度进行划分，具体来说，可以按形态、功能、包装方法、包装材料、包装商品种类、物品状态、流通阶段等多个标志进行分类。

1. 按形态分类

包装按形态可以分为个装、内包装和外包装。

个装是指物品按销售单位进行的包装，目的是为了提高商品的价值或保护物品，方便销售；内包装是指包装货物的内部包装，目的是防止水、湿气、光热和冲击碰撞对物品造成的破坏；外包装指货物的外部包装，即将物品放入箱、袋、罐等容器中，或直接捆扎并做上标记、印记等，其目的是便于对物品的运输、装卸和保管，保护物品。

2. 按功能分类

若从包装功能的角度分类，包装可以分为工业包装和商业包装。工业包装旨在运输、仓储时保护商品和方便操作，商业包装旨在促进商品销售。商品包装的功能还有保护性包装、防护性功能、装饰性包装、定量化包装等。

3. 按包装方法分类

若按照技术方法分类，包装可以分为防碎包装、防洒漏包装、防湿包装、防锈包装、缓冲包装、收缩包装、真空包装等。

4. 按包装材料分类

根据包装物所使用的材料，包装可以分为纸箱包装、木箱包装、金属包装、纸袋包装、玻璃瓶包装、塑料袋包装（软包装）等。

5. 按包装商品种类划分

不同的商品对于包装有不同的要求，包装按照商品的种类可以分为食品包装、药品包装、蔬菜包装、机械包装、危险品包装等。

6. 按物品状态分类

根据物品的状态，包装可以分为液体包装、粉末体包装、颗粒体包装、固体包装等。

7. 按流通阶段划分

按照商品所处的流通阶段，包装可以分为生产者包装、集货地包装、物流中心包装、店铺包装等。

三、商业包装

商业包装又称为销售包装。商业包装是以促进商品销售为主要目的的包装，其本身构成商品的一部分，也称作零售包装或消费包装。商业包装主要是零售的需要，作为商品的一部分或为方便携带所做的包装，以促进销售为主要目的。这种包装的特点是外形美观，有必要的装潢，适合销售的包装单位，适合顾客购买和商品摆设陈列的要求。

商业包装的主要功能是定量功能、标识功能、商业功能、便利功能和促销功能。其主要目的在于促销展示或便于商品在柜台上零售。

四、工业包装

工业包装是指在运输和保管过程中以保护物品为主要目的的包装。工业包装也称为运输包装，即以满足运输贮存要求为主要目的的包装。它具有保障产品的安全，方便储运装卸，加速交接、点验等作用。

工业包装的主要作用包括保护功能、定量（单元化）功能、便利功能和效率功能。

（1）保护功能　避免搬运过程中造成脱落，运输过程中产生振动或冲击，保管中由于承受物重造成破损；避免异物混入和污染；防湿、防水、防锈、防光，防止因为化学或细菌的污染而出现的腐烂变质；防霉变、防虫害。

（2）定量功能　整理成为适合搬动、运输的单元；整理成适合使用托盘、集装箱、货架或载重汽车、货运列车运载的单元。

（3）便利功能　形状便于运输、搬运或保管；便于实施运输、搬动或保管等物流作业；便于生产；便于废弃物的处理。

（4）效率功能　有利于提高生产、搬运、销售、配送、保管等效率。

尽管工业包装和商业包装有明显的区别，但二者近来也有相互接近的倾向。为了实现物流的合理化，工业包装采用与商业包装同样的创意，工业包装同时具有商业包装的功能。例如，家电产品包装就呈现出这种趋势。

五、合理化包装

包装是物流的起点，包装合理化是物流合理化研究的重要对象，也是物流合理化的基础。近代工业包装是以大量生产、大量消费、长距离运输背景下的商品流通为对象，以集成大量性、迅速性、低廉性和省力性为目标展开其合理化过程的。包装合理化朝着标准化、作业机械化、节约成本、包装单位大型化、绿色化等方向不断发展。

1. 标准化原则

包装尺寸的确定过去大多是以保护内部盛装物品、便于人工装卸搬运作业、节约包装材料等为标准，对于与物流其他作业环节、其他运载工具的关联性考虑得不多。包装设计只是从局部出发，没有站在物流综合系统的角度，以物流总体的合理化为目标。包装标准化则是以实现物流全过程的物流整体合理化和效率化为原则来设计商品包装，确定包装的尺寸，例如，包装箱尺寸与托盘、集装箱、车辆、货架等各种各样的物流子系统发生联动；包装、运输、装卸、保管等不同物流环节机械器具的尺寸设计建立在共同的标准之上。

包装标准尺寸是指包装模数基础尺寸，也就是包装最小尺寸。为实现包装货物合理化而制定的包装尺寸的系列叫作包装模数。用包装模数确定的容器长度×容器宽度的组合尺寸称为包装模数尺寸。包装模数尺寸的基础数值，即包装模数是根据托盘的尺寸，以托盘高效率承载包装物为前提确定的。这样才能够保证物流各个环节的有效衔接。按照包装模数尺寸设计的包装箱就可以按照一定的堆码方式合理、高效率地码放在托盘上，完整地装入集装箱。

国际标准化组织推荐的包装基本模数为600mm×400mm。在其推荐的1 200mm×1 000mm的托盘上以3+2的方式堆码，如图6-7所示。

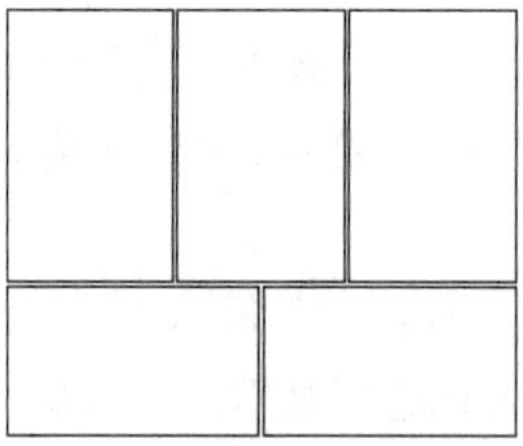

图 6-7 3+2 堆码方式示意图

2. 作业机械化

实现包装作业的机械化是提高包装作业效率、减轻人工包装作业强度、实现省力的基础。包装作业机械化首先从个装开始，之后是装箱、封口、装挂提手等外装相关联的作业推进。

3. 节约成本

包装成本中占比例最大的是包装材料费，容器和附属材料的总费用一般都超过包装总成本的 10%。因此，降低包装成本首先应该从降低包装材料费用开始。为此，需要对包装材料的价格和市场行情做充分的调查，合理选择和组织包装材料采购。对于材料的种类、材质的选择，应该在保证功能的前提下，尽量降低材料的档次，节约材料费用支出。

影响包装成本的第二个因素是劳务费，特别是在经济发达的地区和国家，劳务费用占包装成本的比重相当高。节约劳务费用的办法是提高包装作业的机械化程度，降低包装作业对人工的依赖程度。当然，机械化包装作业需要购置包装机械，机械使用费用同样构成包装成本，如果节约的劳务费用低于使用机械支付的费用，包装成本不仅不会下降，反而会提高。仅仅从包装环节和费用的角度看，机械化程度的高低要结合人工使用成本综合考虑。在许多场合，通过机械与人工的合理组合，在半机械化的条件下从事包装作业，既可以提高效率，又可以节约人工，使包装成本得到有效控制。

同时也要考虑包装成本的降低会因为包装材料的减少或品质降低导致包装强度降低，或者因包装工艺的简化使包装性能降低，或者仅仅是为了降低包装成本而不能达到包装标准化的尺度等，这将会使物流的其他成本增加或总体物流成本增加，这种“效益背反”关系如图 6-8 所示。

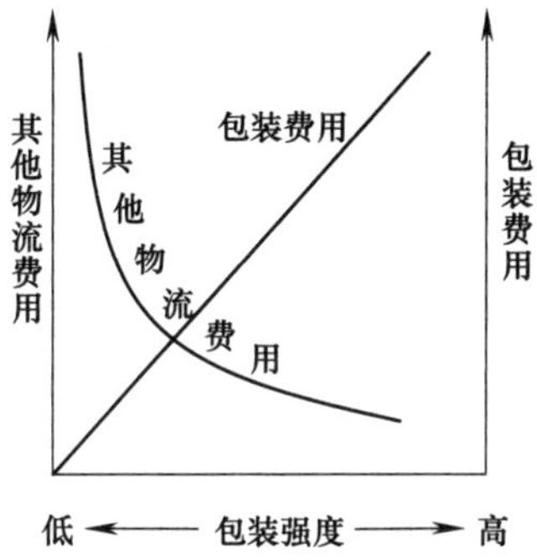

图 6-8 包装费用与其他物流费用的关系

最后，在包装设计上要防止过度包装，应根据商品的价值和商品特点设计包装。对于有些低价值的商品，为保证不发生破损而采用高档次包装的做法在经济上未必合理。允许一定程度的破损率，会大大节约包装费用，对于节约包装成本是有益的。

4．包装单位大型化

随着交易的数量增大和物流过程中装卸机械化程度的提高，包装的大型化趋势也在增强。大型化包装有利于机械的使用，提高装卸搬运效率，提高运输效率，降低运输、搬运、装卸成本。大型化的标准包装一般为专用产品，能反复使用，实现包装成本的降低和减少包装材料浪费。

5．绿色化原则

包装材料中大量使用的纸箱、木箱、塑料容器等消耗大量的有限资源。资源的有限性、大量开发资源对于环境带来的破坏，以及包装废弃物给环境带来的负面影响，要求我们必须以节约资源作为包装合理化的指导思想。随着物流量的增大，随着人们对“资源有限”认识的加深，因商品包装而引起的资源消耗、垃圾公害、环境污染受到了重视，有些包装甚至可能给消费带来一定程度的伤害，有的包装能够再生利用。因此，在选择包装技法时，应遵循绿色化原则，通过减少包装材料、重复使用包装材料等措施，节省资源，利用生物降解、分解技术，来推行绿色包装。

第三节 包装标志

一、包装标志概述

1. 包装标志的概念

包装标志（Mark）又称为标记，是指用文字、图形和阿拉伯数字等在包装上的明显位置注明规定或者自定的记号、代号以及其他指示和说明事项。包装标志分为商品标志和货物标志两大类。

2. 商品标志

商品标志是指制造厂或者加工厂直接制作在产品或者随商品销售的包装上，标有商品的品名、规格、质量、制造厂名和商标、商品的使用和保管方法、内包装上商品的数量等的标志。

（1）品名标志　说明商品的品名、品号、货号。

（2）制造标志　商标牌号，制造厂标志，监制标志。

（3）商品说明标志　关于商品的品质、规格、性能、效用、数量、使用方法、保管方法、出厂日期和保质期。

（4）检查标志　有检查许可证或注册许可证号码，检查标识或合格证号码。

（5）原产地标志　符合国际原产地规则规定的生产国（地区）标志。

（6）其他标准标志　产品符合某些公认的标准的说明和标志。

商品标志主要采用标志牌张贴、挂标签、个装容器铸刻、商品表面印制、包装盒印制书写等方式标注。

3. 货物标志

货物标志又称为运输包装标志，是指货物外包装上的包装标志，它是在货物发运前由托运人标注的标志。货物标志可以在外包装上印制，或者挂标签，或者用不干胶纸印贴。货物标志由识别标志、运输标志、操作标志和危险品标志构成。

二、运输包装标志

运输包装标志是用来指明被包装商品的性质和物流活动安全以及理货、识别需要的文字和图像的说明。运输包装标志便于工作人员辨认识别货物，以利交接、装卸、分票、清点、查核，避免错发、错卸、错收。另外注意标志，如危险品标志，可指示工作人员正确操作，以保证货物完整。包装标志一般包括下列内容：

1. 识别标志

识别标志又称为主标志，通常由一个简单的几何图形和一些字母、数字及简单的文字组成。它不仅是运输过程中辨认货物的依据，而且是一般贸易合同、发货单据和运输、保险文件中，记载有关标志的基本部分，是收货人收取货物的标准。

识别标志的内容（如图 6-9 所示）如下：

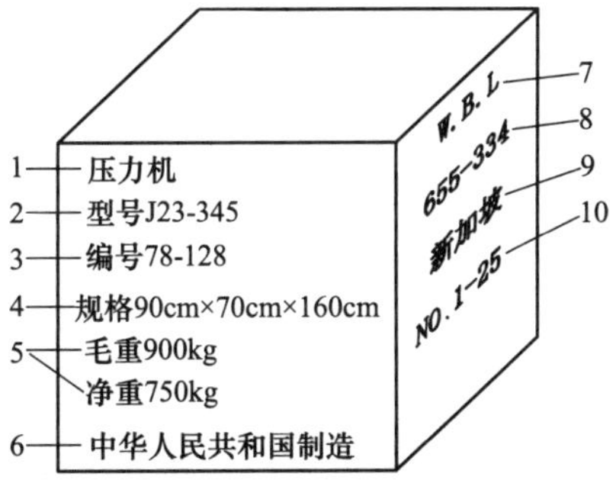

图 6-9 货物识别标志示意图

1—货名 2—货物型号 3—编号 4—货物包装尺寸 5—货物重量（毛重、净重）
6—产地名称 7—收货人标志 8—贸易合同编号 9—目的地 10—货件编号（共 25 件的第 1 件）

（1）收货人 收货人是由客户指定的，通常以收货人公司名称的字母缩写而成，再加某一几何图形（三角形、圆形、菱形等）。

（2）目的港 指最终卸货港口（进口口岸）。通常会标注在收货人名称下方。如卸货地不是最终地，则用“经由”（Via）卸货地。如：Roma Via Genoa（罗马，经由热那亚）。

（3）箱号 标明总件数和顺序号。如：有 200 件货物，第一件则写成 1-200 或 1/200。

（4）订货号 贸易合同、订货单号码或者进口许可证号码。

（5）产地 一般按照原产地原则确定，标注生产国（地区）。如：Made in China。

（6）重量、体积 重量标注毛重、净重、皮重；体积为包括包装在内的总体积，且标示“长×宽×高”或者“直径×高”。

（7）货物名称 除非买方要求，大多数商品在运输包装上都不标注商品名称。但为了区别，可以对商品进行标号或用代号加以区分。

2. 运输标志

运输标志（Shipping Mark）习惯上称为“唛头”或主标志。其形式和内容由买卖双方在贸易合同或信用证中规定。

（1）运输标志四要素

1）收货人或者买方的名称字首或者简称，但在铁路和公路运输中要使用全称。

2）参照号码。采用贸易合同、运单、提单、订货单发票或者许可证号码。

3）目的地。货物运输的最终目的地，如需转运，还要标明转运地。

4）件数号码。由顺序号和总件数构成，如 1/200。如货物规格相同可以标注成：1～200。最后有一箱零数，则要单独标注，如：No.201。

（2）包件体积和重量标志 体积标志（Measurement Mark）一般标注成：$L×W×H$，如 50cm×30cm×18cm；或者直径×高，如 Φ 25cm×50cm。

重量标志（Weight Mark）分为毛重、净重和皮重。如，Gross Weight: 150kg; Net Weight: 126kg；Tare 一般不标注。

（3）原产地标志　例如：

80EKRT—05008CN…………………收货人号

Guangzhou……………………………目的地

No.25/100……………………………件号

44cm×30cm×60cm…………………体积标志

Gross：126kg…………………………重量标志

Made in England……………………原产地标志

3．操作标志

操作标志也称为注意标志，目的是指明货物在操作、堆积中的注意事项和特殊要求。

注意标志由图形和文字构成。为了使注意标志的图形能明确和不会产生其他解释，世界各国与一些国际组织都做了这方面的规定。图形标志尽量趋于一致。

国际标准化组织的《包装储运图示标志》（ISO 780—1997）中共规定有 16 种标志：

① FRAGILE——易碎物品，小心轻放

② USE NO HOOKS——禁用手钩

③ THIS WAY UP——此面向上

④ KEEP AWAY FROM SUNLIGHT——避免阳光照射

⑤ PROTECT FROM RADIOACTIVE SOURCES——远离放射源

⑥ KEEP AWAY FROM RAIN——避免雨淋

⑦ CENTRE OF GRAVITY——重心点

⑧ DO NOT ROLL——禁止翻滚

⑨ DO NOT USE HAND TRUCK HERE——禁用人力搬运

⑩ USE NO FORKS——禁用叉车

⑪ CLAMP AS INDICATED——由此夹起

⑫ DO NOT CLAMP AS INDICATED——此处不能卡夹

⑬ STACKING LIMIT BY MASS——堆码重量极限

⑭ STACKING LIMIT BY NUMBER——堆码层数极限

⑮ DO NOT STACK——禁止堆码

⑯ SLING HERE——由此吊起

我国目前执行的运输包装标志国家标准是《包装储运图示标志》（GB/T191—2008），共有图示 17 种（见表 6-1）。

表 6-1　包装储运图示标志

序号	标志名称	标志图形	含　义	序号	标志名称	标志图形	含　义
1	易碎物品		运输包装件内装易碎品，因此搬运时应小心轻放	3	向上		表明该运输包装在运输时应竖直向上
2	禁用手钩		搬运运输包装件时禁用手钩	4	怕晒		表明运输包装件不能直接照晒

（续）

序号	标志名称	标志图形	含　义	序号	标志名称	标志图形	含　义
5	怕辐射		表明包装内物品一旦受辐射便会完全变质或损坏	12	此处不能卡夹		表明装卸货物时不能用夹钳夹持的面
6	怕雨		表明包装件怕雨淋	13	堆码重量极限		表明该运输包装件所能承受的最大重量极限
7	重心		表明该包装件的重心位置，便于起吊	14	堆码层数极限	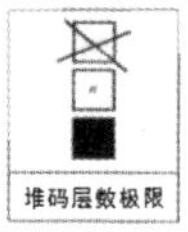	相同包装的最大堆码层数，*n* 表示层数极限
8	禁止翻滚		表明搬运时不能翻滚运输包装	15	禁止堆码	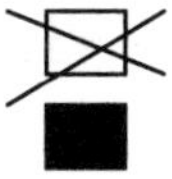	该包装件不能堆码，并且其上也不能放置其他负载
9	此面禁用手推车		表明搬运货物时此面禁止放在手推车上	16	由此吊起		起吊货物时挂链条的位置
10	禁用叉车		表明不能用升降叉车搬运的包装件	17	温度极限		表明运输包装件应该保持的温度极限（右边横线为最高温度，左边横线为最低温度）
11	由此夹起		表明装运货物时夹钳放置的位置				

根据《包装储运图示标志》（GB/T 191—2008），图形标志外框尺寸包括以下四种：70mm×50mm；140mm×100mm；210mm×150mm；280mm×200mm。如使用在特大或者特小的包装件上，标志尺寸可以适当扩大或者缩小。标志颜色为黑色图案，或者在黑色包装上使用白色图案。

4．危险品标志

危险品标志，是对易爆品、易燃品、有毒物品、腐蚀性物品、放射性物品等危险品在其运输包装上清楚而明确印刷的标志，目的是警示工作人员，使其在装卸、运输和保管过程中按货物的特性采取相应的保护措施，保护货物与人身的安全。我国危险品标志按照国家颁布的《危险货物包装标志》（GB190—2009）刷制。联合国制定的《关于危险货物运输的建议书》，国际海事组织制定的《国际海运危险货物规则》等也都对危险品包装和标志有详细的规定。中国出口危险品时，除应印刷危险品标志外，还应印刷国际海运的危险品标志。危险货物的标志由图案标志和标牌组成。

5．运输标志的标注

图形标志可以用印刷、粘贴、拴挂、钉附及喷涂等方式打印标注标志。

一个包装件上使用相同标志的数目，根据包装件的尺寸和形状确定，大件适当增加。图案标志在各种包件上的位置如下。

箱类包装：位于包装端面或侧面。

袋类包装：位于包装明显处。

桶类包装：位于桶身或桶盖。

集装单元货物：应位于四个侧面。

其中，“易碎物品”“向上”应标在包装件所有四个侧面的左上角处。

“重心”应尽可能标注在包装件所有六个面的重心位置，否则至少应标在包装件四个侧、端面的重心位置上。

“由此夹起”“由此吊起”应标注在包装件的两个相对面上。

第四节　托盘及成组方法

一、托盘的概念

托盘（Pallet）是指用于集装、堆放、搬运和运输的放置作为单元负荷的货物和制品的水平平台装置。托盘能够有效地装卸、运输、保管货物，将其按一定数量组合放置于一定形状的台面上，这种台面有供叉车插入并将其托起的叉入口。以这种结构为基本结构的平台和在这种基本结构上形成的各种形式的集装器具均可称为托盘。

托盘是一种重要的集装器具，是物流领域中适应装卸机械化而发展起来的一种常用器具。托盘的发展总是与叉车同步，叉车与托盘的共同使用，形成的装卸系统大大地促进了装卸活动的发展，使装卸机械化水平大幅度提高，使长期以来在运输过程中的装卸瓶颈得以改善。托盘区别于普通集合包装的特征是它随时处于“备运”状态，使静态的货物转变为动态的货物。将托盘和货物固定搭配，形成了托盘包装。托盘包装是以托盘为承载物，将包装件或产品堆码在托盘上，通过捆扎、裹包或胶粘等方法加以固定，形成一个搬运单元，以便用机械设备搬运。

托盘最初是在装卸领域出现并发展的，在应用过程中又进一步发展为存贮设施并具有一个运输单位的功能，是物流系统化的重要装备工具，对现代物流的形成和物流系统的建立起了不小的作用。

二、托盘的特点

托盘的主要优点有：

（1）自重量小　托盘用于装卸、运输所消耗的劳动强度较小，无效运输及装卸负荷相对也比集装箱小。

（2）返空容易　返空时占用运力很少。由于托盘造价不高，又很容易互相代用，双方可互相以对方托盘抵补，所以无须像集装箱那样必须有固定归属者，也无须像集装箱那样返空。即使返运，也比集装箱容易操作。

（3）装盘容易　不需像集装箱那样深入箱体内部，装盘后可采用捆扎、裹包等技术处理，操作简便。

（4）装载量适宜，组合量较大。

（5）节省包装材料，降低包装成本。

托盘除了具有以上所述优点外，也存在以下不足：

（1）保护产品性能不如集装箱。

（2）露天存放困难，需要有仓库等设施。

（3）托盘本身的回运需要一定的运力消耗和成本支出。

三、托盘的基本结构与种类

1．托盘结构

木制平托盘的基本结构及其名称如图 6-10 所示。

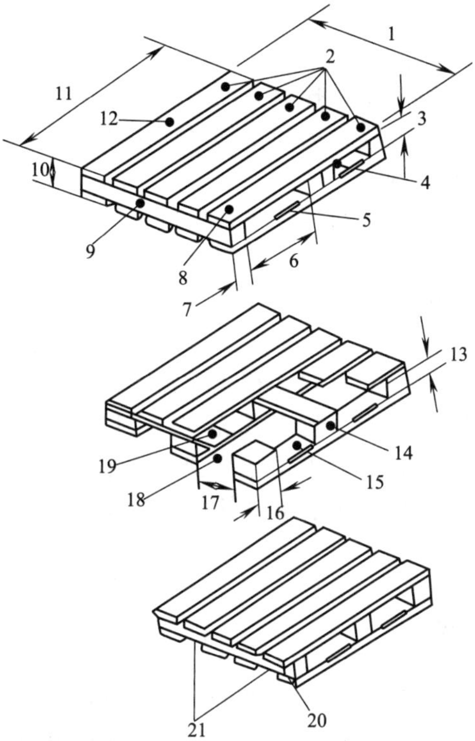

图 6-10 托盘基本结构及其名称

1—托盘长 2—铺板 3—叉孔高 4—叉孔 5—倒棱 6—叉孔宽 7—纵梁宽
8—边板 9—纵梁 10—托盘高 11—托盘宽 12—边板 13—垫块高 14—垫块
15—叉孔 16—垫块宽 17—叉孔宽 18—叉孔 19—纵板 20—翼 21—下面开口

2．托盘类型

托盘的种类繁多，就目前国内外常见的托盘种类来说，大致可以划分为七大类：

（1）平板托盘（又称平托盘） 平托盘是托盘中使用量最大的一种，可以说是通用托盘。平托盘又可以进一步按三个条件分类：

1）按台面分类。按承运货物台面分成单面形、单面使用形和双面使用形。

2）按叉车叉入方式分类。分为单向叉入型、双向叉入型、四向叉入型三种。四向进叉托盘允许叉车、托盘搬运车和托盘堆垛机的货叉从四个方向叉入托盘，因而插车操作较为灵活；还有一种局部四向进叉托盘，允许叉车的货叉从四个方向插入，而托盘搬运车和托盘堆垛机仅能从两个相反的方向插入托盘。双向进叉托盘仅允许叉车、托盘搬运车和托盘堆垛机的货叉从两个相反的方向插入托盘。单向进叉托盘只能从一个方向插入货叉，因而叉车操作时需要固定方向。

3）按材料分类。分为木制品托盘、钢制托盘、铝合金托盘、胶合板托盘、塑料托盘、纸板托盘、复合材料托盘等。

（2）立柱托盘　立柱式托盘在托盘上部的四个角有固定式或可卸式的立柱，有的柱与柱之间有连接的横梁，使柱子成门框型。这种托盘最适宜装运袋装货物，防止托盘上放置的货物在运输、装卸等过程中发生滑落，另外，还可以利用柱子加固四角，支撑承重，提高托盘上放置货物的堆码高度，既可节省容积，又不用担心压坏托盘上的货物。

（3）箱式托盘　箱式托盘是指在托盘上面带有箱式容器的托盘。它的基本结构是沿托盘四个边有板式、栅式、网式等栏板和下部平面组成的箱体，有些箱体有顶板。箱板有固定式、折叠式和可卸式三种。

（4）滑片托盘（简称滑板）　滑板托盘是航空和汽车运输、生产环节用托盘，它是一种不用叉车作业的托盘，由一张金属片料简单地折曲出突出的折翼，以便进行推、拉滑动操作。按折翼的个数不同，分为单折翼型滑片、双折翼型滑片、三折翼型滑片和四折翼型滑片。

（5）轮式托盘　轮式托盘是在柱式、箱式托盘下部装有小型轮子的托盘。这种托盘利用轮子做短距离运动，在生产企业物流系统中，可以兼做作业车辆。

（6）特种专用托盘　这类托盘是根据产品特殊要求专门设计制造的托盘。现在各国采用的这类托盘不可计数。例如：平板玻璃托盘、罐式托盘、货架式托盘、轮胎托盘、笼式托盘等。

四、托盘的标准化

国际标准化组织规定托盘的规格有 1 000mm×800mm、1 200mm×800mm、1 200mm×1 000mm 三种，此外还有规格为 1 600mm×1 200mm、1 800mm×1 200mm 的大型托盘。

国家标准《联运通用平托盘主要尺寸及公差》（GB/T 2934—2007）规定托盘的规格为 1 200mm×1 000mm（优先推荐）、1 100mm×1 100mm。

托盘集合包装所集装的货物单元体积一般为 $1m^3$ 以上，其高度为 1 100mm 或 2 200mm，载重为 500～2 000kg。

世界各国托盘的尺寸不完全相同。美国主流托盘为 48in×40in（约 1 200mm ×1 000mm）；日本主流托盘为 1 100mm×1 100mm 和 1 200mm×1 000mm。

五、托盘集合的方法

1．科学地选择装盘码垛方式

在托盘上放装同一形状的立体形包装货物，可以采取各种交错组合的办法码垛，这可保证足够的稳定性，甚至不需要再用其他方法加固。码放的方式有：重叠式、纵横交错式、正反交错式和旋转交错式四种，如图 6-11 所示。

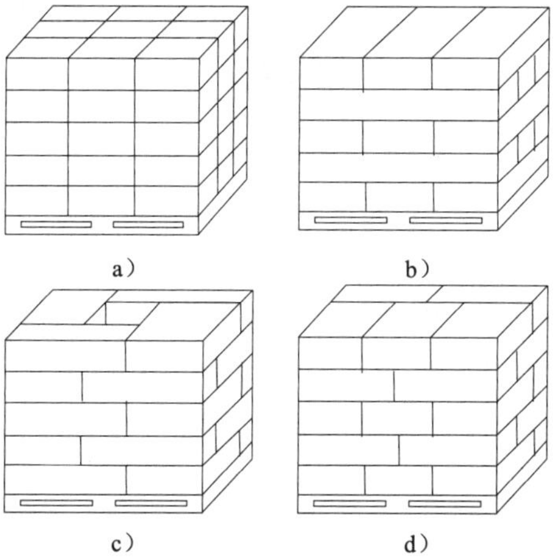

图 6-11 托盘集合包装方式

a）重叠式 b）纵横交错式 c）旋转交错式 d）正反交错式

（1）重叠式 即各层码放方式相同，上下对应。这种方式的优点是，工人操作速度快，包装物四个角和边重叠垂直，承载力大。缺点是各层之间缺少咬合作用，稳定性差，容易发生塌垛。在货体底面积较大情况下，采用这种方式可有足够的稳定性。一般情况下，重叠式码放再配以各种紧固方式，则不但能保持稳固而且保留了装卸操作省力的优点。

（2）纵横交错式 相邻两层货物的摆放旋转 90° 角，一层成横向放置，另一层成纵向放置。这种方式装完一层之后，利用转向器旋转 90° 角，层间有一定的咬合效果，但咬合强度不高。重叠式和纵横交错式适合自动装盘操作。

（3）正反交错式 同一层中，不同列的货物以 90° 角垂直码放，相邻两层的货物码放形式是另一层旋转 180° 的形式。这种方式类似于房屋建筑砖的砌筑方式，不同层间咬合强度较高，相邻层之间不重缝，因而码放后稳定性很高，但操作较为麻烦，且包装体之间不是垂直面互相承受荷载，所以下部货体易被压坏。

（4）旋转交错式 第一层相邻的两个包装体都互为 90° 角，两层间的码放又相差 180° 角，这样相邻两层之间咬合交叉，托盘货体稳定性较高，不易塌垛。其缺点是，码放难度较大，而且中间形成空穴，会降低托盘载装能力。

2. 托盘的加固方法

托盘货体的加固是保证货体稳固防止塌垛的重要手段。托盘货体加固的方法有如下 10 种：

（1）捆扎 用绳索、打包带等对托盘货体进行捆扎以保证货体的稳固。其方式有水平、垂直和对角捆扎等，如图 6-12 所示。捆扎打结的方法包括扎结、黏合、热融、加卡箍等。对钢丝、天线、软管等柔性货物采用线架或卷轴绕成卷再与托盘集合捆扎的方式。捆扎可用于多种货物的托盘集合包装。

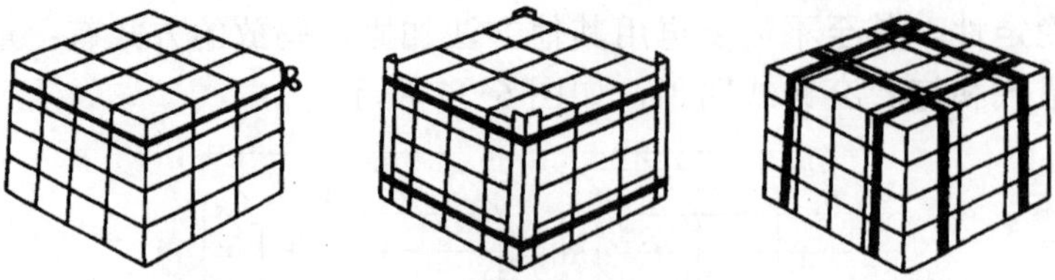

图 6-12　托盘货物的捆扎法

（2）网罩加固　此法主要用于装有同类货物托盘的加固。网罩加固多见于航空运输，将航空专用托盘与网罩结合起来，就可以达到加固的目的。将网罩套在托盘货物上，再将网罩下端的金属配件挂在托盘周围的固定金属片上（或将绳网下部缚牢在托盘的边沿上），以防形状不整齐的货物发生倒塌。为了防水，可在网罩之下用防水层加以覆盖。网罩用棉绳、布绢和其他纤维绳等材料制成。绳的粗细依托盘货物的重量而定，如图 6-13 所示。

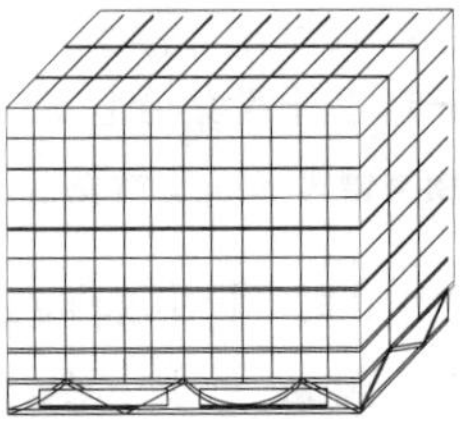

图 6-13　托盘网罩加固

（3）框架加固　框架加固是将框架加在托盘货物相对的两面或四面以至顶部，用以增加托盘货物刚性的方法。框架的材料以木板、胶合板、瓦楞纸板、金属板等为主。安装方法有固定式和组装式两种。采用组装式需要打包带加固，使托盘和货物结合为一体，如图 6-14 所示。

（4）中间夹摩擦材料　这种方法是指将具有防滑性的纸板、纸片或软性塑料片夹在各层容器之间，以增加摩擦力，防止水平移动（滑动），或冲击时托盘货物各层之间的移位。防滑片除纸板外，还有软性聚氨酯泡沫塑料等片状物。此外，在包装容器表面涂布二氧化硅溶液防滑剂，也有较好的防滑效果，如图 6-15 所示。

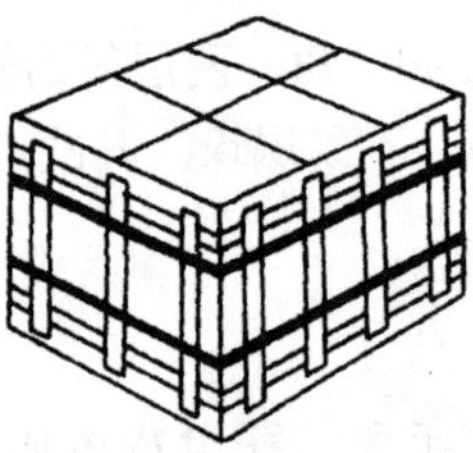

图 6-14　托盘框架加固

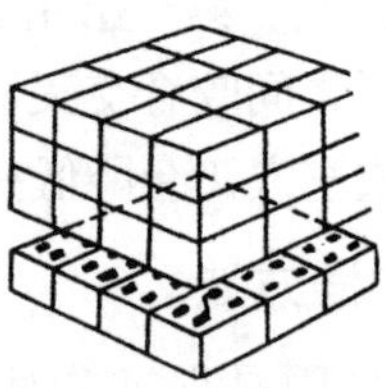

图 6-15　夹摩擦材料加固

（5）专用金属卡具固定　对某些托盘货物，最上部如可伸入金属夹卡，则可用专用夹卡将相邻的包装物卡住，以便每层货物通过金属卡具成一整体，防止个别货物分离滑落，如图 6-16 所示。

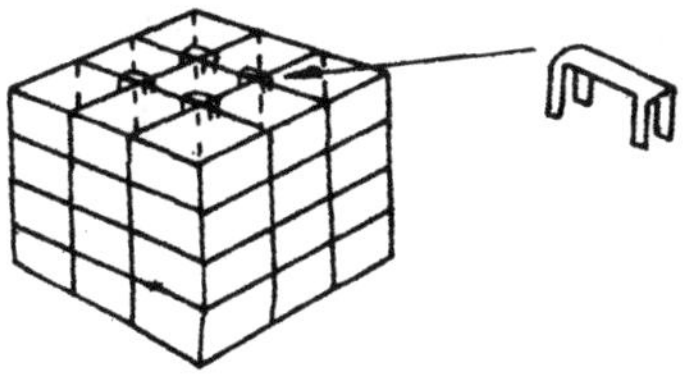

图 6-16 专用金属卡具固定

（6）黏合 黏合有两种方式：一是在下一层货箱上涂上胶水使上下货箱黏合，涂胶量根据货箱的大小和轻重而定。二是在每层之间贴上双面胶条，可将两层通过胶条黏合在一起。这样便可防止在物流中，托盘上的货物从层间滑落，如图 6-17 所示。

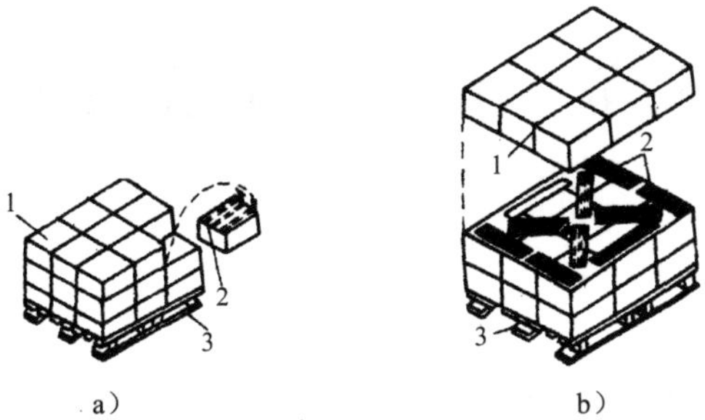

图 6-17 货物托盘集合包装的黏合方法

a）涂胶黏合 b）胶带黏合
1—货物 2—黏合物 3—托盘

（7）胶带粘扎 托盘货物采用单面不干胶包装带粘捆，即使是部分胶带损坏，由于全部贴于货物表面，也不会出现散捆，而绳索、包装带捆扎，一旦一处断裂，全部捆扎便失去效用，如图 6-18 所示。

（8）平托盘周边垫高 将平托盘周边稍稍垫高，托盘上置之货物会向中心互相依靠，在物流中发生摇摆、振动时，可防止层间滑动错位，防止货垛外倾，因而也会起到稳固作用，如图 6-19 所示。

图 6-18 胶带粘扎加固

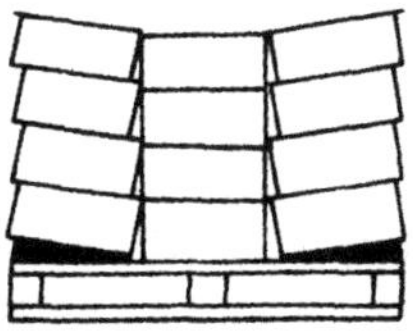

图 6-19 周边垫高加固

（9）收缩薄膜加固 将热缩塑料薄膜套于托盘货体上，然后进行热缩处理，塑料薄膜收缩后，便将托盘货体紧箍成一体。这种紧固形式属五面封，托盘下部与大气连通。它不但起到紧固、防止塌垛作用，而且由于塑料薄膜不透水，还可起到防水、防雨的作用，这有利于克服托盘货体不能露天放置，需要仓库的缺点，可大大扩展托盘的应用领域，如图 6-20 所示。

（10）拉伸薄膜加固 用拉伸塑料薄膜将货物和托盘一起缠绕包裹，当拉伸薄膜外力撤除后收缩紧固托盘货体形成集合包装件。顶部不加塑料薄膜时，形成四面封；顶部加塑料薄膜时，形成五面封。拉伸包装不能完成六面封，因此不能防潮。此外，拉伸薄膜比收缩薄膜（厚度为 20～30μm）捆缚力差，只能用于轻量的集合包装，由于操作比较方便，应用较多。如图 6-21 所示。

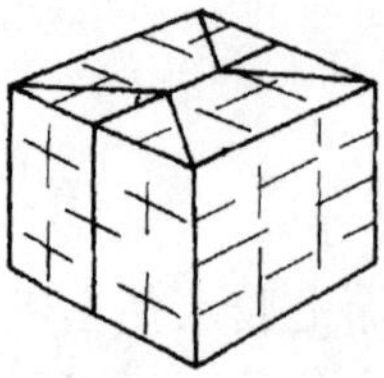

图 6-20　收缩薄膜加固

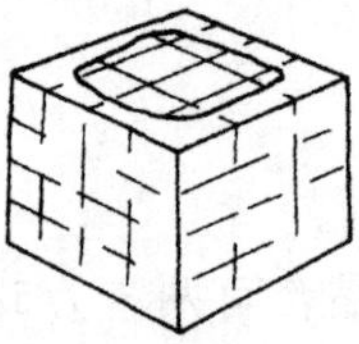

图 6-21　拉伸薄膜加固

第五节　集装及集装箱装运

一、集装

1．集装概述

集装是将许多小型单件物品或未包装货物，通过一定的集装容器和技术措施集合成尺寸规格较大、重量较重的大型标准化的组合体，单体总量可以达到几吨或几十吨。从包装角度来看，集装属于大型包装的形态。

杂散货物的集装组合方式，是随技术进步而发展的。在科学不太发达，起重、装卸机具没有普遍采用，装卸工作全要依靠人力进行时，杂散货物的组合包装程度主要受两个因素制约：一个因素是包装材料的限制，包装材料强度和材料自重约束了包装体的大型化；另一个因素是人力装卸能力的限制，包装必须限制在人的最大体能范围之内。因此，那时的组合体重量一般在 50kg 以下。

集装是材料科学和装卸技术两个方面有了突破进展之后才出现的，用大单元实现组合，是整个包装技术的一大进展。现今常用的集装方式有集装箱、集装袋、大型托盘集合、绳网集合等。

2．集装的效果

集装的主要特点是集小为大，而这种集小为大是按标准化、通用化要求来进行的，这就使中、小件散杂货以一定规模进入物流领域。集装主要有以下几方面效果：

（1）提高装卸、搬运、堆积作业效率。有些人认为，这是集装的最大效果。和单个物品的逐一装卸处理比较，这一效果主要表现在：

第一，缩短作业时间，这是由于多件货物多次装卸搬运转为集装一次作业而带来的效果。

第二，使装卸作业劳动强度降低，人力进行中、小件大数量散杂货作业，工人劳动强度极大，且由于强度大，工作时极易出差错，出货损。采用集装后只能采用机械化作业，不但减轻了装卸劳动强度，而且集装货物的保护作用，可以更有效地防止装卸时的碰撞损坏及散落丢失。

第三，降低理货作业难度和减少理货时间，加快交接作业速度。

（2）使包装合理化。采用集装后，物品的单体包装及小包装要求可降低，甚至可以去掉小包装，从而极大地节约包装材料，包装强度也由于集装的大型化和防护能力的增强而大大提高，有利于保护货物。

（3）便于运输和仓储管理。由于集装整体进行运输和保管，大大方便了运输及保管作业，便于管理，也能有效利用运输工具和保管场地的空间，大大改善环境。

（4）集装的最大效果，还是以其为核心所形成的集装系统，将原来分立的物流各环节有效地联合为一个整体，使整个物流系统实现合理化。物流的现代发展是离不开集装的，可以说集装是物流现代化的重要标志。

二、集装箱

1. 集装箱的概念

集装箱（Container）是一种运输设备。它既有集合包装容器最主要的特点，又具有运输工具的特点，它能为铁路、公路和水路运输所通用，能一次装入若干运输包装件、销售包装件或散装货物。国际标准化组织 104 技术委员会（International Organization for Standardization Technical Committee，ISO/ TC104）及我国《集装箱名词术语》（GB1992—1985）对于集装箱做出了相似的定义。我国《系列 1 集装箱分类尺寸和额定质量》（GB/T1413—2008）中集装箱的定义为：

（1）具有足够的强度，在有效使用期内可以反复使用。

（2）适用于一种或多种运输方式运送货物，途中无须倒装。

（3）设有供快速装卸的装置，便于从一种运输方式转到另一种运输方式。

（4）便于箱内货物装满和卸空。

（5）内容积等于或大于 $1m^3$（$35.32ft^3$）。

现代集装箱主要是用钢板、铝合金和玻璃钢制成，外部形状为一大型长方体，如图 6-22 所示。

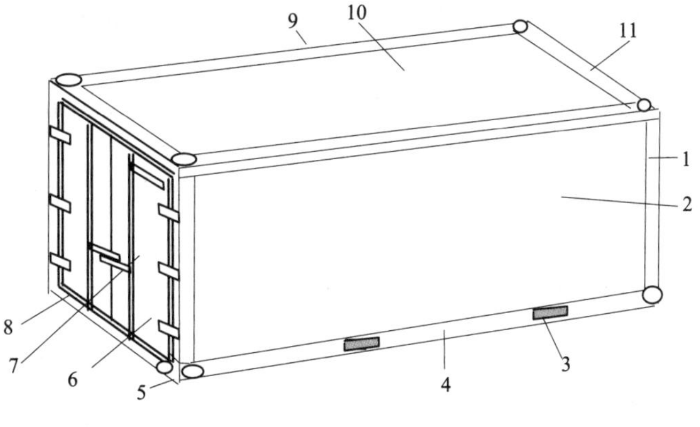

图 6-22　集装箱外形及部件名称

1—角柱（Corner Post）　2—侧壁（Side Wall）　3—叉槽（Fork Pockets）
4—下侧梁（Bottom Side Rail）　5—角件（Corner Fitting）　6—端门（End　Door）
7—门锁装置（Door Locking Devise）　8—门槛（Door Sill）　9—上侧梁（Top Side Rail）
10—顶板（Roof Sheet）　11—上端梁（Top End Transverse Member）

2．集装箱的种类及其基本特征

（1）按集装箱的用途分类　可分为通用集装箱和各种专用集装箱。

1）通用集装箱用于装载对运输条件无特殊要求的各种不同规格的干杂货，可进行成箱或成件的集装运输。这类集装箱箱体一般有密封防水装置，开门形式有多种：一端开门、两端开门、一端或两端开门再加一侧或两侧开门、部分侧开门和活顶等。其规格尺寸、自重与载重、容积一般均采用国际标准或国家标准。

2）专用集装箱是根据内装物对运输条件的要求专门设计的集装箱。这类集装箱根据需要设有通风或空调设备、货架等，可用来装载鲜活、易腐、怕热、怕冻等货物。还可以设计成专门装载粉状、液态货物等物品的罐箱；能够装载超出集装箱尺寸的大型货物的平台箱；装载汽车的汽车箱；装载超高货物的敞顶箱等。

（2）按材料分类　可分为钢质集装箱、铝合金集装箱、玻璃钢质集装箱等。

钢质集装箱由钢或不锈钢焊接而成，具有强度大、结构牢固、焊接性好、水密性好、造价较低的优点。其缺点是自重大、耐腐蚀性差。

玻璃钢集装箱箱壁的材质由玻璃纤维和树脂混合而成，再加入适当的加强塑料，胶附于胶合板的两面。它具有重量轻、耐腐蚀和防止箱内结露等优点。其缺点是易老化、强度低。

铝合金集装箱重量轻，但造价极高，更适合航空运输。

（3）按集装箱的结构分类　分为内柱式集装箱和外柱式集装箱，折叠式集装箱和固定式集装箱，预制骨架式集装箱和薄壳式集装箱。

3．集装箱的规格标准化

在国际标准化组织（ISO）集装箱技术委员会统一制定规格的指导下，国际海运集装箱 1 系列尺寸和质量基本相同，少数国家因铁路、公路运输法规有规定在超高箱高度上有不同限制。根据《系列集装箱分类尺寸和额定质量》（GB/T 1413—2008），我国箱型分类尺寸和额定质量见表 6-2。通用集装箱的最小内部尺寸和容积、门框尺寸（部分）见表 6-3。

为便于统计，将 20ft 标准集装箱作为国际标准集装箱数量统计的标准换算单位，称为换算箱或标准箱，简称 TEU（Twenty-feet Equivalent Unit）。一个 20ft 的国际标准集装箱换算为一个 TEU，40ft 的集装箱简称 FEU（Forty-feet Equivalent Unit），1FEU 统计换算为 2TEU。

目前，国际上集装箱大型化成为新的发展趋势，在尺寸上发展到 45ft、48ft。

表 6-2　集装箱分类尺寸和额定质量

箱型号	外部尺寸						质量	
	英制（ft）			米制（mm）				
	长	宽	高	长	宽	高	kg	Ib
1EEE	45	8	9ft6in	13 716	2438	2 896	30 480	67 200
1EE	45	8	8ft6in	13 716	2438	2 591	30 480	67 200
IAAA	40	8	9ft6in	12 192	2 438	2 896	30 480	67 200
1AA	40	8	8ft6in	12 192	2 438	2 591	30 480	67 200
1A	40	8	8	12 192	2 438	2 438	30 480	67 200
IAX	40	8	<8	12 192	2 438	< 2 438	30 480	67 200

（续）

箱型号	外部尺寸						质量	
	英制（ft）			米制（mm）				
	长	宽	高	长	宽	高	kg	Ib
IBBB	29ft11.25in	8	9ft6in	9 125	2 438	2 896	30 480	67 200
IBB	29ft11.25in	8	8ft6in	9 125	2 438	2 591	30 480	67 200
IB	29ft11.25in	8	8	9 125	2 438	2 438	30 480	67 200
IBX	29ft11.25in	8	<8	9 125	2 438	<2 438	30 480	67 200
ICC	19ft10.5in	8	8ft6in	6 058	2 438	2 591	30 480	67 200
IC	19ft10.5in	8	8	6 058	2 438	2 438	30 480	67 200
ICX	19ft10.5in	8	<8	6 058	2 438	<2 438	30 480	67 200
ID	9ft9.75in	8	8	2 991	2 438	2 438	10 160	22 400
IDX	9ft9.75in	8	<8	2 991	2 438	<2 438	10 160	22 400

表 6-3 通用集装箱的最小内部尺寸和容积、门框尺寸（部分）

箱型	最小内部尺寸（mm）				最小门框开口尺寸（mm）	
	长	宽	高	估算最小内容积（m^3）	高	宽
1EEE	13 542	2 330	箱体外部高度减去 241	83.7	2 566	2 286
1EE	13 542			74.1	2 261	
1AAA	11 998			74.2	2 566	
1AA	11 998			65	2 261	
1A	11 998			61	2 134	
1B	8 930			45	2 134	
1C	5 867			30	2 134	
1D	2 802			14	2 134	

4. 集装箱的标志与识别

为了便于海关及其他相关方面对在国家与地区之间流通的集装箱进行监督、管理和使用，每一个集装箱均须在适当和明显的部位涂刷以下长久标志：

（1）箱号 箱号由箱主代码、设备识别码、顺序号、核对数等共 11 位字符构成。例如：CBHU 800121 [5]。

1）箱主代码“CBH”用三个拉丁字母表示，是表示集装箱所有人的代码，前三位由箱主自己规定，向国际集装箱局登记后使用。“CBH”为原中国远洋集装箱运输有限公司的箱主代码。

2）第四个字母“U” 为设备识别码，“U”为集装箱，“Z”为底盘车。

3）顺序号“800121”用六位阿拉伯数字表示，由箱主自行分类编号。如数字不足六位时，在数字前加“0”补足六位。

4）第七位数字“[5]”为核对数，通过对前面的字符数值按照一定规则计算获得。

（2）国别、尺寸和类型代码 例如：CN20G0。

1）国名代码“CN”用两个字母表示，用以说明集装箱的登记国，也可以不标注。

2）尺寸代码用两个字符表示，根据 GB/T 1836—2017，首位“2”为箱长，表示 20ft，若首位为“4”，则表示 40ft，“L”代表 45ft；第二位“0”为箱的宽度与高度，表示宽和高均为 8ft，“2”表示宽 8ft 高 8ft6in，“5”表示宽 8ft 高 9ft6in。

3）箱型代码“G0”是一位字母和一位数字，用以说明集装箱类型，如“G0”通用集装箱（无通风设备）。

（3）最大总量和箱重　最大总量用 Max Gross：×××××（kg）（lb）两种方法表示，是集装箱的自重与最大载重之和，它是一个定数，任何类型的集装箱装载货物后，都不能超过这一质量。箱重用 Tare ×××（kg）（lb）两种方法表示，是指集装箱的空箱质量。

三、集装箱集合与装箱方法

采用集装箱进行集合与其他包装技法不同，除集装箱本身外，还需有车站、码头的专用设备和运输工具等配套设施，如起吊、搬运设备和工具，集装箱码头和集装箱船等。各种规格的集装箱长度比例关系如图 6-23 所示。

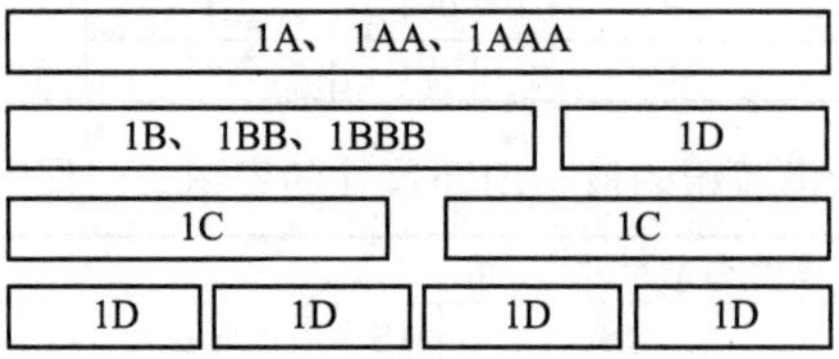

图 6-23　1 系列集装箱长度比例关系

在集装箱内装货的方法，是预先将货物的重量和容积计算清楚，使货物能装满箱底，然后对装货的高度加以调整。

堆装货物的高度为

$$h=\frac{V}{S}$$

式中　h——货物高度；

V——货物体积；

S——箱内底面积。

对于箱装类硬包装货物，则更多的是考虑货物的尺寸，使货物在箱内横向堆满。装箱时需要根据货物的纵横方向进行调整，保证横向排满货物。如某货物长宽为 800mm×600mm，箱内宽度为 2 330mm，则可以采用“两横一纵”的方式摆放，共 2×800mm+600mm=2 200mm。理论上横向浪费 130mm，实际上货货、货箱之间还是需要间隙的。在箱内纵向长度也要考虑摆满，但不如横向那么重要。因为在相同尺度上的空间浪费比较，横向远比纵向大。

在确定一层装载量后，可以通过下式计算堆装层数

$$层数=\frac{总件数}{层件数}$$

此外，通过以上公式得出的层数乘上层高，不得超过箱内净空高度。

在装载重货时，集装箱装箱量和高度的限制因素是集装箱的最大重量扣除箱重的装载重量。

$$h=\frac{(G-T)\ SF}{S}$$

式中　$G-T$——最大重量与箱体重量之差；

S——箱内底面积；

SF——货物的积载因素（m^3/t）。

货物装箱时要做到货物与货物之间、货物和集装箱之间不留空隙。在不得已而产生空隙时，就需要实施有效的填堵工作。如使用木材、垫舱板、气垫、橡皮垫等，使货物和集装箱形成一体，达到安全运输的目的。当货物装箱完毕，无论是否满箱，都要对箱门口货物进行绑扎固定，以防开箱时货物倒出伤人。集装箱包装的防护安全方法如图 6-24 所示。

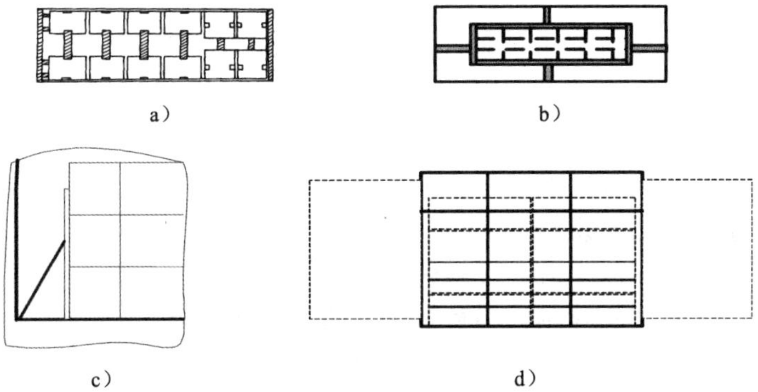

图 6-24 集装箱包装防护安全方法

a）利用木材支撑货物及将底边固定 b）货物在中部，将四边固定住
c）门口的防护措施 d）采用木栅栏固定

四、集装箱运输

1. 集装箱运输的特征

集装箱运输是以集装箱为运输单元，通过一种或几种运输工具，进行货物运输的先进的运输方式，目前已成为国际上普遍采用的一种重要的运输方式。集装箱运输是运输方式上的革命，是运输技术上的巨大进步，它是实现散杂货物运输合理化、效率化的重要手段。与一般货物运输相比，集装箱运输具有以下特征：

1）提高货物运输质量，减少货损货差。

2）节省货物包装材料和包装费用。

3）简化货运手续，提高装卸效率，加快车船周转，降低货运成本。

4）便于开展多式联运，进行自动化管理，实现门对门的运输。

2. 集装箱运输的业务流程

1）托运。托运人向承运人委托运输。

2）承运。承运人接受运输要求，确认运输，计算运费。

3）提箱、送箱。如使用承运人的集装箱，则需要向承运人的箱场提箱或承运人送箱。

4）装箱、封箱。由托运人装箱封箱的为整箱货（FCL）；如由承运人装箱拼箱货（LCL），则托运人要将货物送到货运站装箱。

5）送箱进港（站）、装船、装车。

6）卸船（车）。通过水路或者铁路运输到目的港（站），港（站）卸船（车）。

7）办理提货或提箱。拼箱货运输的在目的港（站）拆箱，整箱货运输则由收货人提箱、拆箱。

8）返还空箱。按箱主指示将空箱交还到箱场。

9）货运事故处理及责任划分。

复习思考题

1. 什么是流通加工？有什么类型？

2. 如何理解流通加工的合理化？

3. 商品包装有何作用？有何方法？

4. 危险品包装有什么要求？

5. 如何进行合理化包装？

6. 商品包装标记有何作用？常用哪些标记？

7. 如何进行货物托盘堆码？如何进行托盘固定？

8. 集装箱化具有什么意义？集装箱装货如何操作？

9. 怎样进行集装箱运输？

10. 某箱装货物包装尺寸为80cm×40cm×50cm，每箱80kg。想要装入一个20ft的集装箱运输，试设计装箱方法，并计算装箱量。

第七章

7

库存控制

学习目的

了解库存的含义和分类，了解库存的功能及库存合理化的内容，掌握库存控制的方法（定量订货法和定期订货法），了解现代物流管理技术（MRP 技术），了解现代信息技术在仓库管理中应用的基本内容和基本方法。

第一节　库存及库存合理化

一、库存的含义和分类

（一）库存和库存控制的含义

在仓储层面所说的库存，是指某段时间内由仓储机构控制和管理的存货。库存是仓储机构工作的对象，仓储机构对库存进行管理和控制以实现仓储的目的。从空间上来看，库存可以是存放在仓库内的存货，也可以是不在仓库里，但必须是在仓库机构控制之下的货物，这种控制包括调用、接受、发运、拒绝接受、交付、盘查、清点。从时间上看，必须在一定时间段内控制和管理存货，以便于统计、核算、经济分析、评估和决策。

库存控制则是指根据一定的目标对存货实施管理和控制。库存控制既能实现库存满足消费（生产）的需要，保障经济活动的正常顺利进行，又能实现库存成本降低的管理目的。库存控制需要解决的问题是，通过对库存情况进行分析，针对不同性质和价值的货物采取相应的控制方法，如控制存量、订货补充，合理利用现有仓储资源，满足相关需求等。

（二）库存的分类

库存按其作用可以分为四类。

1．基本库存

基本库存是为了满足基本需求而建立的库存，是由于批量补给和分散消耗而产生的库存。在批量进货之后，库存处于最高水平，日常的需求不断地“抽取”存货，直至该储存水平降至为零。然后进货，库存又处于最高水平，实际中，在库存没有降低到零之前，就要开始启动订货程序，于是，在发生缺货之前，就会完成商品的进货储备。这种不断提供消耗的库存就是基本库存。

2．安全库存

安全库存是指为了防止由于不确定因素（如突发性大量订货或供应商延期交货）而造成基本库存不能满足需要时，避免缺货而准备的缓冲库存。在实际中，库存消耗的不均衡，供货时间的不稳定，都会使得测算的基本库存不能与实际情况完全吻合，出现基本库存不足或剩余。库存不足会导致生产企业因缺货而停止生产，会使消费者买不到商品而改变消费对象，甚至会使企业被竞争对手挤出市场。通过保留一定的安全库存满足突发需求，是一种有效的方法。根据资料显示，这种缓冲库存基本占零售业库存的1/3。

3．中转库存

中转库存也称为在途库存，是指正在转移或等待转移的、装在运输工具中的存货。中转库存是实现补给订货所必需的，从企业物流管理的角度来看，中转库存给供应链增添了两种复杂性：第一，虽然中转库存不能使用，但它代表了真正的资产；第二，中转库存存在高度的不确定性因素，因为企业不知道运输工具在何处，或何时到达。虽然卫星定位和通信技术已经降低了这种不确定性，但是企业在存取这类信息时，还是会受到一定的限制和时滞影响。目前，在企业的生产经营中，中转库存越来越重视小批量、高频率的运输和递送，企业积极开展准时化（JIT）战略，使中转库存在总存货中所占的比例逐渐增大。在企业的存货战略中，应把更多的注意力集中到如何减少总库存的数量及与此相关的不确定因素上。

4．储存性存货

储存性存货是通过较长时期的存货，满足未来时期的需要或者等待增值的机会所进行的存货。有的是季节性存货，如季节性产品收存、气候性存货等，这类存货由于直接受客观因素的影响，其决策依据是满足整个使用期内的需要。而对于投资性存货，则取决于增值的可能性和增值程度。

二、库存变化的一般过程

简单的库存变化过程包括订货、取货、入库、出货，直至出货完毕。显然在这个过程中需要控制的程度相当低。如果货物数量较多，则大量在仓库堆存；如果货物消耗的时间较长，就会在仓库长期保存，这样不仅加大了仓储成本，占用仓储资源，而且容易造成损耗。而通过多批次、少批量的订货，能够控制存货数量和时间；结合订货成本控制，既能够降低存货成本，又能保证消耗的需要。

库存变化的一般过程如图7-1所示的S-A-B-C-D-E-F的过程。

通过一定的测算，确定首次订货量Q_0，包括基本库存和安全库存，当货物入库时，库存量达到S。

第一阶段，库存以R_1的速率下降。当库存下降到Q_k时，即预算的订货点，就发出

一个订货批量 Q_1 进行订货，这时“名义库存”升高了 Q_1 达到 $Q_{max}= Q_k+Q_1$，进入第一个订货提前期 T_{k1}，在 T_{k1} 内库存继续以 R_1 的速率下降至 A 点，新订货物到达，T_{k1} 结束，实际库存为 $Q_B= Q_s+Q_1$。

第二阶段，库存以 R_2 的速率下降，假设 $R_2<R_1$，所以库存消耗周期较第一阶段要长，当库存下降到 Q_k 时，又发出一个订货批量 Q_2，“名义库存”又升到 $Q_{max}=Q_k+Q_2$，进入第二个订货提前期 T_{k2}，在 T_{k2} 内库存继续以 R_2 的速率下降到 C 点，第二批订货到达，T_{k2} 结束，实际库存升高了 Q_2 达到 D 点，实际库存为 $Q_D=Q_C+Q_2$，由于 $R_2<R_1$，所以 $T_{k2}<T_{k1}$。

第三阶段，库存以 R_3 的速率下降，假如 $R_3>R_1>R_2$，因此 $T_{k3}>T_{k1}>T_{k2}$，当 T_{k3} 结束时库存量下降到 E 点，且动用了安全库存 Q_s，新的订货到达时实际库存上升到 $Q_F=Q_E+Q_3$，比 B 点和 D 点的实际库存都低。然后进入下一个出库周期，如此反复循环下去。

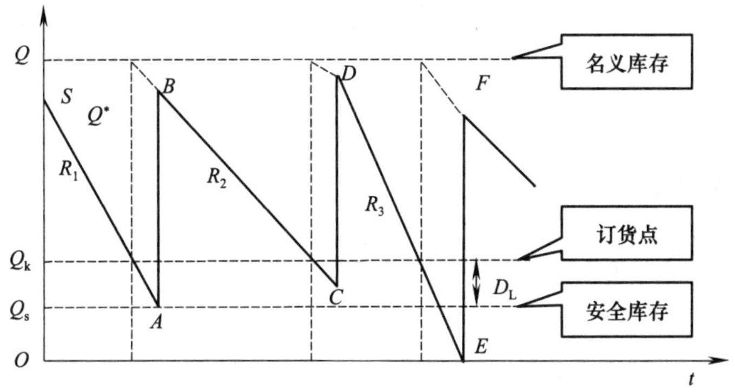

图 7-1 库存的变化过程

在这个库存变化过程中：

1）订货点 Q_k 包括两部分：第一部分为 Q_{s1} 即安全库存，第二部分为各订货提前期内销售量的平均值 D_L。如果各个周期的存货消耗是平衡的，即 $R_1=R_2=R_3=\cdots\cdots$，则 $\overline{D_L}$ 就是各提前期的销售量 D_L。

2）在整个库存变化中所有的需求量均得到满足，没有缺货现象，但是第三阶段的销售（出库）动用了安全库存 Q_s，如果 Q_s 设定太小的话，则 T_{k3} 期间的库存曲线会下降到横坐标线以下，出现负库存，即表示缺货。因此安全库存的设置是必要的，但它会影响库存的水平。

3）在存货控制中，即控制了订货点 Q_k、订货批量 Q^*、安全库存量 Q_s，使得整个系统的库存水平得到了控制，名义库存 Q_{max} 不会超过 Q_k+Q^*，实际最高库存 Q_B、Q_D、D_F 不会超过 $Q_k+Q^*-\overline{D_L}$。同时又没有出现缺货。

三、库存合理化

库存合理化是指以最经济的方法和手段进行库存控制活动。库存控制的重点是对库存量的控制。对库存控制并不只有唯一的模型，每个企业都有自己特殊的存货管理要求，所以不同企业只能根据自己的具体情况，建立有关的模型，解决具体问题。

库存管理模型应抓住“补充—存货—供给”这几个相互联系的过程。为了确定最佳库存的管理模型，需要掌握每日存货增减状态的情况和有关项目的内容。

建立模型时，可采用如下步骤，如图 7-2 所示。

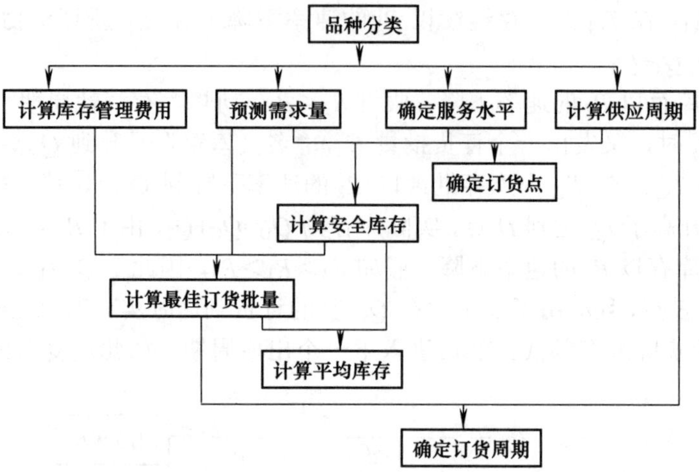

图 7-2　确定最佳库存模型

1．确定库存管理品种

不同的企业对库存范围的理解不同，各企业对库存的定义没有必要完全相同。企业在进行库存控制时，首先应根据本企业的具体情况，对库存做出具体规定。然后，再根据需要进行管理，如有的企业将仓库、配送中心、零售店所有的商品都定义为库存对其进行管理；而另外的企业则仅将仓库、配送中心的商品定义为库存，不对零售店的商品进行管理，其管理由零售店自行负责。当然，作为库存的商品，根据其特点、管理方法等还可以再进一步分类，这将有助于顺利开展库存管理工作，其中常见的分类方法是 ABC 分类法。

ABC 分类法，是按一定指标（如销售量、配送中心的出货量、进货量等）对商品进行分类。例如，根据每年销售额的多少，按各品种销售额指标的大小依次排列，并分别计算各品种销售额占总销售额的比例，再按大小顺序排列并累计相加，然后描绘出这些品种的两种累计率的对应图，该图称为 ABC 曲线，如图 7-3 所示。或者编制成累计金额品目与比例数表，称为 ABC 分类表，见表 7-1。

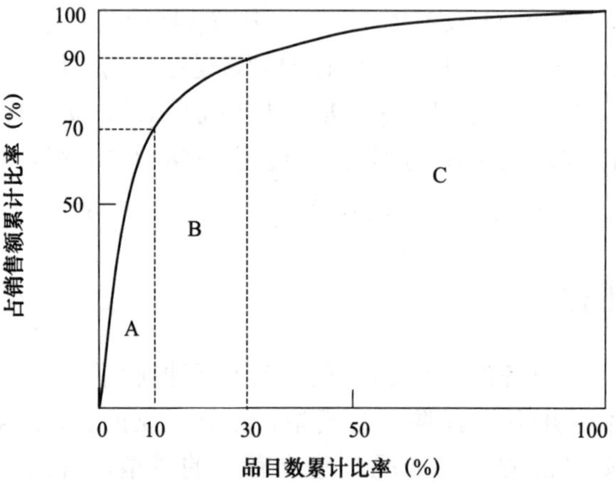

图 7-3　ABC 曲线图

表 7-1 ABC 分类表

品目名称	1	2	3	4	5	6	7	8	合　计
资金额（万元）	45	25	12	8	4	3	2	1	100
比例累计	45	70	82	90	94	97	99	100	100%
分类	A（重要）		B（一般重要）		C（一般）				

在图 7-3 中，根据曲线倾斜的变化程度，可将斜率最陡区域的品种群定为 A 群，A 群的销售额约占全部销售额的 70%，品目数累计比率约为 10%；中间部分为 B 群，B 群销售额约占全部销售额的 20%，品目数累计比率约为 20%；剩余的平坦线区域内的品种群定为 C 群，C 群约占全部销售额的 10%，品目数累计比率约为 70%。然后在此分类的基础上，按照 A、B、C 群，寻求不同的管理对策。

进行 ABC 分类时，也可以采用分类表的方法进行。如在表 7-1 中，对商品进行品目划分和资金统计，将资金占用量在 70%、品目数为 10%的商品列为 A 类，即第 1 和第 2 品目商品；资金占用在 90%～100%的 10%，而品目数在 30%～100%的 70%商品列为 C 类，即第 5、6、7、8 品目商品；其余的列为 B 类。在以上以资金进行的分类，也可以用其他因素，如成本、收益等，进行统计，以实现分类的不同目的。

2．预测需求量

预测需求量时，首先要选择预测方法。预测方法不是越复杂越好，它主要是用来提高重要品种物品的预测准确度，对其他种类物品要采用简单作业的方法。其次要确定预测期间。预测期间可以分为按年和按供应期间预测两种方式。但要注意，需求量变动大的品种，预测期间要增加，才能提高预测的可靠性。预测值和实际值完全一致的情况很少，所以要考虑预测的误差值，以安全库存来保证。由于实际和模型之间存在一定差异，必须对模型进行修正。具体的预测方法如下：

1）掌握过去调查的实际需要量的分布状况和趋势。

2）用统计分布理论做近似模型，进行简单的预测。

3）当用分布理论做不出模型时，使用指数平滑法进行预测。采用这种方法，更要注重历史资料。

3．计算与库存管理有关的费用

在划分商品品种的基础上，计算各类商品库存管理费用时分为两步：①要掌握在库存管理中的所有费用；②对费用进行计算。

识别库存管理费用是很困难的，这是因为采用会计记录，难以按品种种类划分费用，而且会计上的费用划分遵循财务制度，它是固定的、连续使用的，与库存有关的各种费用，无法直接反映在账目上。对于跨部门的费用和机会费用等，一般采用经验方法和统计手段。

库存管理费用一般包括与订货有关的费用和与保管有关的费用，如表 7-2 所示。

表 7-2 库存管理有关的费用

项目	内容
1．订货费	由于订货次数不同，费用也不同，以每次订货所用的费用来表示
（1）购入费	商品的进价，要掌握大量进货时折价的情况
（2）事务费：通信费、运输费等	与订货有关的通信费、工作时间的外勤费、运输费、入库费等都属于订货费
2．保管费	根据库存量不同而发生变化的费用
（1）利息	可以是因库存占用资金要支付的利息、库存设施建设费用利息，或企业对库存投资希望得到利益的机会成本等。在上述费用中取大的
（2）保险金	防止库存风险而发生的费用
（3）搬运费	库存量发生变化时，产生的库内搬运费用
（4）仓库经费	包括建筑物设备费、地租、房租、修理费、光热费、电费、水暖费等
（5）货物损耗费	货物变质、丢失、损耗的费用
（6）税金	营业税、所得税
3．库存调查费	为了顺利进行库存管理，必须进行必要的调查、费用调查、库存标准调查等；库存调查费就是上述调查进行信息收集和分析的费用
4．缺货费	也称机会损失费，是指由于缺货，不能为顾客服务所发生的费用；或由于紧急订货而发生的特别费用等

4．确定服务率

所谓服务率，是指满足市场在一定期间内（如一年、半年等）对某种产品的需要，并能做到不缺货的比例。服务率的大小，对企业经营有重要意义。服务率越高，要求拥有的库存量就越多。必须根据企业的战略、商品的重要程度来确定服务率。重要商品（如 A 类商品和促销品）的服务率可定为 95%～100%。对于次重要或不重要的商品的服务率，可以定得相对低些。应当注意的是，服务水平每提高 1%，库存费用随之增加的数额超过 1%。

5．确定供应间隔

供应间隔是指从订货到交货需要的时间，又称供货期间。它主要是根据供应商的情况决定的，一般包括订货业务时间、运输时间。如果是从生产商处直接进货，还可能包括生产时间，那就必须充分了解生产商的生产过程、生产计划、工厂仓库的能力等，并进行全面的相互讨论后再确定供应时间。供货期间长，意味着库存量增加，所以企业希望供应期缩短。另外，如果供应期间有变动，则要增加安全库存量。因此，为了满足交易条件，就要确定有约束的安全供应期间。模型所规定的供应间隔期，是平均供应间隔期和标准误差（如标准偏差等）指标。如果达到正常的程度，那就是理想的、最大的供应间隔期。

6．确定订货点

订货有两种方式，一是定量订货方式；二是定期订货方式。定期订货方式是指在一定期间内补充库存的方式。定期订货是以每周、每月或每三个月为一个订货周期，预先确定订货周期，以防止缺货。定量订货方式是指在库存降到订货点时订货。订货点是指在下单补充库存之时，仓库所具备的库存量。

7．计算安全库存

安全库存是指除了保证在正常状态下的库存计划量之外，为了防止由不确定因素引起的缺货，而备用的缓冲库存。不确定因素主要来自两个方面：需求量预测不确定和供应间隔不确定。如果安全库存定得太低，可能无法满足需要，会扩大缺货率；如果安全库存定得较高，则会增加库存及费用，使库存控制变得没有意义。安全库存可以是长期保持相同的安全库存，也可以根据不同阶段不确定因素的不同采用不同的安全库存，如淡季较低，而旺季较高。

8. 确定订货量和安排订货

订货量越大，库存和与库存有关的保管费用越多，但会使得订货次数减少，与订货有关的各项费用也相应减少。所以，订货费和保管费两者随着订货量的变化而变化，呈反方向的变动关系，这反映出物流领域典型存在的二律背反规律。联合优化的思想是，保管费用和订货费用之和即总费用最小时，对应的订货量就是经济订货批量（Economic Order Quantity，EOQ），或者所对应的时间即为经济周期，如图 7-4 所示。仓储存量到达订货点时，通过订货量和安全库存核算订货数量，下达订货指令，安排订货。

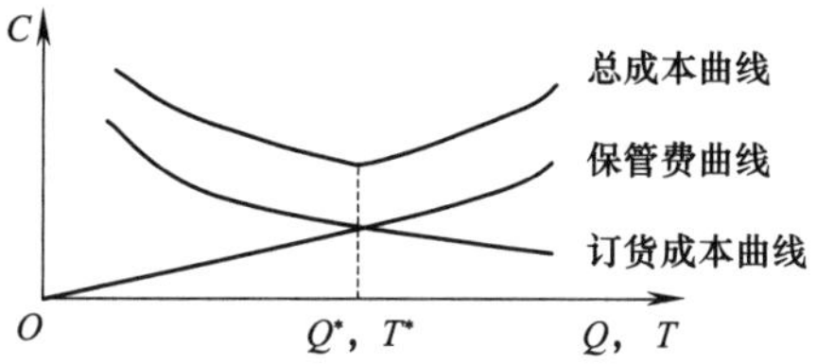

图 7-4 总成本最小时对应的经济订货批量或经济周期

9. 库存跟踪和调整

库存管理过程中，仓库还需要注意不断检查存货数量，了解需求的变化，注意供货时间和供货数量的变化，合理调整订货点和订货数量，必要时采取紧急订货、调剂库存等措施，以满足用货需要。

第二节 订货点技术

库存控制是在保障供应的前提下，使库存物品的数量最少所进行的有效管理的经济技术措施。库存控制的重点是对库存量的控制，订货点技术是传统的库存控制方法，它从影响实际库存量的两方面入手，即一是销售（消耗）的数量和时间，二是进货的数量和时间，来确定商品订购的数量和时间，从而达到控制库存量的目的。因此，订货点技术的关键在于把握订货的时机，具体的方法包括定量订货法和定期订货法两种。

一、定量订货法

（一）定量订货法的原理

定量订货法的原理是：预先确定一个订货点 Q_k，在销售过程中随时检查库存，当库

存下降到 Q_k 时，就发出一个订货批量 Q^* 进行订货补充。Q^* 取经济订货批量。它主要靠控制订货点和订货批量两个参数来控制订货，达到既能满足库存需求，又能使总费用最低的目的。

（二）定量订货法控制参数的确定

实施定量订货法需要确定两个控制参数，一个是订货点，即订货点库存量，另一个是订货数量，即经济订货批量。

1．订货点的确定

影响订货点的因素有三个：订货提前期、平均需求量和安全库存。根据这三个因素可以简单地确定订货点。

（1）需求不变时的订货点　在需求和订货提前期确定的情况下，即 R 和 K 固定不变，不需设安全库存即可直接求出订货点，公式为

$$订货点=订货提前期（天）\times全年需求量/360$$

例题 7-1：某仓库每年出库商品业务量为 18 000 箱，订货提前期为 10 天，试计算订货点。

解：　订货点=10×（18 000 ÷360）=500（箱）

（2）需求和订货提前期都不确定　在需求和订货提前期都不确定，即 $R_1\neq R_2\neq R_3\neq\cdots\cdots$，$T_{k1}\neq T_{k2}\neq T_{k3}\neq\cdots\cdots$ 的情况下需要安全库存，公式为

$$订货点=（平均需求量\times最大订货提前期）+安全库存$$

安全库存需要用概率统计方法求出，公式为

$$安全库存=安全系数\times\sqrt{最大订货提前期}\times需求变动值$$

安全系数可根据缺货概率查表 7-3 得到。最大订货提前期是指超过正常的订货提前期时间。需求变动值可以用下列两种方法计算：

1）第一种方法，在统计资料期数较少时，计算公式为

$$需求变动值=\sqrt{\frac{\sum(y_i-\overline{y})^2}{n}}$$

式中　y_i—— 各期需求量实际值；

$\overline{y}$—— 各期需求量实际均值。

表 7-3　安全系数表

缺货概率（%）	30.6	27.4	24.2	21.2	18.4	15.9	13.6	11.5	9.7	8.1
安全系数值	0.5	0.6	0.7	0.8	0.9	1.0	1.1	1.2	1.3	1.4
缺货概率（%）	6.7	5.5	5.0	4.5	3.6	2.9	2.3	1.8	1.4	0.8
安全系数值	1.5	1.6	1.65	1.7	1.8	1.9	2.0	2.1	2.2	2.3

例题 7-2：某商品在过去四个季度中的预测需求量分别为：第一季度 502 箱，第二季度 532 箱，第三季度 512 箱，第四季度 496 箱，求该商品需求变动值。最大提前订货期为 2 个月，安全系数取 1.65，求安全库存和订货点。

解：

$$\overline{y}=(502+532+512+496)\div 4=510.5$$

$$需求变动值=\sqrt{\frac{(502-510.5)^2+(532-510.5)^2+(512-510.5)^2+(496-510.5)^2}{4}}\approx 13.67(箱)$$

$$安全库存=1.65\times\sqrt{\frac{2}{3}}\times 13.67\approx 19（箱）$$

$$订货点=510.5\times 2/3+19=359（箱）$$

2）第二种方法，在统计资料期数较多的情况下，计算公式为

$$需求变动值=\frac{R}{d_2}$$

式中　R——资料中最大需求量与最小需求量的差；

d_2——随统计资料期数（样本多少）而变动的常数，可查表 7-4 得到。

表 7-4　随资料期数而变动的 d_2 值

n	2	3	4	5	6	7	8	9	10	11	12	13
d_2	1.128	1.693	2.059	2.326	2.534	2.704	2.847	2.970	3.078	3.173	3.258	3.336
$1/d_2$	0.886 5	0.590 7	0.485 7	0.429 9	0.394 6	0.309 8	0.351 2	0.336 7	0.324 9	0.315 2	0.306 9	0.299 8
n	14	15	16	17	18	19	20	21	22	23	24	25
d_2	3.407	3.472	3.532	3.588	3.640	3.689	3.735	3.778	3.820	3.858	3.896	
$1/d_2$	0.293 5	0.288 0	0.283 1	0.278 7	0.274 7	0.271 1	0.267 7	0.264 7	0.261 8	0.259 2	0.256 7	

例题 7-3：某仓库中 X 商品 2018 年各月份需求量实际值如表 7-5 所示，最大订货提前期为 2 个月，缺货概率根据经验统计为 5%，求 X 商品的订货点。

表 7-5　月需求量资料表

月　份	一	二	三	四	五	六	七	八	九	十	十一	十二	合计
需求量（箱）	162	173	167	180	190	172	170	168	174	168	163	165	2 052

解：

$$平均月需求量=2\,052\div 12=171$$

缺货概率为 5%，查表 7-3，得到安全系数=1.65

$$需求变动值=R/d_2$$

$$R=190-162=28$$

d_2 通过 n 为 12，查表 7-4 得：$1/d_2=0.306\,9$

则

$$需求变动值=28\times 0.306\,9=8.593$$

$$订货提前期内的消耗量=171\times 2=342$$

$$安全库存=1.65\times \sqrt{2}\times 8.593\approx 20$$

$$订货点=342+20=362（箱）$$

当 X 商品的库存量下降到 362 箱时就应该订货。

2．订货批量的确定

在定量订货中，对每一个具体的品种而言，每次订货批量都是相同的，所以对每个品种都要制订一个订货批量，通常是以经济批量作为订货批量。

所谓经济批量就是使库存总成本达到最低的订货数量，它是通过平衡订货成本和储存成本两方面得到的，其计算公式为

$$Q^*=\sqrt{\frac{2DS}{C_c}}$$

式中 Q^*——经济订货批量；

D——商品年需求总量；

S——单次订货成本；

C_c——单位商品年储存成本。

例题 7-4：某仓库 A 商品年需求量为 16 000 箱，单位商品年保管费为 20 元，每次订货成本为 400 元，求经济批量 Q^*。

解：

$$Q^*=\sqrt{\frac{2\times 16\ 000\times 400}{20}}=800（箱）$$

采用经济批量法来确定订货量，在实际操作时还需调整，使其尽可能接近一个包装单元，或者是它们的倍数，这样便于发货和配送运输。

（三）定量订货法的优缺点

1．优点

1）订货点和经济批量一经确定，则实际操作就变得简单了。实际中，对于金额较小的消耗品经常采用“双堆法”“双箱法”来处理。就是将某商品库存分为两堆（箱），首先使用其中一堆（箱），当该堆（箱）消耗完就开始订货，并使用另一堆（箱）。每次订货数量为一堆（箱）的数量，不断重复操作。这样可减少经常盘点库存的次数，方便可靠。

2）每次订货量固定，商品的取货、运输、验收、入库可以利用现有规格化器具和计算方式，有效地节约搬运、包装等方面的作业量。

3）充分发挥了经济批量的作用，可降低库存成本，节约费用，提高经济效益。

2．缺点

1）要随时掌握库存动态，严格控制安全库存和订货点库存，占用了一定的人力和物力。

2）订货模式过于机械，不具有灵活性。

3）订货时间不能预先确定，对于人员、资金、场地的计划安排不利。

4）只适用于独立需求的库存管理，对于实行多品种联合订货和具有相关需求存货，采用此方法时还需灵活掌握处理。

二、定期订货法

（一）定期订货法的原理

定期订货法是按预先确定的订货时间间隔进行订货补充的库存管理方法。定期订货法是基于时间的订货控制方法，它设定订货周期和最高库存量，从而达到控制库存量的目的。只要订货间隔期和最高库存量控制合理，就可能实现既保障需求、合理存货，又可以节省库存费用的目标。定期订货法的原理如图 7-5 所示。

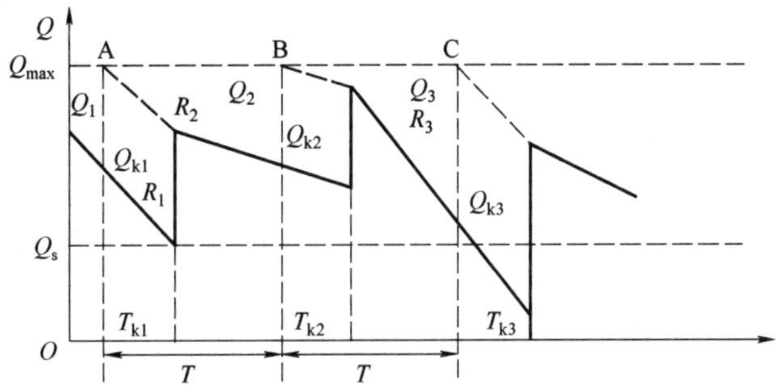

图 7-5 定期订货法原理

图中表示的是定期订货法一般情况下的库存量变化：$R_1 \neq R_2 \neq R_3$，$T_{k1} \neq T_{k2} \neq T_{k3}$。在第一个周期，库存以 R_1 的速率下降，因预先确定了订货周期 T，也就是规定了订货时间，到了订货时间，不论库存还有多少，都要发出订货，所以当到了第一次订货时间，即库存下降到 A 时，检查库存，查出实际库存量 Q_{k1}，求出下一期消费量，结合在途货物、待出货物和安全库存，发出一个订货批量 Q_1。然后进入第二个周期，经过 T 时间又检查库存得到此时的库存量 Q_{k2}，并发出一个订货批量 Q_2。

因此，定期订货法的实施需要解决两个问题：

1）订货周期如何确定？

2）每次订货的批量如何确定？

（二）定期订货法的控制参数

1．订货周期（*T*）的确定

订货周期实际上就是定期订货的订货点，其间隔时间总是相等的。订货间隔期的长短直接决定最高库存量的大小，即库存水平的高低，进而也决定了库存成本的多少。所以订货周期不能太长，否则会使库存成本上升；也不能太短，太短会增加订货次数，使得订货费用增加，进而增加库存总成本。从费用角度出发，如果要使总费用达到最小，可以采用经济订货周期的方法来确定订货周期 T，其公式为

$$T=\sqrt{\frac{2S}{C_c R}}$$

式中 T——经济订货周期；

S——单次订货成本；

C_c——单位商品年储存成本；

R——单位时间内库存商品需求量（销售量）。

在实际操作中，经常结合供应商的生产周期或供应周期来调整经济订货期，从而确定一个合理可行的订货周期。当然也可以结合人们比较习惯的时间单位，如周、旬、月、季等来确定经济订货周期，从而与企业的生产计划、工作计划相吻合。

2．订货量的确定

定期订货法每次的订货数量是不固定的，订货批量的多少都是由下一期存货使用量的大小决定的，考虑到订货时的库存量和已发出出货指令但尚未出货的待出货数量，每次的订货量的计算公式为

$$Q_i=R_i \times T-（Q_{Ki}-Q_s-Q_{Mi}）$$

式中 Q_i——第 i 次订货的订货量；

R_i——第 i 个订货周期货物消耗速度；

T——订货周期；

Q_{Ki}——第 i 次订货点的实际库存量；

Q_s——安全库存量；

Q_{Mi}——第 i 次订货点的订货提前期出库量。

3．订货时间

虽然定期订货法是以固定的周期进行订货，但是每次订货量是以一个周期内的库存消耗使用量测算的，也就是说，每次订货是为了满足下一个周期的消耗，因而所定的货物必须在下一个周期开始时到达，即订货时间要考虑订货至到货所需要的时间，需要有订货提前期。订货单的下达时间应该在订货提前期之前。

例题 7-5：某库存商品年需求量为 5 000 件，该商品每件年储存成本为 10 元，每次订货成本为 300 元，若采用定期订货法，试计算订货周期。某期间预计平均销货量为 14 件/天，现有库存为 180 件，其中安全库存 30 件，订货提前期出库量为 70 件，试计算该期的订货量。

$$T=\sqrt{\frac{2S}{C_i R}}=\sqrt{\frac{2\times300}{10\times5\,000}}=0.109\,5（年）=39.42（天）$$

订货周期为 39 天。

该期订货量为

$$Q_i=[14\times39-(180-30-70)]=466\text{(件)}$$

本期订货 466 件。

（三）定期订货法的优缺点

1．优点

1）通过调整订货数量，减少超储。

2）周期盘点比较彻底、精确，避免了定量订货法持续盘存的做法，减少了工作量，提高了工作效率。

3）库存管理的计划性强，有利于工作计划的安排，实行计划管理。

2．缺点

1）由于订货周期固定，也只是定期盘查货物，对于期间发生的需求变动反应差。期间较长时保有的安全库存量设置也较大，使库存成本增加。

2）每次订货的批量不固定，设备和设施使用不稳定，因而运营成本较高，经济性较差。

三、订货点技术的评价

（一）订货点技术的优点

（1）它是至今能够应用于独立需求物资，进行物资资源配置的唯一方法，它可以适合于未来需求不确定的情况，当然，如果未来需求确定则更好。

（2）在应用于未来需求不确定的独立需求物资的情况时，可以做到最经济有效地配置资源。既可以按一定的客户需求满意水平来满足客户需求，又能保证供应者的总费用最省。

（3）订货点技术操作简单，运行成本低。订货点和订货策略一旦确定，只需要随时检查库存，当库存下降到订货点时发出订货需求即可。另外，订货点技术的一个变化形式“双堆法”，操作更为简单，是对低值物品保持控制的一种实用方法。

（4）订货点技术特别适合于客户未来需求连续且均匀稳定的情况。在这种情况下，它不但可以做到 100%保证满足客户需要，而且可以实现最低库存。这样不但能使客户的满意水平达到最高，同时操作最简单，运行成本最低。

（二）订货点技术的缺点

（1）由于需求的不确定性或不均匀性造成订货点技术最大的缺点是使库存量较高，库存费用大，库存浪费的风险也大。一方面，需求的不确定性可能导致预测的需求不能如期发生，从而造成超期积压浪费；另一方面，需求不确定性不但可能造成积压浪费，同时还可能造成缺货。

（2）订货点技术的另一个缺点是，它不适合于相关需求，即它在满足某个客户的需求时不考虑它和别的需求的相关关系。因此，企业内部各生产环节、各工序间的物料的配置供应，一般不能直接用订货点技术完整地实现。

四、ABC 分类与订货点技术

定量订货与定期订货各具优缺点，完全采取一种方式显然无法避免其缺陷。而将两种方式的优点结合，就能更好地避免缺陷。在存货中，总是有些商品进出库频繁，有些商品价格高、占用资金大，而另一些商品存期长或者价格低廉。如果对所有的商品都采用相同的存货管理方法，显然管理的难度和强度就会很大，而且也不符合经济的原则。因而应区别对待，分轻重缓急来管理。可采取 ABC 分析法对库存品进行分类，并分别采取不同的管理方式。

将 A 类商品作为库存管理的重点对象。采取定期订货的方式，定期盘点库存，尽量减少安全库存，必要时采用应急补货。

对 B 类商品采取适当简单的管理措施，以定量订货法为主，辅以定期订货法，适当提高安全库存。

对 C 类商品采用简化的管理方式，采用较高的安全库存，减少订货次数，用“双堆法”等简单的管理措施。

第三节　MRP 技术

一、MRP 基本介绍

MRP 英文全称为 Materials Requirement Planning，译为“物料需求计划”。它是一种工业制造企业内的物资计划管理模式，根据产品结构层次、物品的从属和数量关系，以每个完整物品为计划对象，以完工日期为时间基准倒排部件生产计划，按提前期长短区别各个物品下达计划时间的先后顺序，保证生产进度的进行，同时确定了各级部件的生产投入时间，形成物料使用计划。因而 MRP 成为一种保证既不出现短缺，又不积压库存的物料计划方法，解决了制造企业和存货管理所关心的缺件与超储的矛盾。

（一）MRP 的提出——相关需求理论

存货的需求可分为两类：独立需求和相关需求。所谓独立需求是指对一种物质的需求并不影响对其他物质的需求，其需求的数量和时间是该物资本身的需求所决定的。一般面向消费市场的产成品库存属于独立需求库存，对于这类库存物资适用于订货点法进行库存控制。相关需求是指对一种产品的需求和对另一种产品的需求是相互联系的。相关需求的数量和时间与其他变量存在一定的相互关系，可以通过一定的数学关系推断出来。一般来说，制造企业产成品的原材料或零部件库存属于相关需求库存。比如，汽车企业生产汽车，生产多少辆（即产品需求波动）受市场影响，而不受其他库存的影响，这类库存问题属于独立需求库存。而生产一辆汽车所需的零部件是固定的，比如一辆小汽车需四个轮胎、一部发动机、一个车架等，它们之间的关系是确定的。这种相关联物品的库存问题属于相关需求库存问题。

用传统的订货点法来处理制造过程中的这类相关需求问题有很大的盲目性，会造成大量原材料及在产品库存。具体来说有以下几个缺点。

1. 不均衡的需求造成储存增加

对不均衡的需求，订货点技术会使库存增加。比如，对某零部件的需求可能会出现如表 7-6 所示的三种情况。按传统的经济批量订货技术，可以计算出经济订货批量，假定为 90 件。第一种情况中，第一周仅需 30 件，若一次订货 90 件，则余下 60 件还需存放 3 周，到第四周再消耗 30 件，余 30 件，还需存放 4 周；第二种情况中，90 件的订货量在前三周就是多余的库存；第三种情况中，在第二周起剩余的 60 件被存放 9 周。可见相当一部分库存都是额外的，容易造成浪费。

表 7-6 某零部件需求表

周次	1	2	3	4	5	6	7	8	9	10
情况一	30	0	0	30	0	0	0	30	0	0
情况二	0	0	0	30	0	0	60	0	0	0
情况三	30	0	0	0	0	0	0	0	0	60

2. 形成“块状”需求

采用订货点方法的条件是需求为均匀的。但是，在制造过程中形成的需求一般都是非均匀的：不需要时为零，一旦需要就是一批。采用订货点法则加剧了这种需求的不均匀性。图 7-6 表示了产品、零部件和原材料考察采用订货点控制库存变动的情形。

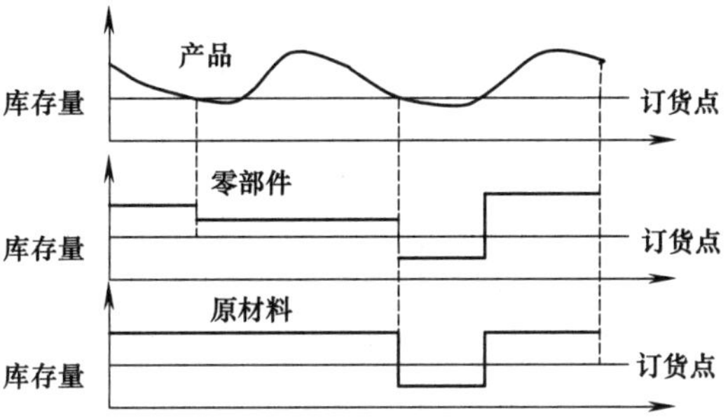

图 7-6 订货点技术的“块状”性

由图 7-6 中可看出，在产品的需求为不均匀的条件下，由于采用订货点方法，造成对零部件和原材料的需求不均匀，呈“块状”。“块状”需求与“波浪状”需求相比，平均库存水平几乎提高一倍，因而占用更多的资金。

由上述可看出，传统订货点方法是用于处理独立需求问题的，它不能令人满意地解决生产系统内发生的相关需求问题。MRP 可以精确地确定组件的需求数量与时间，消除了盲目性，实现了低库存与高服务水平的并存。

（二）MRP 的原理

MRP 始于最终产品的时间进度安排，再由它转换为生产产成品所需部件、组件以及原材料的时间进度安排。因此，设计 MRP 等于回答了三个问题：需要什么、需要多少，以及何时需要？

MRP 的基本原理是，通过主生产进度计划（Master Production Schedule，MPS）、物料清单（Bill of Materials，BOM）和产品库存文件（Product Inventory File，PIF）逐个地确定主产品所有零部件的生产时间和生产数量。其中，如果零部件靠企业内部生产，需根据各自生产时间长短来提前安排投产时间，形成零部件投产计划；如果零部件需外购，则要根据各自的订货提前期确定提前发出各自订货的时间、订货数量，形成采购计划。按照这个投产计划进行生产和按照采购计划进行采购，就可以实现所有零部件和产品的出产计划，从而不仅能够保证产品的交货期，而且还能够降低原材料的库存，减少流动资金的占用。MRP 系统原理如图 7-7 所示。

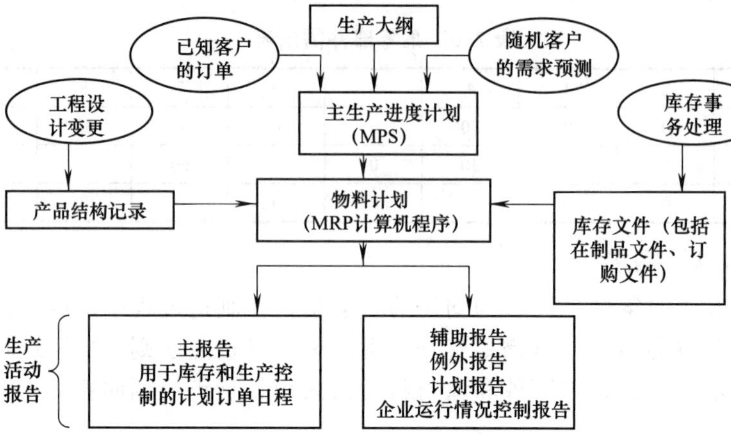

图 7-7　MRP 系统原理图

二、MRP 的运行

（一）MRP 的输入

从图 7-7 中可知，MRP 的三项主要输入是主生产进度计划、产品结构记录和库存文件。如果没有这些基本输入，MRP 便不能发挥作用。

1. 主生产进度计划

最终产品的需求量分在几个时期排产，并由主生产进度计划加以记载，主生产进度计划也指总生产进度计划，表明每种产品需要的数量和需要的时间。它是 MRP 系统最主要的输入信息，也是 MRP 系统的主要依据。主生产进度计划的计划周期应当至少等于构成最终产品的全部零件和装配件的累计采购时间、生产前置时间和生产时间。一般常以周为单位，所以计划周期可以由若干个 1 周的计划期组成。主生产进度计划是根据对最终产品的预测和用户的订单编制的，是一项现实的生产计划，也就是说，必须与现有的产能相一致。例如，有一个产品 A 主生产进度计划表，如表 7-7 所示。计划表说明，第一周开始需要（例如，送给顾客）25 件、第二周需要 15 件、第三周需要 20 件、第五周需要 60 件、第七周需要 15 件 A 产品。

表 7-7 最终产品 A 的主生产进度计划

时期（周）	1	2	3	4	5	6	7	8
产量（件 / 周）	25	15	20		60		15	

2．产品结构记录

产品结构记录也称为物料清单，它包含生产最终产品所需的所有材料、零件和部件的资料。因此，每件产成品都有自己的物料清单。

产品结构记录文件列表是有层次结构的，它显示每完成一单位下一层次的装配所需各物料的数量，一般用树形结构表示，最上层是 0 级，即主产品级，然后是一级，逐级往下分解，最末一级为 n 级，一般是最初级的原材料或者外购件，每一层有三个参数：①零部件名称；②组成零部件的数量；③相应的提前期，包括生产提前期和订货提前期。

例如：A 产品的树形结构如图 7-8 所示。A 由两个部件（即两个 B 和一个 C）装配组成，B 由一个外购件 D 和一个零件 C 组成，假设每一级需要 1 周，根据图 7-8，则 B 的提前期为 1 周，C 和 D 的提前期为 3 周。

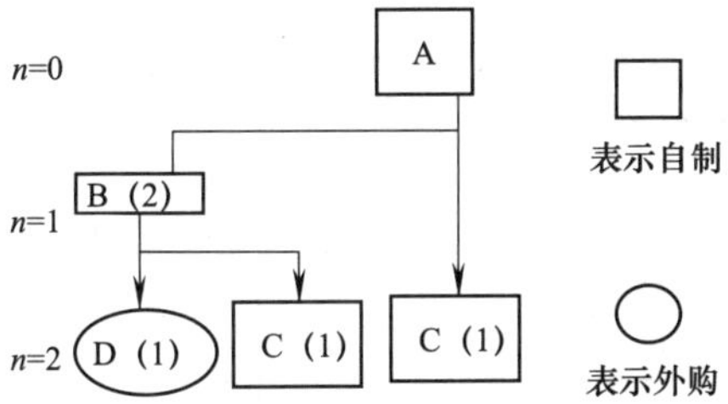

图 7-8 A 产品的树形结构

3．库存文件

库存文件也叫库存状态文件，它包含各个物料品种在系统运行提前期的现存量以及已订未到量的情况，它提供并记录 MRP 运行过程中实际库存量的动态变化过程。其主要参数包括：

（1）总需求量　总需求量指主产品在每一周的需要量，与主生产进度计划一致。如果是产品零部件的总需要量，则根据主产品出产进度计划和主产品的结构文件推算而得出。

（2）计划到货量　计划到货量是指已经确定在指定时间到达的货物数量。它不包括本次 MRP 运行生成的生产任务单和采购任务单中的产品。这些产品由“计划接受订货量”来记录。

（3）库存量　库存量指每个周期末库存物资的数量。

库存量=本周初库存量+本周到货量–本周需要量

=上周末库存量+本周到货量–本周需要量

（4）净需求量　净需求量是指系统需要外界在给定的时间内提供的给定的物料的数量。

本周净需求量=本周总需求量–本周计划到货量–本周周初库存量

在 MRP 的实际运行中，不是所有的负库存都是净需求量。净需求量可以这样简单地确定为：在现有库存量一栏中第一个出现负库存量的周，其净需求量就等于其负库存量的绝对值。在其后连续出现的负库存量各周中，各周的净需求量等于其本周的负库存量减去前一周的负库存量差的绝对值。

（5）计划接受订货量　计划接受订货量是指为满足净需求量的要求，应该计划从外界接受订货的数量和时间，也就是物料需求的方案。

计划接受订货量=净需求量

（6）计划发出订货量　计划发出订货量是指发出采购订货单进行采购或发出生产任务单进行生产的数量和时间，它在数量上等于计划接受订货量，时间比计划接受订货量有一个提前期。

例如，A 产品的库存文件（如表 7-8 所示）。根据产品的主生产进度计划和到货计划（第 1、3、5、7 周计划到货 10、15、40、50 件），再输入 A 产品 MRP 运行前的期初库存量 20 件，这就是关于 A 产品的 MRP 输入的全部资料。

MRP 输入完毕后，系统会自动计算出各周的库存量、净需求量、计划订货量和计划发出订货量，如表 7-8 所示。

表 7-8　A 产品库存文件　（单位：件）

项目：A（0 级）	周次								
提前期：1	期初	1	2	3	4	5	6	7	8
总需求量		25	15	20		60		15	
计划到货量		10		15		40		50	
库存量	20	5	−10	−15	−15	−35	−35	0	0
净需要量		0	10	5	0	20	0	0	0
计划接受订货量			10	5		20			
计划发出订货量		10	5		20				

（二）MRP 的输出

MRP 能够向管理者提供相当多的输出信息。它们通常分为主报告与二级报告，后者是可选输出。

1. 主报告

生产、存货的计划与控制是主报告的重要组成部分，这些报告通常包括以下内容：

（1）计划订单，时间进度安排指明了未来订单的数量和时间。

（2）订单发布，授权执行计划订单。

（3）计划订单的变化，包括预计日期、订货数量的改变与取消订单等。

2. 二级报告

业绩控制报告、计划报告与例外报告都属于二级报告。

（1）业绩控制报告评价系统运作状况，帮助管理者衡量实际偏离计划的程度，包括送货遗漏、缺货。此外还提供用于评定成本业绩的信息。

（2）计划报告有助于预测未来存货需求，包括采购约定以及其他用于评价未来物料需求的信息。

（3）例外报告。它能唤起人们对重大差异的注意。重大差异包括最新订单与到货延迟、过多的残次品、报告失误、对不存在部件的需求等。

三、MRP运行实例

生产木制百叶窗和书架的某厂商收到两份百叶窗订单：一份要100个，另一份要150个。在当前时间进度安排中，100单位的订单应于第四周开始时运送，150单位的订单则于第八周开始时运送。每个百叶窗包括4个木制板条部分和2个框架。木制板条部分是工厂自制的，制作过程耗时1周。框架需要订购，生产提前期是2周。组装百叶窗需要1周。第1周（即初始时）的已在途的订货数量是70个木制板条部分。为使送货满足如下条件，求解计划发出订货的订货规模与订货时间：

1）配套批量订货（即订货批量等于净需求）。

2）订货批量为320单位框架与70单位木制板条部分的进货批量订货。

解：

（1）配套批量订货

1）制订主生产进度计划，如表7-9所示。

表7-9 百叶窗生产进度安排

周数	1	2	3	4	5	6	7	8
数量				100				150

2）制作产品结构树，如图7-9所示。

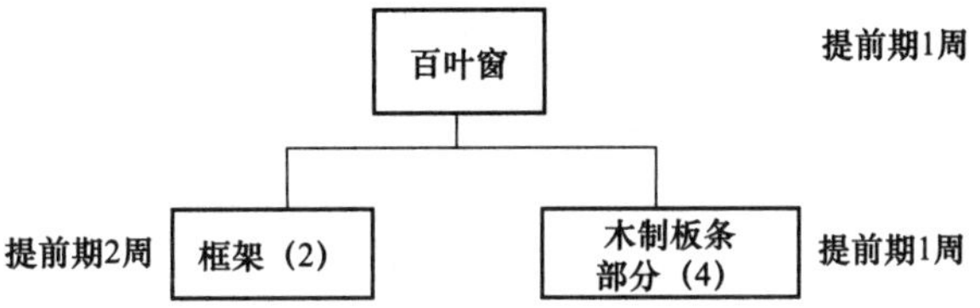

图7-9 百叶窗产品结构树

3）利用主生产进度计划，求解百叶窗总需求，然后再计算净需求。各层次净需求决定下一层的总需求。在配套批量订货条件下，求解满足主生产进度计划时间安排的计划接受订货数量与计划发出订货数量，如图7-10所示。

主生产进度计划显示需要运送100个百叶窗，在第4周开始时没有计划持有量，因此净需求也是100单位。于是，第4周的计划接受订货数量等于100个百叶窗。由于装配百叶窗耗时1周，这就意味着应在第3周开始时计划发出订货。运用同样的逻辑，150个百叶窗必须在第7周组装，这样才能在第8周运送出去。

在第3周开始时100个百叶窗的计划发出订货，说明那时必须得到200个框架（总需求量)。因为没有计划持有量，净需求量就是第 3 周开始时的 200 个框架，以及必备条件：200 个框架的计划接受订货。生产提前期为 2 周，意味着厂商必须在第 1 周开始时订购 200 个框架。同样，第 7 周时 150 个百叶窗的计划发出订货将产生第 7 周的 300 个框架总需求与净需求，2 周的生产提前期使得厂商必须在第 5 周开始时订购框架。

百叶窗的时间计划总表

周数	1	2	3	4	5	6	7	8
数量				100				150

百叶窗：LT=1周	总需求量				100				150
	已在途订货								
	计划持有量								
	净需求量				100				150
	计划接受订货量				100				150
	计划发出订货量			100				150	

2倍　　2倍

框架：LT=2周	总需求量			200				300	
	已在途订货								
	计划持有量								
	净需求量			200				300	
	计划接受订货量			200				300	
	计划发出订货量	200				300			

4倍　　4倍

木制板条部分：LT=1周	总需求量			400				600	
	已在途订货	70							
	计划持有量	70	70	70					
	净需求量			330				600	
	计划接受订货量			330				600	
	计划发出订货量		330				600		

注：LT即提前期。

图 7-10　配套批量订货下的 MRP 时间进度安排

第 3 周开始时 100 个百叶窗的计划发出订货同时生成 400 单位木制板条部分的总需求。然而，由于计划持有量为 70 个木制板条部分，净需求量即为 400−70=330。这意味着第 3 周开始时的计划接受订货量为 330 单位。制作过程历时 1 周，因此制作必须在第 2 周开始（计划发出订货）时进行。同样，第 7 周 150 个百叶窗的计划发出订货产生的总需求是 600 个木制板条部分。由于木制板条部分没有计划持有量，净需求量也是 600，计划接受订货也是 600 单位。1 周的生产提前期意味着 600 个木制板条部分的制作安排是在第 6 周开始时进行的。

（2）订货批量为 320 单位框架与 70 单位木制板条部分的进货批量订货

在批量订货条件下，唯一不同点就是计划接受数量超过净需求量的可能性。超过部分记为下一期计划存货。如图 7-11 所示，框架的订货批量是 320 单位，第 3 周的净需求是 200，超过量为 320–200=120，成为下一周的计划存货量。同理，框架净需求 180 单位比订货批量 320 少了 140 单位，超过量变为第 8 周计划存货量。木制板条部分的计算也是如此，第 3 周与第 7 周计划接受量的超过部分加到了第 4 周和第 8 周。注意，订货批量必须是批量规模的倍数，第 3 周是 5×70，第 7 周是 9×70。

MRP 为最终产品及其各组件、部件做出了计划。但实际上，即便是比较简单的产品的部件数量，也足以生成宽度令人无法控制的表格。因而 MRP 需要通过计算机进行运算和输出最终计划。

周数	1	2	3	4	5	6	7	8
数量				100				150

		1	2	3	4	5	6	7	8
百叶窗：LT=1周 订货批量=配套批量订货	总需求量				100				150
	已在途订货								
	计划持有量								
	净需求量				100				150
	计划接受订货量				100				150
	计划发出订货量			100				150	

2倍　2倍

		1	2	3	4	5	6	7	8
框架：LT=2周	总需求量			200				300	
	已在途订货								
	计划持有量				120	120	120	120	140
	净需求量			200				180	
	计划接受订货			320				320	
	计划发出订货	320				320			

4倍　4倍

		1	2	3	4	5	6	7	8
木制板条部分：LT=1周	总需求量			400				600	
	已在途订货	70							
	计划持有量	70	70	70	20	20	20	20	20
	净需求量			330				580	
	计划接受订货量			350				630	
	计划发出订货量		350				630		

图 7-11　订货批量下 MRP 的时间进度安排

第四节 信息技术的应用

一、条码技术

条码是根据某条码规则，由一定规律的粗细线条、空和相应的数字组成的一组识别图形符号。这种符号可以通过光电扫描识别，是现代识别技术最重要的方式。条码现已被广泛地应用到商品流通、自动化生产、运输、仓储之中，对生产、流通效率的提高、降低以及消除识别错误起着重大的作用。条码技术是仓储自动化的基础，是提高仓储效率、消除错误的重要手段。在仓储业务处理中，条码主要用于货物的识别，以及货位、搬运工具、容器等的识别。

仓库管理中条码技术的应用主要是条码的编码和识别技术。条码技术是快速、准确而可靠地采集数据的有效手段，它的应用解决了仓库信息管理中数据录入和数据采集的“瓶颈”问题，为仓库信息管理系统的应用提供了有利的技术支持。

在仓库管理中，应用条码技术时需根据不同的要求选用不同的软件和条码设备。系统使用的软件分为两部分：一部分是条码终端使用的软件，另一部分是在仓库计算机中心或服务器上使用的软件。条码终端使用的软件只完成数据的采集功能，较为简单。仓库计算机中心或服务器中使用的软件包括数据库系统和仓库管理软件。另外，系统中还需配置条码打印机，以便打印各种标签，如货位、货架使用的标签，物品标识用的标签。当然，首先要确定标识的方案。图 7-12 为仓库条码技术应用流程图。

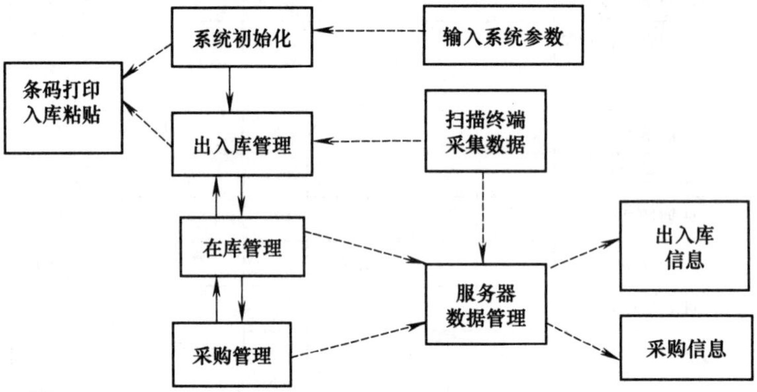

图 7-12 仓库条码技术应用流程

目前，物流条码主要有三种：EAN 码制中的标准版商品条码 EAN-13 码、缩短版商品条码 EAN-8 和综合商品信息的 EAN-128 条码。标准版商品条码由厂商识别代码、商品项目代码和校验码组成。缩短版商品条码由商品项目识别代码和校验码组成。商品条码印刷面积超过商品包装表面面积或者标签可印刷面积四分之一的，可以申请使用缩短版商品条码。在我国，任何单位和个人使用商品条码，必须经中国物品编码中心及其分支机构核准注册。国际贸易的商品使用国外标码时，如美国的 UPC 条码，也需要在中国物品编码中心注册。

在仓储所用到的条码中，除了商品的条码外，还有货位条码、装卸台条码、运输车条码等，这一类条码属于内部使用码，可以由仓储企业自行选用。

仓库管理中使用的条码识读设备分两种：线式阅读器和便携式识读器。常见的有笔式扫描器、手持式扫描器（CCD 扫描器）、台式扫描器、卡槽式扫描器和便携式数据采集器等。

二、射频识别技术

射频识别技术（Radio Frequency Identification，RFID），是非接触式自动识别技术的一种。与传统条码依靠光电效应不同的是，RFID 标签无须人工操作，在阅读器的感应下可以自动向阅读器发送商品信息，从而实现商品信息处理的自动化。射频识别技术利用无线射频方式在阅读器和射频卡之间进行非接触双向数据传输，以达到目标识别和数据交换的目的。相对于传统的磁卡及 IC 卡技术，射频识别技术具有非接触、阅读速度快、无磨损等特点，具有覆盖范围广、全自动识别等能力。随着射频卡技术的发展，其使用成本越来越低，在最近几年里得到快速发展，在仓储领域被广泛使用。

1. 射频识别技术系统组成

最基本的射频识别技术系统由三部分组成：

1）电子标签（Tag，即射频卡）：由耦合元件及芯片组成，标签含有内置天线，用于和射频天线间进行通信。

2）阅读器：读取（在读写卡中还可以写入）标签信息的设备。

3）天线：在标签和读取器间传递射频信号。

射频识别技术系统还可与外部计算机连接，进行数据处理和交换。

2. 射频识别技术系统的基本工作流程

射频识别技术系统在仓库使用示意图如图 7-13 所示。

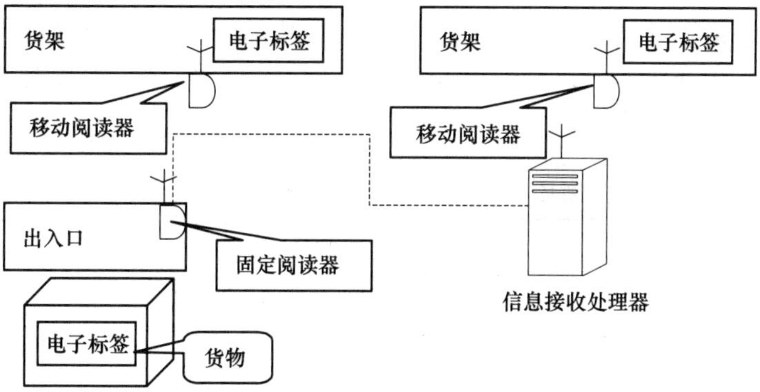

图 7-13　射频识别技术在仓库使用示意图

1）在仓库的出入口安装固定的阅读器，在仓库内则使用移动式阅读器，可以由人工手持或安装在叉车上。阅读器通过发射天线发送一定频率的射频信号，当电子标签进入发射天线工作区域时产生感应电流，电子标签获得能量被激活。

2）电子标签将自身编码等信息通过卡内内置的发射天线发送出去。

3）系统接收天线接收到从电子标签发送来的载波信号，经天线调节器传送到阅读器，阅读器对接收的信号进行解调和解码，通过有线或无线传输送到后台信息处理器进行相关处理。

4）信息处理器根据逻辑运算判断该电子标签的合法性，针对不同的设定做出相应的处理和控制，显示接受的信息和存储，并根据系统设定发出指令信号，控制执行机构动作。

三、数据库技术

数据库技术是一个统称，它是数据库（DB）、数据库管理系统（DBMS）及数据库系统（DBS）的总称。数据库是计算机处理信息的语言和逻辑（思维），通过信息输入，按照人们设计的逻辑进行处理和输出需要的结果。

仓库管理中可以通过应用数据库技术对库存商品品种、数量、价格、销售周转率等进行查询、盘点、分析和控制。

四、EDI 技术

电子数据交换（EDI）在物流系统中的应用主要是用计算机网络来传递信息，包括日常查询、计划、询价、合同等信息的交换。EDI 是一套报文通信工具，它利用计算机的数据处理与通信功能，将交易双方彼此往来的文档（如询价单、订货单等）转换成标准格式，并通过通信网络传输给对方。由于建立一个 EDI 应用系统需要大量的资金，因此，对于小型仓储企业来讲，利用互联网通过相关的技术支持传输 EDI 报文是较好的解决方案。

五、仓库管理信息系统

仓库管理信息系统以条码技术和数据库技术为基础，可实现仓库管理中货物的进货、出货、库存控制、点仓等管理功能，并可依托互联网进行客户订单查询和管理，其基本流程如图 7-14 所示。

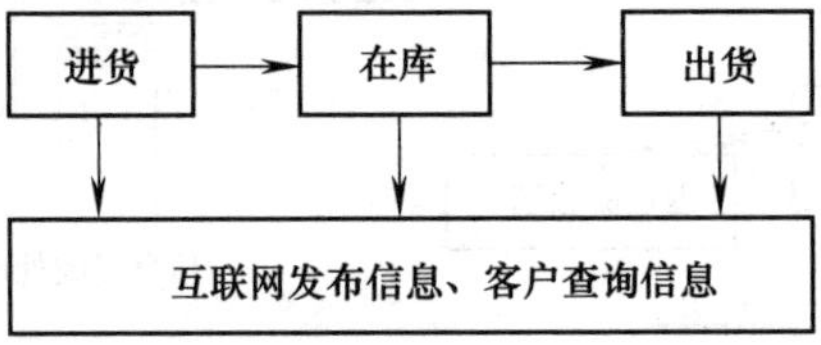

图 7-14　仓库管理信息系统流程图

1．入库作业管理系统

入库作业管理系统包括预定进货数据处理系统和实际进货作业系统。预定进货数据处理为进货调度、人力资源组织及设备资源分配提供依据，基本数据包括预定进货日期，进货商品品种、数量，供应商预先通告的进货日期、商品品种及入库数量。

实际入库交货时，输入的数据有采购单号、厂商名称、商品名称、数量等。通过输入采购单号来查询进货商品的名称、数量和内容是否与采购单内容相符，并确定进货的月台，由仓管员指定卸货地点及方式。仓管员检验后将入库数据输入库存数据库并调整库存数据库。

货物入库后，对于需立即出库的商品，入库作业管理系统需具备待出库数据查询功能并连接派车及出货配送系统，当入库数据输入后即访问订单数据库，获取该商品待出库数据信息并转入出货配送数据库，同时调整库存数据库。对于需上架入库再出库的商品，进货系统需具备货位指定功能，当进货数据输入时即启动货位指定系统，由货位数据库、产品明细数据库来计算入库商品所需的货位大小，根据商品特性和货位状况来确定最佳货位。货位管理系统则主要完成商品货位登记、跟踪并提供货位状况报表，为货位分配提供依据。货位跟踪时可将商品编码或入库编码输入货位数据库来查询商品所在货位，输出的报表有货位指示单、商品货位报表、可用货位报表、各时间段入库一览表、入库数据统计等。

2．出库作业管理系统

出库作业管理系统以客户为对象，涉及自客户处取得订单、进行订单处理、仓库管理、从出库准备到实际将货物运送至客户手中为止等一系列作业。

（1）订单处理系统　订单处理系统可以处理的业务主要包括客户询价、报价和订单接收、确认及输入。自动报价系统需输入的数据包括客户名称、询价商品的名称、规格等，然后系统根据这些数据调用产品明细数据库、客户交易此商品的历史数据库、此客户报价的历史数据库、客户数据库、厂商采购报价数据库等，以取得此商品的报价历史资料、数量折扣、客户以往交易记录和客户折扣、商品供应价等数据，再由系统按其所需净利润与运输成本、保管成本等来制订估价公式并计算销售价格，然后可打印报价单送交客户，客户签回后即成为正式订单。

订单的传送可采用邮寄、电话、传真、通过互联网传输 EDI 报文等方式或直接用电子邮箱传送。

（2）销售分析及预测信息系统　销售分析及预测信息系统主要包括销售分析系统、销售预测系统和商品管理系统。

销售分析主要是为了使管理人员对销售现状能有全面的了解。通过输入销售日期、月份、年度、商品类别、商品名称、客户名称、操作员名称等可查询各种销售统计资料，可获得商品销售统计表、年度商品数量统计表、年度及月份商品数量统计比较分析报表、商品成本利润分析表，并可查询各业务员的销售业绩。销售分析及预测信息系统可根据不同的统计分析方法（如时间序列分析、指数平滑法、多元回归分析等方法）生成商品销售预测表、库存需求预测表、成本需求预测表、设备需求预测表等。

商品管理系统可生成商品销售排行榜、商品销售周转率、获利率分析表。

3．库存控制系统

库存控制系统主要完成库存商品分类分级、订购数量和订货点的确定、库存跟踪管理及库存盘点等作业。商品分类分级可根据分类分级标志按库存量排序和分类，生成各种排序报表。订购数量和订货点可根据库存数据库、厂商报价数据库、采购批量计算公式数据库等生成。库存盘点方式有两种：定期盘点和循环盘点。盘点作业系统是定期打印库存商品报表，待实际盘点后输入实际数据生成并打印盘盈盘亏报表、库存损失分析报表等。实际盘点前，库管员调用盘存清单打印系统，输入某类商品的名称或仓库货区、货位名称，系统自动调用库存数据库或货位数据库进行检索并打印出盘点清单。库管员根据此清单会同有关人员用手持式数据采集器采集商品库存数据，然后将采集到的数据输入中央数据库调整库存数据库的内容，最后由盘点打印系统打印出盘亏报表、库存损失报表等结果。

库存控制系统还可以根据需要设定定期盘点和循环盘点时间，使系统能够在预定的时间自动启动盘点系统，打印各种报表以便于实际进行盘点作业。

六、网络仓储

网络仓储是指在仓储信息系统的基础上，利用网络技术，形成网络仓储平台，开展对多仓库的统一管理和远程仓储管理，建立仓储管理网络系统、开展电子商务、提供更为良好的仓储服务。网络仓储的功能有：

1. 实现对多仓库的统一管理

网络仓储系统将企业所属的分散在各地的仓库信息集中在一个操作系统内，进行统一的控制和管理；能够实现对仓库的远程控制，充分利用各仓库资源，统一管理存货，提高存货管理能力。

2. 开展电子仓储商务服务

可利用网络仓储系统，与客户进行各种商务活动。控制和安排各种仓储活动，自动进行计费、账单管理等财物活动。

3. 用户存货自理

存货客户如果希望能自行管理存货，可以申请为网络仓储用户，在系统的授权范围内对自己的货物进行入库、出库、存货管理等各种操作管理，可以向仓库发布作业命令，生成各类报表。

复习思考题

1. 库存的含义及分类有哪些？
2. 库存的功能是什么？
3. 库存合理化的内容包括哪些？
4. 什么是定量订货法？什么是定期订货法？各有哪些优缺点？
5. 什么是 MRP？
6. MRP 的基本原理有哪些？
7. 仓储管理信息技术包括哪些内容？如何运作？

8

第八章

仓库安全和质量管理

学习目的

了解安全管理的重要性；掌握治安保卫、防火、防水、防虫鼠害的管理和方法；了解操作安全的管理方法。知道仓储质量的重要性，掌握质量管理的原则和方法。

第一节　治安保卫管理

一、治安保卫管理的内涵与原则

仓库的治安保卫工作是仓库为了防范、制止恶性侵权行为、意外事故对仓库及仓储财产的侵害和破坏，维护仓储环境的稳定，保证仓储生产经营的顺利开展所进行的管理仓库安全和质量管理工作。治安保卫工作的具体内容就是执行有关治安保卫规章制度、防盗、防抢、防骗、防破坏、防火、防止财产侵害、维持仓库内交通秩序、防止交通意外事故等仓库治安灾难事故，协调与外部的治安保卫关系，维持仓库内的安定局面和员工人身安全。

治安保卫管理是仓库管理的重要组成部分，涉及财产安全、人身安全，执行国家的治安保卫管理法规和政策，同时也是仓库履行仓储合同义务的组成部分，是降低和防止经营风险的手段。良好地开展治安保卫工作，才能确保企业的生产经营顺利进行，是实现仓库经营效益的保证。在生产效率和提高经营效益与安全保卫发生冲突时，要以治安保卫优先。仓库治安保卫管理的原则为：坚持预防为主、确保重点、严格管理、保障安全和谁主管谁负责。

二、治安保卫管理组织

治安保卫的管理机构由仓库的整个管理机构组成，高层领导负责整个仓库的治安保卫管理工作。仓库的法定代表人或主要负责人为仓库的治安保卫责任人，为治安保卫管理工作的领导；仓库的治安保卫工作还要由仓库最高层领导中的一员分管负责，由其领导建立起仓库治安保卫的完整组织。

各部门、机构的领导是本部门的治安责任人，负责本部门的治安保卫管理工作，对本部门的治安保卫工作负责。

专职保卫机构既是仓库治安保卫的执行机构，也是仓库治安保卫管理的职能机构，协助领导进行治安保卫管理工作，制订仓库治安保卫规章制度、工作计划，督促各部门领导的治安保卫工作，组织全员的治安保卫学习教育和宣传；协调对外的治安保卫工作，保持与当地公安部门的联系，协助公安部门在仓库区内的治安管理活动；管理治安保卫的器具，管理专职保卫员工；指导各部门的治安保卫管理，领导治安保卫执行机构。

仓库治安保卫执行机构采取专职保卫机构和兼职安全员相结合的组织方式。专职保卫机构根据仓库规模的大小、人员的多少、任务的繁重程度、仓库所在地的社会环境确定机构设置、人员配备。它一般设置保卫科、保卫队、门卫队等。治安保卫的兼职制度是实行治安保卫群众管理制度的体现，可选择部分责任心强、所从事的岗位对治安保卫敏感、具有较好的精力和体力的员工兼任安全员。兼职安全员主要承担所在部门和组织的治安保卫工作，协助部门领导的管理工作，督促部门执行仓库治安保卫管理的制度，组织治安保卫教育学习、检查预防工作。

三、治安保卫管理制度

治安保卫工作是仓储长期性的工作，需要采取制度性的管理措施，通过规章制度确定工作要求、工作行为规范、明确岗位责任，通过制度建立管理系统，及时顺畅地交流信息，随时堵塞保卫漏洞，确保及时、有效的保卫反应。

仓库需要依据国家法律、法规，充分利用法律所赋予的企业权利，结合仓库治安保卫的实际需要，以保证仓储生产高效率进行、实现安全仓储、防止治安事故的发生为目的，以人为本的思想，科学地制订治安保卫规章制度。仓库所订立的规章制度不得违反法律规定，不能侵害人身权利或者其他合法权益，避免或者最大限度地减少妨碍社会秩序，有利于促进安全生产。

为了使得治安保卫规章制度得以有效执行，规章制度需要有相对的稳定性，并使其家喻户晓，以便按照执行、照章办事；但是随着形势的发展、技术的革新、环境的变化，规章制度也要适应新的需要进行相应修改，使之更符合新形势下的仓库治安保卫工作的需要。规章制度的修改，意味着新一轮的制度学习和宣传贯彻的开始。

仓库治安保卫的规章制度既有独立的规章制度，如安全防火责任制度，安全设施设备保管使用制度，门卫值班制度，车辆、人员进出仓库管理制度，保卫人员值班巡查制度等；也有合并在其他制度之中的情况，如仓库管理员职责、办公室管理制度、车间管理制度、设备管理制度等规定的治安保卫事项。

四、治安保卫工作的内容

仓库的治安保卫工作主要有防火、防盗、防破坏、防抢、防骗、员工人身安全保护、保密等。治安保卫工作不仅有专职保安员承担的工作，如门卫管理、治安巡查、安全值班等；还有大量的工作由相应岗位的员工承担，如办公室防火防盗、财务防骗、商务保密、仓库员防火、锁门关窗等。

1．守卫大门和要害部位

仓库需要通过围墙或其他物理设施隔离，设置一至两个大门（闸口）。仓库大门是仓库与外界的连接点，是仓库地域范围的象征，也是仓储承担货物保管责任的分界线。大门守卫是维持仓库治安的第一道防线。大门守卫负责开关大门，限制无关人员、车辆进入，接待入库办事人员并实施身份核查和登记；禁止入库人员携带火源、易燃易爆物品入库；检查入库车辆的防火条件，指挥车辆安全行使、停放，登记入库车辆；检查出库车辆、核对出库货物和物品放行条及实物并回收放行条，查问和登记出库人员携带的物品；特殊情况下查扣物品，封闭大门，封锁通道。

对于危险品仓、贵重物品仓、特殊品储存仓等要害部位，需要安排专职守卫看守，限制人员接近，防止危害、破坏和失窃。

2．巡逻检查

专职保安员要不定时、不定线、经常地巡视整个仓库区的每一个位置的安全保卫工作。巡逻检查一般安排两名保安员同时进行，携带保安器械和装备标志。巡查时要查问可疑人员，检查各部门的防卫工作，关闭确实无人的办公室、仓库门窗、电源，制止消防器材挪作他用；检查仓库内有无发生异常现象，停留在仓库内过夜的车辆是否符合规定等。巡逻检查中发现不符合治安保卫制度要求的情况，应采取相应的措施处理或者通知相应部门处理。

3．防盗设施、设备的使用

仓库的防盗设施大至围墙、大门，小到门锁、防盗门窗，仓库都要根据法规规定和治安保管的需要设置和安装。仓库具有的防盗设施如果不加以有效使用，就不能实现防盗的目的。承担安全设施操作的仓库员工应该按照制度要求，有效使用配置的防盗设施。

仓库使用的防盗设备除了专职保安员的警械外，主要有视频监控设备、自动警报设备、报警设备，仓库应按照规定使用所配置的设备，专人负责操作和管理，确保设备的有效运作。

4．治安检查

治安责任人应经常检查治安保卫工作，督促保卫人员照章办事。治安检查实行定期检查与不定期检查相结合的制度，班组每日检查、部门每周检查、仓库每月检查，以及时发现治安保卫漏洞、安全隐患，及时采取有效措施予以消除。

5．治安应急

治安应急是仓库发生治安事件时，采取紧急措施，防止和减少事件所造成的损失的制度。治安应急需要通过制订应急方案，明确确定应急人员的职责，发生事件时的信息（信号）发布和传递规定，以及经常的演练来保证实施。

第二节 仓库消防

一、仓库火灾知识

（一）火灾的危害

仓库火灾是仓库的灾难性事故，不仅会造成仓储货物的损害，还会损毁仓库设施；燃烧和燃烧产生的有毒气体会直接危及人身安全。仓库储存有大量的物资，且物资存放密集，机械、电气设备大量使用，管理人员偏少，具有发生火灾的系统性缺陷。仓库的消防工作，是仓库安全管理的重中之重，也是长期、细致、不能疏忽的工作。

（二）燃烧三要素

火是燃烧的一种方式，是一种剧烈的氧化反应。燃烧具有放热、发光和生成新物质三个特征。火的发生必须具备三要素：具有可燃物、助燃物以及着火源。

可燃物是指在常温条件下能燃烧的物质，包括一般植物性物料、油脂、煤炭、蜡、硫黄、大多数的有机合成物等。

助燃物指支持燃烧的物质，包括空气中的氧气、释放氧离子的氧化剂。

着火源则是物质燃烧的热能源，无论是明火源还是其他火源都能产生易燃物燃烧所需的热能，该热能引起易燃物汽化，形成易燃气体，易燃气体在火源的高温中燃烧。着火源是引起火灾的罪魁祸首，是仓库防火管理的核心。

仓库火灾的着火源和起火原因主要有：

1．明火与明火星

有生产、生活活动使用的炉火，灯火，气焊气割的乙炔火，火柴、打火机火焰，未熄灭的烟头，火柴梗的火星，车辆、内燃机械排烟管的火星，未熄灭的烟花爆竹等。

2．电火

由于电线短路、用电超负荷、漏电引起的电路电火花，电器设备的电火花，电器设备升温等引起的燃烧。

3．化学反应和爆炸性

一些化学反应会释放大量热能，甚至直接发生火焰燃烧，从而会引发火灾。如活泼轻金属遇水的反应和燃烧，硫化亚铁氧化燃烧、高锰酸钾与甘油混合燃烧等。具有爆炸危险的货物在遇到冲击、撞击或热源时，会发生爆炸而引起火灾。一定浓度的易燃气体、易燃物的粉尘，遇到火源也会发生爆炸。

4．自燃

自燃是指物质自身的温度升高，达到自燃点时，无须外界火源，就发生燃烧的现象。容易发生自燃的物质有：粮食谷物、煤炭、棉花、化纤、干草、鱼粉、部分化肥、油污的棉纱等。

5. 雷电与静电

雷电是带有不同电荷的云团接近时瞬间放电而形成的电弧，电弧的高能量能引起可燃物燃烧。静电则是因为摩擦、感应使物体表面电子大量集结，向外以电弧的方式传导的现象，同样也能使易燃物燃烧。液体容器、传输液体的管道、工作中的电器、运转的输送带、高压电器、强无线电波等都会产生静电。

6. 聚光

太阳光的直接照射会使物体表面温度升高，如果将太阳光聚合，形成强烈的光束就会使易燃物升温而燃烧。玻璃的折射、镜面的反射都可能出现聚光现象。

7. 撞击和摩擦

金属或者其他坚硬的非金属，在撞击时会出现火花，引起附近易燃物的燃烧。物体长时间摩擦也会升温导致燃烧。

8. 人为纵火破坏

人为纵火破坏是人为恶意将火源引入仓库所造成的火灾。人为故意引火构成纵火罪，纵火人要受到刑事处罚。

（三）仓库火灾的种类

对火灾进行分类是为了有效地防止火灾的发生和有针对性地灭火。防火工作重视按着火源进行分类，着火源分为直接着火源和间接着火源，如明火源、电火源、化学火源、自燃等。灭火时要视可燃物的不同，采用不同的灭火方法。

1. 普通火

普通火是指普通可燃固体燃烧所引发的火灾，如木料、棉花、化纤、煤炭等。普通火虽然燃烧扩散较慢，但燃烧较深入，货堆内部都在燃烧，灭火后重燃的可能性极高。普通火较适合用水扑灭。

2. 油类火

油类火是指各种油类、油脂发生燃烧所引起的火灾。油类属于易燃品，即易燃烧，且还具有流动性，着火的油的流动，会迅速扩大着火范围。油类轻于水，会漂浮在水面，随水流动，因此不能用水灭火，只能采用泡沫、干粉等灭火措施。矿油类应储藏在专用的油库，普通仓库中不得存放矿油类物品；但普通仓库中可存放独立包装的食用油。

3. 电气火

电气火是指电器、供电系统漏电所引起的火灾，以及具有供电的仓库发生的火灾。其特征是在火场中还有供电存在，有人员触电的危险；另外由于供电系统的传导，还会在电路的其他地方产生电火源。因而发生火灾后，要迅速切断供电，采用其他安全方式照明。

4. 爆炸性火灾

爆炸性火灾是指具有爆炸性的货物发生的火灾；或者火场内存在爆炸性物品，如易发生化学爆炸的危险品，会发生物理爆炸的密闭容器等。爆炸不仅会加剧火势，扩大燃烧范围，更危险的是会直接对人的生命产生伤害。发生这类火灾时，首要的工作是保证人身安全，迅速撤离人员。

二、防火与灭火方法

燃烧须其三要素中的可燃物、助燃物、着火源（温度）共同作用才能发生，缺少一个要素都不能形成火灾。防火工作就是使三者分离，不互相发生作用。而灭火的方法也就是围绕着这个原理进行，将其中一种或两种要素分离。

（一）防火方法

1. 控制可燃物

控制可燃物是指通过减少或者不使用可燃物、将可燃物质进行难燃处理来防止火灾。如仓库建筑采用不燃材料建设，使用难燃电气材料等；易燃货物使用难燃包装，用难燃材料苫盖可燃物等。此外，通风使可燃气体及时排出，洒水可减少可燃物扬尘。

2. 隔绝助燃物

对于易燃品，可采取封闭、抽真空、充装惰性气体、不燃液体浸泡等方式，或表面涂刷不燃漆、不燃涂料的方式，使易燃物不与空气直接接触，以防止燃烧。

3. 消除着火源

消除着火源是指通过使着火源不在仓库内出现来实现防火的目的。由于仓库不可避免地会储藏可燃物，而隔绝空气的操作需要较高的成本，所以仓库防火的核心就是消除着火源和消除起火原因。消除着火源也是防火的基本方法。

（二）灭火方法

灭火则是可燃物已发生燃烧时，为终止燃烧所采取的措施。

1. 冷却法

冷却法是将燃烧物的温度降低到燃点以下，使之不能汽化，从而阻止燃烧。常用的冷却法有用大量冷水、干冰等降温。

2. 窒息法

窒息法是使火附近的氧气含量减少，使燃烧不能继续。窒息法有封闭窒息法，如将燃烧间密闭；充注不燃气体窒息法，如充注二氧化碳、水蒸气等；不燃物遮盖窒息法，如用黄沙、惰性泡沫、湿棉被等覆盖着火物灭火。

3. 隔绝法

隔绝法是指将可燃物减少、隔离的方法。当发生燃烧时，将未着火的货物搬离，从而避免火势扩大。隔绝法是灭火的基本原则，一方面可减少货物受损，另一方面能控制火势。当发生火灾时，首要的工作就是将火场附近的可燃物搬离或者用难燃材料隔离。

4．化学抑制法

化学抑制法是指通过多种化学物质在燃烧物上的化学反应，产生降温、绝氧等效果消除燃烧。

5．综合灭火法

火灾的危害性极大，而且当火势凶猛时，很难控制。发生火灾时要及时采取各种能够采用的灭火方式共同进行，提高灭火的能力，如封闭库房和库外喷水降温同时进行；在货场搬离附近货物的隔绝法和释放灭火剂同时进行。

在共同使用多种灭火方式时，要注意避免所采用的手段互相干扰，降低灭火效果。如采用泡沫灭火时，不能用水冲，除非需要有大量的水源来代替不足的泡沫；酸性灭火剂不能与碱性灭火剂共同使用；另外还得防止造成人员伤害，如释放惰性气体时，必须先将现场人员撤离。

（三）消防设施和灭火器

1．仓库建筑的防火规范

仓库必须依据《中华人民共和国消防法》、国家标准《建筑设计防火规范》（GB 50016—2014）来设计和建设，仓库的拟定用途要合乎规范的耐火等级、层数和占地面积、库房容积和防火间距。这些在仓库建设后不得改变。

仓库应按照国家有关防雷设计规范的规定，设置防雷装置；并需要定期检查，防止损害，保证有效。防雷装置接地电阻不大于 10Ω，接闪器圆钢直径不小于 8mm，扁钢、角钢厚度不小于 4mm。

仓库区内必须设置消防通道，消防通道宽度不小于 4m。

2．消防水系统

库房内应设室内消防给水，同一库房内应采用统一规格的消防栓、水枪和水带，水带长度不应超过 25m。超过四层的库房应设置消防水泵接合器。对于面积超过 1 000m^2 的纤维及其制品仓库，应设置闭式自动喷水灭火系统。消防水可以由水管网、消防水池、天然水源供给，但必须要有足够的压力和供水量。寒冷季节，要采取必要的防冻措施防止消防水系统损坏。

3．灭火器和灭火剂

（1）灭火器　灭火器是一些轻便的容器，内装灭火剂。发生火灾时，可使用灭火器内的灭火剂扑灭火源。灭火器布置在仓库的各个出入口附近位置，是应急灭火的最重要的灭火器材。

灭火器根据容器内盛装的灭火剂命名，分为清水灭火器、泡沫灭火器、二氧化碳灭火器、干粉灭火器、1211 灭火器等。不同的灭火器有针对性地使用，才能达到安全灭火的目的。

（2）灭火剂

1）水。水是最常用的灭火剂，能起到降温冷却、隔绝空气、冲击火焰的灭火作用。除了电气火灾、油和轻于水且不溶于水的液体、碱金属外，其他火灾都可以用水扑灭。

2）泡沫。泡沫又分为化学泡沫和空气泡沫。由于泡沫较轻，可覆盖在可燃物表面，起着阻隔空气的作用，从而使燃烧终止。泡沫主要用于油类火灾，也可以用于普通火灾的灭火。

3）二氧化碳。采用二氧化碳灭火的灭火器又称为干冰灭火器。它是利用液态的二氧化碳在汽化时大量吸热，造成降温冷却，以及二氧化碳本身的窒息作用灭火。二氧化碳最适用于电气设备、气体，以及办公地点、封闭仓室的灭火。二氧化碳能及时汽化，不留痕迹，不会损坏未燃烧的物品。但二氧化碳对人体同样具有窒息作用，在使用时要注意防冻和防窒息。

4）干粉。如碳酸氢钠粉等干燥、易流动、不燃、不结块的粉末。它主要起覆盖窒息的作用，还能减少燃烧液体的流动。干粉在使用后也容易清洁，不污染燃烧物。

5）卤代烷 1211。“1211”即二氟一氯一溴甲烷，是一种无色透明的不燃绝缘液体，通过氮气高压存储在高压钢瓶内。灭火时对着着火物释放，通过降温、隔绝空气，形成不燃覆盖层灭火。其灭火效率极高，比二氧化碳高 3～4 倍，适合于油类火灾、电气火灾的扑灭。由于 1211 在高温中会产生有毒气体，已被逐步限制使用，在小型灭火器中还有一定的使用，将逐步被新的化合物替代，如 1301 等。

6）沙土。对于小面积火灾，使用沙土覆盖灭火是一种有效的手段。由于沙土本身为惰性物质，不燃，较为沉重，具有较好的覆盖镇压能力，适合于氧化剂、酸碱性物质、遇水燃烧物质的灭火，同时沙土能吸附液体，阻止液体流动，因此是扑灭液体火灾的重要材料。

4．常见灭火器的使用

（1）干粉灭火器　在距离燃烧处上风向 3m 处，放下灭火器，一手紧握喷枪，另一手拔开气瓶把手上的保险销，提起提环或者压下把手或者拧开手轮（气瓶结构不同），随即提起灭火器。当干粉喷出后，对准火焰的根部扫射，逐步前移。扫射移动速度不应太快，不能对着火焰中心喷射，以免火焰扩散。

（2）泡沫灭火器　现在主要使用的是机械泡沫灭火器，采取储压喷射的方式。在距离燃烧物 3m 外，拔除手把上的保险销，一手持泡沫喷嘴，另一手握紧开启把手打开或刺穿储气瓶密封片，空气泡沫即可从喷嘴喷出。传统使用的酸碱泡沫灭火器，则是在到达灭火位置时，双手将灭火器颠倒摇动，使泡沫从喷口喷出。喷射的泡沫是不能直接喷射在燃烧的液体表面的，应经一定缓冲后（容器内壁等），流动堆积在燃烧液体表面。

（3）二氧化碳灭火器　二氧化碳灭火器的操作方法与干粉灭火器相同（均为储压式气瓶）。灭火时的喷口（喇叭口）应顺风在火焰侧面从上朝下喷射，保持一定的角度。使用干冰（液化二氧化碳）灭火器时，手只能持喇叭筒上的把手，不能直接持软管和喇叭筒，以免冻伤。

三、仓库消防管理

仓库消防管理的方针是“预防为主、防消结合”，重视预防火灾的管理，以不存在火灾隐患为管理目标。

仓库的消防管理工作包括仓库建设时的消防规划、消防管理组织、岗位消防责任、消防工作计划、消防设备配置和管理、消防检查和监督、消防日常管理、消防应急、消防演习等。

仓库要严格按照《仓库防火安全管理规则》布置仓库建筑和配置消防设备，并通过当地消防管理部门的验收；在任何情况下仓库的消防场地和设施都不得改作其他使用；要与当地消防管理部门商定仓库消防管理的责任区域，确定保持联系的方法。

仓库的消防管理是仓库安全管理的重要组成部分，由仓库的法定代表人或者最高领导人担当管理责任人，各部门、各组织的主要领导人担任部门防火管理责任人，每一位员工都是其工作岗位的防火责任人，从而形成仓库领导、中层领导、基层员工的消防组织体系，实行专职和兼职相结合的制度，使消防管理工作覆盖到仓库的每一个角落。

仓库根据需要可以组织专职消防机构和消防队伍，承担仓库消防工作的管理支持、检查和督促，应急消防，员工消防培训，消防值班，公共场所的消防管理，仓库消防设备管理和维护工作；同时组织兼职消防队伍，承办各工作部门的消防工作，检查所在部门的消防工作，及时发现消防隐患。

消防工作实行严格的责任制，采用“谁主管谁负责，谁在岗谁负责”的制度。每个岗位、每个员工的消防责任要明确确定，并采取有效的措施督促执行。仓库需订立严格和科学的消防规章制度，制定电源、火源、易燃易爆物品的安全管理和值班巡逻制度，确保各项规章制度被严格执行。仓库还要制订合适的奖惩制度，激励员工做好消防工作。

仓库内的工作人员需要经过消防培训，考核合格方可上岗。仓库还需要定期组织员工进行消防培训，并结合消防演习，确保每一位仓库员工熟悉岗位消防职责。仓库要经常开展防火宣传，保持员工的高度防火警惕性。

仓库的消防设备要有专人负责管理，坚决制止挪用或损坏消防设备；根据各类消防设备的特性，定期保养和检查、充装；定期检查防雷系统，保证其处于有效状态。

四、仓库防火

（1）严格把关、严禁将火种带入仓库　库区内严禁吸烟、严禁用明火炉取暖。存货仓库内严禁明火作业。库房内不准设置和使用移动式照明灯具。库房内不得使用电炉、电烙铁等电热器具和电视机、电冰箱等家用电器。库房不得作为办公场所和休息室。

（2）严格管理库区明火　库房外使用明火作业，必须按章进行，在消除可能发生火灾的条件下，经主管批准，在专人监督下进行。明火作业后要彻底消除明火残迹。库区内的取暖、烧水炉应设置在安全地点，并有专人看管。库区及周围 50m 范围内，严禁燃放烟花爆竹。

（3）电气设备防火　库区内的供电系统和电器应经常检查，发现老化、损害、绝缘不良时，及时更换。每个库房应该在库房外单独安装开关箱，保管人员离库时，必须拉开电闸断电。使用低温照明的不能改为高温灯具，防爆灯具不得改用普通灯具。

（4）作业机械防火　进入库区的内燃机械必须安装防火罩，电动车要装设防火星溅出装置。蒸汽机车要关闭灰箱和送风器。车辆装卸货物后，不准在库区、库房、货场内停放，更不得在库内修理。作业设备会产生火花的部位要设置防护罩。

（5）入库作业防火　装卸搬运作业时，作业人员不得违章采用滚动、滑动、翻滚、撬动的方式作业，不使用容易产生火花的工具；避免跌落、撞击货物。对容易产生静电的作业，要采取消除静电措施。货物入库前，要专人负责检查，确定无火种隐患后，如无升温发热、燃烧痕迹、焦味等，方准入库；对已升温的货物，要采取降温措施后才能入库。

（6）从安全角度选择货位　货物要分类、分垛储存。对于会发生化学反应的货物应间隔较远，消防方法不同的货物不得同仓储存。根据货物的消防特性选择合适的货位，如低温位置、通风位置、光照位置、方便检查位置、干燥位置、少作业位置等。

（7）保留足够的安全间距　货垛大小应合适，间距应符合要求。堆场堆垛应当分类、分堆、分组和分垛，按照防火规范的防火距离的要求保留间距。库房内按类分垛，每垛占地面积不宜大于 $100m^2$，垛与垛间距不少于 1m，垛与墙间距不少于 0.5m，垛与梁、柱的间距不小于 0.3m，货垛与水暖取暖管道、散热器间距不小于 0.3m，库内主要通道的宽度不小于 2m。

在照明灯具下方不得堆放物品，其垂线下方与存货品间距不得小于 0.5m，电气设备周围间距保留 1.5m，架空线路下方严禁堆放货物。不得占用消防通道，疏散楼梯严禁存放货物和其他物品，不得围堵消防器材。

（8）货物防火保管　对已入库货物的防火保管是仓库保管的重要工作。仓库管理人员应经常检查仓库内的防火情况，按防火规程实施防火作业。仓库人员要经常检查易自燃货物的温度，做好仓库通风，对货场存放较久的货物时常掀开部分苫盖通风除湿；气温高时对易燃液体、易燃气体洒水降温；烈日中苫盖好货物，阻止阳光直射入仓库或反射入仓库照射货物。仓库人员要经常查看电气设备工作状态，及时发现不良情况。仓库保管中发现不安全情况及时报告，迅速采取有效措施，消除隐患。

（9）及时处理易燃杂物　对于仓库作业中使用过的油污棉纱、油手套、油污垫料等沾油纤维、可燃包装、残料等，应当存放在库外的安全地点，如封闭铁桶、铁箱内，并定期处理。

仓库作业完毕，应当对仓库、通道、作业线路、货垛边进行清理清扫，对库区、库房进行检查，确定安全后，方可离人。

（10）危险品库的防火　危险品仓对消防工作有更高的要求，严禁一切火源入库，汽车、拖拉机不得进入，仓库内使用防爆作业设备，使用防爆电气；特别危险的危险仓不接入电，人员穿戴防静电服装作业，且不得在库内停留。

第三节　抗台风　防雨汛

一、台风的一般知识

台风是热带风暴的最高级形式，是在北纬 5° 以北（南半球在南纬 5° 以南）的热带洋面上发展起来的强烈气旋性涡旋，属于热带气旋。全球热带海域、包括西北太平洋海域、孟加拉湾、阿拉伯海、北大西洋、东太平洋海域，还有西经 140° 以西的南太平洋海域和南印度洋海域，都有热带气旋生成。其中，西北太平洋海域上生成的热带气旋最多，占全球的 40%以上。在西北太平洋地区，热带气旋的源地主要在西北太平洋关岛的西南部、马绍尔群岛附近及南海的中、东部三个海域。1989 年世界气象组织规定，按照热带气旋中心附近平均最大风力的大小，把热带气旋划分成热带低压、热带风暴、强热带风暴和台风 4 类。我国还把最大风速 14～15 级的热带气旋称为强台风和大于 16 级的热带气旋称为超强台风。

每个热带气旋产生后由世界气象组织台风委员会区域气象中心进行命名。西北太平洋和南海热带气旋台风命名表共有 140 个名字，循环使用（造成过巨大危害的台风，其名字会被停止使用）。每个热带气旋不但有名字，而且还有序号，它采用了四位数字编号，前两位数字表示年份，后两位数字表示当年热带气旋的顺序号。每年，在东经 180° 以西，赤道以北太平洋（包括南海海域）洋面上生成的热带气旋统一编号，并按照其强度变化分别称为第几号热带低压、热带风暴、强热带风暴和台风。如果台风强度减弱，台风的序号不变，再改称为热带风暴或热带低压。

台风的范围以台风系统最外围近似圆形的等气压线，或者以 6 级风的最外围的圆形为准，该范围一般在 600～1 000km，也有可能达到 2 000km，或者小到 100km。台风强度以近台风中心地面最大平均风速和台风中心海平面最低气压判定，风速越大、气压越低，则台风越强。

台风是移动的气压系统，从形成到衰亡整个过程都在移动，移动速度时快时慢，一般在 20～30km/h，有时会出现停滞状态，有时可达 50～60km/h。对我国有影响的台风的移动线路主要有三个方向，分别是：①西行路径，在西太平洋生成，向西移动，经南海在我国华南或越南登陆；②西北路径，在西太平洋生成，向西北移动，在我国东南、华东登陆；③转向路径，在西太平洋生成，向西北移动，然后转向东北方向到我国华北登陆或转到日本。

我国濒临的西北太平洋是热带气旋生成最多的地区，每年平均约有 30 个，其中 7～10 月份最多，其他月份较少，因而我国将此段时间称为台风季节。台风有一部分在我国登陆，主要分布在 5～10 月份，12～4 月份基本上不在我国登陆。在我国登陆的地点主要集中在华南、华东地区，华北、东北极少。西北路径的台风经常在华东登陆后又转回东海，成为转向路径，这种台风的危害较大。一般台风在登陆后会迅速地转为热带低气压或者温带低气压，风力减弱，但是仍然还会随气流向内陆移动。每年在我国沿海登陆的热带气旋为 8～10 个，少则几个，多则十几个。热带气旋在沿海登陆，或在近海海域转向，对沿海地区和海域都会造成严重影响。

强风是台风的特征，越接近台风中心，风力越强。强风范围广，一般在 100～300km 半径内都极具破坏力。台风的另一个特征是伴随有巨量的降雨。一个发展成熟的台风，一天的降雨量可达到 100～150mm，总降雨量可达到 400～500mm，相当于华北地区一年的降雨量。台风经过的地区往往有持续数天的暴雨，因而台风登陆地区往往出现水灾。台风登陆后风力会逐步减弱，降为热带低压，直至消亡。但随着低气压向内陆移动，降雨也向内陆移动。

台风的强风直接危害沿海地区，包括海啸对沿海海岸的破坏，河流入海口倒灌和巨量降雨使河流下游出现水灾；持续的强风，直接吹坏建筑、刮倒树木、刮断电缆、吹翻车辆和地面物体等；对内陆而言，台风的危害则是连续数天的暴雨，从而出现水灾。

当台风来临时，各级气象台都会发出台风警报，台风警报有四类，蓝色、黄色、橙色、红色。

台风蓝色预警信号：24 小时内可能或者已经受热带气旋影响，平均风力达 6 级以上，阵风 7～8 级并可能持续。需引起注意。

台风黄色预警信号：24 小时内可能或者已经受热带气旋影响，平均风力可达 8 级以上，阵风 9～10 级并可能持续。需要采取防御措施，撤离危险区。

台风橙色预警信号：12 小时内可能或者已经受热带气旋影响，平均风力可达 10 级以上，阵风 11～12 级并可能持续。人员应当待在安全的地方。

台风红色预警信号：6 小时内可能或者已经受热带气旋影响，平均风力可达 12 级以上，阵风已达 14 级以上并可能持续。需停止一切活动，保护人员，必要时转移到安全地带。

二、防台风工作管理组织

在华南、华东沿海地区的仓库，每年都会受到台风的危害。处在这些地区的仓库要高度重视防台风工作，避免这种灾难性天气对仓储造成严重的危害。仓库应设置专门的防台风办公室或专门人员，负责研究仓库的防台风工作，制订防范工作计划，接收天气预报和台风警报，与当地气象部门保持联系，组织防台风检查，管理相关文件，承担台汛期间防台风联络组织工作。

仓库主要领导亲自承担仓库防台风工作的领导指挥责任。主要部门的负责人为防台指挥部成员。在台汛期到来之前，防台指挥部要组织检查仓库的防台准备工作，对仓库的抗台隐患及时予以消除或者制订消除措施，督促各部门准备各种防台工具、制订抗台措施，组织购置抗台物料并落实保管责任。

在台汛期间，建立指挥中心、通信联络、物资供应、紧急抢救、机修、排水、堵漏、消防等临时专业小组，确定各小组成员，并明确责任。

三、防台风、抗台风工作

1．积极防范，有备无患

由于台风并不是都在同一个地区登陆，所以防台风工作是一项需要防患未然、有备无患的工作，要对员工，特别是领导干部进行防台风宣传和教育，促使其保持警惕、不麻痹。

防台风办公室应与当地气象部门保持密切联系，及时掌握台风动向。在中央气象台发布台风消息时（当台风进入东经 150° 以西或在此区域生成时都发布消息），专人密切跟踪台风动向，收集各类资料，根据专业部门预测的台风路径，判定是否会对本地区和本企业造成影响，随时向仓库领导和各主要部门通报消息。当台风进入仓库抗台警戒区时（一般为 300km），启动仓库抗台应急程序，抗台指挥部开始运作。当确定台风将在本地区登陆，或者对仓库会造成影响时，仓库立即转入抗台风工作。

2．全员参与，防范损害

台风不仅会损害仓储物质，还会对仓库建筑、设备、设施、场地、树木，以及物料备料、办公设施等一切财产和人身安全造成损害，还会造成环境污染。防台风、抗台风工作是所有员工的工作，需要全员参与，人人有责。

台风不以人的意志和行为为转移，仓库防台风、抗台风工作的核心是防止和降低台风对仓库财产的损害、避免造成人身伤害。抗台风工作就是在台风到达之前，将可能会被狂风暴雨、积水、落物损害的财产进行妥善处理、转移、加固、保护，疏通排水，堵塞仓库入水口、道，修剪树枝等；在台风到达时，切断非必要的电源，人员转入安全庇护环境，避免受到伤害。

3．不断改善仓库条件

为了使防台风、抗台风工作取得胜利，需要有较好的硬件设施和条件，提高仓库设施设备的抗风、防雨、排水、防水浸的能力。因此要减少使用简易建筑，及时拆除危房危建并及时维修加固老旧建筑、围墙，提高仓库、货场的排水能力，注意协调仓库外围，避免对排水的阻碍。仓库要购置和妥善维护水泵等排水设备，备置堵水物料；牢固设置仓库、场地的绑扎固定绳桩。

4．仓库抗台风

仓库在得到抗台风指挥部的抗台风通知后，应迅速将工作中心转移到抗台风之上，动员和召集员工，分工协作开展抗台风准备。

1）全面检查仓库和货物，确定抗台风准备方案。仓库管理者召集各班组长、专岗人员，对仓库设施、仓储货物、场地等进行全面检查，按照抗台风指挥部的要求、仓库抗台风的制度和实际需要制订抗台风措施，并迅速组织执行。

2）将存放在可能被风和雨水损害的位置的货物、设备转移到安全位置；将散放的货物及时堆垛收存；将在简易建筑、移动式苫盖棚中的怕水货物移到合适的仓库中；将临江、河、水沟的货物内移。

3）加固仓库的门窗、屋顶、雨棚等，防止漏水和被风吹落，必要时对使用的仓库建筑本身进行加固；收整雨棚或者遮阳棚。

4）苫盖、绑扎物资或设备。对会被风吹动，被雨淋湿的货物、设备、设施，进行苫盖、固定绑扎，并与地面固定绳桩系固牢靠。将不使用的设备收妥，如将吊杆等放下、固定好。

5）对仓库、建筑、场地、下水道等排水系统、管系进行疏通，确保畅通，清理泄水口附近的物品、杂物，防止散落堵塞泄水口。对于年久失修或者一时无法疏通的排水通道，应采用临时措施确保排水。

6）台风到来时，停止生产作业。仓库及时关闭门窗、拴锁妥当，关闭迎风开口，必要时钉固封闭，关闭照明等非必要电源，关闭仓库一切火源、热源，将排水泵等所有应急设备启动运行，收整固定作业设备。

7）躲避台风侵袭。在风力达到 8 级以上时，或者抗台风指挥部发出通知时，所有人员按照安排进入预定的安全场所躲避，进行人员清点登记。选择的安全场所要注意避开树木旁、电缆下、高空设备下、临水边、挡土墙旁，不能躲在货垛旁、集装箱内、车辆及车旁，同时要避免单人随处躲避。同时要注意保持与外界联系。

8）检查。在确定风力减弱时，在保证人员安全的前提下，以两人及以上为一小组，迅速进行排水、检查和加固封闭仓库门窗；检查和加固货物苫盖；可能的话，稳固会倒塌的货物。感觉风力加强时，迅速返回安全处所。

9）台风过后，或者台风警报解除后，仓库人员应迅速返回工作岗位，及时排除仓库、货场的积水；详细检查货物情况，将货物受损情况进行详细记录；发现损失严重时，通报商务部门摄影取证。视天气情况进行通风散热、除湿保管作业，尽快消除台风的影响，恢复正常仓储生产。

四、防雨湿

下雨水湿是造成仓储货物损害的一个重要原因，在我国的南方地区、东南地区、长江流域，雨水较为充沛，洪水也主要发生在长江、珠江水系，防雨水危害是一项长年的安全工作。华北、东北和西南地区雨水较少，发生水灾的次数也较少，但也不能放松对雨水危害的预防。尤其需要警惕的是，北方地区因为雨水少，防水能力差，发生水灾后的危害更大。

仓储防雨湿工作主要有以下几个方面：

1. 仓库有足够的防雨建筑

仓库规划建设时，就要根据仓库经营的定位，预计储存货物的防雨需要，建设足够的室内仓库、货棚等防雨建筑，保证怕水湿货物都能在室内仓储。

2. 仓库具有良好的排水能力

仓库建筑、货场场地都应具有良好的排水能力，不会积水。整个库区有良好的、足够能力的排水沟渠网络，能保证具有一定余量的正常排水需要。平时仓库要加强日常管理，随时保证排水沟渠不堵塞、不淤积；暗渠入水口附近的一定范围内不能堆放货物和杂物。

3. 做好货垛衬垫

处于低洼地的仓库或者地面较低的仓库，雨季时仓库入口的货位，都要采用防水湿垫垛。垫垛一般要有足够的高度。场地垫垛 30～50cm，仓库防水湿垫垛也要有 10～30cm。仓库应尽可能将货场建设成平台货位，高出地面 30～50cm。

4. 及时苫盖货物

在货场存放需防湿的货物时，在入库作业开始就要在现场准备好苫盖物料。在作业过程中若因下雨、天气不稳定而停工休息或作业人员离开，都要用苫盖材料盖好；天气不好时，已堆好的货垛端头也要及时苫盖；货垛堆好后，必须苫盖妥当，堆垛作业人员才能离开。无论天气怎样，怕水湿货物都不能露天过夜。

第四节　安 全 作 业

一、仓库操作与安全管理的重要性

仓库的作业包含在运输工具上装卸货物、出入库搬运、堆垛上架、拆垛取货等操作过程。仓库作业构成仓库生产的重要环节。随着仓库功能的扩展，仓库作业的项目会更多、作业量会更大。仓库货物作业的安全特性如下。

1. 作业对象的多样性

除了少数专业仓库从事单一的货物作业外，绝大多数仓库仓储的货物都种类众多、规格繁多，仓库需面对多种多样的货物作业。为了降低物流成本，货物的包装都在向着大型化、成组化、托盘化、集装化方向发展；但由于我国的包装标准化普及程度较低，各种货物的包装尺寸、单量差别很大。

2. 作业场地的多变性

仓库作业除了部分配送中心、危险品仓库在确定的收发货区进行装卸外，大多数仓库都是直接在库房门口或仓内、货场货位进行装卸作业，而搬运作业则延伸至整个仓库作业过程中的每一个位置，因而仓库作业的环境极不确定。

3. 机械作业与人力作业并重

我国现代仓库的发展主要是普及机械化作业，但仓库作业的多样性和多变性使得人力作业不可缺少；而且仓库的机械作业主要是采用通用机械设备，需要一定的人力协助。我国的国情也确定了人力作业仍会是仓库作业的重要方式。通用机械作业的稳定性较差，而人力作业容易直接造成人身伤害。

4. 突发性和不均衡性

仓库作业因货物出入库而定。货物到库，仓库组织卸车搬运、堆垛作业；客户提货则进行拆垛、搬运装车作业。由于货物出入库的不均衡，仓库作业也就具有阶段性和突发性的特性，闲忙不均。

5. 任务紧迫性

为了缩短送提货运输工具的停库时间，需要迅速将货物归类储藏，因此仓库作业不能间断。每次作业都要完成阶段性作业，方可停止。

6. 不规范的货物

随着仓储开展提供增值服务热潮，越来越多的货物以未包装、内包装、散件、混件的形式入库，极易发生货物损害。

二、安全作业管理

作业安全涉及货物的安全、作业人员人身安全、作业设备和仓库设施的安全。这些安全事项都是仓库的责任范围，所造成的损失 100%都是由仓库承担。因此仓储作业安全管理是经济效益管理的重要组成部分。仓库要特别重视作业安全管理，特别是重视作业安全的预防管理，完全避免发生作业安全事故。仓库要正确认识生产效率与安全作业的关系，将生产效率的提高建立在安全作业的基础上。作业安全管理应从作业设备和场所、作业人员两方面进行管理，一方面消除安全隐患、减小不安全的系统风险；另一方面提高人员的安全责任心和安全防范意识。

1．安全操作管理制度化

安全作业管理应成为仓库日常管理的重要项目，通过制度化的管理保证管理的效果。仓库应制订各种科学合理的作业安全制度、操作规程和安全责任制度，并通过严格的监督，确保管理制度得以有效和充分地执行。

2．加强劳动安全保护

劳动安全保护包括直接和间接施行于员工人身的保护措施。仓库要遵守《中华人民共和国劳动法》的劳动时间和休息规定，执行每日 8h、每周不超过 44h 的工时制，依法安排加班，保证员工有足够的休息时间，包括合适的工间休息。仓库应提供合适和足够的劳动防护用品，如高强度工作鞋、安全帽、手套、工作服等，并督促作业人员使用和穿戴。

仓库应采用较高安全系数的作业设备、作业机械，作业工具应适合作业要求，作业场地必须具有合适的通风、照明、防滑、保暖等适合作业的条件。仓库不得进行冒险作业和不安全环境的作业，在大风、雨雪影响作业时应暂缓作业，避免人员带伤病作业。

3．重视作业人员资质管理和业务培训、安全教育

对新参加仓库工作和转岗的员工，应进行仓库安全作业教育，对所从事的作业进行安全作业和操作培训，确保熟练掌握岗位的安全作业技能和规范。从事特种作业的员工必须经过专门培训并取得特种作业资格，方可进行作业，且仅能从事其资格证书限定的作业项目操作，不能混岗作业。

安全作业宣传和教育是仓库的长期性工作，作业安全检查是仓库安全作业管理的日常性工作。仓库要通过不断的宣传、严格的检查，严厉地对违章和忽视安全的行为实施惩罚，强化作业人员的安全责任心。

三、安全操作基本要求

1．人力操作

（1）人力作业仅应用在轻负荷的作业　男工人力搬举货物每件不超过 80kg，距离不大于 60m；集体搬运时每个人负荷不超过 40kg；女工不超过 25kg。

（2）尽可能采用人力机械作业　人力机械承重也应在限定的范围内，如人力绞车、滑车、拖车、手推车等不超过 500kg。

（3）只在适合作业的安全环境进行作业　作业前应使作业员工清楚明白作业要求，让员工了解作业环境，指明危险因素和危险位置。

（4）作业人员按要求穿戴相应的安全防护用具，使用合适的作业工具进行作业　作业人员应采用安全的作业方法，不采用自然滑动和滚动、推倒垛、挖角、挖井、超高等不安全作业，人员在滚动货物的侧面作业。注意人员与操作机械的配合，在机械移动作业时人员需避开。

（5）合理安排工间休息　每作业 2h 至少有 10min 休息时间；每作业 4h 有 1h 休息时间，并合理安排生理需要时间。

（6）必须有专人在现场指挥和安全指导 指挥人员应严格按照安全规范进行作业指挥；人员应避开不稳定货垛的正面和塌陷、散落的位置，运行设备的下方等不安全位置作业；在作业设备调位时暂停作业；发现安全隐患时及时停止作业，消除安全隐患后方可恢复作业。

2. 机械安全作业

（1）使用合适的机械、设备进行作业 操作人员应尽可能采用专用设备作业，或者使用专用工具。使用通用设备时，必须满足作业需要，并进行必要的防护，如货物绑扎、限位等。

（2）所使用的设备具有良好的工况 设备不得带“病”作业，特别是设备的承重机件，更应无损坏，符合使用的要求。应在设备的许用负荷范围内进行作业，决不超负荷运行；危险品作业时还需减低25%负荷。

（3）设备作业要有专人进行指挥 采用规定的指挥信号，按作业规范进行作业指挥。

（4）汽车装卸时，注意保持安全间距 汽车与堆物距离不小于 2m，与滚动物品距离不得小于 3m。多辆汽车同时进行装卸时，直线停放的前后车距不得小于 2m，并排停放的两车侧板距离不得小于 1.5m。汽车装载应固定妥当、绑扎牢固。

（5）移动吊车必须在停放稳定后方可作业，叉车不得直接叉运压力容器和未包装货物。移动设备在载货时需控制行驶速度，不得高速行驶。货物不能超出车辆两侧 0.2m，禁止两车共载一物。

（6）载货移动设备上不得载人运行。除了连续运转设备如自动输送线外，其他设备需停止稳定后方可作业，不得在运行中作业。

第五节 仓储质量管理

一、仓储质量管理的意义与内容

质量是企业的生命，没有生产的质量就没有产品的质量，企业的生产和经营不仅将毫无意义，而且还需要承担违约、赔偿的责任。由于质量低劣，企业倒闭现象时常发生。仓储生产必须要高度重视质量管理，向社会提供合格质量的产品，做到用户满意，确保仓储经营能被社会广泛接受。仓库通过高质量的服务可提高产品的竞争能力，形成竞争的质量优势。仓库要以良好的质量管理，防止和减少发生违约和损害赔偿责任，降低风险成本，形成价格竞争的潜在优势，实现市场占有率的提高，最终保证经营效益的提高和社会效益的提高。

仓储产品的质量，笼统来说就是产品的使用价值。仓储产品能被社会接受的品质质量特征包括功能性、经济性、安全性、时间性、舒适性等，它使仓储安全、及时、完整、经济、优质服务的质量特征得以充分表现。具体来说，仓储的质量标准包括严格按照仓储合同的规定履行职责、仓储物的妥善保管、仓储风险的防范、对客户要求的及时反应、与客户的友好合作和提供细致周到的服务、满足客户的质量要求等，其目的都是为了达到及时、圆满、准确和友好的质量标准。

仓储质量管理就是为了实现仓储产品的质量特征所开展的计划、组织、控制和协调。它包括制订产品的质量标准及其实施方案，组织力量实施质量的保证方案，在实施过程中进行严格的控制、监督、约束，做好人员与人员、部门与部门、企业内外之间的协调和信息沟通以及质量标准在实施中的调整和优化等。

仓储质量管理既是独立的企业管理的项目，又是贯穿在生产、经营中的管理职能。仓储质量管理表现为独立的质量管理机构开展的质量管理和其他部门在生产、经营、服务中围绕仓储质量目标所进行的管理。从具体内容看，它包括仓储商务质量管理、经营质量管理、装卸搬运质量管理、保管质量管理、交接质量管理、财务质量管理、机械设备质量管理、安全保卫质量管理、后勤保障质量管理、服务质量管理等。

二、仓储质量的特征

仓储质量是仓储经营、作业、保管和服务一系列活动良好状态的反映。具体来说其质量特征表现为：

1. 储存多

储存多是指充分利用仓库、货场，增加仓库的有效利用面积，提高仓库场地的利用率，尽可能利用立体空间，合理安排以减少场地空置，使仓库能容纳最多的货物。

2. 进出快

进出快有两方面的意思，一方面为货物进出库迅速，作业效率高、时间短，减少运输工具停库时间，货物出入仓库顺畅无阻；另一方面要求货物周转快，缩短货物滞库时间，提高物资流通速度。

3. 保管好

保管好是指仓库具有适合货物保管的条件，具有科学合理的保管方案和管理制度，有针对性的保管措施，员工认真进行保管作业，货物在仓库内堆垛稳固、摆放整齐、查询方便，账、卡、证、物一致，货物随时能以良好的状态出库。

4. 耗损少

耗损少是指没有发生货物残损和变质等各类保管、作业事故。仓库货物的自然耗损应控制在最低的程度，意外事故和不可抗力所造成的损失最小，整体货损货差率达到最低。同时也包括散落货物能及时良好回收，受损货物能及时得到维护。

5. 费用省

费用省是指通过节省开支、消除无效作业、充分利用生产要素、开展规模化经营，使仓储成本降低，客户所要支付的费用减少；避免发生不合理的、损害社会效益的费用。

6. 风险低

仓储风险包含两个方面，一是仓储保管人承担的风险，如仓储物损害的赔偿；另一个是存货委托人承担的风险，如不可抗力造成的仓储物损害。仓储风险质量目标就是彻底消灭仓储保管操作风险，尽力减少委托人承担风险所造成的仓储物损失。

7．服务优

服务质量是仓储的生命力，是客户接受仓储服务的前提条件，也是其他质量特征在客户面前的综合体现。服务水平是一项软指标，不同的消费者有不同的服务要求，因此服务具有相对性。要保证仓储的服务水平，必须建立服务标准，对内标准化，以便所有员工按章遵守，保证服务水平。对外需采取协议化手段明确服务水平。对外服务协议化是为了使客户明确所能享受到的服务水平，让客户知道物有所值；更重要的是针对消费者对服务的无止境需求，通过协议进行明确的限定，防止发生服务纠纷。

三、仓储质量管理的基本方法

1．实施全面的质量管理

现代企业的质量管理最基本的方法就是开展全面的质量管理。仓储的全面质量管理是以仓储产品的质量为中心，以最优的质量、最低的消耗、最佳的服务，使客户满意为目标，运用一定的组织体系和科学的管理方法，动员、组织各部门和全体员工共同努力，在仓储的各个环节上对影响仓储质量的因素进行综合处理的行为。全面质量管理包括四个方面：

（1）质量管理的对象是全面的　对象的全面性包括仓库设计规划、仓储计划、仓储作业、仓储管理、商务、财务、人力资源、设备管理等各方面。

（2）质量管理是全过程的管理　它是指从市场宣传、商务磋商到仓储安排、接收货物、作业、包装、交付、客户保持的全过程都实施全面质量管理。

（3）仓储全面质量管理是一种全员的管理　它是指包括直接参与仓储活动的所有部门及人员和支持部门及人员，从企业的高层到底层的员工全都参与，使全体员工具有高度的质量意识，充分发挥主动性和创造性，确保产品质量。

（4）质量管理的方法是系统的　整个仓储活动的质量管理，需要依据统一的质量标准和质量体系，对所有部门、人员有相同的质量责任要求。

2．以防为主

质量管理的基本要求是仓储的一切活动都是为了客户的需要，要以预防为主。质量管理需要建立有效的质量管理体系，采取严格的质量责任制，通过事先控制、以防为主来保证质量，形成质量管理和保证的系统，即以事先的检查、事先的要求、事先的防范进行管理。因而需要充分利用质量控制和管理的现代技术和手段，预先发现问题，提前进行控制，确保达到质量标准。

3．小处着手

虽然质量管理是一项系统的工作，要有规划、有系统地进行，从大处着眼；但是在质量管理中更要重视对细节的质量管理，从仓储、服务的现场工作入手，通过一系列小改革、小变革，改变小瑕疵，解决小问题，不断进行质量改进的良性循环，促使整体质量的不断提高，且不会花费极高的质量管理成本。

四、仓储质量指标

仓储质量指标是用于反映质量现状的数据，是用于判定质量水平和服务状况的标准，是制订质量改进措施的依据，也是全面质量管理用数据说话的表现。

（1）责任货损率　是指在考核期内，由于作业不完善造成的货物霉变、残损、丢失、短少等损失的数量占期内库存总数量的比率。它是通过清库盘点、出库交货统计得到的数值。责任货损率应≤0.05%。

（2）出库差错率　是指考核期内发货累计差错数量占发货总数量的比率。是在出库交货时得到的数值。出库差错率应≤0.1%。

（3）账货相符率　是指经过盘点，库存货物账货相符的笔数与储存货物总笔数的比率，同一品种、规格（批次）为一笔。账货相符率应≥99.5%。

（4）数据与信息传输准时率　是指考核期内按时向客户传输数据、信息的次数占传输总次数的比率。数据与信息传输准时率应≥99%。

（5）单据与信息传输准确率　是指考核期内按时向客户传递的单据、信息的准确次数占单据、数据传递总次数的比率。单据与信息传输准确率应≥99.5%。

（6）业务赔偿率　赔偿率是指仓库事故造成毁损的损失赔偿和违反行政管理制度的罚款总额占经营收入的比例，表示仓储经营的风险成本。

$$\text{业务赔偿率}=\frac{\text{期内业务赔偿与罚款总额}}{\text{同期业务总收入}}\times 100\%$$

案例 8–1

火灾事故

1981 年到 1990 年的 10 年中，某市共发生经济损失在 1 万元以上的仓库重大火灾 24 起，损失 568 万元。在这 24 起火灾中，自燃 10 起，违章用火 8 起，电气 4 起，外来烟花和原因不明各 1 起。其中 18 起发生在节假日和夜间，大多是无人值班的情况；6 起发生在上班时间，损失相对较小。

案例思考题：根据本案例，你认为仓库防火最重要的是防止哪些火灾，如何进行预防？

案例 8–2

质量指标

国花公司某年到库物资共 2 000t，出库 1 500t，年初库存 500t，全年错发错收 20t，丢失 2t、损害 5t，赔偿 10 000 元，另因消防不合格被罚款 5 000 元。全年营业收入 300 000 元。

案例思考题：请计算吞吐量、年平均库存量、责任货损率、物资出库差错率、业务赔偿率。

案例 8-3

质量管理

Penney 公司是一家配送中心，每年要处理 900 万种订货，为 264 家地区零售店配送。该公司采取了三项质量活动。

一是经过慎重考虑后提出一系列小改革，解决工厂中存在的一些主要问题。其中包括采纳工人的建议——创建中央工具库，用以提高工作效率和保证工具容易获得。

二是在每次装运送货前，进行质量控制和实际点数，如果存在差异，则进行 100% 的检查，并采用计算机系统进行协调，确保精确。

三是应用激光扫描技术，以 99.9%的精确性来跟踪 230 000 个存货单位。

案例思考题：从本案例中，你认为仓库应如何提高仓储的质量管理工作？

复习思考题

1. 仓库治安管理有什么内容？仓库如何组织治安管理工作？
2. 什么是火灾的三要素？仓库有哪些主要的着火源？
3. 仓库火灾有哪些类别？
4. 仓库如何防火和灭火？常用哪些消防灭火设备？如何使用常用灭火器？
5. 仓库须遵循怎样的消防管理方针，采取怎样的组织和管理原则？
6. 台风的危害主要表现在哪些方面？如何开展防台风和抗台风工作？
7. 仓库如何防范雨湿货物？
8. 仓储作业有怎样的安全特性？如何开展仓库安全作业管理？
9. 怎样做到仓库安全作业？
10. 仓储质量管理有什么意义？仓储质量特征表现在哪些方面？
11. 如何做好仓储质量管理工作？

第九章 仓储费与仓储成本管理

9

学习目的

了解成本分析的意义与目的；掌握仓库经营的成本构成；掌握仓储费的定价方法；了解仓储库存成本管理原则和基本方法，能够对仓储成本进行控制和开展成本管理。

第一节 仓储成本分析

一、仓储成本分析的意义与目的

成本分析是为了满足企业各管理层次了解成本状况及进行经营决策的需要，以成本核算资料为基础，结合其他有关的核算、计划和统计资料，采用一定的方法解剖成本变动的原因、经营管理问题及业绩的管理活动。成本管理在企业管理活动中起着极其重要的作用，它不仅有利于企业揭示问题，找出差距，提高管理水平，准确确定产品价格，而且还可以分清成本的经济责任，促进企业成本责任制完善。

仓储成本是指仓储企业在生产经营中各种要素投入的以货币计算的总和。其中一部分为仓储设施和设备的投资，另一部分则为仓储保管作业中的活劳动或者物化劳动的消耗，主要包括工资、管理费和能源消耗等。而对于仓储物占用的资金所需要支付的利息也是仓储成本的构成部分。此外，仓储活动都存在的仓储物耗损和损害的风险成本也是仓储的成本。

通过仓储成本分析，最大限度地利用仓储设施和设备，尽量少用人力、物力、财力把库存管理好，把库存控制到最佳数量，为存货企业提供最大的供给保障，准确地确定仓储成本和产品价格，这是很多企业家、经济学家寻求的目标，甚至是企业之间生存竞争的重要一环。

不同领域的库存控制有不同的目标。

（一）仓储企业成本分析的目的

1．仓储经营管理的依据

仓储经营管理是独立经营的仓储企业的生命，也是非独立经营的附属仓储必须考虑的管理项目（如独立核算）。经营管理的核心是通过对仓储成本的分析，通过对不同经营方案的比较，选择成本最低、收益最大的方案制订经营计划，开展经营。

2．仓储产品定价的依据

对社会提供仓储产品的仓储企业，在与仓储产品需求方交换仓储产品时，需要确定产品的价格，即仓储费。仓储费制定的前提就是仓储所要花费的成本。

3．仓储设施设备改造的依据

设施和设备改造是为了提高仓储能力和提高仓储效率，但是设施设备的投入必须获得相应的产出回报，也只有在准确的成本核算和预测的基础上才能保证。

4．仓储企业发展的决策依据

任何企业都在追求不断发展，但是企业的发展必须以增加的收益大于增加的投入为原则，收益由市场确定，而投入却是受经营成本的约束。只有在有效成本控制的基础上才能保证预定的发展目标。

5．仓储企业劳动管理的依据

劳动力成本本身就是仓储成本的重要组成部分，但是劳动力成本与其他成本之间既可能存在着替代关系，也可能有互补关系，因而确定劳动量使用的决定因素是收益，以能够获得总成本降低或者总收入增加为原则确定劳动力的使用量。

同时，成本因素也是劳动考核、岗位设置的依据和决定劳动报酬的参考依据。

6．存货管理的依据

对仓储期间仓储物资产资金成本进行核算和管理是提高企业经济效益的途径之一，可通过选择最佳的存货数量和存货期间，减少总成本的支出。

（二）仓储成本分析对达成存货企业目标的意义

1．存货成本达到最低

仓储企业和存货企业都需要通过降低库存成本来实现降低成本、增加盈利和增强竞争能力的目标。

2．保证供给程度最高且不容许缺货

该目标使存货企业有很多的销售机会，会带来更好的经济效益，这就特别强调库存对其他经营、生产活动的保证，而不强调库存本身的成本。在企业通过增加生产以扩大经营时，常常选择这种控制目标。

存货企业因受限于技术、工艺条件，不容许停产，所以必须以不缺货为控制目标，才能起到不停产的保证作用。企业签订某些重要合同，必须以保证供货向其他企业履约，否则会遭到罚款、索赔等，企业也可制定不容许缺货的控制目标。

3．限定资金

企业的资源总是有限的，必须在限定资金（预算）的前提下实现供应，这就需要以此为前提进行库存管理。

4．快速反应

在一个物资系统中，库存控制不能仅以仓储的经济性来决策，而要根据更大系统的要求确定目标，这一目标常常以最快速度进出货的手段来实现。尽管如此，依然要通过成本分析，即时了解库存状况，从而制定进出货方案，以减少因被动行为而带来的损失。

5. 生产经营成本定价

存货企业的存货费用是生产经营成本的组成部分，其生产经营产品的价格包含着存货成本，仓储成本和价格是存货企业必须掌握的信息，是存货企业生产经营的重要决策依据。

二、仓储成本的类型

仓储成本是发生在货物储存期间的各种费用的支出，是因一段时期内储存或持有商品而导致的。该成本可以分为四种：空间成本、资金成本、运作成本和库存风险成本。

1. 空间成本

空间成本是仓储设施投入仓储生产的固定成本的体现，或者说是存货占用储存建筑内立体空间所支付的费用，包括场地地租、货架费用、道路使用费等仓储设备和建筑成本分摊。如果是自有仓库，则空间成本取决于固定投资的分摊和折旧。如果是租借仓库，空间成本一般按一定时间内储存产品的重量来计算，例如元/（t·月）。在计算在途库存的持有成本时，不必考虑空间成本。

2. 资金成本

资金成本主要是指使用流动资金所需要的成本，可以是仓储企业为了运营所需要使用的资金的成本，如果占有存货，则还包括库存物资占用资金的成本。资金的机会成本也是资金成本的构成部分。资金成本有可能占到库存持有成本的 80%（库存持有成本因素的相对比重见表 9-1），无论如何它都是一种不能忽略的成本。

许多企业使用资金的利息支出反映资金成本，另一些则使用企业的平均回报率。有人认为最低资金回报率最能准确反映真实的资金成本。

对于仓储企业来说，资金成本主要来自占用流动资金所造成的成本。但存货资金却是仓储企业持有的资产，仓储经营中的消费仓储则是充分利用这种资产为仓储企业带来收益。

表 9-1　某库存持有成本因素的相对比重

成本	比例	成本	比例
利息和机会	82%	财产税	0.5%
仓耗	14%	保险	0.25%
存储和搬运	3.25%	总计	100%

3. 运作成本

运作成本是指为库存商品提供的各项服务的成本，包括货物作业、劳务、信息服务、文件服务等；投入作业生产的设备的运营费用，包括燃料、润滑油，以及作业使用的工具和消耗品等；仓储企业的管理费用、业务费用、交易成本等也都属于服务成本的范畴。服务成本中工资和福利费用占主要部分。

如果服务外包，则服务成本就会成为仓储企业对外支付的费用。

仓储环节涉及的税费支出主要包括增值税和企业所得税等。由于税收是国家强制参与企业收入的分配，企业往往通过价格转嫁给消费者。

4．库存风险成本

与产品变质、短少（偷窃）、损害或报废相关的费用构成仓储成本的最后一项。在保有库存的过程中，存货会被偷窃、污染、损坏、腐烂，或由于其他原因不适于或不能使用，直接造成存货的损失。仓库未履行合同的违约金、赔偿金也构成库存的风险成本。保险费也构成风险成本的一部分。保险作为一种保护措施，帮助企业预防火灾、风暴或偷窃所带来的损失。

三、具体仓储成本项目

1．仓储成本的项目类别

具体来说，仓储成本是由投入仓储生产中的各种要素的成本和费用所构成的，这些要素包括：

（1）固定资产折旧　固定资产主要指库房、堆场、道路等基础设施建设的投资，以及仓储机械设备的投入，这些投资在仓库建设时一次性投入，通过逐年折旧的方式回收。由于国家政策规定，不同的项目和企业经营的策略不同，固定资产折旧年限不完全相同，可以5～30年。现今大都采取加速折旧法，在较短的时间内将成本回收。

（2）工资和福利费　工资和福利费是指仓储企业内各类人员的工资、奖金和各种补贴，以及由企业缴纳的住房公积金、医疗保险、退休基金等。

（3）能源费、水、耗损材料费　这项费用包括动力电力、燃料、生产设备原料等，仓库用水，装卸搬运生产使用的工具，绑扎、衬垫、苫盖材料的耗损等。

（4）设备维修费　大型设备的修理费通过大型设备修理基金每年从经营收入中提取，提取额度一般为设备投资额的3%～5%，专项用于设备大修。

（5）管理费用　管理费用是仓储企业为组织和管理仓储生产经营所发生的费用，包括行政办公费用、公司经费、工会经费、职工教育费、排污费、绿化费、咨询审计费、土地使用费、业务费、劳动保护安全费、坏账准备等。

（6）资金利息　资金利息是企业使用投资资金所要承担的利息，即资本成本。当资金为借款时，直接支付利息；如果使用自有资金，也应当对资金支付利息。

（7）保险费　保险费是仓储企业对于意外事故或者自然灾害造成仓储物损害所要承担的赔偿责任进行保险所支付的费用。一般来说，如果没有约定，仓储物的财产险由存货人承担；仓储保管人仅承担责任险投保。

（8）外部协作费　仓储企业在提供仓储服务时使用外部服务所支付的费用，包括业务外包。

（9）税费　由仓储企业承担的税费也应作为成本计入，主要有营业税和企业所得税。

（10）营销费用　这项费用包括企业宣传、业务广告、仓储促销、交易费用等经营活动的费用支出。

2．仓储成本分类

在经济分析中，仓储成本可以分为固定成本和变动成本两部分。固定成本是指不随储量变化而发生变化的固定投入；变动成本则是随着储量的增加而增加的成本支出。

从定价来分，一般把仓储成本分为保管成本和搬运成本两个环节。

第二节　仓　储　费

一、单位仓储成本与分级定价

（一）单位仓储成本计算

仓储成本需要在每单位仓储货物的仓储收费中得到补偿，要将总成本分摊到每一单位的仓储物上，只需确定每项物品在某一时期内的平均成本，再考虑企业收益和税负，从而可以确定所收取的仓储费用。

仓储总成本由一定时期的固定资产折旧、资本费用、能源水费、工资、管理业务费、仓储经营的耗损费、保险费、税费等构成。其中资本费用表现为所使用资本的利息，包括自有资本的利息。

仓储总成本=固定资产折旧+资本费用+工资+能源水费+管理业务费+耗损费+保险费+税费

将仓储管理费分摊到同期的仓储量中，就可以确定每一仓储量的仓储成本。

$$\text{单位仓储成本}=\frac{\text{仓储总成本}}{\text{库存总量}}$$

其中库存总量可以采取库存吨天量计算，则所确定的单位仓储成本为日成本，所确定的价格则为日价。如果采用月存量计算，则可得到月价。一般来说，仓储成本主要发生在出入库过程中，因而定价期的确定需要考虑货物存期。存期短、周转快的仓库应以日价确定价格；存期长的仓库可以选用较长期的价格。

库存总量如果采用前期的历史数据，则计算结果只能反映前期的单位成本，仓储费定价却是为了提供给将来使用，因而需要考虑未来的变动因素进行调整。理论上库存总量数据应采用预测存量。

预测存量=仓库面积×单位面积存量×保险系数×统计期天数

单位面积存量虽因货物的不同而不完全一样，但在预测时可以用仓库单位堆存定额。

保险系数就是仓库利用率。

而将库存管理费分摊到库存商品的资产上，就形成了单位资金库存费率。

$$\text{单位资金库存费率}=\frac{\text{仓储总成本}}{\text{库存金额}}$$

（二）分级定价

1．分级定价的意义

仓储成本需要通过对仓储货物收费得以回收，但是如果都按照每一单位货物的仓储成本进行计费回收，则会有无穷的收费标准，这是无法操作的。因此仓储费定价就需要按照一定的规律进行分类，按类别进行定价，而定价类别越少则越便于操作。当然，对于成本投入差别大的货物而言，类别越少，越会出现高成本低收费或者低成本高收费的不合理现象，会造成仓储企业的收益减少，甚至发生亏损，或因高收费失去竞争力。

通过合理的分级，将仓储成本高的货物价格定得较高，成本低的货物价格定得较低，会使得价格更加合理。这样一方面能满足和提高货物对仓储费的承受能力，另一方面也有利于局部市场的竞争。

2．分级的原则

（1）货物仓储所需的条件　如仓库储存和堆场储存分别制定费率，各自按照所需的成本进行定价。

（2）作业的难度　作业所需的劳动或机械投入大，则定较高的价格；作业简单，无须特殊设备，则定较低的价格。

（3）仓储物价值　仓储物的价值影响到仓储风险和仓库进行保管的细致程度。高价值货物适当增加仓储费，低价值货物则可以定价较低。

（4）仓储时间　应该说，对于一般的仓储保管，仓储期间越长，仓储费率越低。但对于周转量大的流通仓储业务（如码头、车站提供的仓储服务），为了保证仓储空间，往往采取递增的累进方式定价，仓储期越长，费率越高。

3．分级的方法

由于货物种类繁多，价格分级也应适当简化，减少分级数，或者说适当增大级差。可以采取五级制、十级制等。专业型大宗货仓库也可直接按货物种类定价。

如广东省港口货物保管费就简单地分为普通货物，特殊货物（轻泡货物、贵重货物、危险品），集装箱三大类。再将集装箱分为20ft重箱、吉箱（空箱），40ft重箱、吉箱（空箱）四种。

二、市场价格定价法

市场价格定价法是仓储企业根据市场行情、外来的压力和自身发展策略的需要而制定的一种仓储费用收取的方法。仓储活动是市场经营活动，仓储业必须按市场的规律来办事。市场价格定价法的实行，是企业按市场规律经营，增强企业灵活性的重要表现。

仓储市场定价是指仓储产品供求双方在供求的对立统一中形成的双方都可以接受的价格，这种供求关系和供求价格是市场经济的灵魂，是市场经济中看不见的手在起作用。

仓储市场的需求是指在一定时期内、在一定的价格条件下全社会对仓储产品的总体需求量。仓储需求是社会对物资需求的派生需求，经济的增长、物质的巨大丰富、物流活动的活跃都将增加对仓储的需求量。但仓储需求总量仍然受到仓储本身成本的影响，仓储费低时，仓储需求量增大；仓储费增高，仓储物对仓储费的承受能力减弱，仓储需求总量将会减少。仓储费与仓储需求量之间呈现如图9-1所示的递减现象。

仓储市场供给是指在一定时期内，在一定的价格条件下，仓储业整体所能向市场提供的仓储产品的总量。随着价格的增加，仓储行业愿意提供的仓储能力越多；在价格低廉时，一些成本较高的仓库收不抵支，仓储企业宁愿减少供给量，因而仓储供给量是随着仓储市场价格的增加而增加，显现如图 9-2 所示的关系。

处在同一个市场的仓储需求和供给，必然要达到平衡，即处于供给量等于需求量的状态。那么，供给量等于需求量时所对应的价格就是供需平衡时的市场价格，如图 9-3 所示。

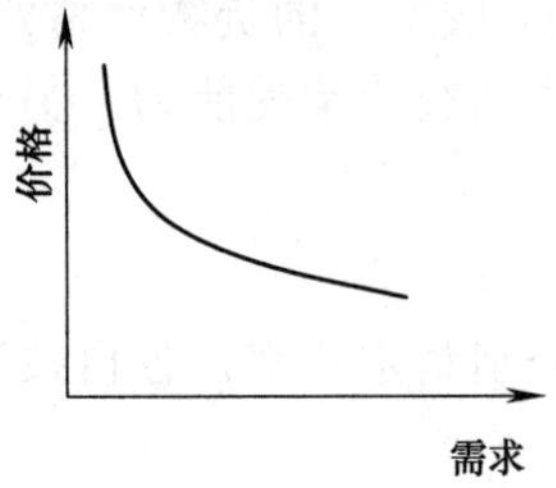

图 9-1　仓储需求

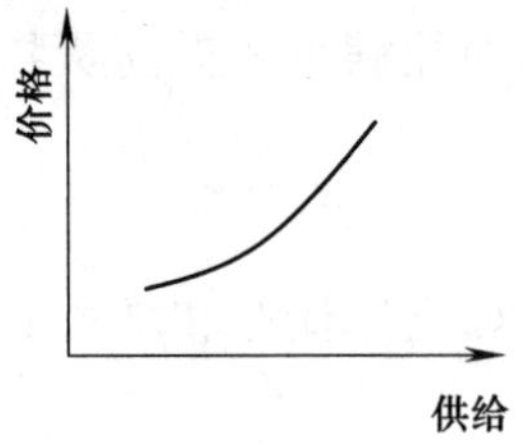

图 9-2　仓储供给

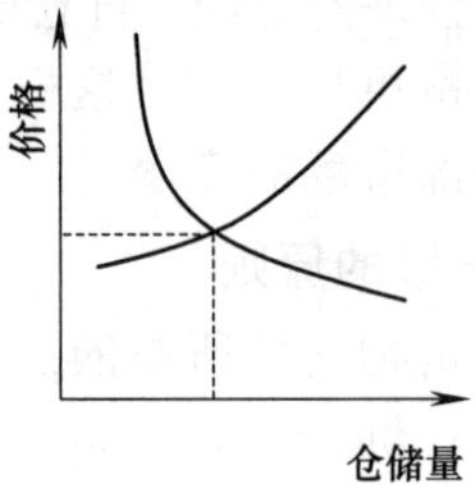

图 9-3　仓储量与价格

当市场需求减少或者供给增加时，市场价格将向下调整，如图 9-4 所示；反之，当需求增加或者供给减少，市场价格将向上调整，如图 9-5 所示。

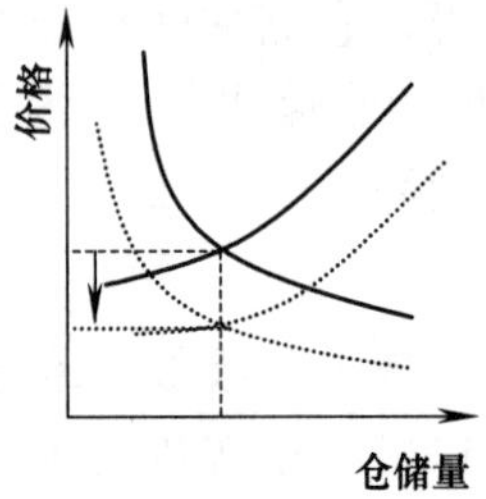

图 9-4　仓储量与价格

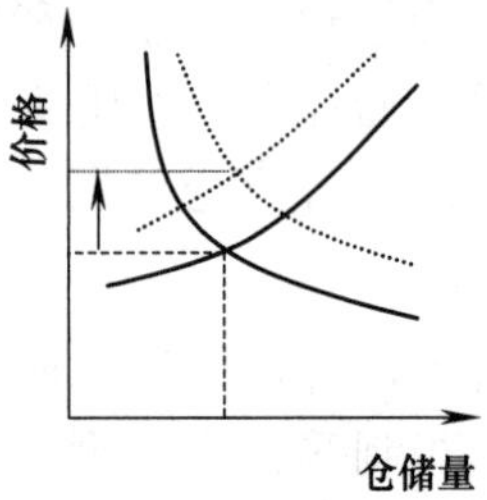

图 9-5　仓储量与价格

三、价格策略

价格策略是指仓储企业在进行产品定价时所采取的方式。实施价格策略的目的是为了提高企业本身在市场中的竞争能力，在产品交换中获得更多的利润或者利益，使企业的损失降到最少。选择何种价格，取决于多种因素，其中包括组织类型、经济前景预期、行业的实际情况、税法以及其他规章制度。仓储企业根据本身的实际情况，选择不同的费用收取方法。仓储的价格策略有：分类差价、竞争价格、追随价格、价格歧视等。

（1）分类定价是指对不同的仓储物采取不同的定价，形成不同类别的仓储物的价差。仓储物可以按不同劳动投入来分类，也可以按不同价值来分类。

（2）竞争价格是指采取积极的竞争策略时的定价，一般而言，该价格定得较低，采取部分让利的措施，使价格具有相对的竞争力。

（3）追随价格也称为被动竞争价格，是指仓储企业完全按照市场中具有优势的仓储经营企业的价格定价，避免引起价格竞争。

（4）价格歧视是指对不同的消费者采取不同定价的方式，通常有以下几种形式：①根据每个委托人的支付能力进行定价的一级价格歧视；②按照不同的仓储量进行定价的二级价格歧视；③针对不同的客户群采取不同价格的三级价格歧视。采取价格歧视一般需要有一定的条件：仓储企业具有一定的垄断能力，能够将市场进行细分，不同市场的客户具有不同的价格承受能力。

四、价格单位

仓储费的价格以 t·天为基本单位，吨以下的尾数保留三位小数，第四位起四舍五入。起点为 1t·天，不足 1t·天的按 1t·天计算。

计费吨分为重量吨和体积吨。1 重量吨为 1 000kg。体积吨是指用体积折算的吨位，$1m^3$ 为 1 体积吨。货物计费时对重量吨和体积吨择大计费。即 1 000kg 货物的体积小于 $1m^3$ 的，按重量吨计费；反之，1 000kg 货物的体积大于 $1m^3$ 的，按体积吨计费。

对于不可叠堆的货物，还可以以占用的仓库面积计费。面积计费一般以仓库的地面负荷折算成吨位计费。

对于需要专用容器或特殊场地（库房）存储的，并且具有排他使用的货物，采用整个容器或场地单位定价，如 1 号罐价格，3 号仓价格。

集装箱堆场则以集装箱为单位定价。

五、其他价格

仓储费除了以保管费方式计费外，还有因仓库提供其他劳务而发生的费用，有进出仓搬运费、装卸费、翻桩倒垛费、加工费、重型机械费等，一般采用单独定价和收费的方式进行。

第三节　仓储成本管理

一、仓储成本管理的意义

1．成本管理是企业管理的重要组成部分

成本管理是企业内部涉及资金和费用的管理，企业的绝大多数管理活动都涉及资金和费用，因而可以说成本管理是企业管理的基础。仓储企业在追求提高管理水平、强化管理能力时，最基础的工作是做好成本管理。一方面有了良好的成本管理，才能够提高整体管理水平；另一方面为了追求管理水平，不能大幅度地增加成本。

2．在成本核算的基础上进行成本管理

成本管理在理论上可以有目标成本管理，但所设置的目标必须是企业所能达到的目标。也就是说，需要在企业实际运作的基础上确定成本目标。要通过仓储投入与产出的核算，通过规范的经济核算指标反映仓储的现状和争取的目标，在此基础上开展成本控制和效益管理。

3．成本管理与提高服务质量相结合

成本管理的主要目的是为了通过管理降低成本，从而达到增加收益或者降低价格、

提高竞争力的目的。但是随着服务水平的提高，服务成本支出会增大，而降低服务成本或多或少会影响到服务水平。因而在成本管理中涉及服务水平的成本支出，不应成为降低的对象，而应获得差别对待。

4．成本管理是全体员工的职责和义务

成本管理是企业全体员工的职责和义务，需要全体员工的参与和支持。成本管理需要认真地动员和监督员工，务必使每一位员工都能充分认识到成本管理的重要性，节约每一分成本，减少每一元支出，杜绝浪费和消除风险。

二、降低仓储成本的途径

降低仓储成本的途径主要有以下几种：

（1）分类管理　对储存物进行 ABC 分析，确定重点管理和一般管理的分类。ABC 分析是实施储存合理化的基础分析，在此基础上可以进一步解决各类的结构关系、储存量、重点管理、技术措施等合理化问题。在 ABC 分析基础上实施重点管理，分门别类地进行仓储操作和保管，达到控制仓储成本的目的。

（2）在形成了一定的社会总规模的前提下，追求经济规模，适度集中库存　适度集中库存是利用仓储规模优势，以适度集中仓储代替分散的小规模仓储来实现合理化。在集中规模的情况下，有利于采用机械化、自动化方式，有利于形成一定批量的干线运输，有利于成为支线运输的始发站而降低仓储以外的运输费用，进而降低仓储总成本。

（3）加速周转，提高单位仓容产出　仓储现代化的重要课题是将静态仓储变为动态仓储，周转速度加快，会带来一系列的好处，如资金周转快、资本效益高、货损货差小、仓库吞吐能力增加、成本下降等。具体做法有采用单元集装存储、建立快速分拣系统，这些方式都有利于实现快进快出，大进大出。

（4）采用“先进先出”方式，保证每个被储物的储存期不至过长，减少仓储物的保管风险　“先进先出”是一种有效的方式，也成了储存管理的准则之一。有效的“先进先出”方式主要有：

1）贯通式（重力式）。货架系统　将货架的每一层打造成贯通的通道，从通道的一端存入货物，从另一端取出货物，货物在通道中能自行按先后顺序排队，不会出现越位等现象。贯通式（重力式）货架系统能非常有效地保证先进先出。

2）“双仓法”储存。给每种被储物都准备两个仓位或货位，轮换进行存取，再配以必须在一个货位中取光后才可以补充货物的规定，则可以保证实现“先进先出”。

3）计算机存取系统。采用计算机存取系统，在存货时向计算机输入存货时间记录，编写一个简单的按时间顺序输出的程序，取货时计算机就能按时间给予指示，以保证“先进先出”。这种计算机存取系统还能将“先进先出”和快进快出结合起来，即在保证一定先进先出的前提下，将周转快的物资随机存放在便于存储之处，以加快周转，减少劳动消耗。

（5）提高储存密度，提高仓容利用率　其主要目的是减少储存设施的投资，提高单位存储面积的利用率，以降低成本、减少土地占用。具体有下列三种方法：

1）采取高垛的方法，增加储存的高度。具体方法有采用高层货架仓库、集装箱等都可比一般堆存方法大大增加储存高度。

2）缩小库内通道宽度以增加储存有效面积。具体方法有采用窄巷道式通道，配以轨道式装卸车辆，以减少车辆运行宽度要求；采用侧叉车、推拉式叉车，以减少叉车转弯所需的宽度。

3）减少库内通道数量以增加有效储存面积。具体方法有采用密集型货架，采用不依靠通道可进车的可卸式货架，采用各种贯通式货架，采用不依靠通道的桥式起重机装卸技术等。

（6）采用有效的储存定位系统　储存定位的含义是被储存物位置的确定。如果定位系统有效，能大大节约寻找、存放、取出的时间，节约不少物化劳动及活劳动，而且能防止差错，便于清点及实行订货点等的管理方式。储存定位系统可采取先进的计算机管理，也可采取一般人工管理。行之有效的方式主要有：

1）"四号定位"方式。"四号定位"方式是用一组四位数字来确定存取位置的固定货位方法，是我国手工管理中采用的科学方法。这四个号码是：库号、架号、层号、位号。这就使每一个货位都有一个组号，在物资入库时，按规划要求，对物资编号，记录在账卡上，提货时按四位数字的指示，很容易将货物拣选出来。这种定位方式可对仓库存货区事先做出规划，并能很快地存取货物，有利于提高速度，减少差错。

2）计算机定位系统。这是指利用计算机储存容量大、检索迅速的优势，在入库时将存放货位输入计算机，出库时向计算机发出指令，并按计算机的指示人工或自动寻址，找到存放的货物，最终拣选取货的方式。计算机定位系统一般采取自由货位方式，指示入库货物存放在就近易于存取之处，或根据入库货物的存放时间和特点，指示合适的货位，取货时也可就近就便。这种方式可以充分利用每一个货位，而不需要专位待货，有利于提高仓库的储存能力，当吞吐量相同时，可比一般仓库减少建筑面积。

（7）采用有效的监测清点方式　对储存物资数量和质量进行监测有利于掌握仓储的基本情况，也有利于科学控制库存。在实际工作中稍有差错，就会使账物不符，所以，必须及时且准确地掌握实际储存情况，经常与账卡核对，确保仓储物资的完好无损，这是人工管理或计算机管理必不可少的。此外，经常监测也是掌握被存物资数量状况的重要工作。监测清点的有效方式主要有：

1）"五五化"堆码。这是我国手工管理中采用的一种科学方法。储存物堆垛时，以"五"为基本计数单位，堆成总量为"五"的倍数的垛形，如梅花五、重叠五等。堆码后，有经验者可过目成数，大大加快了人工点数的速度，而且很少出现差错。

2）电子识别系统。在货位上设置电子识别装置，通过该装置对被存物的条码、二维码或其他识别装置（如 RFID 芯片等）进行扫描，并将准确数目自动显示出来。这种方式不需人工清点就能准确掌握库存的实有数量。

3）计算机监控系统。用计算机指示存取，可以避免人工存取容易出现差错的弊端，如果在储存物上采用条码技术，使识别计数和计算机联结，每存取一件物品时，识别装置将自动识别条码并将数据输入计算机，计算机会自动做出存取记录。这样只需向计算机查询，就可了解所存物品的准确情况，因而无须再建立一套对仓储物实有数的监测系统，减少查货、清点工作。

（8）充分利用现代仓储技术和设备　虽然说现代技术和设备的使用意味着一笔巨量

的投资，但现代技术和设备在减少差错、提高效率、提高仓库利用率、降低残损、降低人员劳动强度和防止人身伤害等方面都会为仓储企业带来直接的长远收益。如采用计算机管理技术、仓储条形码技术、现代化货架、专用作业设备、叉车、新型托盘等。

（9）盘活资产和合理使用外协　仓储设施和设备的巨大投入，只有在充分利用的情况下才能获得收益，如果不能投入使用或者只是低效率使用，只会造成成本的加大。仓储企业应及时决策，采取出租、借用、出售等方式使这些资产盘活。

而对于仓储企业不擅长运作的仓储活动，仓储企业也可充分利用社会服务，通过外协的方式，让更具有优势的其他企业提供服务，如运输环节、重型起吊、信息服务等，使企业充分获得市场竞争的利益。

（10）加强劳动管理　工资是仓储成本的重要组成部分，劳动力的合理使用，是控制人员工资的基本原则。我国是具有劳动力优势的国家，工资较为低廉，较多使用劳动力是合理的选择。但是对劳动进行有效管理，避免人浮于事、出工不出力或者效率低下的现象，也是成本管理的重要方面。

（11）降低经营管理成本　经营管理成本是企业经营活动和管理活动的费用和成本支出，包括管理费、业务费、交易成本等。加强该类成本管理，减少不必要支出，也能实现成本降低。当然，经营管理成本费用的支出时常不能产生直接的收益和回报，也不能完全取消，但是加强管理是很有必要的。

（12）从物流管理的层面考虑降低仓储成本　物流管理的最重要的目的就是为了降低产品的最终成本。独立的仓储经营活动，也是构成物流的重要环节，仓储经营人也应该站在全程物流的层面，通过调整其他物流环节和改变仓储运作，参与降低整体成本的努力。

复习思考题

1. 成本分析有什么意义？
2. 仓储成本有哪些种类和哪些项目？
3. 仓储费应如何定价？
4. 市场价格如何确定？影响市场价格的主要因素是什么？
5. 仓储企业定价可以采用哪些策略？
6. 如何降低仓储成本？

第十章 特殊货物仓储管理

10

学习目的

了解包括危险品、冷藏货物、粮仓等特殊货物仓储的基本知识和管理要求；建立特殊物质仓储需要特殊管理的思想。

第一节　危险品仓储管理

一、危险品概述

1. 危险品的概念和种类

危险品又称为危险货物、危险化学品，是指具有爆炸、易燃、毒害、腐蚀、放射性等特性，在运输、装卸和储存过程中，容易造成人身伤亡和财产毁损而需要特别防护的货物。

危险品具体包括列入国家标准《危险货物品名表》（GB 12268—2012）和《危险货物品名表》没有列入的那些特别危险非经批准禁止运输、储存、生产、经营、使用和处置的危险货物。另外，随着新产品的不断出现，没有列入《危险货物品名表》的新的危险货物也属此类。危险品还包括未经彻底清洗的盛装过危险品的空容器、包装物。

危险品的特征就是危害性，但各种危险品的危害具有不同的表现，根据危险品的首要危险特性，我国国家标准《危险货物分类和品名编号》（GB 6944—2012）将危险品分为 9 类。

第 1 类：爆炸品

1.1 项：有整体爆炸危险的物质和物品；

1.2 项：有迸射危险，但无整体爆炸危险的物质和物品；

1.3 项：有燃烧危险并有局部爆炸危险或局部迸射危险或这两种危险都有，但无整体爆炸危险的物质和物品；

1.4 项：不呈现重大危险的物质和物品；

1.5 项：有整体爆炸危险的非常不敏感物质；

1.6 项：无整体爆炸危险的极端不敏感物品。

第 2 类：气体

2.1 项：易燃气体；

2.2 项：非易燃无毒气体；

2.3 项：毒性气体。

第 3 类：易燃液体

第 4 类：易燃固体、易于自燃的物质、遇水放出易燃气体的物质

4.1 项：易燃固体，自反应物质和固态退敏爆炸品；

4.2 项：易于自燃的物质；

4.3 项：遇水放出易燃气体的物质。

第 5 类：氧化性物质和有机过氧化物

5.1 项：氧化性物质；

5.2 项：有机过氧化物。

第 6 类：毒性物质和感染性物质

6.1 项：毒性物质；

6.2 项：感染性物质。

第 7 类：放射性物质

第 8 类：腐蚀性物质

第 9 类：杂项危险物质和物品，包括危害环境物质。

危险品除了具有分类的主要危险特性外，还可能具有其他的危害特性，如爆炸品大都具有毒性、易燃性等。

2．危险品管理制度与法规

国家对危险品实行严格的管理，实行相应管理部门审批、发证、监督、检查的系列管理制度。有关管理制度包括：工商管理部门的经营审批；公安部门的通行证发证；质检部门的包装检验发证；环境保护部门的监督管理；铁路、民航、交通部门的运输管理；卫生行政部门的卫生监督等。对于政府部门依法实施的监督检查，危险化学品单位不得拒绝、阻挠。

对于危险品，应按照依法管理的原则，严格根据法规的规定和国家标准实施管理。涉及危险品仓储和运输的管理法规有：《危险化学品安全管理条例》、《危险货物分类和品名编号》（GB 6944—2012）、《危险货物品名表》（GB 12268—2012），各种运输方式应遵守的“危险货物运输规则”，以及《中华人民共和国环境保护法》《中华人民共和国消防法》等相关规范和其他安全生产的法律和行政法规，涉及国际运输的危险货物还需要执行国际海事组织制定的《国际海运危险货物规则》。

3．危险品的编号和命名

国家标准《危险货物分类和品名编号》（GB 6944—2012）规定，危险货物编号采用《国际海运危险货物规则》中的联合国编号（UN NO.），由四位阿拉伯数字组成，每一危险货物对应一个编号，但对其性质基本相同，运输、储存条件和灭火、急救、处置方法相同的危险货物，也可使用同一编号。

危险货物名称在《危险货物品名表》（GB 12268—2012）的名称和说明栏目中直接列出，命名方式包括：

1）物质的学名。在科学上能表明一种物质的化学组成和结构特征的名称，有时也包括适当的限量词。其中文名包括以国家有关标准所确定的名称，如：塑料术语、涂料名、颜料名、农药通用名称等；对于无国家标准确定名称的危险货物，其正式名称原则上应按中国化学协会的《无机化学命名原则》《有机化学命名原则》所确定的系统命名原则命名，如过氧化钠、无水的氯乙酸。

2）物品的名称。按照物品的功能或用途进行命名，如锂蓄电池、空投照明弹。

3）商品名称。对于结构和组成复杂的物质和混合物，可以采用通用的商业名称作为运输中的正式名称，如胶合剂、武器弹药。

4）通用名称。可按照危险品的类属进行命名如溴化汞类、氟代苯类。可按国家有关标准确定名称，如《塑料术语及其定义》（GB/T 2035—2008）、《颜料分类、命名及型号》（GB/T 3182—1995）、《涂料产品分类和命名》（GB/T 2705—2002）、《农药中文通用名称》（GB 4839—2009）（如有机磷农药）等。也可按危险品运输规则“未列明的”项目内容列出，如“金属粉，易燃的，未列明的”。

4．危险品包装标志

危险品的外包装上需要有明确、完整的标志和标识，包括：危险货物包装标志（GB190—1990 中规定的标志）、储运图示标志、收发货标志，具体有包装容器的等级、编号，危险品的品名、收发货人、重量、尺寸、运输地点、操作指示，危险品的危险性质、等级等。

5．危险品包装

包装是危险品安全的保障，它的作用包括：保护危险品不受损害和外界的直接影响，保持危险品的使用价值；防止危险品对外界造成损害，避免发生重大危害事故；形状规则的包装方便作业和便于堆放储存；固定标准的包装可确保危险品的单元数量的限定。危险品的包装完全根据法规和标准进行，如《危险货物运输包装通用技术条件》（GB 12463—2009）等。

危险品的包装要经过规定的性能试验和具有检验标志，具有足够的强度，没有损害和变形、封口严密等。包装使用与危险品不相忌的材料，按包装容器所注明的使用类别盛装危险品。

危险品有上千种，按其危险性质确定包装，可分为通用包装和专用包装两类。

（1）危险品货物的通用包装　通用包装适用于第 3 类、第 4 类、第 5.1 类、第 6.1 类中的大部分货物和第 1 类、第 8 类中的部分货物。国际航空运输协会的《危险品规则》将危险品的通用包装分为三个等级。在《危险品规则》的总索引表和物质明细表中，依据其危险程度指明了所列货物应采用的包装等级要求。很明显，根据所列的包装等级反过来即能判断出该危险货物的危险程度。三类包装等级的含义是：

Ⅰ类包装——能盛装高度危险性的货物

Ⅱ类包装——能盛装中度危险性的货物

Ⅲ类包装——能盛装低度危险性的货物

根据正常运输条件下可能遇到的撞击、挤压、摩擦等情况，对通用包装进行各种模拟试验，包括跌落试验、渗漏试验、液压实验、堆码试验等，试验后，无影响运输安全的损坏，则视为合格。

当然，通用包装也根据不同的货物形态分为各类形式，有桶、箱、罐等各种形式，大小不同的容量供选择使用。同一个包装，采用相同的检验编码。

（2）危险货物的专用包装　第 1 类、第 2 类、第 7 类、第 5.2 类、第 6.2 类、第 4.1 类的自反应物质由于其各自的特殊危险性质，要采用专用包装。第 3 类、第 4 类、第 5 类、第 8 类中一些特殊危险货物也必须采用专用包装，如：过氧化氢、黄磷、碳化钙等。专用包装具有防止危害和保护货物的针对性设计，如防磁、耐压、辐射减弱、排气、防腐蚀等功能，必须经过合格检验，只用于特定的某类危险品的包装，不能混用。

二、危险品仓储的基本要求

1. 危险品仓库选址

危险品仓库需要根据危险品的危害特性，依据市政总体规划，选择合适的地点建设。危险品仓库必须建在远离居民区、供水源、主要交通干线、农业保护区、河流、湖泊等较为空旷的地区，在当地常年主导风向的下风处。建设危险品仓库必须获得政府多部门的审批。

2. 危险品仓库建筑和设施

危险品仓库的建筑结构需要根据危险品的危险特性和发生危害的性质，采用妥善的建筑形式，并取得相应的许可。建筑和场所需根据危险化学品的种类、特性，设置相应的监测、通风、防晒、调温、防火、灭火、防爆、泄压、防毒、消毒、中和、防潮、防雷、防静电、防腐、防渗漏、防护围堤或者隔离操作等安全设施、设备。仓库和设施要符合国家安全、消防标准的要求，并设置明显标志。

3. 设备管理

危险化学品的仓库实行专用仓库的使用制度，设施和设备不能用于其他用途。各种设施和设备要按照国家相应标准和有关规定进行维护、保养，进行定期检测，保证其符合安全运行要求。对储存和使用剧毒化学品的装置和设施要每年进行一次安全评价；仓储和使用其他危险品的，储存装置每两年进行一次安全评价。对评价不符合要求的设施和设备应停止使用，立即更换或维修。

4. 库场使用

危险化学品必须储藏在专用仓库、专用场地或者专用储藏室内。对危险品专用仓库的要求，不仅包括专区专用，不能储存普通货，还包括不同种类的危险品分类存放在不同的专用仓库，各仓库存放确定种类的危险品。与危险品仓储需经管理部门批准一样，危险品仓库改变用途，或改存放其他危险品，也需要相应的管理部门审批。

危险品的危害程度还与危险品的存放数量有关，仓库需要根据危险品的特性和仓库的条件，确定各仓库的存量。例如，黄埔港务公司：第 12 仓楼下，堆存限额 1 078t，不能堆放一级易燃液体和一级有机过氧化物。

5. 对危险化学品从业人员的要求

从事危险化学品生产、经营、储存、运输、使用或者处置废弃危险化学品活动的人员，必须接受有关法律、法规、规章和安全知识、专业技术、职业卫生防护与应急救援知识的培训，并经考核合格，方可上岗作业。

三、危险品的保管

1. 严格和完善的管理制度

为了保证危险货物仓储的安全，仓库需要依据危险品管理相关法律和法规的规定，根据仓库的具体实际和危险品的特性，制定严格的危险品仓储管理的各类安全制度、责任制度和安全操作规程，并在实践中不断完善。仓库需要制定的管理制度主要有：《危险货物管理规则》《岗位责任》《安全防护措施》《安全操作规程》《装卸搬运方案》《保管检查要求》《垛型和堆积标准》《验收标准》《残损溢漏处理程序》《应急措施》等。

保管单位还要根据法规规定和管理部门的要求，履行登记、备案、报告的法律和行政义务。

2. 出入库管理

危险货物进入仓库，仓库管理人员要严格把关，认真核查品名标志，检查包装，清点数量，细致地做好核查登记工作。对于品名、性质不明或者包装、标志不符，包装不良的危险品，仓库员有权拒收，或者依据残损处理程序进行处理，未经处理的包装破损危险品不得进入仓库。剧毒化学品实行双人收发制度。送、提货车辆和人员不得进入存货区，由仓库在收发货区接收和交付危险货物。

危险货物出库时，仓库管理人员需认真核对危险货物的品名、标志和数量，协同提货人、承运司机查验货物，确保按单发货，并做好出库登记，详细记录危险货物的流向、流量。

3. 货位选择和堆垛

危险品的储存方式、方法与储存数量必须符合国家标准。仓库管理人员要根据国家标准、危险品特性、包装，根据仓储企业所制定的管理制度，合理选择存放位置，根据危险货物对保管的要求，妥善安排具备相应的通风、遮阳、防水、湿度、控温条件的仓库或堆场货位。根据危险品的性质和包装确定合适的堆放垛型和货垛大小，其中桶装危险货不得超过三个桶高，袋装货高度不得超过 4m。库场内的危险货物之间以及和其他设备之间需保持必要的间距，其中：货垛顶距离灯具不小于 1.5m；货垛距墙不小于 0.5m；货垛之间不小于 1m；消防器材、配电箱周围 1.5m 范围内禁止堆货或放置其他物品；仓库内消防通道宽度不小于 4m，货场内的消防主通道宽度不小于 6m。

危险货物堆叠时要整齐、堆垛稳固，标志朝外，不得倒置。货堆头悬挂标有危险品编号、品名、性质、类别、级别、消防方法的标志牌。

4. 安全作业

危险品装卸作业前应详细了解所装卸危险货物的性质、危险程度、安全和医疗急救等措施，并严格按照有关操作规程和工艺方案作业。根据货物性质选用合适的装卸机具。

装卸易爆货物时，装卸机械应安置火星熄灭装置，禁止使用非防爆型电气设备。作业前应对装卸机械进行检查，装卸搬运爆炸品、有机过氧化物、一级毒害品、放射性物品，装卸搬运机具应按额定负荷降低25%使用。作业人员应穿戴相应的防护用品。夜间装卸危险货物，应有良好的照明，装卸易燃、易爆货物应使用防爆型的安全照明设备。作业现场需准备必要的安全和应急设备与用具。

危险品包装破损或包装不符合要求的要暂停作业，待妥善处理后方可作业。

化学危险品只能委托有危险化学品运输资质的运输企业承运。对不符合条件的运输工具不予作业。

5. 妥善保管

危险品仓库实行专人管理。剧毒化学品实行双人保管制度。仓库存放剧毒化学品时需向当地公安部门登记备案。

仓库管理人员应遵守库场制度，坚守岗位，根据制度规定定时、定线、定项目、定量地进行安全检查和测查，相应地采取通风、降温、排水、排气、增湿等保管措施。

严格限制闲杂人员入库。接待委托人抽样时，详细查验证件和认真监督，严格按照操作规程操作。

危险货物提离时，及时清扫库场，将货底、地脚货、垃圾集中于指定的地点且妥善处理，并进行必要的清洗、消毒处理。

6. 妥善处置

对于废弃的危险品、危险品废弃物、货底、地脚货、垃圾、仓储停业时的存货、容器等，仓库要采取妥善的处置措施，如随货同行、移交、封存、销毁、中和、掩埋等无害处理措施，不得留有事故隐患，且将处置方案在相应管理部门备案，并接受管理部门的监督。剧毒危险品发生被盗、丢失、误用情况时，立即向当地公安部门报告。

四、危险品应急处理

应急处理是指发生危险品事故时的处理安排。危险品仓储必须根据库存危险品的特性、仓库的条件，以及法规规定和国家管理机关的要求，制定仓储危险品应急措施。

应急措施包括发生危害时的措施安排和人员的应急职责，具体包括危险判定、危险事故信号、汇报程序、现场紧急处理、人员撤离、封锁现场、人员分工等。

应急措施要作为仓库工作人员的专业知识，务必使每一位员工熟悉，且熟练掌握其分工的职责行为和操作技能。

仓库应该定期组织员工开展应急措施演习。当人员有一定变动时也要进行演习。

案例

发生危险品事故时的处理方法

（依据《美国危险品事故应急手册》整编）

发生危险品事故时，自上风方向进入事故现场。尽可能远离溢流、汽化物、烟雾及烟尘。

1）通过危险品标签、包装标志确定该危险品的识别号码；或者依据货运票据、标签或包装箱上的名称确定危险品的名称。

2）根据危险品的识别号码或名称确定采用的应急处理方法（方法编号）。

3）按照所确定的方法进行处理。

找不到识别号码和危险品名称的危险品事故应急处理办法

1．潜在危险

（1）起火或爆炸

1）易燃/可燃物，遇热、火星或火焰可能燃烧。

2）可能引燃其他可燃材料（木、纸、油等）。

3）在炽热火海中，容器可能爆炸。

4）与燃料发生作用，后果严重。

5）可燃物流入下水道有可能引起火灾或爆炸。

（2）危及健康

1）如吸入、吞下或经皮肤吸收可能有致命危险。

2）触及可能灼伤皮肤及眼睛。

3）起火可能产生刺激性或有毒气体。

4）灭火的流溢水或稀释水可能造成污染。

2．应急措施

（1）基本应急措施

1）撤离非必要人员；隔离危险区并禁止进入。

2）在上风处停留；离开低洼地。

3）增压式呼吸装置及常规的消防人员防护衣只能起到有限的防护作用。

4）拨打救助电话，请求应急支援。

5）如发生水污染，通知各有关单位。

（2）火灾

1）小火——使用干化学剂、二氧化碳、喷射水或常规泡沫剂灭火。

2）大火——使用喷射水、雾剂或常规泡沫剂灭火。

3）如无危险，将容器移出火区。

4）对已着火的容器，向其洒冷水直至火焰完全熄灭。注意远离容器。

5）对货区的大面积火灾，使用无人操作的水龙带支架或监控喷管；如不能采取此法，则撤离火区，任其燃烧。

（3）溢流或泄漏

1）阻断引燃源，在危险区内禁止吸烟，禁止明火。

2）可燃物（木、纸、油等）需远离溢流物。

3）切勿触及溢流物或在溢流区行走。

4）对于小量溢流——将沙或其他不燃的吸着材料渗入溢流物，再将之放入容器内以便日后处理。

5）对于大量溢流——在液体溢流区远处修筑围堤加以防护，以备日后处理。

（4）人员急救

1）将伤员移至空气新鲜处，请求派遣急救医护人员。伤员如已停止呼吸，进行人工呼吸；如呼吸困难，进行输氧。

2）如已触及危险品，立即用流动的水冲洗皮肤或眼睛，至少 15min。

3）脱下在现场受污染的衣服、鞋，并加以隔离。

4）使伤员保持安静和体温正常。

第二节 冷库管理

一、冷藏保管的原理

冷藏是指在保持低温的条件下储存物品的方法。由于在低温环境中，细菌等微生物大大降低繁殖速度，生物体的新陈代谢速度降低，能够延长有机体的保鲜时间，因而对鱼肉食品、水果、蔬菜及其他易腐烂的物品都采用冷藏的方式仓储。另外，对于在低温时能凝固成固态的液体流质品，由于采取冷藏的方式有利于运输、作业和销售，也采用冷藏的方式仓储。此外，在低温环境中一些混合物的化学反应速度降低，对其也采用冷藏方式储藏。

冷藏保管根据控制温度的不同，分为冷藏和冷冻两种方式。冷藏是将温度控制在0～5℃进行保存，在该温度下水分不致冻结，不破坏食品的组织，具有保鲜的作用，但是微生物仍然具有一定的繁殖能力，因而保存时间较短；冷冻则是将温度控制在 0℃以下，使水分冻结，微生物停止繁殖，新陈代谢基本停止，从而实现防腐。冷冻保管又分为一般冷冻和速冻，一般冷冻采取逐步降温的方式降低温度，达到控制温度后停止降温，如–20℃；速冻则是在很短的时间内将温度降到控制温度以下，如–60℃，使水分在短时间内完全冻结，然后逐步恢复到控制温度（不低于–20℃）。速冻一般不会破坏细胞组织，具有较好的保鲜作用。冷冻储藏能使货物保持较长的时间不腐烂变质。常见冷藏货物的储藏适宜温度、相对湿度见表 10-1。

表 10-1 常见冷藏货物的储藏适宜温度、相对湿度

名称	冷藏温度（℃）	相对湿度（%）	储藏时间	冷冻温度（℃）	相对湿度（%）	储藏时间
牛肉	–1.0～0	86～90	3 周	–23.0～–18.0	90～95	6～12 月
猪肉	0～+1.2	85～90	3～10 天	–24.0～–18.0	85～95	2～8 月
羊肉				–22.0～–18.0	80～85	3～8 月
家禽肉	0	80	1 周	–30.0～–18.0	80	3～12 月
兔肉				–30.0～–18.0	80～90	6 月
蛋类	–1.0～–0.5	80～85	8 月	–18.0		12 月
鱼类	–0.5～+4.0	90～95	1～2 周	–20.0～–12.0	90～95	8～10 月
对虾				–7.0	80	1月
苹果	0～+1.0	90～95	150～180 天			
梨	0	90～95	210 天			

（续）

名称	冷藏温度（℃）	相对湿度（%）	储藏时间	冷冻温度（℃）	相对湿度（%）	储藏时间
橘子	0～+1.2	85～90	50～70天			
葡萄	-1.0～0	90	60～210天			
青椒	+9.0～+12.0	90～95	30～45天			
番茄	+13.0～+17.0	90～95	30～45天			
黄瓜	+12.0～+13.0	95	15天			
菠菜	0	95～100	85～90天			

二、冷库的设备与结构

冷库可以分为生产性冷库和周转性冷库，生产性冷库是指进行冷冻品生产的冷库，是生产的配套设施，一般空间较小，制冷速度快；周转性冷库则是维持冷货低温的流通仓库。冷库按控制的温度和制冷方式不同分为冷冻仓库、冷藏仓库、气调冷库和流动的冷藏车、冷藏集装箱等。固定的冷库由冷藏库房、冷冻库房、分发间、制冷设备机房等组成。库房采用可封闭式的隔热保温结构，内装有冷却排管或冷风装置与制冷设备相接。库内装有温度、湿度测量设备，湿度控制设备，通风换气设备等，此外还有货位、货架、货物传输、作业设备等。

1．冷却和结冻间

冷却和结冻间也称为预冷加工库间。货物在进入冷藏或者冷冻库房前，先在冷却或者结冻间进行冷处理，将货物均匀降温到预定的温度。对于冷藏货物，降温至2～4℃；冷冻货物则迅速地降至-20℃使货物冻结。因而冷却和结冻间具有较强的制冷能力。货物在冷却和结冻间以较为分散的状态存放，以便均匀降温。由于预冷作业只是短期的作业，货物不堆垛，一般处于较高的搬运活性状态，多数直接放置在搬运设备上，如放置在推车上或托盘上。

2．冷冻库房

冷冻库房是指较长时间地存放经预冷达到冷冻保存温度的冷冻货物的库房。货物经预冷后，转入冷库堆垛存放。冷冻货物的货垛一般较小，以便降低内部温度，货垛底部采用货板或托盘垫高，货物不直接与地面接触，避免温度波动时水分再冻结后造成货物与地面粘连。库内以叉车作业为主，因而大都采用成组垛。冷冻库房能保持冷冻温度，长期将温度控制在需要的保存温度范围内。

3．冷藏库房

冷藏库房是存储冷藏货物的场所。货物在预冷后，达到均匀的保藏温度时，送入冷藏库房码垛存放，若是少量货物则直接存入冷藏间冷藏。冷藏货物仍具有新陈代谢和微生物活动，还会出现自升温现象，因而冷藏库还需要进行持续的冷处理。冷藏库一般采用风冷式制冷，用冷风机降温。为了防止货垛内升温，保持货物呼吸所需的新鲜空气流通，冷藏库一般采用行列垛的方式码垛存放，垛形较窄、较长，或者使用货架存放。由于冷藏存期较短，货物在库内搬运活性较高，托盘成组堆垛较为理想。

4．分发间

冷库由于低温不便于货物分拣、成组、计量、检验等人工作业，另外，为了冷冻库和冷藏库的温度、湿度控制，减少冷量耗损，需要尽量缩短开门时间和次数，以免造成库内温度波动太大。因而货物出库时应迅速地将货物从冷藏或冷冻库移到分发间，在分发间进行作业，从分发间装运。分发间温度也低，但直接向库外作业，温度波动较大，因而分发间不能存放货物。

三、冷库仓储管理

作为专业存储仓库，冷库有较为特殊的布局、结构和用具，货物也较为特殊。冷库对管理技术、专业水平要求较高。冷库大多存放食品，管理不善不仅会造成货损事故，还会发生食物安全事故，影响人们身体健康。

1. 冷库的使用

冷库分为冷冻库、冷藏库，应按库房的设计用途使用。库房改变用途时，必须按照所改变的用途进行制冷能力、保温材料、设施设备改造，完全满足新的用途。

冷库要保持清洁、干燥，经常清洁、清除残留物和结冰，库内不得出现积水。冷库在投入使用后，除非进行空仓维修保养，否则必须保持制冷状态。即使没有存货，冷冻库也要保持在−5℃，冷藏库控温在露点以下。

要按照货物的类别和保管温度的不同分类使用库房。食品库不得存放其他货品，食品也不能存放在非食品库房。不同控制温度的货物不能存放在同一库房内。

2. 货物出入库

货物入库时，除了仓储通常所进行的查验、点数外，还要对送达货物的温度进行测定，查验货物内部状态，并详细记录，对于已霉变的货物不接收入库，这种检查最好采用自动电子设备进行。货物入库前要进行预冷，保证货物均匀地降到需要的温度。未经预冷冻结的货物不得直接进入冷冻库，以免高温货物大量吸冷造成库内温度升高，影响库内其他冻货。

货物出库时应认真核对，由于冷库内储存的货物大都相同，所以要核对货物的标志、编号、所有人、批次等项目，防止错取、错发。对于出库时需要做升温处理的货物，应按照作业规程进行加热升温，不得自然升温。

3. 冷货作业

为了减少冷耗，货物出入库作业应选择在气温较低的时间段进行，如早晨、傍晚、夜间。出入库作业时集中仓库内的作业力量，尽可能缩短作业时间。要使装运车辆离库门距离最近，缩短货物露天搬运距离；防止隔车搬运。若货物出入库时库温升高，应停止作业，封库降温。出入库搬运应用推车、叉车、输送带等机械搬运，用托盘等成组作业，提高作业速度。作业中不得将货物散放在地坪，避免货物和货盘冲击地坪、内墙、冷管等，吊机悬挂重量不得超过设计负荷。

库内堆码严格按照仓库规章进行，合理选择货位。将存期长的货物存放在库里端，存期短的货物存放在库门附近，易升温的货物接近冷风口或排管附近。根据货物或包装形状合理采用垂直叠垛或交叉叠垛，如冻光猪要肉皮向下、头尾交错、腹背相连、长短对弯、码平码紧。货垛要求堆码整齐、货垛稳固、间距合适。货垛不能堵塞或者影响冷风的流动，避免出现冷风短路。堆垛完毕在垛头上悬挂货垛牌。

堆垛间距要求：①低温冷冻库货垛距顶棚 0.2m；②高温冷藏库货垛距顶棚 0.3m；③距顶排水管下侧 0.3m；④距顶排水管横侧 0.3m；⑤距未装设墙冷排管的墙壁 0.2m；⑥在冷风机周围 1.5m。

拆垛作业时应从上往下取货，禁止在垛中抽取。取货时要防止因货物冻结粘连强行取货而扯坏包装。

4．冷货保管

冷库内要保持清洁干净，地面、墙、顶棚、门框上无积水、结霜、挂冰，随有随扫除，特别是在作业以后，及时清扫。要及时清除制冷设备、管系上的结霜、结冰，以提高制冷功能。

定时、经常测试库内温度和湿度，严格按照货物保存所需的温度控制仓库内温度，尽可能减少温度波动，防止货物因变质或者解冻变软而倒垛。

按照货物所需要的通风要求，进行通风换气，其目的是为了保持库内合适的氧分和湿度。冷库一般采用机械通风，要根据货物保管的需要控制通风次数和通风时间，如冷藏库每天 2～4 次，每次换气量为冷藏间体积的 1～2 倍，或者使库内二氧化碳含量达到适合的范围（见表 10-2）。通风将外部的空气带入库内，也将空气中的热量、水汽带入库内，因而要选择合适的时机通风换气。

表 10-2　冷藏货物二氧化碳含量控制表

品名	梨	青香蕉	柑橘	苹果	柿子	西红柿
二氧化碳容积百分比（%）	0.2～2	1.6	2～3	8～10	5～10	5～10

当货物存期届满、接近保存期、出现性质变化和变质等时，及时通知存货人处理，不能擅自移出仓库。

四、冷库安全

冷库虽然说不会发生爆炸、燃烧等恶性危险事故，但冷库低温、封闭的库房环境对人员还是会产生伤害，低温会造成设备的材料强度、性能降低，需引起足够的重视。

1．防止冻伤

进入库房的人员，必须做好保温防护，穿戴手套、工作鞋。身体裸露部位不得接触冷冻库内的物品，包括货物、排管、货架、作业工具等。

2．防止人员缺氧窒息

冷库特别是冷藏库内的植物和微生物的呼吸作用使二氧化碳浓度增加，冷媒泄漏入库内，会使得库房内氧气不足，造成人员窒息，所以人员在进入库房，尤其是长期封闭的库房前，需进行通风，避免氧气不足。

3．避免人员被封闭库内

库门应设专人开关，限制无关人员进库。人员入库，应在门外悬挂告示牌。作业工班要有核查人数的责任人，在确定人员都出库后，才能摘除告示牌。

4. 妥善使用设备

库内作业应使用抗冷设备，且进行必要的保温防护。不使用会发生低温损害的设备和用具。

第三节 粮仓管理

一、粮食储存的特性

粮食存储是仓储最古老的项目，“仓”在古代就是粮食的储藏场所。粮食包括小麦、玉米、燕麦、大麦、大米、豆类和种子等。粮食仓储是实现粮食集中收成、分散消耗的手段，同时也是国家战略物资储备的方式之一。粮食作为大宗货运输，需要较大规模的集中和仓储。为了降低储藏成本、运输成本，提高作业效率，粮食主要以散装的形式运输和仓储，进入消费市场流通的粮食才采用袋装包装。

粮食的仓储特性如下：

1. 呼吸性和自热性

粮食仍然有植物的新陈代谢功能，能够吸收氧气和释放二氧化碳。通过呼吸作用，能产生和散发热量。当大量的粮食堆积时，释放的二氧化碳就会使空气中的氧气含量减少，造成人体窒息。大量堆积的粮食所产生的热量不能散发会使粮堆内部温度升高，另外粮食中含有的微生物也具有呼吸和发热的能力，热量大量积聚后不能散发，会引起自燃。粮食的呼吸性和自热性与含水量有关，含水量越高，自热能力越强。

2. 吸湿性和散湿性

粮食本身含有一定的水分，空气干燥时，水分会向外散发。当外界湿度大时，粮食又会吸收水分，在水分充足时还会发芽，芽胚被破坏的粮食就会发霉。因吸湿性粮食在吸收水分后不容易干燥，而储存在干燥环境中的粮食也会因为散湿而形成水分的局部集结而致霉。

3. 吸附性

粮食有吸收水分、呼吸的性能，能将外界环境中的气味、有害气体、液体等吸附在内部，不能去除。受异味玷污后，粮食就会因无法去除异味而损毁。

4. 易受虫害

粮食本身就是众多昆虫幼虫和老鼠的食物。未经杀虫的粮食中含有大量的昆虫、虫卵和细菌，在温度、湿度合适时就会大量繁殖，形成虫害。经过杀虫的粮食，也会因为吸引虫鼠造成二次危害。

5. 散落流动性

散装粮食因为颗粒小，颗粒之间不会粘连，在外力（重力）作用下，具有自动松散流动的散落特性，当倾斜角足够大时就会出现流动性。根据粮食的散落流动性可以采用流动的方式作业。

6. 扬尘爆炸性

干燥粮食的麸壳、粉碎的粮食粉末等在流动和作业时会扬尘，伤害人体的呼吸系统；能燃烧的有机质粮食的扬尘达到一定浓度时（一般为50～65g/m^3），遇火源会发生爆炸。据资料显示，美国1958～1975年发生的粮谷粉尘爆炸达139起。

二、粮食的质量指标

粮食的质量可以通过感官鉴定和实验分析的方法确定。感官鉴定是通过粮食的颜色、气味和滋味来判定质量；实验分析是通过测定容重、水分、感染度确定质量。

1. 颜色

各种粮食都有自身的颜色特点，如玉米的金黄色、大米的透明白色等。当粮食变质、陈旧时，颜色会变得灰暗、混浊。确定颜色的方法是在黑色的纸上铺一层粮食样品，在太阳的散射光线下，观察确定。

2. 气味和滋味

新鲜的粮食具有特有的清香和滋味，一般储粮的气味清淡或具有一定的熏蒸气味。变质的粮食具有恶臭味或其他特殊气味并且滋味发苦。鉴别气味除了直接嗅感粮仓气味外，还可以用手捧一把粮食，通过体温温热，可感受其气味；将粮食在两只手上来回翻转几次，并吹风，如果气味很快减轻或消失，则认为粮食品质近于标准。也可取样品加热嗅味，确定气味。如果有异味的粮食在热水中浸泡两到三分钟，异味仍未消失，表明粮食质量不佳。

3. 容重

容重是一项综合指标，水分、细度、形状、表面温度、杂质含量、颗粒完好程度都会影响容重。可通过一定容积（如1L）的粮食重量判定粮食质量。测定的容重要与标准容重进行比较以确定粮食的优劣。

4. 湿度

对通过标准取样程序所取得的粮食样品，可通过测定其水分含量而确定其质量。水分含量是粮食仓储保管的最重要的指标之一，需要对湿度进行控制以防止粮食霉变、自热、干燥粉碎。粮食含水量标准如表10-3所示。

表10-3 粮食含水量标准

粮食种类	含水量	粮食种类	含水量
大米	15%以下	赤豆	16%以下
小麦	14%以下	蚕豆	15%以下
玉米	16%以下	花生	8.5%以下
大豆	15%以下	花生果	10%以下

5. 感染度

感染度表示粮食被昆虫、霉菌感染的程度。其中虫害感染度根据1kg粮食中含有的害虫（壁虱目和象鼻虫）个数来确定。壁虱目1～20个或象鼻虫1～5个为第一等感染；

壁虱目在 20 个以上或象鼻虫 6～10 个为第二等感染；壁虱目呈现毡状或象鼻虫 10 个以上为第三等感染。出现一等以上壁虱目感染、一等象鼻虫感染，就需要采用熏蒸的方式灭虫。

三、粮仓安全管理

1．干净无污染

粮仓必须相当清洁干净。仓库所建设的粮仓需要达到仓储粮食的清洁卫生条件，尽可能用专用的粮筒仓；通用仓库拟用于粮食仓储，应是能封闭的，仓内地面、墙面要进行硬化处理，不起灰扬尘、不脱落剥离，必要时使用木板、防火合成板固定铺垫和镶衬；作业通道进行防尘铺垫。金属筒仓应进行除锈防锈处理，如进行电镀、喷漆、喷塑、内层衬垫等，在确保无污染物、无异味时方可使用。

在粮食入库前，应对粮仓进行彻底清洁，清除异物、异味，待仓库内干燥、无异味时，粮食才能入库。对不满足要求的地面，应采用合适的衬垫，如用帆布、胶合板严密铺垫。用兼用仓库储藏粮食时，同仓内不能储存非粮食的其他货物。

2．保持干燥、控制水分

保持干燥是粮食仓储的基本要求，粮仓内不得安装日用水源，消防水源应妥善关闭，洗仓水源应离仓库有一定的距离，并在排水下方。仓库旁的排水沟应保持畅通，决无堵塞，特别是在粮仓作业后，应彻底清除哪怕是极少量的撒漏入沟的粮食。

随时监控粮仓内湿度，将其严格控制在合适的范围之内。仓内湿度升高时，要检查粮食的含水量，含水量超过要求时，及时采取除湿措施。粮仓通风时，要采取措施避免将空气中的水分带入仓内。

3．控制温度、清除着火源

粮食本身具有自热现象，温度、湿度越高，自热能力也越强。在气温高、湿度大时需要控制粮仓温度，采取降温措施。每日要测试粮食温度，特别是内层温度，及时发现是否有自热升温情况发生。当发现粮食自热升温时，及时降温，采取加大通风、进行货堆内层通风降温、内层释放干冰等措施，必要时进行翻仓、倒垛散热。

粮食具有易燃特性，飞扬的粉尘遇火源还会爆炸燃烧。粮仓对防火工作有较高的要求。在粮食出入库、翻仓作业时，更应避免一切火源出现，特别是要消除作业设备运转的静电，粮食与仓壁、输送带的摩擦静电。加强吸尘措施，排除扬尘。

4．防霉变

粮食除了因为细菌、酵母菌、霉菌等微生物的污染分解而霉变，还会因为自身的呼吸作用、自热而霉烂。微生物的生长繁殖需要较适宜的温度、湿度和氧气含量，在温度 25～37℃、湿度 75%～90%时生长繁殖最快。霉菌和大部分细菌需要足够的氧气，酵母菌则是可以进行有氧呼吸、无氧呼吸的兼性厌氧微生物。

粮仓防霉变以防为主。要严把入口关，防止已霉变的粮食入库；避开潮湿货位，如通风口、仓库排水口、漏水撇雨的窗和门口，远离会雨湿的外墙，地面妥善衬垫隔离；加强仓库温度湿度的控制和管理，保持低温和干燥；经常清洁仓库，特别是潮湿的地角，清除随空气飞扬入库的霉菌；清洁仓库外环境，消除霉菌源。

经常检查粮食和粮仓，发现霉变，立即清出霉变的粮食，进行除霉、单独存放或另行处理，并有针对性地在仓库采取防止霉变扩大的措施。

应充分使用现代防霉技术和设备，如使用过滤空气通风法、紫外线灯照射、施放食用防霉药物等。但是用药物时需避免使用对人体有毒害的药物。

5．虫鼠害

粮仓的虫鼠害主要表现在直接对粮食的耗损、虫鼠排泄物和尸体对粮食的污染、携带外界污染物入仓、破坏粮仓设备降低保管条件、破坏包装物造成泄漏、昆虫活动对粮食的损害等。

危害粮仓的昆虫种类很多，有多种甲虫、蜘蛛、米虫、白蚁等。它们往往繁殖力很强，危害严重，能在很短时间内造成大量的损害。

粮仓防治虫鼠害的方法如下：

1）保持良好的仓库状态。及时用水泥等高强度填料堵塞建筑破损、孔洞、裂痕，防止虫鼠在仓内隐藏。库房各种开口隔栅完好，保持门窗密封。

2）防止虫鼠随货入仓。对入库粮食进行检查，确定无害时方可入仓。

3）经常检查、及时发现虫害鼠迹。

4）使用药物灭杀。使用高效低毒的药物，不直接释放在粮食中进行驱避、诱食杀灭，或者使用无毒药物直接喷洒、熏蒸除杀。

5）使用诱杀灯、高压电灭杀。合理利用高温、低温、缺氧等手段灭杀。

复习思考题

1. 什么是危险品？危险品有哪些类别？如何分级？危险品包装有什么要求？
2. 危险品仓储有哪些法规？
3. 危险品仓储有哪些基本要求？
4. 如何对危险品进行安全保管？
5. 冷库保管的原理是什么？
6. 如何做好冷库仓储管理？冷库有哪些安全管理事项？
7. 粮食具有哪些仓储特性？
8. 如何进行粮食的仓储保管？

第十一章 11

配送和配送业务

学习目的

掌握配送的基本概念及配送业务在物流管理中的作用和地位，了解配送的要素和配送作业的组织模式，了解配送的基本理论，能够对配送业务有系统的认识。

第一节 配送概述

一、配送的概念

物流是企业的“第三利益源泉”，处于物流末端的配送是物流系统的核心组成部分，具有提高物流经济效益，优化、完善物流系统，改善和提高服务，降低成本的功能，在物流系统中占有重要的地位。

中国国家标准《物流术语》（GB/T 18354—2006）将配送（Distribution）定义为：“在经济合理区域范围内，根据用户要求，对物品进行拣选、加工、包装、分割、组配等作业，并按时送达指定地点的物流活动。”

配送包括“配”和“送”两个方面的活动。“配”是对货物进行集中、分拣和组配，其核心是一项组合工作；“送”是以合适的方式将货物送至指定地点或用户手中。可以为配送归纳出以下几个特点：

1）配送是一项经济性的活动。它是在经济成本可控制的区域内所进行的活动，在这个活动中遵循成本效益的原则。基于成本控制的配送一般以经济地区划分来进行，即在经济区域范围内进行配送，也就是一般说的“短距离的运输”。作为一项独立的经济活动，配送经营人需要考虑成本和效益，控制配送成本，通过提供配送服务获得经济回报。

2）配送是一项有计划、有组织的活动。配送是由配送人根据自身的条件和能力，通过一定的管理组织和决策层次、执行部门，遵循企业经营和配送业务的基本规律所开展的经营活动。有组织、有计划、有经营目标的配送服务，是物流领域一项专业化的分工，是高水平管理的体现。

3）配送是一种用户驱动性的活动。具有完全服务性质的配送活动，是根据用户的需求开展的。通过分析、归纳用户对物品的需求，形成经济的配送方案开展配送，满足用户在时间和数量上对物品的需要。当然，用户的需求也是其自身经济的需要，是在与配送人充分协商下的可行的需要。

4）配送是“配”和“送”的有机结合。配送是在开展集货、备货、拣选、加工、组配、包装、配载等“配”的基础上开展的送货，送货只是配送的其中一项环节。可以说配送是送货的管理组织的升级。

二、配送的意义

配送成为企业经营活动的重要组成部分，对优化经济结构、节约社会劳动及充分发挥物流功能起到了巨大的作用。具体表现在：

（1）提高物品供应的保证程度　实现完全的消费市场供给保证，是所有物资经营者尽力追求的目标；保证生产材料及时到位是生产管理的基本要求。保证供应的前提一是存在有足够的物品可以送货，二是送货的安排有效且具有约束力。生产企业如自己保持库存来维持生产或保证供给，由于受库存费用的制约，保证供应和降低库存成本存在背反问题，必然使成本极高。集中配送方式，通过配送中心的集中存货可以调节企业间供需关系，同时库存总量相对增大，从而降低了企业断货、缺货、影响生产的风险。配送的有组织、有计划的送货，可确保在约定的时间将物品送到指定的地点，保证用户的需要。

（2）通过集中库存使企业实现低库存或零库存　在采用准时化配送方式之后，生产企业可以依靠配送中心的准时化配送进行准时化生产，而不需保持自己的库存或较小地保持库存。这样生产企业就可以实现“零库存”，可极大地降低库存占用资金，从而改善企业的财务状况。实行集中库存后，其库存总量会大大地低于各企业的分散库存之总量，同时也增加了调节能力，提高了社会经济效益。此外，集中库存还可以发挥规模经济优势，使单位存货成本下降。

（3）简化事务，方便用户　采用配送方式，用户的订货长期地集中由一家配送人进行集货，并由配送方送货甚至上架、上楼。因而极大地减轻了用户的工作量和负担，方便用户，也节省了订货等一系列事务性开支。

（4）完善了运输和整个物流系统，有利于物流合理化　20世纪下半叶以来，科学技术的进步、运输工具的改善，使得干线运输在多种运输方式中达到较高的水平，长距离、大批量的运输实现了低成本化。但是，在干线运输完成之后需要支线运输和搬运来完成末端运输，这种支线运输及搬运成了物流过程的一个薄弱环节。采用配送方式，将支线运输和搬运活动统一起来，发挥灵活性、适应性和服务性的特点，使运输过程得以优化和完善。配送不仅能够使流通专业化、社会化，更重要的是，它能以其特有的运动形态和优势调整流通结构，使物流运动实现规模经济，并以规模优势取得较低的运输成本，通过配送减少了车辆的空驶，提高了运输效率和经济效益，并能减少对空气的污染，使末端物流经济效益得到提高。

（5）配送为电子商务的发展提供了基础和支持　从商务角度来看，电子商务的发展需要具备两个重要的条件：一是货款的支付，二是商品的配送。网上购物方便快捷，无论怎样减少交易环节，唯一不能减少的就是商品配送，配送服务如不能相匹配，则网上购物就不能发挥其方便快捷的优势。

三、配送在物流管理中的地位

配送是物流中一种特殊的、综合的活动形式，它将商流与物流的紧密结合，包含了商流活动和物流活动，也包含了物流中的若干功能要素。

从物流角度来说，配送的距离较短，位于物流系统中接近用户的一端，处于支线运输、二次运输和末端运输的位置，即配送是到最终用户的物流。它几乎包括了所有的物流功能要素（如装卸、储存、包装、运输等），是多种功能的组合，是物流的一个缩影或在较小范围中物流全部活动的体现。一般的配送集装卸、包装、保管、分拣、配货、运输于一身，通过这一系列活动将物品送达客户的手中。特殊的配送则还要以加工活动为支持，所以包括的内容更广。分拣、配货等是配送的独特要求，也是配送中特有的活动。以送货为目的的运输则是最后实现配送的主要手段，从这一主要手段出发，常常将配送简化地看成是运输中的一种。

从商流角度来说，配送和物流的不同之处在于，物流是商物分离的运行方式，而配送则是商物合一，是为了更合理、更经济地实现商业目的。虽然配送具体实施时，也有以商物分离形式实现的，但从配送的发展趋势看，商流与物流的结合越来越紧密，配送紧紧围绕着商业的目的开展，保证商业目的的实现，是配送成功的重要保证。

四、配送需要解决的问题

库存和送货是发展配送需要重点解决的问题。

（一）库存

1. 减少库存总量

建立一个配送系统中，要使得整个物流系统的库存总量减少，包括配送中心的库存量加上各个用户的库存量。尤其是时间库存量（吨天量）一定要减少。

2. 加快库存周转

配送对物流运作起到调节的作用，以较低的库存保持较高的供应能力是配送的基本效用，配送中心的库存周转一般快于原来各个企业的库存周转速度。

3. 减少资金以及提高资金利用效率

总体来说，实行配送应有利于减少资金的占用和科学合理运用资金。一方面，储备总量的下降及供应方式的改变会降低筹措资源所占用的流动资金总量；另一方面，开展配送之后能够在一个较短的时期内达到供应的目的，提高资金周转速度。另外，实施配送后，资金必然从原来的分散投入改变为集中投入，这样增加了资金的调控作用。

4. 保证供应

实施配送后，用户必须提高供应的保证能力，配送的供应保证能力可以从以下几个方面判断：

（1）缺货次数　实行配送后，对用户来讲，该到货而未到货以致影响用户生产及经营的次数必须下降。

（2）集中库存量　对用户而言，实行配送后，配送企业集中库存量所形成的保证供应的能力应高于实施配送前单个用户的供应保证能力。

（3）即时配送的能力及速度　这是用户出现特殊情况的特殊供应保障方式，这一能力必须高于未实施配送前用户紧急进货的能力和速度。

5．节约运力

运力使用的合理化依赖于运力的规划、整个配送系统的合理流程及社会运输系统的合理衔接。任何配送中心都需要花力气解决送货运力的规划问题，而其他问题的解决有赖于配送及物流系统的合理化。

6．节约人力资源

实行配送后，各用户应减少库存量、仓库面积、仓库管理人员，还应减少订货、接货、供货的人员，使整个物流系统的人力使用量减少。

7．促进物流合理化

合理化的配送应该做到降低物流费用、减少物流损失、加快物流速度、充分发挥物流的最优效果、充分衔接干线运输和末端运输、减少物流的中转次数，另外，合理化的配送活动应该充分运用各种先进的技术手段。

（二）送货运输

在配送中要解决好送货运输中的线路运输工具、运输线路、配送时间、配送数量等问题。

第二节　配送的要素与配送业务组织

一、配送的工作过程构成

1．集货

集货是将分散的或小批量的物品集中起来，以便进行运输、配送作业。集货是配送的准备工作或基础工作，它通常包括制订进货计划、组织货源、储存保管等基本业务。专业化流通机构组织货源时，集货工作可以由配送机构组织订货、购货、结算，同时承担进货验收、储存等其他物流活动，如商业性批发配送机构的连锁超市配送中心，也就是在配送机构实现商流与物流的合一；也可以由配送机构只代理供方或需方商品的入库、验收、储存等物流活动，而采购、结算等商流活动由供需双方直接完成，即是商流与物流分离的模式。由传统仓库发展而来的仓储配送中心即属于这一类。

2. 分拣

分拣是指将物品按品名、规格、出入库先后顺序分门别类进行作业。

分拣不同于配送中的其他功能要素，它是配送的一项支持性工作，具有完善与提升配送水平的作用，是不同配送企业在送货时进行竞争和提高自身经济效益的必然延伸。所以，也可以说，分拣是送货向高级形式发展的必然。有了分拣作业才能大大地提高配送服务水平。

3. 配货

配货是指使用各种拣选设备和传输装置，将存放的物品按客户的要求分拣出来，配备齐全并进行必要的组合和集合，送入指定发货区（地点）。它与分拣作业不可分割，二者一起构成了一项完整的作业。分拣配货可实现高水平送货，达到客户的要求。

4. 配装

在单个客户配送数量不能达到车辆的有效载运负荷时，就存在如何集中不同客户的配送货物，进行搭配装载以便充分利用运能、运力的问题，这就需要配装。配送有别于一般性的送货，它可以大大提高送货水平及降低送货成本，减少运次，同时能缓解交通流量过大造成的交通堵塞，降低空气污染。所以，配装也是配送系统中具有现代特点的功能要素之一。

5. 配送运输

配送运输属于运输中的末端运输、支线运输，它和一般运输形态的主要区别在于：配送运输是较短距离、较小规模、较高频度的运输形式，一般使用中小型汽车作为运输工具。与干线运输的另一个区别是配送运输的路线选择问题是一般干线运输所没有的。干线运输的干线一般是唯一的运输路线，不可选择，而配送运输由于配送客户多、地点分散，一般集中在城市内或城郊。由于城市交通路线较为复杂，存在空间和时间上的峰谷交替，如何组合最佳路线，如何使配装和路线选择有效搭配成为配送运输的工作难点，也是配送运输的特点，对于较为复杂的配送运输需要用数学模型规划整合来取得较好的运输效果。

6. 送达服务

将配好的货物运输到客户手中还不算配送工作的结束，这是因为货物送达客户接收往往还会出现不协调的因素，使配送前功尽弃。因此，要圆满地实现运到之货的移交，并有效、方便地处理相关手续并完成结算，还应当讲究卸货地点、卸货方式等。送达服务也是配送独具的特色。

7. 配送加工

配送加工是流通加工的一种，是按照客户的要求所进行的流通加工。在配送活动中，为便于流通和消费，改进商品质量，促进商品销售，有时需要根据用户的要求，对商品进行套裁、简单组装、分装、贴标、包装等加工活动；有时是为了提高配送的效率而进行加工。配送加工这一功能要素在配送中不具有普遍性，但往往具有重要的意义。配送加工可以大大提高客户的满意程度和提高配送效率。

二、配送业务的流程

配送业务的组织一般是按照功能要素展开的，其基本流程如图 11-1 所示。

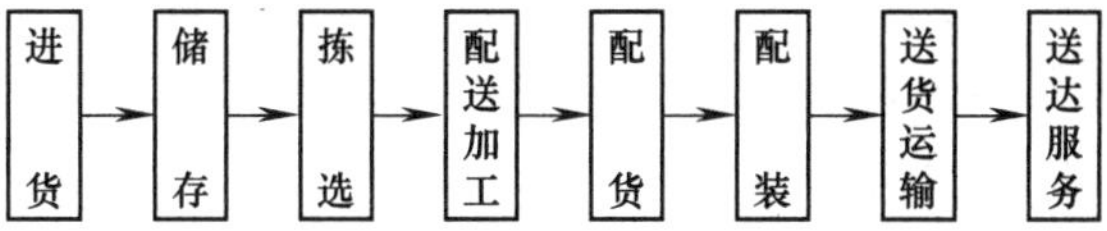

图 11-1　配送基本业务流程

具体到不同类型、不同功能的配送中心或物流节点的配送活动，其流程可能有些不同，而且不同的商品，由于其特性不一样，其配送流程也会有所区别。如食品类商品由于其种类繁多，形状特性不同，保质保鲜要求也不一样，所以通常有不同的配送流程，如图 11-2 所示。

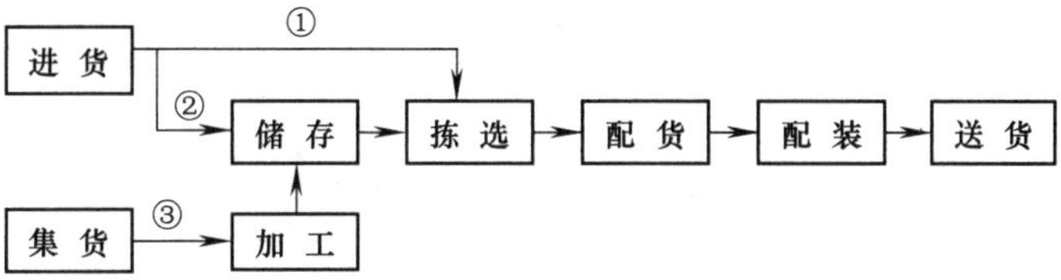

图 11-2　食品类商品的三种配货流程

第①类商品如海鲜产品、鱼、肉类制品等，由于保质期短，保鲜要求高，进货后不经过储存立即分拣配货、配装后送达客户。

第②类商品如矿泉水、方便食品等，保质期较长，可以在集货后经过储存保管后，再按客户订单要求组织配送。

第③类商品如速冻食品、大包装进货食品、成衣等，在集货后需按客户的要求再按商品特性经过配送加工后再组织配送。

三、配送的结构模式

1. 商流、物流一体化的配送模式

这种配送结构模式又称为配销模式，其模式结构如图 11-3 所示。

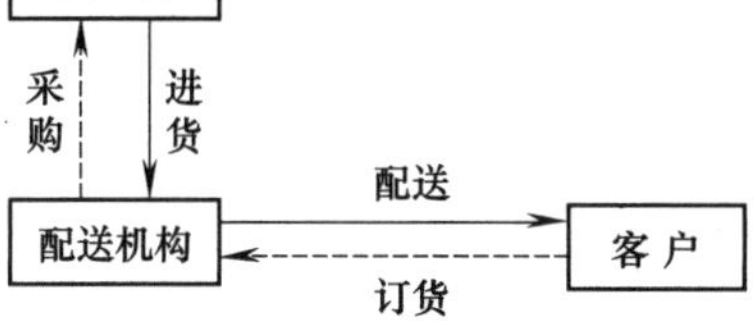

图 11-3　商流、物流一体化的配送模式

在这种配送模式下，配送的主体通常是销售企业或生产企业，也可以是生产企业的专门物流机构。这些配送主体不仅参与物流过程，同时还参与商流过程，而且将配送作

为其商流活动的一种营销手段和策略，即参与商品所有权的让渡和转移，在此基础上向客户提供高水平的配送服务。其主要经营行为是商品销售，配送是实现其营销策略的具体实施手段，主要目的是通过提供高水平的配送服务来促进商品销售和提高市场占有率。在我国物流实践中，以批发为主体经营业务的商品流通机构多采用这种配送模式，国外的许多汽车配件中心所开展的配送业务同样也属于这种配销模式。

商流、物流一体化的配送模式对于行为主体来说，由于其直接组织货源及商品销售，因而配送活动中能够形成资源优势，扩大业务范围和服务对象，同时也便于向客户提供特殊的物流服务，满足客户的不同需求。但这种模式对于组织者的要求较高，需要大量资金和管理技术的支持。

2．商流、物流相分离的配送模式

其模式结构如图 11-4 所示。

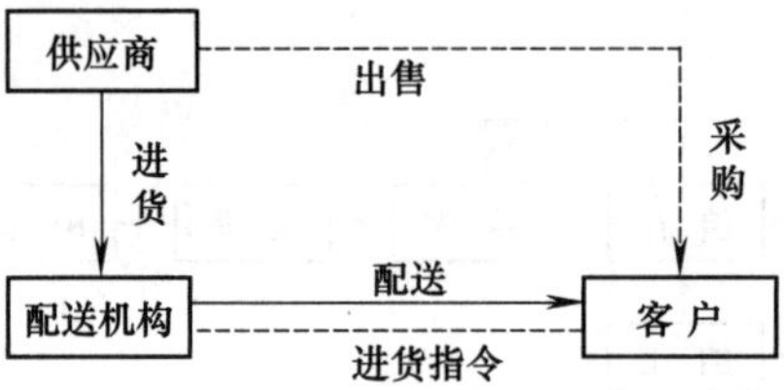

图 11-4　商流、物流相分离的配送模式

在这种配送模式下，配送的组织者不直接参与商品交易活动，即不参与商流过程，它只是专门为客户提供货物的入库、保管、加工、分拣、送货等物流服务，其业务实质上属于“物流代理”。从组织形式上看，其商流与物流活动是分离的，分属于不同的行为主体。在我国的物流实践中，这类模式多存在于由传统的储运企业发展起来的物流企业，其业务是在传统的仓储与运输业务基础上增加了配送服务功能，其宗旨是为市场提供全面的物流保证。在国外，发达国家的运输业配送中心、仓储业配送中心和物流服务中心所开展的配送活动均属于这类配送模式。

这种配送模式的特点是：

1）配送企业的业务活动单一，有利于专业化的形成，提高了物流服务的水平。

2）配送企业占用资金相对较少，易于扩大服务范围和经营规模。

3）配送企业只提供物流代理服务，企业收益主要来自服务费，经营规模较小。

这种模式的主要缺点就是配送机构不直接掌握货源，其调度和调节能力较差，另外对客户的依赖性强，容易随客户的销售不畅而导致自身配送规模的下降，经营的主动性差。

四、配送模式的新发展

现在配送已发展成以高新技术为支撑的系列化、多功能的供货活动。

① 配送区域进一步扩大，有小范围的街区配送，中范围的城市配送，也有跨越多个国家的国际配送。

② 作业手段日益先进，普遍采用了机器人技术、自动分拣、光电识别和射频技术等

现代先进技术手段，管理信息技术充分使用，极大地提高了效率和服务质量。

③ 配送的集约化程度提高。通过大型的配送中心，使得配送集中程度提高，形成了规模经济优势。

④ 配送方式多样化。技术、管理和服务均在不断创新和应用。

五、配送业务的经营组织

配送经营是指开展配送服务的企业或个人所提供的配送服务的经济活动。可以是独立的配送经营也可以是兼营或附带的配送服务。具体经营模式分为四种。

1. 独立经营的配送

企业或者个人以配送经营为专营业务，以“配送”“配送中心”或其他名义为名，接受需要配送物品的委托人的委托，专门提供配送服务。独立的配送经营也称为第三方配送，可以是法人企业的经营，也可以是个体经营。独立的配送经营者通过与委托人订立配送合同的方式提供配送服务。可以采用自营配送中心和配送运输的形式开展配送，也可以使用社会仓储或运输能力开展配送服务，但必须提供配送组织和承担配送合同责任。由于独立的配送经营所开展的配送业务都是对外的服务，需要不断地与他人发生外部经济联系，所以涉及配送商务管理的程度最深。

2. 兼营配送

兼营配送是指从事物流服务、运输、仓储、港站作业、贸易代理等业务的企业或个人兼营配送的行为。兼营配送是经营人在主业外利用所具有的能力和条件开展的多元服务或业务延伸。兼营配送也是以第三方的地位承接配送业务，但是兼营配送没有单独与委托人订立配送合同，而是将配送关系合并在其所提供的主业的服务合同之内。兼营配送是仓储业、港站经营人、汽车运输经营人最为便利的业务发展方向，是实现传统仓储、运输服务增值的重要途径。

3. 厂商配送

厂商配送是产品生产者或者商业经营者的送货业务的发展。它由原来的将交易产品一次性送货上门发展成为有计划、按时按量的配送服务。厂商配送中仅有两方的关系，一方为生产或销售的厂商，另一方为产品购买方，其配送关系是销售合同或供货合同的组成部分，配送中的权利和义务由销售合同或供货合同规范，厂商配送的商务活动合并在销售、采购商务活动之中，可以说没有独立的配送商务活动。

4. 协同配送

协同配送是厂商配送特殊发展后的产物，是指多家厂商共同使用一个配送系统，而该配送系统可以是其中一家厂商自有的配送系统，也可以是共同组建的配送系统，使用的各方形成一种合作或者合伙关系。协同配送的目的是为了提高运输工具利用率和降低配送成本。协同配送采用商务的方式建立关系，通过订立共用或合用配送系统的协议，协调使用、分担成本的方式运作。但这种协议由需要配送的厂商之间订立，而非配送经营人和委托人订立。参与协同配送的各方一般不具有竞争关系，能够和平地或者主次分明地共同利用同一配送系统。协同配送往往最终发展成为第三方独立经营的配送。

六、配送中的责任划分

配送合同双方应该严格履行合同，任意一方不得擅自改变合同的约定，这是双方的基本义务。此外，应依据合同的目的确定合同中没有约定的双方当事人分别还需要承担的一些责任。

1. 配送委托人保证配送物适宜配送

配送委托人需要保证由其本人或者其他人提交的配送物适宜于配送和配送作业。对配送物进行必要的包装或定型；标注明显的标识并保证能与其他商品相区别；保证配送物可以按配送要求进行分拆、组合；配送物能用约定的或者常规的作业方法进行装卸、搬运等作业；配送物不是法规禁止运输和仓储的禁品；对于限制运输的物品，需提供准予运输的证明文件等。

2. 配送经营人选择合适的方法

配送经营人所使用的配送中心具有合适的库场，适宜于配送物的仓储、保管、分拣等作业；采用合适的运输工具、搬运工具、作业工具，如干杂货使用箱车运输、使用避免损害货物的装卸方法、大件重货使用吊机或拖车作业；对运输工具进行妥善积载，使用必要的装载衬垫、绑扎、遮盖；选择合理的配送运输线路；使用公认的或者习惯的理货计量方法，保证理货计量准确。

3. 配送人提供配送单证

配送经营人在送货时必须向收货人提供配送单证、配送货物清单。配送清单为一式两联，详细列明配送物的品名、等级、数量等信息，经收货人签署后收货人和配送人各持一联，以备核查和汇总。配送人需在一定期间间隔向收货人提供配送汇总表。

4. 收货人收货

委托人保证收货人正常地接收货物，不会无故拒收；收货人提供合适的收货场所和作业条件。收货人对接收的配送物有义务进行理算查验，并签收配送单和注明收货时间。遇到收货人拒绝收货，或者无人收货，配送人应收回配送物，避免遗失。

5. 配送人向委托人提供存货信息和配送报表

配送人需在约定的期间如每天向委托人提供存货信息，并随时接受委托人的存货查询。定期向委托人提交配送报表，包括分收货人报表、残损报表等汇总材料。

6. 配送人接收配送物并承担仓储和保管义务

配送经营人需按合同的约定接收委托人送达的货物，承担查验、清点、交接、入库登记、编制报表的义务；安排合适的地点存放货物，妥善堆积或上架；对库存货物进行妥善的保管、照料，防止存货受损。

7. 配送人返还配送剩余物、委托人处理残料

配送期满或者配送合同履行完毕，配送经营人需要将剩余的物品返还给委托人，或者按委托人的要求交付给其指定的其他人。配送人不得无偿占有配送剩余物。同样，委托人有义务处理配送残余物或残损废品、回收物品、加工废料等。

案例

配送价格

某集团的一个储运公司曾经为一家超市提供配送服务，考虑到上海超市的配送定价基本都在销售额的2%左右，储运公司就用1%的价格做。这一点对超市很有吸引力。但做下来以后储运公司发现成本不止1%，因为事前储运公司没完全弄明白客户究竟有多少要求，这些要求又达到什么程度。比如24h配送比48h的成本不止增加了一倍，而是两倍。所以，当时储运公司以市场最低价争得了客户，到最后却维系不下去。配送价格应该根据客户的需要，在提供最好服务的情况下，给出最合理的价格。

案例思考题：

1．定价应考虑哪些因素，本案里未涉及哪些因素？为什么该集团会如此定价？

2．在配送市场上，如果某一个配送商试图把价格定得比市场价格更高，需要有什么条件？

复习思考题

1. 配送的含义是什么？
2. 配送有什么作用？
3. 配送在物流管理中的作用和地位是什么？
4. 配送的要素有哪些？
5. 配送业务的组织有哪几种模式？
6. 配送有何经营模式？
7. 配送当事人责任如何划分？

12

第十二章

配送中心

学习目的

掌握配送中心的概念及功能，配送中心的基本作业流程和一般作业项目，了解几种典型的配送中心的模式和类型，掌握配送中心选址的原则和影响配送中心布点的各种环境因素，了解配送中心选址的技术方法，熟悉配送中心管理的内容和一般岗位设置。

第一节　配送中心的功能

一、配送中心的概念

国家标准《物流术语》（GB/T 18354—2006）将配送中心定义为：从事配送业务且具有完善的信息网络的物流场所和组织，且应符合下列要求：

1）主要为特定的客户或末端客户提供服务。

2）配送功能健全。

3）辐射范围小。

4）提供多品种、小批量、多批次、短周期的配送服务。

配送中心首先是开展配送的场所和设施，是配送活动的聚集地和发源地，是运输与配送的衔接点，是一种物流的节点，具备储存与配送组织的功能，但以配送为主、储存为辅，同时也发展了流通加工的功能。配送中心成为物流信息和情报处理中心，具有较高水平的信息处理和发布、接受能力，通过信息化使配送中心具有敏锐的客户需求反应能力和应急处理能力。配送中心也是为了进行配送业务的策划和控制的组织机构，具有较强的组织能力和配送策划能力。更重要的是，配送中心的目的是按照客户的要求为客户提供高水平的辐射范围内的配送服务，当然，其辐射范围需要根据配送对象的性质确定，一般设定在城市范围之内。

配送中心是现代物流的重要组成部分，是为了实现物流最末端的保障供给和经济效益而形成的物流环节。在早期的商品流通中，广泛地采用了广设仓库、就近储存、就近供货的模式，确保商品的供给。随着社会经济的发展，生产总量的扩大，物流分散、道路拥挤、运输效率低而流通费用高，存货成本居高不下等严重影响到流通过程，严重阻碍了生产的发展和企业利润率的提高。美国“20 世纪财团”曾组织过一次调查发现，“以商品零售价格为基数进行计算，流通费用所占的比例达 59%，其中大部分是物流费用”。在这种形势下，改变传统的物流方式，采用现代化的物流技术，进一步提高物流合理化程度，成为实业界的共同要求。业界不断采取改革创新措施，将物流中的装卸、搬运、保管、运输等功能一体化和连贯化，改造原有仓库及布局，从原来分散就近储存供货改为集中储存和配送供货模式，形成了“配送中心”。配送中心是基于物流合理化和拓展市场两个需要而逐步发展起来的。它是物流领域中专业分工进一步细化之后的产物，对提高物流效率起到重要的作用，成为物流系统中的一个重要组成部分。

二、配送中心的主要功能

1. 存储功能

配送中心的服务对象是生产企业和商业网点，其主要职能就是按照用户的要求及时将各种配装好的货物送交到用户手中，满足生产的需要和消费需要。为了及时地完成向用户配送商品（或货物）的任务，更好地发挥保障生产和消费需要的作用，通常，配送中心都建有现代化的仓储设施，存储一定量的商品，形成对配送的资源保证。某些区域性大型配送中心所存储的货物数量更大，品种更多。

2. 分拣功能

作为物流节点的配送中心，其客户是为数众多的生产企业或零售商。这些众多的客户之间存在着很大的差别，它们不仅经营性质、产品结构不同，而且经营规模和经营管理水平也不一样。面对这样一个复杂的用户群，为满足不同用户的不同需求，有效组织配送活动，配送中心必须采取适当的方式对组织来的货物进行分拣，然后按照配送计划组织配货和分装。强大的分拣能力是配送中心实现按客户要求组织送货的基础，也是配送中心开展配送的基本作业项目，分拣功能是配送中心重要功能之一，是配送中心区别于普通仓储的特征之一。

3. 集散功能

在一个物流系统中，配送中心将分散的各个供货商的产品集中在一起，通过分拣、配货、配装等环节向多家用户进行发送。同时，配送中心也可以把各个用户所需要的多种货物有效地组合或配装在一起，集成经济、合理的批量，来实现高效率、低成本的商品流通。另外，配送中心在建设选址时也充分考虑了其集散功能，一般选择商品流通发达、交通较为便利的中心城市或地区，以便充分发挥配送中心作为货物或商品集散地的功能。配送中心集散功能如图 12-1 所示。

4. 衔接功能

通过开展货物配送活动，配送中心能把各种生产资料和生活资料从生产商直接送到用户手中，可以起到连接生产和消费的功能。另外，配送中心又如同一个“蓄水池”，不断地进货、送货，快速地周转，起到调节产销不平衡，缓解供需矛盾的作用，在产、销之间建立起一个缓冲平台，起到了调节市场需求，平衡供求关系的作用。可以说，现代化的配送中心通过发挥储存和发散货物功能，体现出了其衔接生产与消费，供应与需求的功能，使供需双方实现了无缝连接。

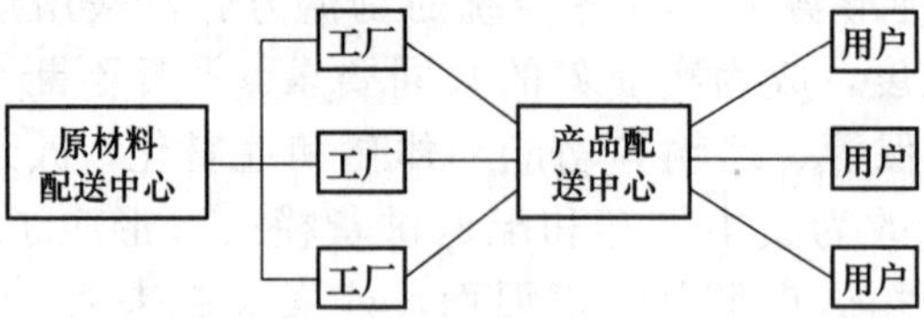

图 12-1　配送中心集散示意图

5．流通加工功能

配送加工虽不是普遍的，但往往是有着特殊作用的功能要素，它可以大大提高客户的满意程度，提高配送中心的服务层次和能力，使配送的效率和满意程度提高，获得额外的经济利益。配送加工是流通加工中的特殊形式，除了为满足客户的要求的加工外，还会按照配送的需要，为了提高配送的效率和中心的利用率进行加工。国内外许多配送中心都很重视提升自己的配送加工能力。

6．信息处理和提供

配送中心连接着物流干线和配送环节，直接面对产品的供需双方，因此它不仅执行实物的配送功能，还负责物流信息的传递和处理，同时配送中心本身也会生成大量的信息。信息化对配送中心有着举足轻重的作用，不仅是高效管理的手段，也是运作的必要工具，更是客户联系的桥梁，配送业务的神经中枢。可以说，没有信息功能就不会有具有生存价值的配送中心。

7. 集货、订货和商务处理功能

随着配送业务的发展，为了优化配送，配送中心逐步代替客户向供应商下订单订货，直接与供应商确定供货方式，控制供货时间和批量，使配送效益增加。配送中心承担了越来越多的客户商务活动，开展了如退货、换货的工作，处理货损货差甚至承担索赔理赔的业务。

三、物流中心与配送中心

物流中心是从事物流活动且具有完善信息网络的场所或组织。它主要是面向社会提供公共物流服务，其物流功能健全，集聚辐射的范围较大，存储、吞吐能力强，能对下游配送中心客户提供物流服务。物流中心是开展物流管理和运作的核心，能够进行物流策划和组织，对物流业务统一经营、管理。物流中心是综合性、地域性、大批量的物流物理位移集中地，具有高度的集中性。它把商流、物流、信息流、资金流融为一体，成为产销企业之间的媒介。

配送中心作为物流系统的一个组成部分，分散在各个城市或地区，是对物流中心的支持环节。其功能基本涵盖了多数物流功能要素，但在配送功能上得到强化。在配送中心需要采取零星送货、批量进货等种种物资聚集工作和对货物分拣配备送货等工作。为了更有效地、更高水平地送货，配送中心往往还有比较强的流通加工能力。此外，配送还必须执行货物配备后送达客户，提交客户使用的使命。配送中心是组货、售货、分货、加工、送达功能集合的物流中心，具有“配”与“送”的有机结合点。

物流中心和配送中心都是物流系统的节点和机构，都是物流的组成部分，可以说配送中心属于广义物流中心的一种形式。在实践中，两者的区别也不是那么泾渭分明，许多物流中心都具有配送中心的作用，同样一些配送中心也具有物流中心的地位。

第二节 配送中心的基本作业

一、配送中心的作业流程

配送中心的效益主要来自“统一进货、统一配送”。统一进货的主要目的是为了降低采购和订货成本，实现对进货的集中控制和统筹安排，充分利用库场资源和存货，降低企业的整体库存水平和库存成本。通过降低库存水平，可以减少库存商品占用的流动资金，减少为这部分占压资金支付的利息和机会损失，降低商品滞销压库的风险。统一配送的主要目的是能够集中配送资源，实现规模配送，减少送货的交通流量，提高送货车辆的实载率，从而减少送货费用。配送中心的作业流程设计要便于实现两个主要目标：一是降低企业的物流总成本；二是缩短供货时间，提供更好的服务。

一般地，配送中心作业流程中的每一步都要准确、及时，并且具备可跟踪性、可控制性和可协调性。当然，配送中心的作业过程也不是一成不变的，不同的产品、不同客户的要求，甚至不同的时期其流程都会有所不同。因此具体的流程要根据具体的需要来确定，判定的标准就是效率和经济成本。配送中心的作业流程有以下类型：

（1）进货→储存→分拣→送货。

（2）进货→储存→送货。

（3）进货→加工→储存→分拣→配货→送货。

（4）进货→储存→加工→储存→配货→送货。

二、配送中心的作业项目

配送中心的作业项目包括订货、到货接收、验货入库与退货、订单处理、储存、拣选、加工、包装、装托盘、组配、配装、送货、送达服务等，项目之间衔接紧密，环环相扣。整个过程既包括实物流，又包括信息流，同时还有资金流。配送中心的一般作业流程如图 12-2 所示。

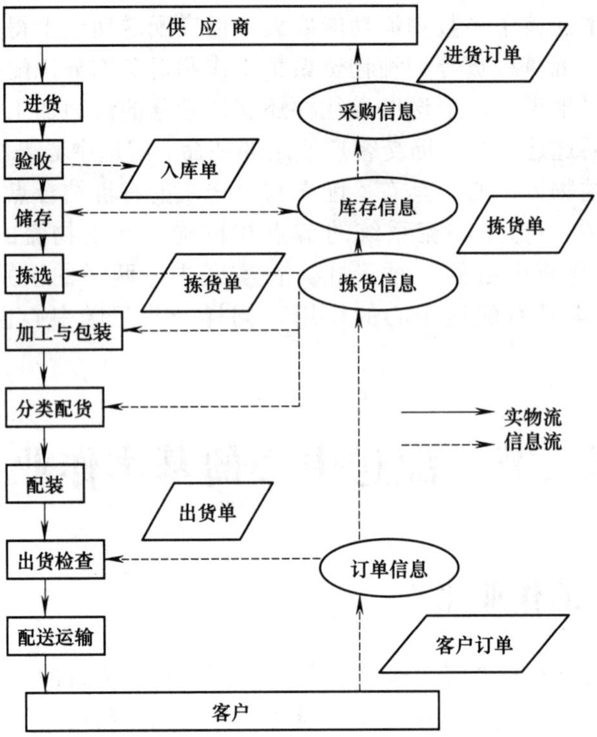

图 12-2　配送中心一般作业流程

（一）接受订单并进行订单处理

配送中心的业务活动是以客户订单的订货信息作为驱动源。配送中心收到客户订单后，进行审查和记录：

1）检查订单是否全部有效，即订单信息是否完全、准确。

2）审查客户的信誉。

3）记录客户的账目，扣减库存。

在配送活动开始前，首先对单个订单和所有订单进行分析，根据订单信息，对客户的分布、所订商品的品名、商品特性和订货数量、送货频率和要求等资料进行汇总归类和划分，以此确定所要配送的货物种类、规格、数量和配送的时间，做出配送方案。根据实际情况可以采用按单个订单分别配送或者多个订单组合的综合配送等方案。然后由配送中心调度部门发出配送信息（如拣货单、出货单等）。订单处理是配送中心调度、组织配送活动的前提和依据，是其他各项作业的基础。在组合配送的订单处理过程中，订单的集合和分拆是重要的环节。通过集合和分拆，订单可以实现以下目标：

1）尽可能由距离客户最近的仓库供货。

2）充分利用库存货物，缩短货物存期。

3）有效利用拣货和送货工具，降低劳动强度和提高效率。

4）合理搭配，减少作业时间，保证及时送货。

订单处理生成出货清单或分拣清单，该清单的一联送到仓库管理人员手中，仓库接到产品的出货通知后，按清单拣货、贴标签，备齐所订货物，最后将商品组配装车。如果仓库存货不足，则需要进行订货和进货。

互联网化运作的配送中心可通过管理信息系统等方法直接接受用户订单生成出货单，甚至可由智能系统控制进行自动分拣，不但加快了订单的分拣速度，也提高了分拣的准确性。

配送中心在订单处理完后，将发货单寄给客户，一般也可通过信息网络、移动通信手段完成。

（二）订货、进货作业

配送中心进货作业主要包括订货、接货、验收和储存四个环节。

（1）订货　配送中心收到并汇总客户的订单以后，首先要确定配送货物的种类和数量，然后要查询管理信息系统；查看现有库存商品有无所需要的订货商品，如有现货且数量充足，则转入拣货作业。如果没有现货或现货量不足，则要及时向供应商发出订单，提出订货。另外，为了对流转速度较快的热门商品保证供货，配送中心也可以根据需求情况提前组织订货，批量上最好是经济批量。对于商流、物流相分离的配送，由客户直接向供应商下达采购订单，但供货的时机和批量可以由配送中心向供货商下达订单。

（2）接货　供应商在接到配送中心或用户的订单后，会根据订单要求的品种和数量组织供货，配送中心则组织人力、物力接收货物。有时还需到港、站、码头接运到货。签收送货单后就可进行验收货物。

（3）验收　所订货物到达配送中心后，即由配送中心负责对货物进行理货验收。验收的依据主要是合同条款要求和有关质量标准，验收货物的品质质量、数量和包装的完好性。验收合格无误的货物办理入账、信息采集和货物入库手续；如不符合合同条款要求，配送中心将详细登记差错情况，按有关规定或合同中双方的事先约定处理，或者拒收货物。

（4）储存　配送中心为保证货源供应，通常都会保持一定数量的商品库存（包括安全库存）。另外，对于商流、物流一体化的配送中心来说，一次性集中采购，储备一定数量的商品，可享受供应商提供的价格折扣优惠。储存作业的主要内容就是随时掌握商品的库存动态，使库存商品保持质量完好并且数量准确。

（三）分拣和配货作业

配送中心的核心作业就是分拣和配货作业。详细的分拣操作会在本章第三节阐述。配送中心根据不同客户的订单要求进行货物的拣选、加工、包装和配装，为货物发出做好准备。拣货单是拣货的依据，在编制拣货单时可以根据单一客户的订单编制订单别拣货单，也可以将多个客户的订货单进行综合分类形成综合拣货单。

（1）分拣　分拣作业就是拣货人员依据业务部门按照客户订单要求下达的拣货单，从储存的货物中拣出指定品种和数量的商品。分拣作业的方法分为摘果式分拣、播种式分拣以及混合式分拣。

1）摘果式分拣。具体做法是拣货员拉着拣货箱在仓库货架内巡回走动，根据拣货单和配货单列明的品种、规格和数量，在相应的货架上拣取规定的货物并放入货箱内。最后将拣货箱拉到装车场地装车。综合性拣货常用的是摘果式拣选。

2）播种式分拣。播种式分拣是指从仓库中取出数量较大的货物（大型包装或货盘），再将货物分配到不同客户的送货箱上。货物品种较为单一的配送中心常采用这种分拣方式。

3）混合式分拣。混合式分拣一般是指在取货时采用摘果式，分货时采用播种式。

另外，自动化配送中心采用了自动分拣技术，利用自动分拣设备自动分拣，大大提高了拣货作业的准确性和作业效率。

（2）加工作业　配送中心的加工作业属于增值性活动，一般为不具有普遍性的加工活动。有些加工作业属于初级加工活动（如按照客户的要求，将一些原材料套裁）；有些加工作业属于辅助加工，比如对产品进行简单组装，给产品贴上标签或套塑料袋等。也有一些加工作业属于深加工，食品类配送中心的加工通常是深加工，比如将蔬菜、水果洗净、切割、过磅、分份并装袋，加工成净菜，或按照不同的风味进行配菜组合，加工成原料菜等配送给超市或零售店。

不同类型的配送中心会根据其配送商品的特性、用户的要求、加工的可行性选择是否进行配送加工作业，作业内容也不尽相同，通过加工作业会完善配送中心的服务功能。

（3）包装作业　配送中心将需配送的货物拣取出来后，为便于运输和识别不同用户的货物，还要对配送货物进行重新包装或捆扎，并在包装物上贴上标签。配送中心的包装多数采用专用包装箱包装、捆绑、灌包包装等简易包装方法。

（4）配装作业　为充分利用运输车辆的动力，提高运输效率，配送中心一般将在同一时间内出货的不同用户的货物组合配装在同一批次运输车辆上进行运送，这就是配送中心的配装作业。合理的混装与配装，能有效地降低成本，提高效率，还可以减少城市道路的交通流量，改善交通状况。

（四）出货作业

出货作业是配送中心的末端作业环节，包括装车、送货和交付。

（1）装车　配送中心装车作业可以采用机械装车，也可采用人力装车。通常对于较大批量或较大体积和重量的货物采用装卸机械设备（如叉车）和托盘进行装车；对于批量较小的散货，由于其数量少、重量轻，可人力装车。装车时要注意避免货物损坏和外包装的破损。

（2）送货　一般情况下，配送中心都自备送货车辆，有时也可根据实际需要借助社会运力来组织送货，送货作业的重点是正确选择取货点、运输工具和合理选择运输路线。给固定用户送货，可事先编排出合理的运送线路，选择合适的送货时间，进行定时定线送货；临时送货可根据用户要求和当时的交通状况，选择合适的路线送货。

（3）交付　将货物送到客户指定的地点，根据配送协议，也可能需要将货物入店库、入卖场、上楼、上架等作业，并与客户清点货量，签署交接单。如果没有对品质特殊约定，还需要对货物品质进行查验。有关品质的特殊约定主要是对货物品质不进行查验，货物有品质问题的均由配送商处理。

第三节 商品分拣

一、分拣作业的含义及其功能

分拣作业是依据顾客的订货要求或配送中心的送货计划，尽可能迅速、准确地将商品从其储位或其他区域拣取出来，并按一定方式进行分类、集中，等待配装送货的作业过程。在配送作业的各环节中，分拣作业是非常重要的一环，它是整个配送中心作业系统的核心。在配送中心搬运成本中，分拣作业搬运成本约占90%；在劳动密集型配送中心，与分拣作业直接相关的人力占50%；分拣作业时间占整个配送中心作业时间的30%～40%。因此，合理规划与管理分拣作业，对配送中心作业效率具有决定性的影响。

从实际运作过程来看，分拣作业是在拣货信息的指导下，通过行走和搬运拣取货物，再按一定的方式将货物分类、集中。因此，分拣作业的主要过程包括四个环节。如图 12-3 所示。

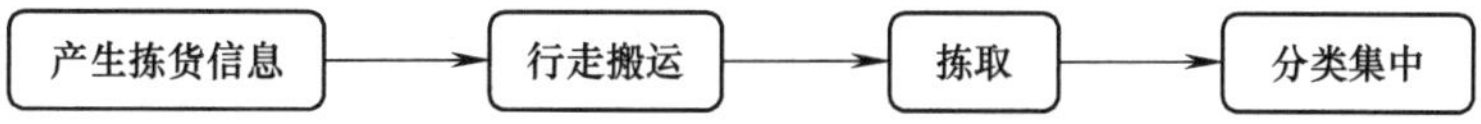

图 12-3　分拣作业的主要环节

分拣作业集中在配送中心内部完成，是为高水平配送商品所进行的拣取、分货、配货等理货工作，是配送中心的核心工序。从物流实践来看，由于大体积、大批量需求多采用直达、直送的供应方式，因此，配送的主要对象是中、小件货物，即配送多为多品种、小体积、小批量的物流作业，这样使得分拣作业工作量占配送中心作业量的比重非常大，而且工艺复杂，特别是对于客户多、商品品种多、需求批量小、需求频率高、送货时间要求高的配送服务，分拣作业的速度和质量不仅对配送中心的作业效率起决定作用，而且直接影响到整个配送中心的信誉和服务水平。因此，迅速并准确地将顾客所要求的商品集合起来，并且通过分类配装及时送交顾客，是分拣作业最终的目的及功能。

二、分拣作业管理的基本流程

分拣作业在配送作业环节中不仅工作量大、工艺过程复杂，而且作业要求时间短、准确率高、服务质量好，因此，加强对分拣作业的管理非常重要。在对分拣作业的管理中，根据配送的业务范围和服务特点，具体来说就是根据顾客订单所反映的商品特性、数量多少、服务要求、送货区域等信息，对分拣作业系统进行科学的规划与设计，并制定出合理高效的作业流程是分拣作业系统管理的关键。在此基础上确定分拣作业方式，设计分拣信息传递的单据，安排拣货作业人员和作业路径，将所订不同种类和数量的商品从储位或其他作业区域拣出，然后分区集中，完成分拣作业。分拣作业管理的基本程序如图 12-4 所示。

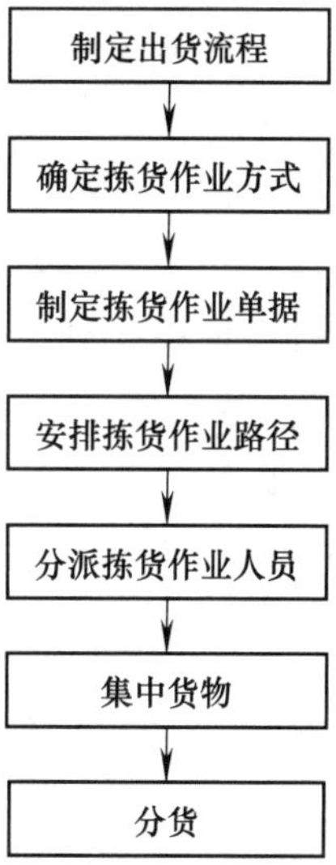

图 12-4　分拣作业管理的流程

三、拣货方式

拣货作业可以分为订单别拣取、批量拣取及复合拣取三种方式。订单别拣取是分别按每份订单来拣货；批量拣取是多张订单累计成一批，汇总数量后形成拣货单，然后根据拣货单的指示一次拣取商品，再进行分类；复合拣取是充分利用以上两种方式的特点，并综合运用于拣货作业中。

（一）订单别拣取

订单别拣取是针对每一份订单，作业员巡回于仓库内，按照订单所列的订单商品及数量，将客户所订购的商品逐一从仓库储位或其他作业区中取出，然后集中在一起的拣货方式。订单别拣取的作业流程如图 12-5 所示。

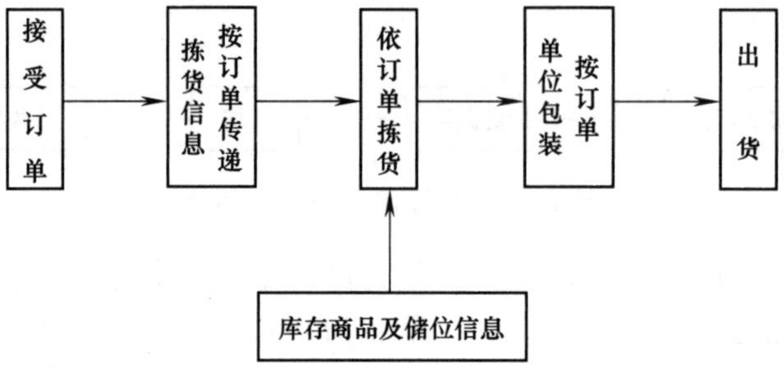

图 12-5　订单别拣取的作业流程

1．订单别拣取方式的特点

1）作业方法单纯，接到订单可立即拣货、送货，所以作业前置时间短。

2）作业人员责任明确，易于安排人力。

3）拣货后不用进行分类作业，适用于配送批量大的订单的处理。

4）商品品种多时，拣货行走路径加长，拣取效率较低。

5）拣货区域大时，搬运系统设计困难。

2．使用条件

订单别拣取的处理弹性比较大，临时性的生产能力调整较为容易。适合订单大小差异较大，订单数量变化频繁，季节性强的商品配送。商品外形体积差别较大、商品差异较大的情况下，宜采用订单别拣取方式，如：化妆品、家具、电器、百货、高级服饰等。

（二）批量拣取

批量拣取是将多张订单集合成一批，按照商品品种类别加总后再进行拣货，然后依据不同客户或不同订单分类集中的拣货方式。批量拣取的基本流程如图 12-6 所示。

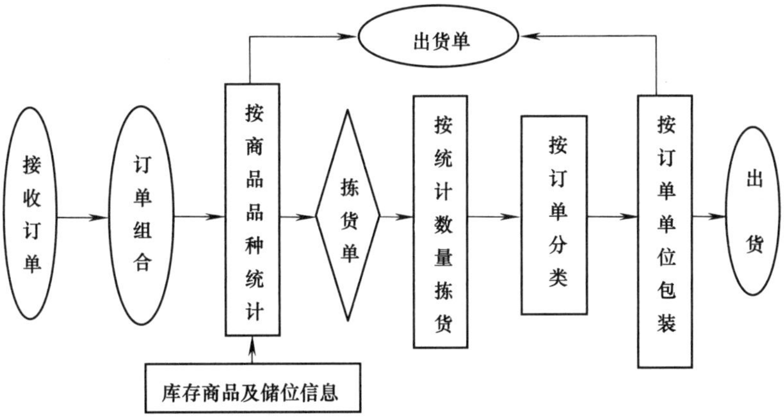

图 12-6 批量拣取的作业流程

1. 批量拣取方式的特点

1）适合配送批量大的订单作业。

2）可以缩短拣取货物时的行走时间，增加单位时间的拣货量。

3）必须在订单累积到一定数量时，才做一次性的处理，因此，会有停滞时间产生。

2. 适用条件

批量拣取方式通常在实现系统化、自动化建设之后，作业速度提高，而调整能力变弱的情况下采用，适合订单变化较小、订单数量稳定的配送中心和外形较规则、固定的商品出货，如：箱装、扁袋装的商品。另外，需要进行流通加工的商品也适合采用批量拣取方式，再批量进行加工，然后分类配送，有利于提高拣货及加工效率。

（三）复合拣取

为克服订单别拣取和批量拣取方式的缺点，配送中心也可以采取将订单别拣取和批量拣取组合起来的复合拣取方式。复合拣取，即根据订单的品种、数量及出库频率，确定哪些订单适合订单别拣取，哪些适合批量拣取，分别采取不同的拣货方式。

四、出货作业管理

完成货物的拣取工作之后，先将所拣取的商品按订单或配送路线分类，再进行严格的出货检查，装入合适的容器或进行捆包，有些还需刷制或贴印相应的标志，然后按不同客户或行车路线将商品运至出货区，最后装车配送，这一过程构成出货作业的基本内容。其主要流程如图 12-7 所示。

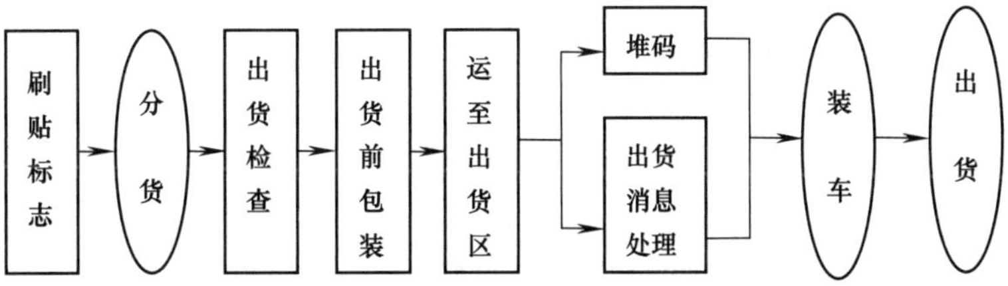

图 12-7 出货作业流程图

（一）分货作业

分货是拣货作业完成后，将所拣货物根据不同的顾客或配送路线进行分类所进行的作业环节，也有一些需要经过流通加工方式分类，分别进行加工处理，加工完毕，再按送货要求分类出货。分货作业方式可分为人工分货和利用自动分货机分货两种。

1. 人工分货

人工分货是指所有分货作业过程全部由人工根据订单或其他传递过来的信息进行，即不借助任何计算机或自动化的辅助设备。拣货作业完成后，由人工将各客户订购的商品放入已标示好的各区域或容器中，等待出货，这种将需要配送的商品集中搬运到理货场，将商品分配到各区域或容器中的方式，称为“播种式”；而根据顾客订货单，按订单类别拣取商品，然后按订单直接将商品集中的方式，称为“摘果式”。

2. 利用自动分货机分货

自动分货机利用计算机和自动分辨系统完成分货工作。这种方式不仅快速省力，而且准确，尤其适用于业务繁忙的多品种配送中心。利用自动分货机分货的主要过程如下：首先必须将有关货物及分类信息通过自动分货机的信息输入装置，输入自动控制系统；当货物通过移载装置移至输送机上时，由输送系统运送至分货系统。分货系统是自动分货机的主体，它的工作过程为：先自动识别货物，再按预先设置的分类要求，经分类排出装置将货物推出分货机。分类排出货物的方式有推出式、浮起送出式、倾斜滑下式、皮带送出式等。同时，为尽早使货物脱离自动分货机，避免发生碰撞，自动分货机设置有缓冲装置。

（二）出货检查

出货检查作业是将拣取的商品依客户、车次等做产品号码及数量的核对，以及根据有关信息对商品质量和数量进行核对，并对产品状态及质量进行检查。出货检查是保证单货相符，避免差错，提高配送服务质量的关键；同时出货作业也是对拣货作业是否产生错误的确认，所以必须认真查对，找出产生错误的原因，采取措施防止错误的产生。出货检查必须以客户订单及其他出货凭据为依据进行查对。出货检查的目的是保证出库配送的商品数量准确、质量完好、包装完整，杜绝差错的发生。出货检查的基本内容如图 12-8 所示。

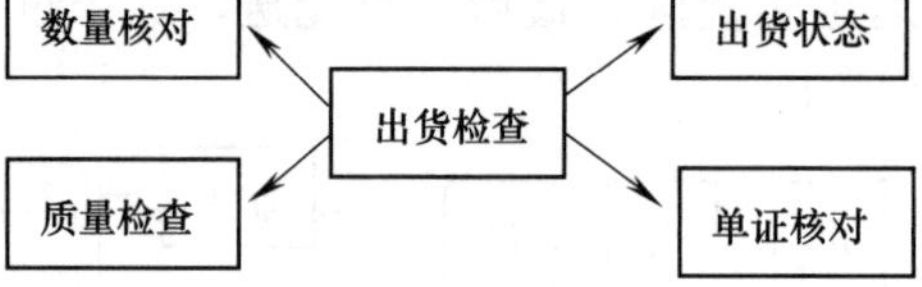

图 12-8　出货检查的基本内容

出货检查的方法有以下几种：

（1）人工检查法　人工检查法是由人工将货物逐一点数，查对条码、货号、品名，逐一核对出货单，进而查验出货质量及出货的方法。

（2）条码检查法　条码检查法首先必须导入条码，让条码始终与货物同行。在出货检查时，只需将所拣货物进行条码扫描，计算机便自动将拣货资料输出进行对比，查对是否有数量和号码上的差异，然后在出货前再由人工进行整理和检查。

第四节　配送中心的模式

随着经济的不断发展、商品流通规模的日益扩大，配送中心的数量也在不断增加。众多的配送中心由于其各自的服务对象不同，其组织形式和服务功能也不尽相同，因此形成了不同的运营模式和经济功能的配送中心。

一、按配送中心的经济功能分类

（一）供应型配送中心

供应型配送中心是专门向用户供应货物、充当供应商送货角色的配送中心，其服务对象主要是生产企业和大型商业组织，客户种类和数量都较少，业务对象较为集中。供应型配送中心所配送的货物有原材料、半成品和其他商品，客观上起到了供应商的作用。这些配送中心类似于用户的后勤部门，故属于供应型配送中心。在物流实践中，那些接受用户委托、专门为生产企业配送零部件及为大型商场供应商品的配送中心，均属于供应型配送中心。

由于需要向大型用户供应商品，为保证生产和经营的正常运行，供应型配送中心一般都建有大型现代化仓库并储备一定数量的商品，占地面积一般也较大，且配送物品、配送线路、配送方法及配送方案都比较固定。

（二）销售型配送中心

这种模式的配送中心以销售商品为主要目的，以开展配送活动为营销手段，直接面对众多消费者进行配送。配送的对象极为分散，配送批量也较小，次数极多。销售型配送中心一般需要具有极强的接待大量消费者选购的场所和能力，需要有较强的送达服务能力。

在市场竞争中，许多生产商和经销商为了扩大自己的市场份额，提高市场占有率，采取了多种措施降低流通成本和完善服务，包括为用户备货、加工和送货等系列化、一体化的后勤服务。同时，改造和完善了物流设施，组建了专门从事配送活动的配送中心，集中控制存货和向消费者送货。这类配送中心完全是围绕着市场营销开展其配送业务活动，属于商流、物流合一的一体化配送模式。

（三）储存型配送中心

这是一种有很强储存功能的配送中心。一般来讲，在卖方市场下，企业商品销售需要有较大的产品库存来支持；而在买方市场下，生产企业也需要有较大库存的原材料、零配件供应，来维持生产的连续运转和应付急需。从物流运动过程来看，要组织大范围、高水平的配送活动，也要求配送中心组织储存一定量的配送商品。从实践看，一些大型配送中心正是在发挥自身储存功能的基础上组织和开展配送活动的，是由传统的仓储企业发展而成的。储存型配送中心货位多、拥有规模较大的储存库，货物周转速度较慢。

二、按物流设施的归属分类

（一）企业自有配送中心

企业自有配送中心是指，包括原材料仓库和成品库在内的各种物流设施和设备归属一家企业或企业集团拥有或专有，配送中心是企业或企业集团的一个组成部分。通常这类配送中心只服务于集团内的企业，不对外提供配送服务。例如，美国大型零售企业沃尔玛商品公司的配送中心，就是沃尔玛独资建立，专为该公司所属的连锁店提供商品配送服务的自有型配送中心。

（二）公共服务型配送中心

公共服务型配送中心是面向社会用户提供后勤服务的营利性配送组织（或物流设施）。只要支付服务费，任何用户都可以使用这种配送中心。这种配送中心一般是由若干家生产企业共同投资、共同持股和共同管理的。一般车站、机场均建设公共型配送中心。在国外，由私人（或某个企业）投资建立并独资拥有的公共型配送中心极为常见。

（三）合作型配送中心

合作型配送中心由几家企业合作兴建、共同管理，主要为合作企业提供配送服务，多为区域性配送中心。合作型配送中心可以是企业之间联合发展，如中小型零售企业联合投资兴建，实行共同配送；也可以是行业或地区规划建设，达到本行业或本地区内企业的共同配送；或是多个企业、系统、地区联合共建，形成辐射全社会的配送网络。

三、按服务范围和服务对象分类

（一）城市配送中心

城市配送中心是只向所在城市范围内的用户提供配送服务的物流组织。由于城市范围内货物的运输距离比较短，因此，配送中心在送货时，运送距离一般均处于中小型汽车运输经济里程范围内，可发挥汽车运输的机动性强、供应快、调度方便的特点。城市配送中心能够开展少批量、多批次、多用户的配送活动。

城市配送中心的服务对象多为城市范围内的零售商、连锁店或生产企业，所以一般来说其辐射能力不是很强，实际操作中多是与区域配送中心联网，处于末级配送中心的位置。

（二）区域配送中心

这是一种以较强的辐射能力和库存准备，向省（州）际、全国乃至国际地区范围的用户配送的配送中心。

区域配送中心有三个基本特征：第一，其经营规模比较大，设施和设备齐全，并且数量较多，活动能力强。第二，配送货物的批量比较大，批次较少。第三，在配送实践中，区域配送中心虽然也从事零星的配送活动，但这不是其主要业务。区域配送中心常向城市配送中心和大的工商企业配送商品，因而这种类型的配送中心是配送网络或配送体系的支柱结构或属于中央级的配送中心。

涉及跨国的配送中心，往往还会开展通关、保税等业务。

四、按配送货物的属性分类

随着社会分工的发展，配送中心呈专业化分工的现象，企业针对配送货物的特别需要建设配送中心。可以是单一产品的配送中心，也可以是兼容多种产品的配送中心，甚至是综合性的配送中心。因而可以根据配送货物的属性，对配送中心进行分类，如：食品配送中心、日用品配送中心、建材配送中心、医药配送中心、图书配送中心、化学品配送中心、服装配送中心、汽车配送中心、活鲜产品配送中心、水果配送中心、粮油配送中心等。

第五节 配送中心的设置

配送中心是一种物流节点，它不是具有单一储藏功能的仓库，而是发挥配送职能的流通仓库，配送中心的目的是降低运输成本，减少销售机会的损失。配送中心的设置和建设要考虑一个区域范围内物流系统的整体规划，同时还要满足其经营上的要求，是一项建设规模大、投资额高、涉及面广的系统工程。

一、配送中心的布点原则

配送中心建设是一项物流基础设施建设，一旦建成就无法改变，因此，配送中心的布点不能有一丝的随意性，应在一定设计原则的指导下进行布点。

1. 适应性原则

配送中心布点必须与国家及地区的经济发展方针、政策相适应，与我国物流资源分布和需求分布相适应；同时还要与一个地区或区域的经济发展特征和主产品特征相适应；既要考虑配送中心本身经营运作上的可行性，又要与区域物流系统规划相适应。

2. 协调性原则

配送中心布点要将国家乃至于国际的物流网络作为一个大系统来考虑，要确立自身在网络中的位置，与整个系统相协调。同时在配送中心的规模、设施与设备的选择，生产作业能力，配送商品的特性等方面要保持协调性、一致性。

3．经济性原则

配送中心布点中的费用主要包括建设费和经营费用两大部分。前者涉及的面广，一次性投入较大，比如规划设计费用、使用费用、基本建设材料费用、人工费用、设施与设备的选择与安装费用等。后者主要是配送中心建成后，经营配送中心所需的费用，比如运输费用、设备设施使用费用和维护费用等。配送中心布点时，要充分考虑各种技术、经济因素，既要进行功能比较，又要进行价值分析；既要考虑企业效益，又要兼顾社会效益，总的原则是求得综合成本最低。

4．前瞻性原则

配送中心的建设是一项长期投资，所以，配送中心布点要有全局观念和长远考虑，要有前瞻性。应结合国家物流系统的长期规划和现实状况，以及国家经济长期发展规划来考虑，既要符合目前需要，又要考虑日后发展的可能。应立足当前，放眼未来。

二、影响配送中心布点的因素

1．政策和人文环境

影响配送中心布点的政策和人文环境因素包括：国家和地方政府的国土资源利用规划和城市规划，环境保护政策和要求，产业政策，行业管理和支持；社会就业人口和结构，居民生活环境；土地和建筑等的交易条件。

2．自然环境因素

影响配送中心布点的自然环境因素包括：气象条件、地质条件、水文条件、地形条件等。

3．基础设施状况

影响配送中心布点的基础设施状况包括：公路、铁路、港口与航道、城市道路条件，交通条件；邮政通信、市政公共设施状况；供水供电条件。

4．服务和经营因素

影响配送中心布点的服务和经营因素包括：主要经营商品的特性，物流费用；客户的数量和分布情况，便利性，期望得到的服务水平；税收和费用、经营成本等。

三、配送中心的选址方法

如果一个配送中心为多个用户配送货物，配送中心的位置应选在运输费用最小的位置。如图 12-9 所示，假设有 n 个用户，分布在不同的坐标点（x_i，y_i）上，拟选择配送中心的坐标（x_0，y_0）。所选择的配送中心到各点的成本为：

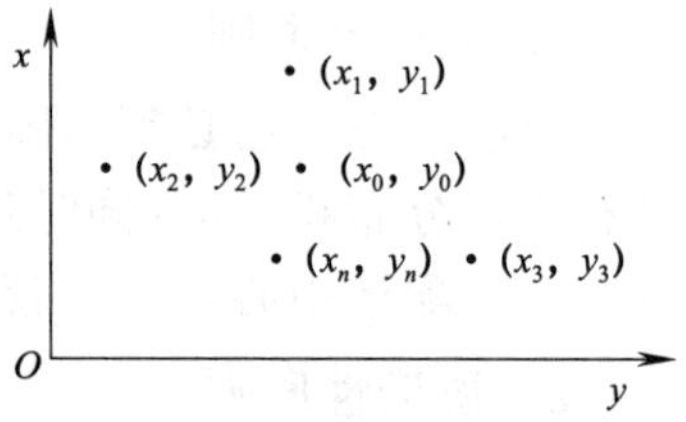

图 12-9 单一配送中心与多个用户分布图

$$C_i=a_i W_i d_i \tag{12-1}$$

式中 a_i——从配送中心到第 i 个用户每单位运量、单位距离的运输费用；

W_i——从配送中心到第 i 个用户的运量；

d_i——从配送中心到第 i 个用户的直线距离。

其中 $$d_i=\sqrt{(x_o-x_i)^2+(y_0-y_i)^2}$$

从配送中心到多个用户的运输费总额为：

$$H=\sum_{i=1}^{n}C_i \tag{12-2}$$

式中 H——从配送中心到所有用户的运输费用总和；

C_i——配送中心到第 i 个用户的运输费用；

n——用户个数。

那么
$$\begin{aligned} H&=\sum_{i=1}^{n}C_i \\ &=\sum_{i=1}^{n}a_iW_id_i \\ &=\sum a_iW_i\sqrt{(x_0-x_i)^2+(y_0-y_i)^2} \end{aligned} \tag{12-3}$$

通过求最小运输总费用，即将式（12-3）分别对 x_0、y_0 求偏导，然后令偏导等于零，可得到配送中心的最佳地址坐标（x_0，y_0）。

此外，从供应商到配送中心的运输总费用也可以用作成本函数模型来确定配送中心的位置，这时只要将供应商作为用户即可。在实际选址中，直线距离和道路运距有一定差距，可用修正系数加以修正。

如果可选择的配送中心是几个确定的地点，可以通过计算和比较几个被选点的配送总成本来确定配送中心的地点。

例题：某配送区域内有三个客户 A、B、C，现有两个点 X、Y 可以选择作为配送中心，预测每月配送量为 A10t、B6t、C8t，调查得到 X-A 运费为 10 元/t，X-B 为 8 元/t，X-C 为 6 元/t；Y-A 为 5 元/t，Y-B 为 9 元/t，Y-C 为 11 元/t。供应商向 X 点供货运费为 60 元/t，向 Y 点供货运费为 50 元/t，试选择配送中心位置。

选择 X 点的成本：

解：$C_x=24\times60+10\times10+6\times8+8\times6=1\,636$（元）

选择 Y 点的成本：

$C_y=24\times50+10\times5+6\times9+8\times11=1\,392$（元）

选择 Y 点的总成本低于 X 点

通过以上分析，应选择 Y 点作为配送中心。

四、配送中心规模的确定

配送中心规模的大小受业务量、业务性质、内容和作业要求的影响较大，一般要根据以下几个方面来确定。

（一）物流量预测

预测货物的年度总需求量（t），即年入库货物数量，要以历年经营的大量原始数据和配送中心发展的规划及目标为依据。在确定配送中心的规模时，要考虑最大库存水平。通常以备齐全部配送商品品种为前提，根据货物数量品种的 ABC 分类法，做到 A 类商品备齐率 100%，B 类 95%，C 类 90%，以此来预测货物的最大储存量（t）。物流量的预测以日平均作业量为基础，日平均作业量的计算公式如下：

$$日平均作业量=\frac{年入库货物数量}{365}$$

（二）确定单位面积作业量的定额

根据经验，配送中心各作业区的单位面积作业量定额如表 12-1 所示。

表 12-1　配送中心各作业区的单位面积作业量定额

作业区名称	单位面积作业量（t/m^2）	作业区名称	单位面积作业量（t/m^2）
收验货作业区	0.2～0.3	储存作业区	0.7～0.9
分拣作业区	0.2～0.3	理货配货作业区	0.2～0.3

根据预测的最大储存量、日平均作业量和各作业区单位面积作业量定额可大致估算出配送中心的作业面积。

（三）配送中心的占地面积

一般来说，辅助生产建筑面积为配送中心作业面积的 5%～8%，办公、生活用建筑面积为配送中心作业面积的 5%左右。这样，配送中心的总建筑面积就可大致确定出来，再根据城建规划部门的有关规定可基本估算出总的占用面积。

第六节　配送中心的管理

一、配送中心的组织结构

配送中心的组织结构一般可按三种方式来划分，一是按职能部门划分；二是按产品部划分；三是按区域部门划分。

二、配送中心的岗位设置

配送中心的岗位设置应该由配送中心的组织结构模式和作业流程来决定。配送中心一般可以设置如下岗位：

（1）采购或进货部　主要负责订货、采购、进货等安排及相应的事务处理，同时负责对货物的验收工作。

（2）储存保管部　负责货位安排、堆码指挥，货物的保管、拣取、养护等作业环节与管理。

（3）装卸搬运部　承担车辆装卸、货物搬运、堆码等作业。

（4）机械技术部　分为装卸、搬运机械设备操作和设备维修、养护两部分。

（5）流通加工部　负责按照客户的要求对货物进行包装、加工。

（6）运输部　负责按客户的要求制订合理的运输方案，将货物送交客户，同时对配送进行确认。

（7）配货部　负责对配送货物的拣选和组配作业进行管理。

（8）营业部　负责接受和传递客户的订货信息、送达货物的信息，处理客户的投诉，受理客户的退货要求。

（9）财务部　负责核对配送完成表单、出货表单、进货表单、库存管理表单，协调、控制、监督整个配送中心的货物流动，同时负责管理各种收费和物流收费统计、配送费用结算等工作。

（10）商务事故处理部　在接到营业部处理的退货信息后，负责安排车辆回收退货，再集中到仓库的退货区，重新清点整理并根据事故原因妥善处理。

以上岗位设置是一般配送中心的主要岗位。实际中，由于配送中心的规模不同，其具体的岗位设置也不尽相同。

三、配送中心管理的内容和方法

（一）服务方式

1. 供货的品种

供货的品种按商品本身的特性来划分，如商品的性质、规格、形状、大小、价值等，这些特性将会影响货物搬运、储存和运输时拣选的方式。

2. 服务能力

配送经营的范围将影响库内作业的内容和方式，配送中心的商品一般具有多品种、少批量的特点，其供应商较多，所以应考虑用计算机进行控制与管理，提供信息化服务。

3. 订货方式

配送中心的客户订货方式有：电话订货、传真或邮寄订单，或由业务人员直接从客户处取回订单等。订单的接收方式会影响到订单数据的处理与传递效率。

4. 订货批量的限制

订购批量的大小将会影响货物的包装形式、大小和包装容器的选择以及配送方式的选择。

5. 订单的处理次数

要制定每天订单的处理次数、出货配送次数，规划配货时段，因为这些将影响出货拣取作业的次数、频率及数据的处理量。应根据商品的不同特性对订单进行分类，以免影响配送的次数及配送设备的选用。

6. 订单结账时限

货物采购一般采用月结或固定周期结账的方式。这种方式常造成订购时段高峰，订单拥挤，以至无法及时处理。日本曾推行循环式结账日并将客户分区分类，使不同的客户在不同日期或时段结账，这样可以分散订单高峰，使订单的处理量平均化。

7. 交货形式及点收发方式

配送交货方式有：交货至店内摆放上架，并根据送货单由店内人员点数；交货至店门由店内人员自行摆放，不予点数；交货至店内，由店内人员自行补货上架，也不予点数。不同的交货方式选用不同的包装容器、搬运工具及随车人员。

8. 退货处理

退货是配送服务中一项不可避免的工作。货物的退换有各种原因：有的是发货人在按订单发货时发生了错误；有的是运输途中产品受到损坏；有的是客户订货有误。退货处理将影响商品是否入库，入库后是否拆包检验，是否要修理、再加工等。

（二）库存管理

1. 库存量、采购量的制定

采购量会影响库存总量，进而影响仓库所需的储存空间。JIT 管理方式虽然能减少生产阶段的成品库存，却增加了配送的次数，使配送费用提高。采用传统的库存控制方法——订货点技术，可以通过选择合理的订货点来减少库存量，达到控制库存的目的。

2. 库存的分类管理及库存比例的确定

可按库存商品的成本高低、附加值对库存进行分类管理；也可按商品的获利能力、周转速度来决定库存比例。

3. 盘点

盘点的方式有循环盘点和定期盘点两种。定期盘点一般每半年或一年进行一次，也可按季度盘点，盘点时会停止出库作业；循环盘点一般不影响正常的经营活动，通常是对若干品种的商品进行抽检，目的是控制库存商品数量，防止遗失和拣取数量的错误。

4. 仓库数、库存量的确定及商品品种的分布

配送中心可能有多个仓库，一方面是为了适应区域性或地理区位；另一方面是为了适应不同商品的不同特性而采用不同的库存设施。要确定各仓库的库存商品品种及库存比例，以免影响仓库的分配、设备选用及人员的配备。

（三）仓库管理

1. 进出货方式及进出货管理方法

进出货的方式有三种：①商品入库后经检验后上架，然后拣取出货；②商品入库后经检验，不进入仓库直接出货（又称为越库配送）；③部分入库部分越库的混合方式。进出货方式的选择会影响进出货作业的程序以及仓库的使用状况。

出入库管理方法则会影响仓库货位的分配使用。具体方法包括先进先出、后进先出和随机出货等。一般采用先进先出方式。

2. 库存容量单位的选用

库存容量单位与订购单位有密切关系，一般订购单位为最小的库存容量单位。但仓库还可设置大量库存区和零星拣取区，因此库存容量单位可决定使用何种包装容器，何种货架设备。

3. 包装方式及包装容器的选用

与库存容量单位对应的是商品的包装方式和包装容器的选用。除包装容器的选用外，诸如组合包装等，都将影响库存的商品数量、拣取方式和拆包再包装的程序。

4. 货区的规划

仓库的分区分类方式有两种。一是托盘出货区与零散出货区分开设置；二是按商品特性、库存位置或商品周转率分区。

5. 货位的分配

货位的分配方式有三种，即随机指定货位、固定货位、分区随机货位。

6. 拣选单位

拣货单位可分成托盘、拣货箱及单品三种。拣选单位的不同将影响货区的分布和加工程序，以及拆箱、包装等作业。

7. 拣货方式

拣货方式分为播种式、摘果式、混合式。当然，随着自动化技术的不断应用，还会出现单件的自动拣货或者其他拣货技术。

8. 拣货区的补货

拣货区的补货方式有批次补货、定时补货和随机补货等方式。补货方式的不同将影响人员的调配和计算机的控制方式。

9. 包装容器和托盘的处理

如果包装容器和托盘要随货进入流通环节，就需要制定合适的流通方式。

10. 财务管理与成本分析

财务管理水平是配送中心管理水平的重要标志，做好成本分析才能进行精细化管理，才能控制好成本，才能保证定价的准确性。做好财务管理与成本分析是获得经济效益的保障。

11. 配送线路的选择和车辆积载方法

有关内容详见第十三章。

（四）人员的配备和设备的采用

虽然配送中心正在向自动化、智能化方向发展，但人工作业仍然不可缺少，如货物的拣取、配送等。人工作业可考虑采用外包方式，如自行完成，则可根据作业量的大小实行人员单班制或多班制。

设备的选用可根据配送中心的规模、配送作业量和配送作业自动化程度来考虑。

案例

7-ELEVEN 便利店的配送系统

7-ELEVEN 的物流模式先后经历了三个阶段三种方式的变革。起初，7-ELEVEN 并没有自己的配送中心，它的货物配送是靠批发商来完成的。以日本 7-ELEVEN 为例，早期日本 7-ELEVEN 的供应商都有自己特定的批发商，而且每个批发商一般都只代理一家供应商，这个批发商就是联系物流、信息流和资金流的通道。供应商把自己的产品交给批发商以后，对产品的销售就不再过问，所有的配送和销售都会由批发商来完成。对于 7-ELEVEN 而言，批发商就相当于自己的配送中心。

随着 7-ELEVEN 便利店规模的不断扩大，这种分散化的由各个批发商分别送货的方式无法再满足 7-ELEVEN 便利店的需要，7-ELEVEN 开始和批发商及合作供应商构建统一的集约化的配送和进货系统，在这种系统之下，7-ELEVEN 改变了以往由多家批发商分别向各个便利店送货的方式，改由一家在一定区域内的特定批发商统一管理该区域内的同类供应商，然后向 7-ELEVEN 统一配货，这种方式称为集约化配送。集约化配送有效地降低了批发商的数量，减少了配送环节，为 7-ELEVEN 节约了物流费用。

配送中心的好处提醒了 7-ELEVEN，与其让别人掌控自己的经脉，不如自己控制。7-ELEVEN 的物流共同配送系统就这样浮出水面，共同配送中心代替了特定的批发商，分别在不同的区域统一进集货、统一配送。配送中心有一个计算机网络配送系统，分别与供应商及 7-ELEVEN 店铺相连。为了保证不断货，配送中心一般会根据以往的经验保留 4 天左右的库存，同时，中心的计算机系统每天都会定期收到各个店铺发来的库存报告和要货报告，配送中心对这些报告集中分析，最后形成一张张向不同供应商发出的订单，由计算机网络传递给供应商，而供应商则会在预定的时间内向配送中心派送货物。7-ELEVEN 配送中心在收到所有货物后，对各个店铺所需的货物分别打包，等待发送。第二天一早，派送车就会从配送中心鱼贯而出，择路向自己配送区域内的 7-ELEVEN 连锁店送货，整个过程就这样循环往复。

配送中心的优点还在于 7-ELEVEN 从批发商手上夺回了配送的主动权，

7-ELEVEN 能随时掌握在途商品、库存货物等数据，对财务信息和供应商的其他信息也尽在掌握之中，对于一个零售企业来讲，这些数据是至关重要的。

随着店铺的扩大和商品的增多，7-ELEVEN 的物流配送越来越复杂，配送时间和配送种类的细分势在必行。以我国台湾地区的 7-ELEVEN 为例，全省的物流配送就细分为出版物、常温食品、低温食品和生鲜食品四个类别，各个区域的配送中心需要根据不同商品的特征和需求量每天做出不同频率的配送，以确保食品的新鲜度，以此来吸引更多的顾客。新鲜、即时、便利和不缺货是 7-ELEVEN 店铺最大的卖点。

和我国台湾地区的配送方式一样，日本的 7-ELEVEN 店铺也是根据食品的保存温度来建立配送体系的，日本 7-ELEVEN 对食品的分类是：冷冻型（零下 20℃），如冰激凌等；微冷型，如面包等。不同类型的食品会用不同的冷藏设备和方法配送，由于冷藏车在上下货时经常开关门，容易引起车厢温度的变化和冷藏食品的变质，7-ELEVEN 专用一种两仓式货车来送货，这样一个仓中的温度变化不会影响另一个仓，需冷藏的食品就始终能在需要的低温下配送了。

除了配送设备，不同食品对配送时间和频率也有不同的要求。对于有特殊要求的冰淇淋，7-ELEVEN 会绕过配送中心由配送车早、中、晚三次直接从供应商处运送到店铺，对于一般的食品，7-ELEVEN 实行的是一日三次的配送制度，早上 3 点到 7 点配送前一天晚上生产的一般食品；早上 8 点到 11 点配送前一天晚上生产的特殊食品，如牛奶、新鲜蔬菜等；下午 3 点到 6 点配送当天上午生产的食品。这样一日三次的配送频率在保证了商店不缺货的同时，也保证了食品的新鲜度。为确保各店铺的万无一失，配送中心还有一个特别的制度来和一日三次的配送制度相搭配，每个店铺都会碰到一些特殊的情况造成缺货，这时只能向配送中心电话告急，配送中心则会用安全库存对店铺进行紧急配送。如果安全库存也已告罄，中心就转而向供应商紧急要货，并且在第一时间送货到缺货店铺。

案例思考题：

通过了解 7-ELEVEN 配送系统的发展和运作，我们能得到什么启示？

复习思考题

1. 简述配送中心的形成和发展。
2. 解释配送中心的概念。说明配送中心与物流中心有何区别。
3. 配送中心具有哪些功能？
4. 简述配送中心的基本作业流程和作业项目。
5. 按不同的分类方式，配送中心可分为哪些类型？各类型的配送中心之间有哪些不同？
6. 配送中心布点时应遵循哪些原则？布点时需要考虑哪些影响因素？
7. 如何进行配送中心选址？
8. 配送中心设有哪些岗位？其管理的内容和方法有哪些？
9. 拣货有哪些方法？分别如何进行？

第十三章 配送组织与运输

学习目的

了解配送方法和注意的问题，重点掌握配送线路设计的方法，掌握配送服务的意义、配送服务与配送成本的关系，了解配送运输的方法和组织，知道配送服务质量管理的要素及服务质量管理战略的开发和实施。

第一节 配送的方法

在不同的市场环境下，为了满足不同产品、不同用户、不同流通环境的要求，在配送组织活动过程中，可以采取不同的配送形式来满足用户的需要。根据配送组织过程的两大要素，即配送的时间和配送货物的数量不同，将配送活动分为定时配送、定量配送、定时定量配送、定时定线路配送和即时配送等几种不同的方法。

一、定时配送

定时配送是配送企业根据与用户签订的配送合同，按照约定的时间间隔进行的配送方法。在实践活动中，配送的时间间隔可以是数天或数小时不等，而且每次配送之前以商定的联络方式，比如传真或通过配送信息管理系统等，通知配送中心或配送企业需要的商品品种、数量及配送的时间。

这种配送形式时间比较固定，且周期性地进行，因此便于安排配送计划和配送调度。对于用户来讲，也便于安排接货和组织生产。但是由于配送的商品种类、数量不确定，配货、配装、运输的变化大、难度高，在具体实施时，也会对运力的合理安排造成困难。定时配送有以下两种形式。

1. 日配方式

日配是定时配送中被广泛采纳的一种方式，尤其是在城市内的配送活动中，日配占了绝大比例。通常，日配的时间要求大体是，上午的配送订货下午送达，下午的配送订货第二天送达，即实现在订货发出后24h之内将货物送到用户手中。或者是用户下午的需要保证当天上午送到，上午的需要保证前一天下午送到，即实现在用户实际投入使用前 24h 之内送到。

广泛而稳定地开展日配方式，可使用户基本上无须保持库存，只有当日生产待加工货件和店面库存，做到以配送代替厂店库存来实现保证当日生产和销售的连续性（无缺货）。一般日配形式较适合下述几种情况。

1）保鲜要求较高的商品和食品，如蔬菜、水果、肉类、点心、鲜花等。

2）用户是多个小型商店，如街区的零售店或便利店，它们的资金实力弱，追求资金、货物周转快，随进随销。

3）由于用户的条件限制，不可能持有较长时期的库存，比如采用零库存管理的生产企业，位于商业中心“黄金地段”的商店或那些缺少储存设施（比如冷藏设施）的用户。

4）季节性出现的额外配送需求。

2．一日多配

一日多配是指在一天内多次定时进行配送的方式。如一日两配、一日三配等。配送的时间固定，如早晚、早中晚。这种配送方式适用于保质期特别短的货物，特别是食物，如熟食、糕点、冷食、配餐等，以及种苗、活鲜等。一日多配的配送范围较小，配送次数特别多，每次配量较少。

3．多日一配

多日一配是指相隔固定的天数进行一次配送的配送方法，一般适用于配送距离较远，产品的生产或消耗周期较长的货物配送。接受配送的单位具有一定的存货能力，产品具有较长的保存期，消耗较为稳定。

二、定量配送

定量配送是指按照规定的数量（批量），在一个指定的时间范围内（对配送时间不严格限定）进行配送。这种配送方式配送货物的数量固定，备货较为方便、简单，可以依据托盘、集装箱及车辆的装载能力来测定配送的数量，也能够有效利用托盘、集装箱等集装方式，可做到整车配送，配送的效率较高。另外，由于对配送的时间不做严格限定，只是按照消耗速度提早一天以上进行，因此在时间上能够将不同用户所需的货物配装成一辆整车后进行配送运输，这样能提高运力的利用率。而对于用户来讲，由于每次送达的货物数量是固定的，所以接货工作也易于组织，用户的生产和销售计划也易于与配送活动保持同步进行。不足之处在于，由于每次配送的数量保持不变，因此不够机动灵活，有时会增加用户的库存，造成库存过高或销售积压。

三、定时定量配送

定时定量配送是按照所规定的配送时间和配送的数量来组织配送的方法，这种方式兼有定时配送和定量配送两种形式的优点。但是对配送组织要求较高，计划难度大，需要做到既与用户的生产节奏保持合拍，同时又保持较高的配送效率，实际操作需要克服较多的困难。运用于配送专业化程度高的厂商（制造商）配送中心配送。

四、定时定线路配送

定时定线路配送是指在规定的运行线路上，制定到达时间表，按照运行时间表进行配送的方式。

采用这种配送方式的用户须提前提出订货要求，并按规定的时间在规定的运行线路上接货。也可将其称作班车配送或列车时刻表配送。

对配送企业而言，这种配送方式有利于安排车辆运行及人员配备，比较适合于用户相对比较集中、用户需求较为一致的环境，并且配送的品种和数量不能太大，批量的变化也不能太大。对于用户来讲，由于配送的时间和路线固定，可以根据需要有计划地安排接货，但由于配送时间和路线不变，因而对用户的适应性较差，灵活性和机动性不强。这种配送方式适用于对众多小型零售商的配送，或者单一品种多用户的配送。

五、即时配送

即时配送是指完全按照用户提出的送货时间和送货数量，随时进行的配送方法。在即时配送中较为完整的配送方式是准时-看板方式，另一种则是应急配送。

1. 准时-看板方式

准时-看板方式是实现配送供货与生产企业保持同步的一种配送方式，当用户有需要时直接通知配送中心，配送中心即时将一件（组）货物送至用户。配送要与企业生产节奏同步，以保证企业生产的不间断。这种配送方式的目的是实现供货时间恰好是用户生产之时，从而保证货物不需要在用户的仓库中停留，可直接运送至生产现场，连“暂存”过程也可取消，可以绝对地实现用户零库存。

准时-看板方式需要依靠高水平的配送系统来实现。由于要求迅速反应，因而对多用户进行周密的共同配送计划是不可能的，只能单独一对一提供配送服务。这种形式较适合于装配型、重复生产的用户，其所需配送的货物是重复的、大量的，且批次数量变化大。

2. 应急配送

这是一种灵活性和机动性很强的配送方式，一般适用于超计划配送的补充，或者计划配送遇到障碍时的补救应急，也可以适用于特殊用户的配送，如贵重物品配送。对配送的组织者来说，应急配送很难做到充分利用运力，配送成本较高。同时，由于这种配送形式完全按照用户的要求来进行，因而配送的计划性较差，对配送组织过程要求高，对配送企业的应变能力和快速反应能力要求也比较高。其优点是适合用户要求的能力强，对提高配送企业的管理水平和作业效率有利，一般作为配送企业的高端服务产品。

第二节　共 同 配 送

一、共同配送的含义

共同配送也称为协同配送。我国国家标准《物流术语》（GB/T 18354—2006）将共同配送定义为“由多个企业联合组织实施的配送活动”。

共同配送是多名配送需求者在配送环节上进行合作，共同组织一个配送系统进行配送的方式。这种合作方式可以互相使用对方的配送系统或者某一方的配送系统，或者共同组建配送系统，也可以共同设立独立配送企业。

二、共同配送的优势

共同配送是经过长期的发展和探索而优化出的一种配送形式，也是现代社会影响面较大，资源配置较为合理的一种配送方式，其优势可以从以下两方面来理解：

一方面，从货主（厂家、批发商和零售商）的角度来说，通过共同配送可以提高物流效率。如中小批发商各自配送，配送次数将很多，使零售商多批次、小批量不停地接收送货。采用共同配送，送货的一方可以实现减少配送次数；收货一方可以统一进行总验货，从而达到提高送货水平的目的。

另一方面，从运输能力的角度来说，无论是商家自有的运输部门，还是城市运输业，多为小组织，不仅资金少、设备简陋、人力不足、组织脆弱，而且运输量少、效率低，在独自处理业务、物流合理化及提高物流效率上有着较大的局限。如果实现合理化共同配送，则可以合并资源，进行大宗运货，利用信息网络提高车辆使用效率，通过往返运货等提高物流效率。同时，也可以通过共同运输，提供多批次、小批量的服务。

共同配送的目的在于最大限度地提高人员、物资、资金、时间等物流资源的效率（降低成本），取得最大效益（提高服务水平）。还可以去除多余的交错运输，取得缓解交通、保护环境等社会效益。

三、共同配送的类型

共同配送可以分为以货主为主体的共同配送和以专业配送企业为主体的共同配送，如表 13-1 所示。

表 13-1　共同配送的类型

主　体		类　型	
货主主体型	发货主体	与客户共同配送	
		与不同行业货主共同配送	
		集团系统内的共同配送	
		与同行业货主的共同配送	集团协同配送
			共同出资组建公司进行协同配送
			组建合作社进行协同配送
			使用行业增值网协同配送
	收货货主	收货货主的共同配送	
专业配送企业主体型	配送公司主体		参与共同配送的合作各方共同委托一家专业配送企业进行配送
			参与共同配送的合作各方共同组建物流专业公司开展共同配送
	合作型		由各方提供配送能力所组成的共同配送
			由各方共同设立的合作机构所进行的共同配送

（一）由一方提供配送系统的共同配送

有配送需求的厂家、批发商、零售商等形成共同配送的合作，由其中一方的配送系统为全体合作方进行配送，解决个别配送的效率低下问题。这种共同配送组织方式有以下几种：

（1）发货货主与客户的共同配送　由发货货主提供配送系统，为所有客户提供配送服务，主要完成产品从发货货主到客户间的配送，也可以为客户提供其他的配送。

（2）不同行业货主的共同配送　经营不同行业的企业合作，共同使用某一方配送体系，为合作各方服务。这种合作需要配送的货物差别极大，但较容易合作。

（3）集团系统内的共同配送　企业集团、大资本集团、零售商集团等关联企业，由集团统一提供内部共同配送。

（4）同行业货主的共同配送　经营相同行业的企业合作，使用某一方的配送系统共同配送。这种配送的产品较为单一。对于特殊货物的行业较容易形成合作，如冷货、重大件货、危险品等。

（5）收货货主的共同配送　由某一家收货的货主提供配送系统，为参与合作的其他收货货主和发货货主提供配送服务。

（二）由各方提供配送能力所组成的共同配送

参与共同配送的合作各方分别提供各自的运输工具和仓储条件，参与对合作各方的配送服务。这样一方面能满足参与方的配送需要，另一方面又能充分利用参与各方有限的配送能力。

（三）由各方共同设立的合作机构所进行的共同配送

参与共同配送的合作各方出资或提供设施，组建一个非独立经营且非营利的配送机构，集中对各方开展配送。这样使配送有了统一的控制和指挥机构，能更好地提高配送的效率。

（四）以专业配送企业为主体的共同配送

参与共同配送的合作各方共同委托一家专业配送企业或组建物流专业公司开展共同配送。这种方式相当于团购，各合作方通过集中配送业务可以与专业配送企业达成优惠的交易条件。合作机构的共同配送最终往往都会发展成为专业配送企业的共同配送。

四、共同配送存在的问题及解决办法

日本新潟产业大学的菊池康也教授对日本开展共同配送过程中出现的问题做出全面的分析，并对如何消除这些问题的影响、开展共同配送提出了自己的看法。

（一）日本共同配送发展的障碍

1）有可能泄露企业的商业机密。

2）难以进行商品管理。

3）担心出现纠纷，担心服务水平下降。

4）担心共同物流设施费用及其管理成本增加。

5）担心成本收益的分配出现问题。

6）主管人员在经营管理方面存在困难。

7）缺乏实现共同配送的领袖人物。

8）为建立共同配送设施和改善环境而发生的投资不易合理分配。

9）建立共同配送系统的专家不足。

（二）如何消除这些障碍

1）由于大型零售业的流通变革非常激烈，在批发阶段，要求多品种一次性进货。为适应这种需求，无论如何必须集中配送，而开展共同配送是较为理想的方式。

2）货主的竞争只在销售阶段，而配送应当配合进行。实际开展时需要投入许多的人员、精力、资金和时间，这方面应有充分的精神准备。

3）在公司内部，特别是要能够得到销售部门对共同配送的理解，应当想办法既能够开展共同配送，又不至于把顾客的名单和交易价格泄露出去。

4）应当在同一地区寻找既有配送实力，又无须竞争的公司，即不同行业的公司，联手开展共同配送。

5）如与不同行业的公司开展共同配送，应注意选择如下对象：

① 配送地址的分布类似。

② 商品特征类似。

③ 保管和搬运拣选类似。

④ 系统类似。

⑤ 服务水平类似。

⑥ 处理的配送量类似。

6）实际操作时，要切实定好接收订货信息的时间，以及托盘、货单、代码等基础条件。

7）开展共同配送时必须注意这些问题，为取得成功，需要有信心，并使之系统化。

（三）如何开展共同配送

1. 开展共同配送的准备工作

1）研究物流共同化的可能性。

2）参加的单位统一意志。

3）确立物流共同化的主体。

4）系统设计。

5）办理有关手续（主要是行政手续）。

6）筹措资金。

7）确认工作开始。

8）运营主体开始工作。

9）实施后的调查研究及工作改进。

2．实施过程中要注意的问题

1）不要泄露合作企业的商业机密。

2）共同配送组织要有好的领导人或协调人，就共同配送问题协调各方面的意见。最好由有经验的物流专家来担任协调人。

3）要保持较高的服务水平。

4）要有成本效益目标。

5）搞好商品管理。

6）搞好成本效益分配。

7）要阻止设施费用和管理成本的增长。

8）创造条件取得公司内部的理解和支持。

总之，为促成共同配送的实现，有许多困难。这些困难只靠货主单方面努力是不可能解决的，要有供应商、运送业者和接受配送单位的强有力的支持，甚至还需要政府或地方公共团体的支持。

第三节　配送线路设计

一、线路设计的意义

配送运输由于配送方法的不同，其运输过程也不尽相同，影响配送运输的因素很多，如车流量的变化、道路状况、客户的分布状况和配送中心的选址、道路交通网、车辆额定载重量以及车辆运行限制等。配送线路设计就是整合影响配送运输的各因素，适时适当地利用现有的运输工具和道路状况，及时、安全、方便、经济地将客户所需的不同物资准确送达客户手中，以便提供优良的物流配送服务。在配送运输线路设计中，需根据不同客户群的特点和要求，选择不同的线路设计方法，最终达到节省时间、运行距离和运行费用的目的。

二、最短路径设计

在配送线路设计中，当由一个配送中心向一个特定的客户进行专门送货时，从物流角度看，客户的需求量接近或大于可用车辆的定额载重量，需专门派一辆或多辆车一次或多次送货。在配送线路设计时，追求的是最短配送距离，以节省时间、多装快跑，提高送货的效率。

下面举例介绍一种寻求网络中两点间最短线路的方法——Dijkstra 算法，也叫标号法。

例题 13-1：用 Dijkstra 算法求图 13-1 中从 V_1 到 V_7 的最短路线和里程。（本图中的标示和线段，仅为示意图，非几何图形）

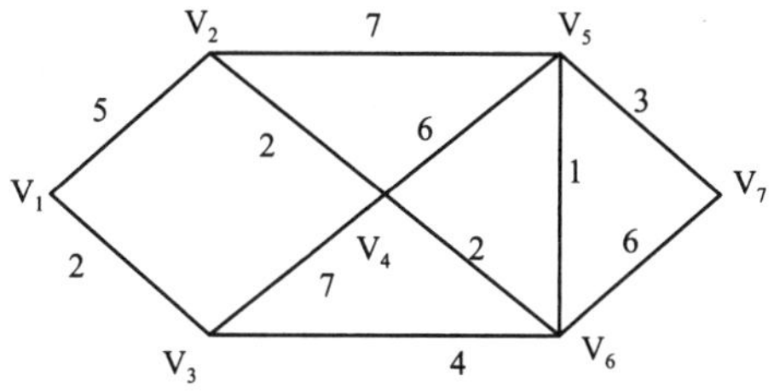

图 13-1　用 Dijkstra 法求最短路径

解：

1）从 V_1 出发，给 V_1 标$\boxed{0}$，如图 13-2a 所示。

2）同 V_1 相邻的未标号点有 V_2、V_3，距离分别为 d_{12}、d_{13}，最小值 $\min\{d_{12}, d_{13}\}=\min\{5, 2\}=2$，故给这两个最小值对应的点 V_3 标$\boxed{2}$，路径为 L_{13}，将[V_1，V_3]加粗，如图 13-2b 所示。

3）同标号点 V_1、V_3 相邻的未标号点为 V_2、V_4、V_6，因为最小距离 $\min\{d_{12}, L_{13}+d_{34}, L_{13}+d_{36}\}=\min\{5，2+7，2+4\}=5$，故对相应的点 V_2 标$\boxed{5}$，路径为 L_{12}，加粗[V_1，V_2]，如图 13-2c 所示。

4）同标号点 V_1、V_2、V_3 相邻的未标号点有 V_5、V_4、V_6，因为 $\min=\{L_{12}+d_{25}, L_{12}+d_{24}, L_{13}+d_{34}, L_{13}+d_{36}\}=\{5+7，5+2，2+7，2+4\}=6$，故对相应的点 V_6 标号$\boxed{6}$，路径为 L_{16}，将[V_3，V_6]加粗，如图 13-2d 所示。

5）同标号点 V_1、V_2、V_3、V_6 相邻的未标号的点 V_4、V_5、V_7，因为 $\min\{L_{12}+d_{25}, L_{12}+d_{24}, L_{13}+d_{34}, L_{16}+d_{64}, L_{16}+d_{65}, L_{16}+d_{67}\}=\{5+7，5+2，2+7，6+2，6+1，6+6\}=7$，故对应的点 V_4、V_5 同时标号$\boxed{7}$，路径为 L_{14}、L_{15}，加粗[V_2，V_4]，[V_6，V_5]边，如图 13-2e 所示。

6）同各标号点相邻的未标号点只有 V_7，因 $\min\{L_{15}+d_{57}, L_{16}+d_{67}\}=\min\{7+3, 6+6\}=10$，故对相应的点 V_7 标号$\boxed{10}$，路径为 L_{17}，同时加粗[V_5，V_7]边，如图 13-2f 所示。

图 13-2f 中的粗线代表从 V_1 点出发到其他各点的最短线路，各点旁边的方框内的数字是从 V_1 到该点的最短长度。从 V_1 到 V_7 的最短线路为 V_1—V_3—V_6—V_5—V_7，全程长为：2+4+1+3=10。

三、节约里程的线路设计

在配送线路的设计中，当由一个配送中心向多个客户进行共同送货，在同一条线路上的所有客户的需求量总和不大于一辆车的额定载重量时，由这一辆车配装着所有客户需求的货物，按照一条预先设计好的最佳线路依次将货物送到每一个客户手中，这样既可保证按需将货物及时交送，同时又能节约行驶里程，缩短整个送货时间，节约费用，客观上起到减少交通流量，缓解交通紧张的作用。通常，采用节约法来进行配送线路设计。

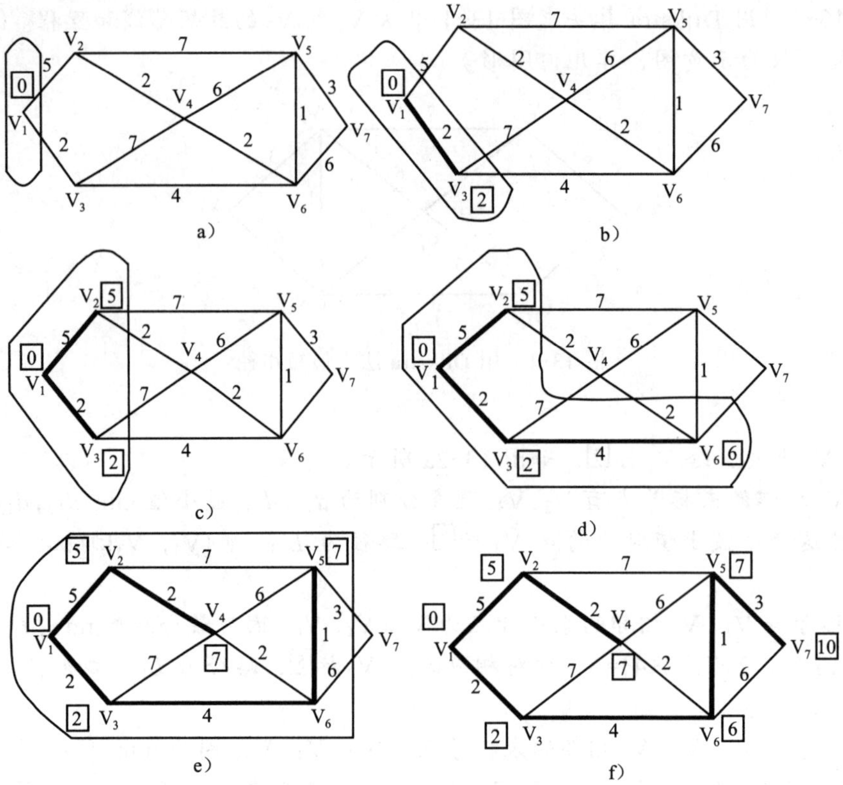

图 13-2　最短路径设计

（一）节约法的基本思想

如图 13-3a 所示，P 点为配送中心所在地，A 和 B 为客户所在地，三者相互间的道路距离分别为 a、b、c。送货时最直接的想法是利用两辆车分别为 A、B 两个客户进行配送，如图 13-3b 所示，车辆的实际运行距离为 $2a+2b$。如由一辆车巡回配送，如图 13-3c 所示，则运行的实际距离为 $a+b+c$。

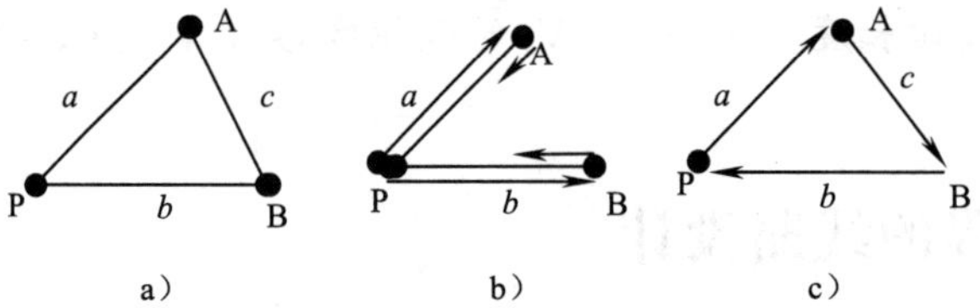

图 13-3　节约法原理图

采取图 13-3c 方式，当道路状况没有特殊规定时，可节约车辆运行距离为（$2a+2b$）－（$a+b+c$）$=a+b-c$；根据三角形两边之和大于第三边之定理，$a+b-c>0$，则这个节约量称为“节约里程”。

实际上，如果给数个客户进行配送时，应首先计算包括配送中心在内的相互之间的最短距离，然后计算各客户之间的可节约的运行距离，按照节约运行距离的大小顺序连接各配送地并设计出配送路线。

下面举例说明节约法的求解过程。

例题 13-2：图 13-4 所示为某配送中心的配送网络，图中 P 点为配送中心，A～J 为配送客户，共 10 位客户，括号内为配送货物吨数，线路上的数字为道路距离，单位为 km。

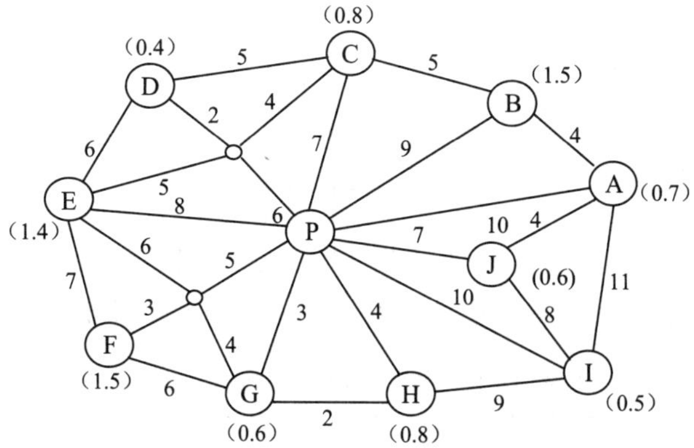

图 13-4　某配送中心的配送网络图

现配送中心有额定载重量分别为 2t 和 4t 的两种厢式货车可供送货，试用节约法设计最佳送货路线。

解：

第一步，首先计算网络节点之间的最短距离（可采用最短路径求解法）。计算结果如表 13-2 所示。

表 13-2　最短配送线路里程表

	P									
A	10	A								
B	9	4	B							
C	7	9	5	C						
D	8	14	10	5	D					
E	8	18	14	9	6	E				
F	8	18	17	15	13	7	F			
G	3	13	12	10	11	10	6	G		
H	4	14	13	11	12	12	8	2	H	
I	10	11	15	17	18	18	17	11	9	I
J	7	4	8	13	15	15	15	10	11	8

第二步，根据最短距离结果，计算出各客户之间的节约行程，结果如表 13-3 所示。

计算举例，A—B 的节约行程：

P—A 距离：$a=10$

P—B 距离：$b=9$

A—B 距离：$c=4$

则 P—A—B 的节约行程为 $a+b-c=10+9-4=15$

表 13-3 配送路线节约行程表

P	A								
B	15	B							
C	8	11	C						
D	4	7	10	D					
E	0	3	3	10	E				
F	0	0	0	3	9	F			
G	0	0	0	0	1	5	G		
H	0	0	0	0	0	4	5	H	
I	9	4	0	0	0	1	2	5	I
J	13	8	1	0	0	0	0	0	9

第三步，对节约行程按大小顺序进行排列，如表 13-4 所示。

表 13-4 节约行程排序表（一）

序号	连接点	节约行程	序号	连接点	节约行程
1	A—B	15	13	F—G	5
2	A—J	13	13	G—H	5
3	B—C	11	13	H—I	5
4	C—D	10	16	A—D	4
4	D—E	10	16	B—I	4
6	A—I	9	16	F—H	4
6	E—F	9	19	B—E	3
6	I—J	9	19	D—F	3
9	A—C	8	21	G—I	2
9	B—J	8	22	C—J	1
11	B—D	7	22	E—G	1
12	C—E	6	22	F—I	1

第四步，按节约行程排列顺序表，组合成配送路线图，如图 13-5 所示。

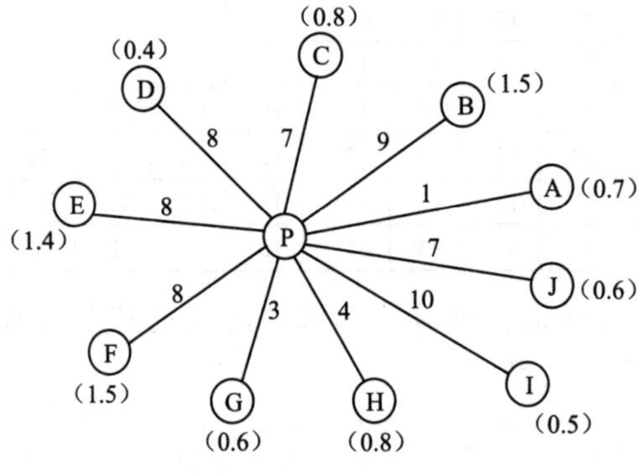

图 13-5 配送线路图

（1）分析 从配送中心 P 分别向各个客户进行配送，共有 10 条配送路线，如图 13-5

所示，总行程为148km，需2t货车10辆（每一客户的货量均小于2t）。这种配送方式显然是不经济的且车辆未充分利用。

（2）配送线路Ⅰ　按照节约行程的大小顺序，对配送量进行累加，累计达到或接近一辆车载货量时为一条配送线路，一般优先满足大车和满载车。按照最大节约里程排序的优先点A、B、J、C、D配送量为4t，满足一辆4吨货车。连接A—B、A—J、B—C、C—D，同时取消P—A、P—B、P—C路线，形成巡回路线P—J—A—B—C—D—P的配送线路Ⅰ，如图13-6所示，装载货物4t，运行距离为33km，需4t货车1辆。

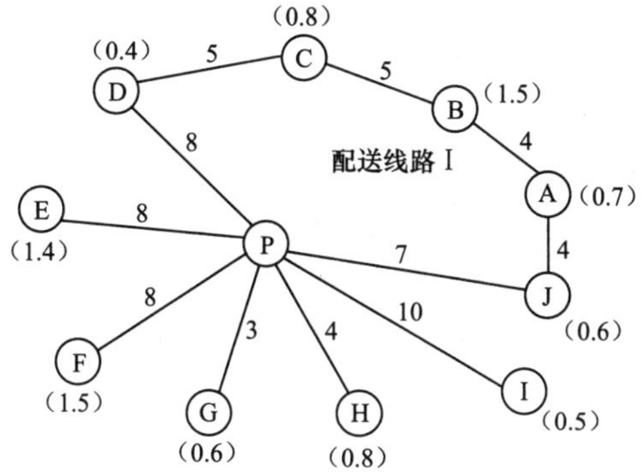

图13-6　线路Ⅰ设计

由于涉及A、B、J、C、D点的货物都在线路一中进行配送，则在节约里程表中涉及A、B、J、C、D点的线路都不再需要配送，可以划掉，如表13-5所示。

表13-5　节约行程排序表（二）

序号	连接点	节约行程	序号	连接点	节约行程
1	~~A—B~~	~~15~~	13	F—G	5
2	~~A—J~~	~~13~~	13	G—H	5
3	~~B—C~~	~~11~~	13	H—I	5
4	~~C—D~~	~~10~~	16	~~A—D~~	~~4~~
4	~~D—E~~	~~10~~	16	~~B—I~~	~~4~~
6	~~A—I~~	~~9~~	16	F—H	4
6	E—F	9	19	~~B—E~~	~~3~~
6	~~I—J~~	~~9~~	19	~~D—F~~	~~3~~
9	~~A—C~~	~~8~~	21	G—I	2
9	~~B—J~~	~~8~~	22	~~C—J~~	~~1~~
11	~~B—D~~	~~7~~	22	E—G	1
12	~~C—E~~	~~6~~	22	F—I	1

（3）配送线路Ⅱ　按照剩余的节约里程大小顺序，优先点E、F、G的配送量为3.5t，如再加上H点则为4.3t而超载。形成P—E—F—G—P初始配送线路Ⅱ，其装载重量为3.5t，运行距离24km，需4t货车1辆。涉及E、F、G点的配送无须再考虑。

（4）配送线路Ⅲ　接下来节约里程顺序是H—I，两点的配送量为1.3t，运行距离为23km，需2t货车1辆，形成P—H—I—P配送线路Ⅲ。至此所有配送点都已纳入线路。

通过以上的组合形成了 3 条初始配送线路：

线路Ⅰ，P—J—A—B—C—D—P，4t，33km，用 4t 货车；

线路Ⅱ，P—E—F—G—P，3.5t，24km，用 4t 货车；

线路Ⅲ，P—H—I—P，1.3t，23km，用 2t 货车。

完成了全部点的配送，行程为 80km，需 2t 货车 1 辆，4t 货车 2 辆。

（5）线路调整　以上初始配送线路中，线路Ⅰ满载，但路线较长。线路Ⅱ和线路Ⅲ车辆未满载，线路Ⅱ里程较短，线路Ⅲ对 2t 货车来说里程也较长。考虑到单车载重量和线路均衡，可以适当从线路Ⅰ调整部分到线路Ⅱ。按照载货量和节约里程排序表的优先次序，将 D 点纳入线路Ⅱ较为合理。线路Ⅲ不变。

（6）最终方案　此时共有三条配送线路：

线路Ⅰ：P—J—A—B—C—P　1 辆 4t 货车，载货 3.6t，运距 27km，4 个点；

线路Ⅱ：P—D—E—F—G—P　1 辆 4t 货车，载货 3.9t，运距 30km，4 个点；

线路Ⅲ：P—H—I—P　1 辆 2t 货车，载货 1.3t，运距 23km，2 个点。

总行程为 80km，需 2t 货车 1 辆，4t 货车 2 辆，线路如图 13-7 所示。

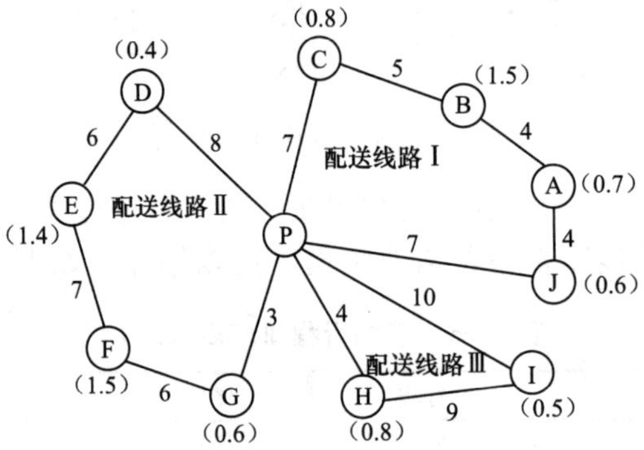

图 13-7　最终配送方案

（二）节约法的注意事项

1）适用于有稳定客户群的配送中心。

2）各配送线路的负荷要尽量均衡。

3）实际选择线路时还要考虑道路状况。

4）要按照企业所具有的或可以获得的条件进行确定。

5）要考虑驾驶员的作息时间及客户要求的交货时间。

6）可利用计算机软件进行运算，直接生成结果。

四、整体网络最经济线路的设计

同属于一个中央级配送中心的配送网络，可由多个配送中心向多个客户进行配送运输，所以，在配送线路设计时，要充分考虑配送中的时间、距离和费用三者之间的关系，在满足客户需求的前提下，充分利用各个配送中心的优势，做到总的配送运输成本最低、费用最省。以运输成本最小为原则确定每个配送中心到配送点的线路。通常，这类问题属于运输问题，配送线路设计可用运筹学的方法求解。

第四节 配送运输方法

一、配送运输方式

配送运输是指将顾客所需的货物通过运输工具及一定的运输线路和其他基础设施送达顾客手中的活动过程。

配送运输一般是较小批量、较短距离、运送次数多的一种运输形式，它可能是从生产厂家直接到客户或其间再经过批发商、零售商，也可能是由配送中心送至客户。配送运输主要由汽车运输，具有城市轨道货运条件的城市可以用轨道运输，对于跨城市的地区配送可以用铁路运输，或者在河道水域用船舶运输。

影响配送运输的因素较多，如道路交通网络布局、配送客户的分布区域范围及变动情况、可用调度的车辆变动情况等。选择的运输方法既要做到便捷、经济，有利于客户，又要有利于货物的安全，应尽量避免不合理运输。以下介绍几种不同的配送运输方法。

二、汽车整车运输

汽车整车运输是指同一收货人、一次性需要到达同一站点的，且适合配送装运的 3t 以上的货物运输，或者货物重量在 3t 以下但其性质、体积、形状需要一辆 3t 以上车辆一次或一批运输到目的地的运输。

1. 整车运输作业基本程序

整车运输作业的基本程序如下：按客户需求订单备货→验货→配车→配装→装车→发车→运送→卸车交付→运杂费结算→货运事故处理。

整车货物按一次配载的最大载重量计算，最大载重量不足车辆核定载重量时，按车辆核定载重量计算；未装足车辆核定载重量时，按车辆核定载重量核收运费。一个托运人托运整车货物的重量（毛重）低于车辆核定载重量时，为合理使用车辆的载重能力，可以拼装另一托运人托运的货物，即一车二票或多票，但货物总重量不得超过车辆核定载重量。

整车货物运输一般中间环节较少，送达速度快、运输成本较低。通常以整车为基本单位订立运输合同，以便充分体现整车配送运输的可靠、快速、方便、经济等特性。

2. 整车货物配送运输的生产过程构成

整车货物运输生产过程是一个多工种的联合作业系统，是社会物流中必不可少的重要过程。这一过程是货物运输的劳动者借助于运输线路、运输车辆、装卸设备、站场等设施，通过各个作业环节，将货物从配送地点运送到客户地点的全过程。它由四个相互关联又相互区别的过程构成，即运输准备过程、基本运输过程、辅助运输过程和运输服务过程。

（1）运输准备过程　运输准备过程是指在配送货物进行运输之前所做的各项技术性准备工作。包括车型的选择、线路的组合与优化、装卸设备的配置以及运输过程的装卸工艺方案的设计等。

（2）基本运输过程　基本运输过程是运输生产过程的中心环节，是指直接组织货物，从配送点至客户地点完成货物空间位置移动的生产活动。包括起运点装货、车辆途中运行、终点卸货等作业环节。

（3）辅助运输过程　辅助运输过程是指为保证基本运输过程的正常进行，必须进行的各项辅助性生产活动。它主要包括运输车辆、装卸设备、基础设施的维护及修理作业，以及有关商务事故的预防、处理工作和费用的结算工作等。

（4）运输服务过程　运输服务过程是指贯穿于基本运输过程和辅助运输过程中的各项服务性工作。如行车燃、润料及配件的供给，配送货物的包装、储存及保险业务等。

整车货物运输生产过程的各个构成部分既相对独立，又相互关联。只有通过运输准备过程、辅助运输过程和运输服务过程，才能使基本运输过程更快捷地与物流的其他环节有机衔接起来，从而实现高质量配送。

三、多点分运

多点分运是指在满足客户要求的前提下，对多个客户的配送货物进行搭配装载，以充分利用运能、运力，降低配送成本，提高配送效率。

1. 往复式行驶线路

一般是指由一个供应点对一个客户进行专门送货的线路。从物流优化的角度看，其基本条件是客户的需求量接近或大于可用车辆的核定载重量，需专门派一辆或多辆车一次或多次送货。可以说往复式行驶线路是指配送车辆在两个物流节点间往复行驶的路线类型。根据运载情况，具体可分为三种形式：

1）单程有载往复式线路，这种行驶线路因为回程不载货，因此其里程利用率较低，一般不到50%

2）回程部分有载往复式线路，车辆在回程过程中有货物运送，但货物不是运到线路的终点，而是运到线路的中间某一节点；或是中途载货运到终点。这种线路因为回程部分有载，里程利用率比前一种有了提高，大于50%，但小于100%。

3）双程有载往复式线路，指车辆在回程运行中全程载有货物运到起始点，其里程利用率为100%（不考虑驻车的调空行程）。

2. 环形行驶线路

环行行驶线路是指配送车辆在由若干物流节点间组成的封闭回路上，所做的连续单向运行的行驶路线。车辆在环形行驶路线上行驶一周时，至少应完成两个运次的货物运送任务。由于不同运送任务其装卸作业点的位置分布不同，环形行驶线路可分为四种形式，即简单环形式、交叉环形式、三角环形式、复合环形式（如图13-8所示）。

3. 聚集式行驶线路

聚集式行驶线路是指配送车辆沿分布于运行线路上各物流节点间，依次完成相应的装卸任务，而且每一运次的货物装卸量均小于该车核定载重量，沿路装或卸，直到整辆车装满或卸空，然后再返回出发点的行驶线路。聚集式行驶线路可分为直线形和环形两类，一般来说，环形的里程利用率可能要高一些。这两种类型的线路都可分为分送式、聚集式、分送-聚集式。聚集式直线形线路实质是往复式行驶线路的变形，在这就不再说明了。聚集式环形线路如图 13-9 所示。

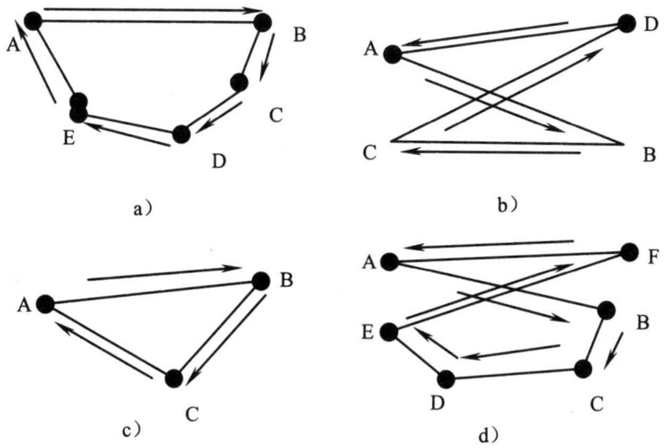

图 13-8　环行线路图

a）简单环形式　b）交叉环形式　c）三角环形式　d）复合环形式

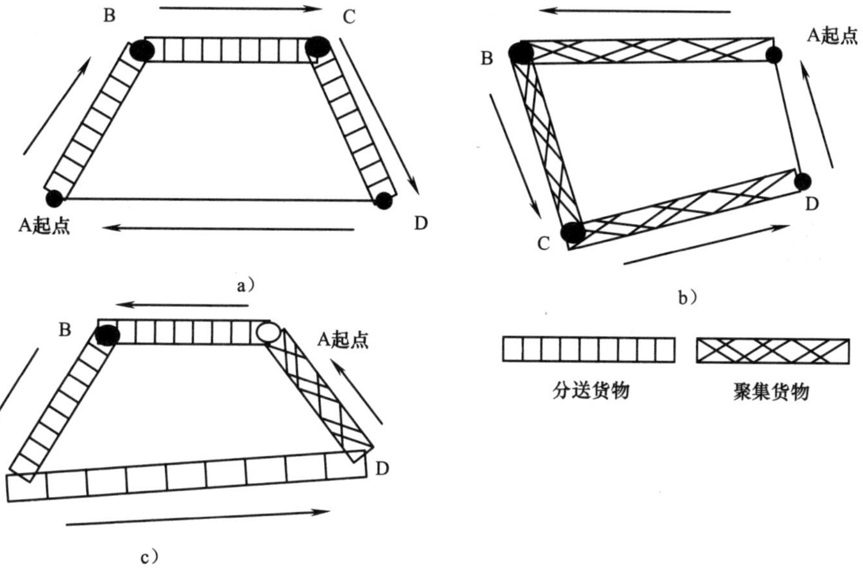

图 13-9　聚集式行驶线路图

a）分送式　b）聚集式　c）分送-聚集式

（1）分送式（如图 13-9a 所示）　指车辆沿运行线路上各物流节点依次进行卸货，直到卸完所有待卸货物返回出发点的行驶线路。

（2）聚集式（如图 13-9b 所示）　指车辆沿运行线路上各物流节点依次进行装货，

直到装完所有待装货物返回出发点的行驶线路。

（3）分送-聚集式（如图 13-9c 所示） 指车辆沿运行线路上各物流节点分别或同时进行装、卸货，直到装或卸完所有待运货物返回出发点的行驶线路。

车辆在聚集式行驶线路上运行时，其调度工作组织较为复杂。有时虽然完成了指定的运送任务，但其完成的运输周转量却不尽相同。这是因为车辆所完成的运输周转量与车辆沿线上各物流节点的绕行次序有关。

4．星形行驶线路

星形行驶线路是指车辆以一个物流节点为中心，向其周围多个方向上的一个或多个节点行驶而形成的辐射状行驶线路。如图 13-10 所示，O 是中心结点，A、B、C……是各方向上的节点，如果就一个行驶方向（O 至 A）看，可以简化成一个往复式行驶线路；如果就一个局部（O—H—G）看，车辆按 O→F→H→G→F→O 运行，又可简化成一个环形行驶线路；如果各节点更广泛地连通，车辆在多个节点之间运行，则从整体上又形成了一个复杂的网络式行驶线路。

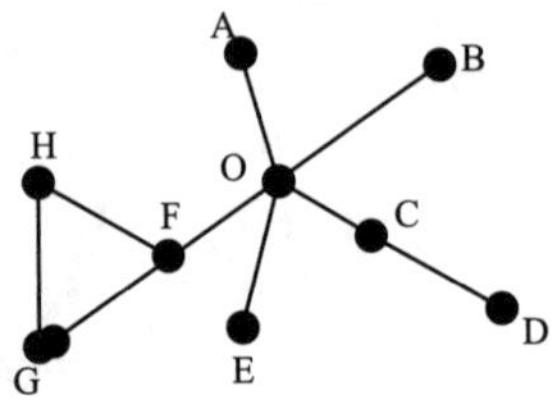

图 13-10　星形线路图

四、快运

1．快运的含义

快件货运是指从接受委托的当天 15:00 时起算，300km 运距内，24h 内送达；1 000km 运距内 48h 内送达；2 000km 运距内 72h 送达。

快运是对配送中运输基本方法的一种改进，主要有中、短距离的快件运输。送达时间、运费一般由双方协商而定，而且配送中心通常还应配有快速备货通道。有时货物运输量虽不到车辆的核定吨位，但仍需专门运输一趟。因此快运的送达特别及时。

2．快运的特点

1）送达速度快。

2）配装手续便捷。

3）实行承诺制服务。

4）可随时进行信息查询。

3．快运业务操作流程

快运业务的操作流程是：通过电话、传真、电子邮件接受客户的委托→快速通道备货→分拣→包装→发货→装车→快速运送→货到分发→送货上门→信息查询→费用结算。

4．快运的基本形式

（1）定点运输 指按发货地点固定车辆，专门完成一些相对固定的货物配送任务的运输组织形式。在组织定点运输时，除了根据任务派固定车辆或车队外，还应有固定的装卸人员、装卸设备及调度员。

（2）定时运输 指根据客户的需求，车辆按根据运行计划所拟定的行车时刻表来进行工作的运输组织形式。

（3）特快运输　指根据客户的临时需求，快速反应，进行快速备货，调用待发车辆，将货物快速送到客户手中。

（4）联合快运　充分利用几种运输方式的网络优势优化配送运输，实现快捷性、经济性。

五、不当运输

1. 不当运输的概念

不当运输也称为不合理运输，是指在各运输方式间或在同一运输方式线路上，发生相同或可替代产品的对流或相向运输、重复运输以及过远运输、迂回运输和违反各种运输合理分工原则，而造成不必要的货物周转或装卸工作量，浪费运力，增加运输费用的运输。

2. 决定合理运输的五个要素

（1）运输距离　运输里程的远近，是判断运输合理与否的最基本的因素。应尽可能就近运输，避免舍近求远，浪费运输吨公里。要尽量避免过远、迂回运输。

（2）运输环节　围绕着运输业务活动，还要进行装卸、搬运、包装等工作，多一道环节，需多花费很多劳动。因此，应尽量组织直达、直拨运输，消除一切不必要的中间环节，尽可能减少二次运输。

（3）运输工具　要根据不同货物的特点，发挥各种运输工具的优势，最大限度地发挥运输工具的特点和作用。同时还要不断提高装载技术。

（4）运输时间　“时间就是金钱，速度就是效益”，运输不及时，容易失去销售机会，造成商品积压或脱销，尤其是国际贸易市场瞬息万变，时间的节省尤其重要。因此，应加速运输工具的周转，充分发挥运力效能，提高运输线路的通过能力。

（5）运输费用　运费是衡量运输经济效益的一项重要指标，也是组织合理运输的主要目的之一。运输费用的高低，不仅关系到企业的经济效益，影响到商品的销售成本，同时也会影响整个物流系统的竞争能力。

以上五个要素，既相互联系，又相互影响，有时甚至是矛盾的。这就要求运输部门进行综合比较分析，选择最佳运输方案。在通常情况下，运输时间短、运输费用省，是考虑合理运输的两个主要因素，它集中体现了运输的经济效益。

3. 避免不当运输的措施（组织合理运输的措施）

（1）合理选择运输方式　各种运输方式都有着各自的适用范围和不同的技术经济特征，选择时应进行比较和综合分析。首先要考虑运输成本的高低和运行速度的快慢，甚至还应考虑商品的性质、数量的大小、运距的远近、货主需要的缓急及风险程度。

（2）合理选择运输工具　根据不同商品的性质和数量选择不同类型、不同核定吨位及对温度、湿度等有要求的车辆。

（3）正确选择运输配送路线　一般应尽量安排直达、快速运输，尽可能缩短运输时间。否则可安排沿路加载或循环配送运输，以提高车辆的容积利用率和车辆的里程利用率，从而达到节省运输费用、节约运力的目的。

（4）提高货物包装质量并改进配送中的包装方法　货物配送线路的长短，装卸操作次数的多少都会影响到商品的完好，所以应合理选择包装物料，提高包装质量。另外，有些商品的配送线路较短，且要采取特殊放置方法（如烫好的衣服应垂挂），则应改变相应的包装。

（5）提高车辆的装载技术　虽然车辆具有固定的载重量和车厢容积，但若想同时充分利用载重量和容积，则需要进行合理的配载和合适的装载。

第五节　配送服务管理

一、服务管理的重要性

（一）配送服务构成

配送服务就是对客户商品物流的保证，它包含三个要素：

1）拥有客户所期望的商品（备货保证）。

2）符合客户所期望的质量（品质保证）。

3）在客户希望的时间内配送商品（输送保证）。

配送服务主要就是围绕上述三要素展开的，如图 13-11 所示。

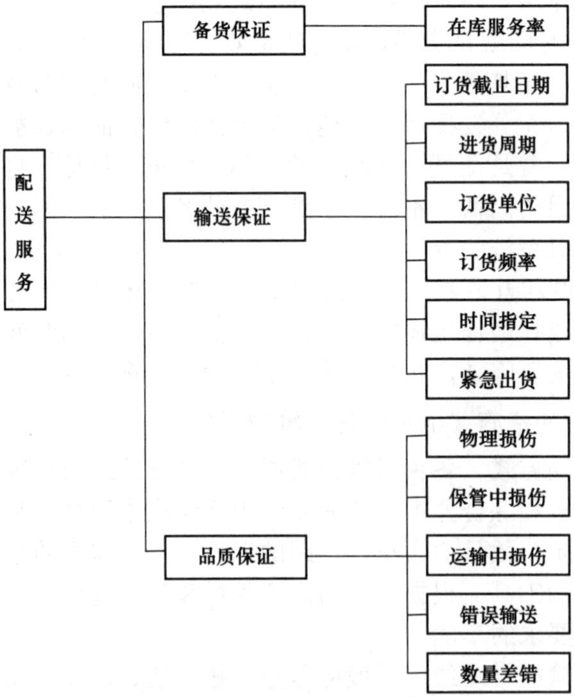

图 13-11　配送服务构成要素

（二）配送服务的重要性

从理论上讲，配送服务之所以在企业经营中如此重要，主要有以下原因：

1．配送服务已成为企业差别化战略的重要内容

长期以来，物流并没有受到人们应有的重视。在大批量生产时期，消费呈现出单一、大众化的特征，经营是建立在规模经济基础上的大量生产、大量销售，因而物流功能只停留在商品运输和保管等一般性业务活动上，物流从属于生产消费，从而成为企业经营中的附属职能。但是进入细分化市场营销阶段后，市场需求呈现出多样化和分散化，而且发展变化十分迅速。这样，企业经营只有不断符合各种类型、不同层次的市场需求，并且迅速、有效地满足客户期望，才能使企业在激烈的市场竞争中求得发展。差别化战略中的一个重要内容就是客户服务的差异。所以，作为客户服务的重要组成部分的配送服务，就成为企业实行差别化战略的重要方式和途径。

2．配送服务水平的确定对企业经营绩效有重大影响

配送服务水平是构筑配送系统的前提条件。在配送开始成为经营战略的重要一环的过程中，配送服务越来越具有经济性的特征。也就是说，对配送服务来说市场机制和价格机制也在发生作用，市场机制和价格机制通过供求关系既确定了配送服务的价值，又决定了一定服务水平下的物流配送成本。所以，制定合理的配送服务水平是企业战略活动的重要内容之一。对于一些特别的运输、紧急运输等物流配送服务，需要考虑合适的成本或者流通主体互相分担的问题。

3．配送服务是有效联结供应商、制造商、批发商和零售商的重要手段

随着经济全球化和网络的发展，现代企业的竞争已不是单个企业的竞争，而是供应链之间的竞争；企业的竞争优势不是单一企业的优势，而是供应链整体的优势。配送服务一方面打破了供应商、制造商、批发商和零售商之间的间隔，有效地推动商品从生产到消费全过程的顺利流动；另一方面，配送服务也通过自身特有的系统设施不断地将商品销售、在库信息等反馈给供应链中的所有企业，并通过知识、诀窍等经营能力的积累，使整个过程能不断协调，不断应对市场变化，创造超越企业的供应链价值。

4．配送服务方式的选择对降低整体成本也具有重要意义

合理的配送服务方式不仅能够提高商品的周转率，而且能够从利益上驱动企业发展，成为企业的第三利润源泉。特别是一些新的、先进的配送方式（如共同配送）的应用，能够有效地降低整个供应链的成本。

二、配送服务与成本

（一）配送成本的特征

从物流角度来说，配送几乎包括了物流的所有功能要素，是物流的一个缩影或在较大范围中全部物流活动的体现。因此，配送成本就是指配送活动中所消耗的物化劳动和活劳动的货币表现。具体来说，有六类成本：客户服务成本、库存管理成本、运输成本、作业成本、订货成本和信息成本。

配送成本的一般特征包括以下几点：

1）配送成本与服务水平密切相关。提高配送服务水平会使配送成本大幅度增加。

2）配送成本中有不少是配送部门不能控制的，受商品交易市场、交通运输条件、企业内部管理与分工的直接影响。

3）配送成本中不同的功能成本之间存在二律背反现象，即一种功能成本的削减会使另一种功能成本增加，因此，配送管理的目标是追求总成本的最小化，而不是个别成本的降低。

4）配送成本削减的乘法效应。如果配送成本占销售额的1%，那么当配送成本降低1元，从创造利润的角度看，相当于使销售额增加100元。可见，配送成本的下降对配送企业经营影响巨大。

5）一些专业的配送需要特殊的专业设备，投入巨大，且没有通用性。

6）配送往往单向进行。

（二）配送服务与服务成本的关系

配送服务的目标是以尽可能低的配送成本来实现较高水平的配送服务。一般来说，配送服务与成本的关系有以下四种形式：

1）在配送服务不变的前提下，考虑降低成本　它是通过改变配送系统的方法，在保持既定的服务水平前提下，来寻求降低成本的途径，即追求效益的提高，如图13-12所示。

2）在成本不变的前提下提高服务水平　这是在现有的成本水平下，通过有效地利用所投入的成本来改善配送诸功能，提高服务水平，体现的是一种追求成本绩效的做法，如图13-13所示。

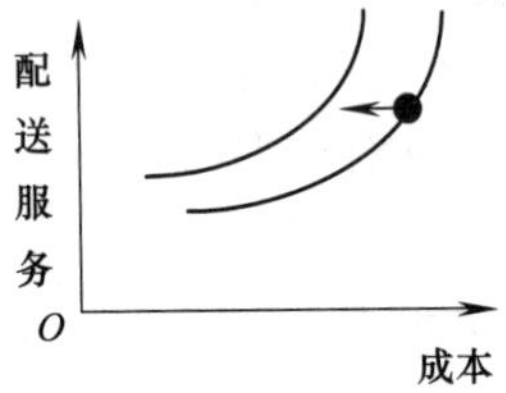

图13-12　服务水平一定，成本降低

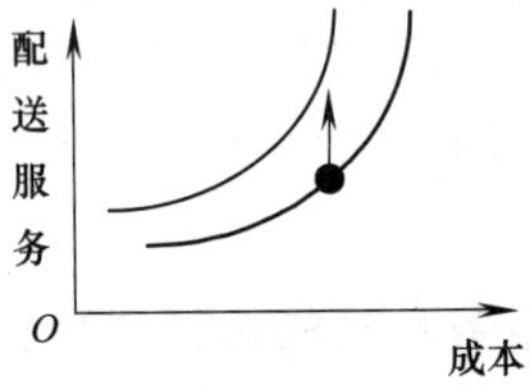

图13-13　成本一定，服务水平提高

3）为了提高服务水平，不惜增加成本　这是大多数企业在提高服务水平时的状态，也是企业在特定顾客或特定商品面临竞争时所采取的战略措施，它主要是通过增值物流服务来实现，如图13-14所示。

4）用较低的成本来实现较高的配送服务水平　这是一种双赢的措施。通过对企业物流系统的流程再造，实现一种新的企业物流模式，达到降低成本、提高服务水平的目的，如图13-15所示。

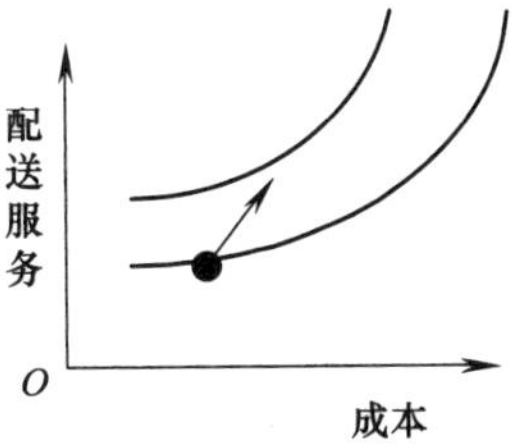

图 13-14 成本增加，服务水平提高

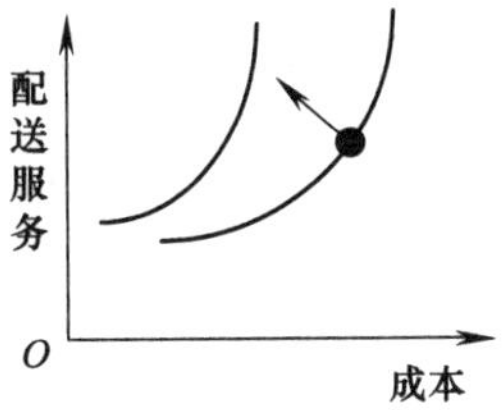

图 13-15 成本降低，服务水平提高

（三）配送成本与服务水平的效益递减关系

一般来讲，配送成本与服务水平之间存在效益递减。如图 13-16 所示，在一个较低的服务水平下，如果增加 x 单位的配送成本，服务水平将提高 y；而在一个较高服务水平下，同样增加 x 单位的配送成本，服务水平的提高只有 y'，呈现 $y'<y$，也就是说，同样投入服务成本，但产生的服务水平的效益是不同的，在服务水平较低时，效果明显；当服务水平已较高时，服务水平的提高效果不高。因此，服务水平的提高不能无限度放大；否则，成本的加速上升会使整个系统的效率下降。

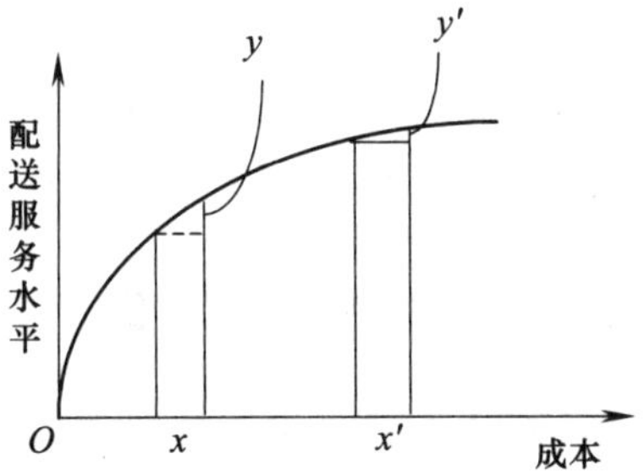

图 13-16 配送成本与服务水平的效益递减

三、服务质量管理

（一）配送服务质量的要素与表现度量

六个传统的客户服务要素：产品的可得性、备货时间、配送系统的灵活性、配送系统信息、配送系统的纠错能力和配送服务后的支持，是配送服务质量管理中需要考虑的基本因素，这些因素也是制定配送服务质量标准的基础。表 13-6 是配送服务质量的六个要素及对应的度量单位。通常这些度量以卖方角度表示，例如，订单的准时性、完整发送率和订单的准备时间等。

表 13-6 配送服务质量的要素与度量单位

要　素	含　义	典型的度量单位
产品的可得性	它是客户服务最常用的度量单位，一般为以百分比表示的存货	百分比可得性

（续）

要　　素	含　　义	典型的度量单位
备货时间	从下达订单到收到货物的时间长度。一般可得性与备货时间常结合成一个标准，如95%的订单在10天到达	速度与一致性
配送系统的灵活性	系统对特殊及未预料的客户需求的反应能力，包括加速和替代的能力	对特殊要求的反应时间
配送系统信息	配送信息系统对客户需求信息反应的及时性与准确性	对客户需求信息的反应速度、准确性和详细性
配送系统的纠错能力	配送系统出错恢复的程序以及效率与时间	应答与需要的恢复时间
配送服务后的支持	交货后对配送服务支持的效率，包括客户配送方案和配送服务信息的修订与改进	应答时间与应答质量

在供应链环境下，配送服务的质量需要更严密的度量标准。现在，人们越来越认识到应从客户角度来进行度量。如：订单的及时性、完整性，订单完整无缺的货物比率，订单完成的准确性，账单的准确性等。如果卖方以传统的度量方法衡量和考虑客户服务，则客户可能并不满意，而且如果问题发生在交货过程中，客户可能并不知道。再者，客户以传统的方法也不能了解问题的范围和大小。目前较注重交货时间的度量，因为它不仅提供了评价的数据来源，更重要的是，对将来发生的问题能提出早期的警告。比如标准的交货准时率是98%，而某月的交货准时率却下降到95%，调查表明，运送人可能并没有按指令办理货物运输，或接货方在接货时未做好接货准备。随着企业零库存（准时化）采购的实施，今后对配送服务的准时率要求可能越来越高。

（二）以客户为中心的配送服务战略的开发

以客户为中心的物流配送服务是取得竞争性优势的源泉，一个有效的以客户为中心的物流配送服务的战略开发，需要经过以下几个阶段。

1．理解客户需求

当制定一项以客户为导向的物流配送战略时（如图13-17所示），配送业务人员必须确切了解客户对于配送服务的需求和期望。不同的客户有不同的需求和期望。例如，客户对配送各个环节的需求可能包括：适时和可靠的送货、良好的沟通、送货的准时性和高频率、订单状态信息的可得性、高效的信息反馈过程、紧急情况的及时处理、货物的完好性、精确和适时地结算以及对咨询的及时而准确的答复等。

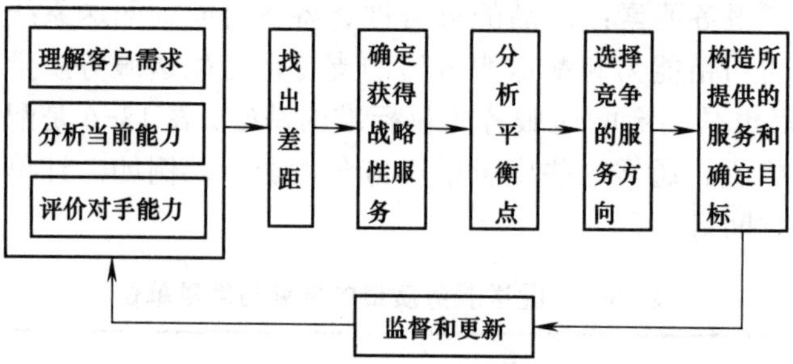

图13-17　以客户为导向的配送服务战略的开发

确定客户需求是一个较为复杂的过程，可以从以下几点来考虑：

1）充分了解客户的业务及其供应链的下一节点或直接的用户。

2）明确客户的需求和期望，可以从供应商的角度，给客户列一张客户需求清单作为工作的开始，在充分倾听客户陈述和对同行业进行对比之后再做出判断。

3）与客户深入探讨需求和所期望的变更，测定客户对配送服务的期望。

2. 评价当前的服务和能力

一旦了解了客户的想法后，配送服务供应商就必须找出当前的服务能力和实际要求的差距，包括采取什么方法来满足专门的服务目标和鉴别当前由竞争对手提供的服务。

3. 解释当前做法与客户要求的差距

一旦服务商清楚客户的需求正好与提供的服务相反，两者之间的差距便可以分析出来。在许多时候人们常常认为，客户的需求与他们提供的服务之间差距很小，调查之后会发现，他们通常会曲解客户的需求，或者只是在想当然地认为可以满足客户要求。当被问及客户的需求和期望时，一家公司的客户表示，及时送货和无损送货是评价配送服务的两个最重要的标准。

当改善配送服务的选择确定后，配送服务供应商必须分析与消除差距有关的均衡点、利益、成本及风险，这些利益包括服务水平、收入的增加、顾客的忠诚、竞争的优势。另外，改善配送服务还可以避免因服务水平差而失去业务量。在此基础上，确定能够使利益超过成本的服务方式和措施。

4. 满足客户特定需求的针对性服务

为尽可能让尽可能多的客户满意，应该按客户需求的相似性对客户进行细分，形成不同类别的客户群。比如，可根据客户对配送服务的时间要求进行分类，如两天一次送货客户群和一日一送客户群等。

5. 在客户要求的基础上创造服务

为了满足客户的需求，并超出他们的期望值，配送服务不但要必须满足客户的需要，而且还要持久提供增值服务。当竞争对手开始把客户满意度作为竞争优势时，应着眼于客户对价值的认识，把满足客户的最低需求作为客户满意的开始，如果无法满足，则会得到客户的否定评价；如果满足了，也不会得到客户的称赞，因为这是客户所希望的。只有当供应商提供的服务超出客户要求时才会让客户满足，达到增加价值的目的。这表明满足客户的最低要求只能保证企业在竞争之中没有落后，但它无法帮助企业成功。

6. 评估并跟踪执行与改进的情况

客户满意指数即客户满意率是定量评估客户满意水平的一种方式。可以用它来评价配送服务供应商在有关客户满意方面的表现，也可以用来评估一段时间内供应商在客户满意方面的执行和改进情况。

7. 不断改进

客户满意是一个不断变化的动态过程，因为客户的要求是随着服务的内容、水平和技术的变化而变化的。配送服务供应商必须跟上这些变化。因此，客户满意的标准和评价内容要不断地改进。

总之，配送服务企业要周而复始地“了解物流配送服务现状”“对配送服务进行评估”“确定配送服务形式”“重新构筑配送服务系统”“定期征求客户意见”。配送服务质量管理周期如图 13-18 所示。

图 13-18　配送服务质量管理周期

练习思考题

某卡车运输公司计划安排从布法罗（A）到德卢斯（Duluth）（G）的干线运输路线。因为行车时间和距离紧密相关，所以公司调度员希望能找到最短路径。图 13-19 给出了城市间的干线公路及相应的里程网络图。根据该图，利用最短路径法找出最短行车路线。

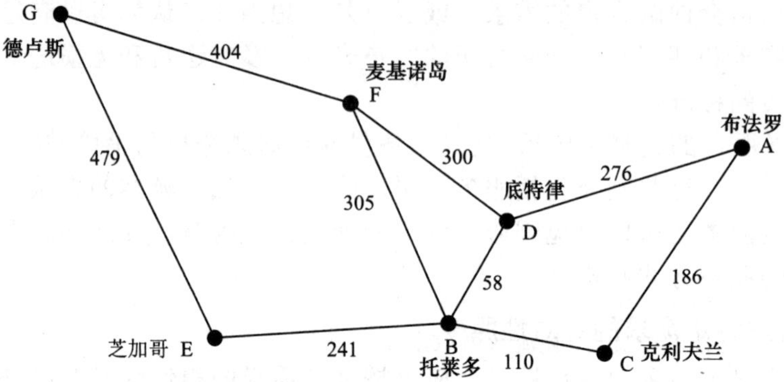

图 13-19　某卡车运输公司能够利用的运输路线

复习思考题

1. 配送有哪些组织方式?
2. 协同配送有何优点? 如何开展协同配送?
3. 实施协同配送要注意哪些问题?
4. 配送线路可以采用哪些方法确定? 如何确定?
5. 何为多点分运? 其与整车运输相比有何异同?
6. 在实际配送运输中，你认为应从哪些方面避免不当运输的发生?
7. 配送服务要达到什么目的?
8. 如何处理服务水平和服务质量的关系?
9. 你认为应如何开展配送服务管理?

参 考 文 献

[1] 王之泰．现代物流学[M]．北京：中国物资出版社，1995．

[2] 王文林．保管合同和仓储合同[M]．北京：法律出版社，1999．

[3] 杨承新．理货业务[M]．北京：高等教育出版社，2001．

[4] 丁立言，张铎．仓储规划与技术[M]．北京：清华大学出版社，2002．

[5] 对外经贸仓储管理编写组．对外经贸仓储管理[M]．北京：对外贸易教育出版社，1989．

[6] 梁世翔．代理与配送[M]．北京：高等教育出版社，2001．

[7] 俞仲文，陈代芬．物流配送技术与实务[M]．北京：人民交通出版社，2002．

[8] 姜宏．物流运输技术与实务[M]．北京：人民交通出版社，2001．

[9] 孙宏岭．高效率配送中心的设计与经营[M]．北京：中国物资出版社，2002．

[10] 巴罗．企业物流管理—— 供应链的规划、组织和控制[M]．王晓东，等译．北京：机械工业出版社，2002．

[11] 鲍尔索克斯，克劳斯．物流管理—— 供应链过程的一体化[M]．林国龙，等译．北京：机械工业出版社，1999．

[12] 李永生．水路运输与港口商务管理学[M]．北京：人民交通出版社，2008．

[13] 韩永生．包装管理、标准与法规[M]．北京：化学工业出版社，2003．

[14] 真虹，张婕姝．物流企业仓储管理与实务[M]．北京：中国物资出版社，2004．

[15] 全国物流标准化技术委员会．物流术语（GB/T 18354—2006）[S]．北京：中国标准出版社，2007．

[16] 薛威．物流仓储管理实务[M]．北京：高等教育出版社，2006．

[17] 王国文．仓储管理与战略[M]．北京：中国物资出版社，2009．

[18] 赵启兰，刘宏志．库存管理（一）（二）[M]．北京：高等教育出版社，2013．

[19] 李永生．运输经济学基础[M]．北京：机械工业出版社，2017．

[20] 张启人．绿色-低碳经济科技纵横[M]．北京：经济科学出版社，2015．